Comte D' Antioche

Changarnier

Comte D' Antioche
Changarnier
ISBN/EAN: 9783337117979

Printed in Europe, USA, Canada, Australia, Japan

Cover: Foto ©ninafisch / pixelio.de

More available books at **www.hansebooks.com**

CHANGARNIER

L'auteur et les éditeurs déclarent réserver leurs droits de traduction et de reproduction à l'étranger.

Ce volume a été déposé au ministère de l'intérieur (section de la librairie) en mai 1891.

DU MÊME AUTEUR, A LA MÊME LIBRAIRIE :

Deux Diplomates, le comte Raczynski et Donoso Cortès, marquis de Valdegamas. Un vol. in-8° avec portrait. Prix . . . . 7 fr. 50

PARIS. TYP. DE E. PLON, NOURRIT ET Cie, RUE GARANCIÈRE, 8.

CHANGARNIER

PAR

LE COMTE D'ANTIOCHE

Ejus adventu spes erectæ.
(TACITE, *Hist.*, liv. IV, § LXXII.)

PARIS
LIBRAIRIE PLON
E. PLON, NOURRIT ET Cie, IMPRIMEURS-ÉDITEURS
RUE GARANCIÈRE, 10
—
1891
Tous droits réservés

AVANT-PROPOS

Nous offrons ce livre à tous les amis des gloires de la France.

Sous leurs auspices, nous nous proposons de rendre hommage à un capitaine illustre, d'un caractère aussi droit que son cœur était ardent et noble, de rappeler les exemples qu'il a laissés, de faire revivre une mémoire chère à l'armée.

En quittant les récits de guerre, nous avons esquissé l'histoire politique à laquelle fut mêlée durant tant d'années la vie du général Changarnier.

Sans nous arrêter à la discussion des faits, nous nous sommes attaché à mettre en relief leurs éléments essentiels, leur enchaînement général et quelques-unes de leurs origines. Nous avons cherché à nous élever au-dessus des préférences et des passions des partis, à montrer par où et comment les vrais intérêts du pays et de la nation ont souffert durant cette longue période.

Nous nous sommes efforcé de prouver que les hommes passent, que la France et le devoir de la servir fidèlement survivent à tous les événements, que la peine la plus cruelle est de ne pouvoir pas lui consacrer son dévouement.

Si la lecture de ces pages contribue à faire partager davantage ce sentiment, si elle réveille quelquefois les idées de concorde, de désintéressement et d'amour de la Patrie, notre but sera rempli, et nous aurons reçu une récompense telle que la souhaite notre ambition.

CHANGARNIER

CHAPITRE PREMIER

1793. La Terreur à Autun. — Naissance de Théodule Changarnier. — Ses études au collège, à l'École de droit. 1815. Entrée aux gardes du corps, 10 janvier. — Les Cent-jours à Autun. — Séjour à Paris. — Changarnier à la légion départementale de l'Yonne, devenue le 60e de ligne. — Premières appréciations de ses chefs. — 1823. Campagne d'Espagne. — 1825. La garde royale. — 1828. Le 2e léger. — 1830. Expédition d'Alger. — Retour en France, Perpignan. — 1835. Mascara. — 1836. Constantine. — 1837. Séjour en France. — Mustapha. — 1838. Camps de Kara Mustapha et de Fondouck. — 1839. Les Portes de fer. — Rupture du traité de la Tafna.

Le 1er mai 1793, le maire de la ville d'Autun faisait annoncer partout à son de caisse « défense formelle aux habitants, notamment aux femmes et aux enfants, de quitter leur logis pendant la nuit s'ils entendent crier : Au feu ! »

« Le but de cette mesure, disait la proclamation municipale, est de déjouer les projets des aristocrates, qui se plaisent à faire circuler des nouvelles fâcheuses, propres à troubler la tranquillité publique. »

Cet ingénieux avertissement eut naturellement pour effet de redoubler les inquiétudes. Autun était sous le régime de la Terreur. Plusieurs jours auparavant, les notables du pays avaient été arrêtés et conduits au collège de la ville, transformé en prison, où bientôt furent internées un grand nombre de personnes appartenant à toutes les conditions. Leur crime était un délit d'opinion ; ils étaient accusés d'être « ennemis jurés de la Révolution ».

Par suite de retards fortuits, le jeune officier n'avait pas rejoint son poste lorsque éclatèrent les événements des Cent-jours, qui le trouvèrent encore à Autun.

Les bonapartistes, quoique peu nombreux dans la ville, enhardis par le remplacement du sous-préfet et du maire, provoquaient l'agitation et répétaient les manifestations. Des bandes recrutées dans les éléments les moins honorables insultaient chaque jour les royalistes. Le 15 avril, un groupe nombreux de ces perturbateurs, conduit par un maître d'armes, injuria grossièrement deux jeunes gens, MM. de Résie et Duchemin, qui se promenaient sur la place du Champ. Ils se précipitaient sur eux lorsque des passants indignés parvinrent à les arracher de leurs mains. A ce moment, accouraient à leur secours, M. Guillemardet et le lieutenant Changarnier. Le maître d'armes s'avance vers le premier, brandissant un bâton et l'accablant d'injures. D'un coup de poing, Guillemardet renverse son agresseur à ses pieds, sort rapidement deux pistolets de sa poche et les braque sur la foule qui le presse de toutes parts. A force d'énergie et d'efforts, les deux amis parviennent à se réfugier dans la maison Changarnier. Prévenus que la gendarmerie avait l'ordre de les arrêter, ils escaladent les murs de plusieurs jardins attenants et trouvent enfin asile dans une demeure voisine. Le soir même, ils gagnaient le département de la Nièvre, qu'ils ne quittèrent qu'après la bataille de Waterloo.

Le préfet de Saône-et-Loire, M. Ducolombier, se plaignit vivement au maire, dans une lettre datée du 29 avril, qu'il ne lui eût pas rendu compte de cet incident ; il lui enjoignit de prendre sur-le-champ les mesures « les plus sûres pour parvenir à l'arrestation des coupables ». Il ordonna même « de procéder à l'arrestation des personnes qui avaient aidé la fuite des coupables et de les maintenir en détention jusqu'à ce que ceux-ci eussent été saisis ».

Le maire d'Autun était à ce moment M. Véru, auquel l'écharpe municipale était échue dans des circonstances assez piquantes.

Le 15 mars 1815, l'Empereur, en arrivant à Autun, était descendu à l'hôtel de la Poste. A peine débarqué, il fit une scène violente au maire, qu'il destitua. Comme il sortait, il vit les fenêtres des maisons encombrées de curieux avides de l'apercevoir.

« Quelle est cette jolie femme entre deux laiderons? demanda Napoléon en désignant un balcon où trois dames s'étaient accoudées.

— C'est madame Véru », lui répondit-on.

Et l'Empereur de questionner aussitôt sur son mari. On lui explique que c'était un homme fort respecté, d'opinion très modérée et appartenant à une des familles les plus honorables de la ville. Sur-le-champ il le fait appeler.

« Monsieur Véru, lui dit-il, j'ai jeté les yeux sur vous pour être maire d'Autun. »

Celui-ci objecte en vain son inexpérience de toute fonction administrative, son désir de n'en accepter aucune; il a beau se débattre, l'Empereur tient bon, et le contraint à céder.

On devine que le maire installé dans de telles conditions était peu disposé aux mesures violentes. Soit faute de zèle de sa part, soit oubli causé par la gravité des événements, les ordres du préfet furent mollement exécutés, et Changarnier put, sans avoir été inquiété, rejoindre les gardes du corps dès le retour du Roi.

Il fut promptement remarqué de ses chefs comme un officier des plus vigoureux et des plus intelligents. Mais on lui reprochait une certaine impétuosité de caractère qui le portait à mettre l'épée à la main au moindre propos déplaisant. Blond, frais et rose, d'une tournure élégante, un peu petit, la tenue toujours soignée, son apparence ne trahissait rien de son extrême vivacité.

Un jour, ayant donné rendez-vous à trois de ses amis pour dîner au restaurant Rolland, rue du Hasard, à Paris, Changarnier y était à peine arrivé qu'un officier de haute taille et de belle prestance [1] s'assit à la table voisine.

---

[1] Le baron Desfossés, neveu du général de Galbois.

« Il en faudrait bien une demi-douzaine comme cela pour m'empêcher de manger une soupe ! » dit-il en dévisageant le garde du corps, qui resta silencieux.

Quelques instants après, comme un domestique apportait le potage de l'officier, Changarnier l'interpelle :

« Remportez cela, monsieur ne mangera pas de potage. »

Étonnement et fureur de l'officier.

Changarnier répète la même phrase d'un ton calme, et tous deux quittent la table pour aller se battre aux Champs-Élysées, sur le terrain traversé aujourd'hui par l'avenue Montaigne. Changarnier envoya un bon coup d'épée à son adversaire, qui ne mangea pas de potage ce jour-là.

Des incidents analogues, quelques dépenses un peu lourdes à une bourse modeste, firent désirer au père de notre héros pour son fils l'éloignement de Paris. Il fut donc appelé le 30 novembre 1815 à un emploi de son grade dans la légion départementale de l'Yonne, sur la demande de son colonel, le marquis de Ganay. Le colonel était d'ailleurs un ami particulier de la famille Changarnier, et nous verrons cette affection, déjà ancienne à ce moment, se transmettre héréditairement avec un soin touchant.

La légion départementale de l'Yonne devint peu de temps après le 60e régiment d'infanterie de ligne. Changarnier y fut bientôt reconnu pour un officier de valeur.

« Nous avons vu ici, écrivait d'Autun, le 21 juillet 1821, M. Changarnier à son fils, M. de Fontanges[1]. Il a passé quelques heures à Besançon et t'a fait chercher partout sans pouvoir te trouver. Il est resté constamment pendant ce temps avec tes officiers supérieurs. Il leur a demandé de tes nouvelles et ce qu'ils pensaient de toi. Il nous a dit que jamais on n'avait fait plus d'éloges d'un officier que de toi. Là-dessus il est entré dans tous les plus grands détails que je ne te répète pas ; mais, sous tous les rapports possibles, tes supérieurs disent que tu es un officier extrêmement distingué. Tu conçois combien ta mère et moi nous en avons été enchantés. »

---

[1] M. de Fontanges, parent de l'archevêque-évêque d'Autun du même nom.

Malgré les notes brillantes dont il était l'objet, Changarnier resta sans avancement; en 1823, au moment de la campagne d'Espagne, il n'était encore que lieutenant, après huit années de service dans le même grade.

Les opérations étaient commencées au delà des Pyrénées, depuis plus de deux mois, que Changarnier attendait encore avec son régiment, dans les places fortes des Pyrénées-Orientales, le moment de rejoindre le 4ᵉ corps, commandé par le maréchal Moncey.

Le 14 juin l'ordre de départ si ardemment souhaité arriva. Le commandant de la place de Montlouis, informé que Mina, serré de près par plusieurs colonnes françaises et par la division royaliste du baron d'Éroles, pourrait être contraint de se jeter dans la Cerdagne française, envoya cinq cents hommes du bataillon de Changarnier en reconnaissance à Saillagossa.

Pendant la marche du détachement impatient de prendre part à une action, une vive fusillade ne cessa pas de retentir. C'était le bruit d'un engagement assez chaud entre Mina et la brigade du maréchal de camp vicomte de Saint-Priest, appuyée de deux bataillons royalistes espagnols. Le silence s'était rétabli depuis plus de deux heures, lorsqu'en descendant les pentes qui conduisent du col de la Perche à Saillagossa, le bataillon du 60ᵉ vit, à sept à huit cents mètres, au pied de la colline d'où il la dominait, une colonne espagnole marcher à la hâte vers l'est, en coupant sa direction. Elle se précipitait en désordre venant de Vallecevolera, où avait eu lieu la rencontre. En apercevant l'ennemi pour la première fois, Changarnier éprouva une émotion généreuse qu'il n'oublia jamais; son instinct d'homme de guerre lui fit regretter que la prudence peu éclairée de son chef de bataillon l'eût empêché de se jeter résolument dans le flanc de cette colonne battue, épuisée, hors d'état de résister. S'il eût eu la hardiesse de l'attaquer, il l'aurait aux trois quarts anéantie et causé un dommage sérieux aux forces de Mina, réduites dans cette contrée à trois mille hommes étendus sur un front de plus d'une lieue.

Peu de jours après, le 60ᵉ pénétrait en Catalogne par le col de Perthus et rejoignait la brigade dite de réserve, commandée par le général de Tromelin. Avec les troupes qui bloquaient Barcelone, il prit part sous les murs de la ville à un combat tenté par les assiégés pour refouler l'ennemi. L'affaire fut sans grande importance, mais elle laissa dans la mémoire du jeune officier de profonds souvenirs : c'était la première fois qu'il voyait le feu, et il constatait avec un vif plaisir que les balles et les boulets n'ébranlaient ni son sang-froid, ni sa présence d'esprit. Le maréchal Moncey ayant rappelé la brigade de réserve pour la conduire à la poursuite de la division ennemie de Milans, elle était vigoureusement engagée le 24 juillet au combat de Jorba. La compagnie que Changarnier commandait en l'absence de son capitaine, employé au recrutement à Auxerre, se fait remarquer par son entrain et son énergie. Chargée de déloger un fort détachement établi dans un bouquet d'arbres, elle s'acquitte de sa mission avec tant de bravoure que l'officier qui la commande, cité à l'ordre de l'armée, reçoit personnellement les éloges du maréchal. Le 14 août suivant, la brigade de réserve se distingue à la bataille de Caldès; Changarnier s'y signale de nouveau; il est cité une seconde fois à l'ordre de l'armée. Pendant le reste de la campagne, le rôle du 60ᵉ se borna à des marches et contremarches à travers la Catalogne et une partie de l'Aragon, interrompues par quelques petits combats aux environs de Lerida et de Tarragone. Il se trouvait devant cette place quand elle ouvrit ses portes à la nouvelle des événements de Cadix. Le 1ᵉʳ novembre, Changarnier recevait la croix de la Légion d'honneur et, peu après, il quittait Tarragone avec son régiment pour se rendre à Givet.

Il passa près de vingt mois dans cette petite garnison, dont il trompa facilement l'ennui en s'adonnant à ses lectures et à ses études favorites. Le 9 octobre 1825, il était nommé lieutenant, avec rang de capitaine, au 1ᵉʳ régiment d'infanterie de la garde royale.

Les regrets et les témoignages d'estime de ses chefs accompagnèrent son départ.

« Le désir de vous conserver au corps, lui écrivait de Givet le commandant de Rostolan, m'avait fait penser un instant qu'il eût été plus avantageux pour vous d'avoir le grade de capitaine dans le 60ᵉ; mais il vaut mieux que vous soyez dans la garde. Votre excellente manière de servir vous mettra en évidence. »

« Soyez ce que vous étiez chez nous, lui mandait de Metz, le 6 janvier 1826, le lieutenant-colonel Magnan, et ce qu'il vous serait si difficile de ne pas être, actif, zélé, intelligent, et vous arriverez. Le terrain de la garde est plus glissant que celui de la ligne; votre tact vous conduira. J'ai connu le digne commandant de Baudus à Lille. C'est, comme vous, un royaliste exalté et, comme lui, vous eussiez, en 1815, allié ce qu'imposait le devoir avec ce que dictait la reconnaissance.

« Je garderai le souvenir de votre conduite si intrépide à Caldès et, comme vous avez toute mon estime, je serai heureux de pouvoir vous donner des preuves de mon attachement. »

Dès les débuts de Changarnier nous rencontrons constamment les mêmes appréciations et les mêmes éloges. Mais les circonstances servaient médiocrement son mérite; elles devaient longtemps encore lui faire attendre l'occasion de se révéler tout ce qu'il était et de justifier l'opinion de ceux qui avaient eu à le juger. Cette lenteur et cette sorte de coquetterie du sort à son égard n'étaient pas sans lui causer quelque impatience; de rares plaintes, échappées dans l'intimité de sa famille, en étaient l'expression, aussitôt contenue par sa passion du devoir sobrement accompli.

Au moment de la guerre de Morée, en 1828, il fit sans succès les démarches les plus actives pour obtenir son passage dans un des régiments du général Maison. La campagne était déjà terminée quand une décision du 20 décembre 1828 le désigna pour un emploi de son grade au 2ᵉ régiment d'infanterie légère, qu'il ne devait plus quitter pendant près de douze ans.

Lorsque l'expédition d'Alger fut décidée, le ministre de la guerre envoya l'ordre au 2ᵉ léger, à ce moment à Perpignan, de tenir prêt un bataillon de neuf cent soixante hommes. Ce détachement, dont Changarnier commandait la 3ᵉ compagnie, arrivait à Toulon à la fin d'avril et prenait ses cantonnements à la Seyne. Joint à un bataillon du 4ᵉ léger, il forme le 1ᵉʳ régiment dit de marche, placé avec le 3ᵉ de ligne sous les ordres du maréchal de camp baron Poret-Morvan, dont la brigade devient la première de la première division, commandée par le lieutenant général Berthezène; celle-ci était constituée à trois brigades, comme les deux autres divisions qui composaient l'armée expéditionnaire.

Le débarquement général s'effectue le 14 juin. Les vingt-quatre compagnies des trois premiers bataillons de la 1ʳᵉ brigade de la 1ʳᵉ division, portées par vingt-quatre embarcations que remorquait un nombre égal de canots, se dirigent sur une ligne vers la plage de Sidi-Ferruch, sous la direction d'un capitaine de frégate. Au centre, une batterie de six pièces de 8 est disposée sur des chalands. Le lieutenant de vaisseau Zylof de Créquy, montant le canot remorqueur qui précédait Changarnier, gagne un peu d'avance; à l'approche de la côte un de ses matelots se met à la nage pour sonder, et à peine a-t-il la ceinture hors de l'eau que la compagnie entière de Changarnier saute à la mer, portant le drapeau du 2ᵉ léger, et vient s'aligner sur la plage à quart de portée d'une batterie dont les boulets passent au-dessus de sa tête.

En moins de cinq minutes, les trois bataillons se forment en autant de colonnes par division, et bientôt s'achève cette belle opération du débarquement, aussi bien exécutée que conçue. Après avoir pris part à la décisive bataille de Staouëli, la compagnie de Changarnier se signale au combat du 24 juin par son élan et son intrépidité. Le surlendemain, au point du jour, quatre mille cavaliers arabes et mille fantassins turcs attaquent le 1ᵉʳ régiment de marche. Le bataillon du 4ᵉ léger, surpris, est culbuté; mais le bataillon du 2ᵉ léger arrête l'ennemi, le refoule et l'oblige à la retraite, avant que le 3ᵉ de ligne et d'autres corps voisins aient eu le temps de s'engager.

Ces combats furent suivis, le 5 juillet, de la reddition d'Alger. Nous nous bornerons à mentionner rapidement le succès de la campagne, dont les détails sont connus, et nous n'insisterons pas davantage sur la période qui l'a suivie, pendant laquelle aucun fait saillant ne se présente dans la vie de Changarnier. En automne 1830, nous le retrouvons à Perpignan, dans les Pyrénées-Orientales, dont il avait successivement habité toutes les garnisons comme lieutenant au 60ᵉ de ligne.

Les premiers temps du retour en France ne furent pas exempts d'agitations. L'exaltation des populations, l'entrée au 2ᵉ léger de quelques « héros de Juillet » amenèrent dans le corps d'officiers de fâcheuses divisions. Changarnier, qui n'était pas parmi les enthousiastes de la récente révolution, ne dissimulait pas ses opinions. Peu endurant, il ne souffrit pas les propos imprudents de quelques-uns. Deux duels en résultèrent; après avoir blessé d'un coup d'épée un des capitaines du régiment, il dut se battre avec un chef de bataillon, auquel il mit une balle dans la poitrine. Cette double affaire fit grand tapage; elle classa Changarnier parmi les opposants du régime, et son avancement se trouva arrêté.

Un autre incident vint le retarder encore. En 1832, le général qui passait l'inspection du 2ᵉ léger, ayant constaté l'absence de quelques boutons dans la trousse d'un soldat de sa compagnie, gourmande vivement Changarnier et le taxe de « mauvais officier pour la guerre ». Il supporte sans découragement une défaveur imméritée, cherchant dans l'étude et dans le goût de la société des diversions toujours puissantes sur son esprit. Le régiment offrait d'ailleurs plus d'une ressource agréable; il comptait un grand nombre d'officiers distingués par la noblesse des sentiments, les dons de l'esprit et le charme de l'élégance extérieure. Perpignan renfermait aussi quelques salons dont l'aimable accueil attira Changarnier. Le temps s'écoulait ainsi un peu uniforme, mais sans ennui pour le capitaine, qui espérait toujours quelque nouvelle campagne. On croyait alors assez généralement à la guerre, et l'on admettait que les grands intérêts européens y trouveraient une solution prochaine.

« Je la crois peu éloignée, écrivait un personnage politique au capitaine. Il serait trop extraordinaire que les préparatifs immenses qui ont été faits dans tous les États ne servissent qu'à calmer les inquiétudes qu'ils se causent mutuellement. »

Nous avons entendu souvent depuis lors les prévisions analogues se fonder sur le même raisonnement. Puisse l'événement continuer à leur donner tort !

Lorsque le général de Castellane vint prendre le commandement de la division des Pyrénées-Orientales, il rendit meilleure justice à Changarnier. Après avoir inspecté en 1833 le 2ᵉ léger, il le signala comme un officier de la plus rare distinction. Sa note d'inspection se terminait par ces mots : « Fait pour commander aux autres. »

Chargé d'une mission importante sur la ligne d'observation de la frontière d'Espagne, Changarnier s'attira à cette occasion les approbations les plus flatteuses.

« Je ne veux pas que vous quittiez le commandement de Bagnuls sans vous témoigner ma parfaite satisfaction du zèle et de l'intelligence que vous avez déployés dans le poste qui vous était confié, lui écrivait le général de Castellane le 13 avril 1834. Je vous ai désigné comme l'officier le plus distingué de ma division, et c'est pour cela qu'en mon âme et conscience je vous ai toujours porté en tête de mes tableaux d'avancement. »

En paix comme en guerre, les hommes de valeur se font vite juger pour ce qu'ils sont ; aussi le général Myricer, dont la brigade comprenait le 2ᵉ léger, lui adressait-il, presque à la même date, avant de rejoindre une nouvelle destination, des éloges non moins formels.

« Je me félicite, lui mandait-il, d'avoir fait la connaissance d'un officier aussi distingué que vous. »

Mais ce n'était pas seulement à l'armée que ses brillantes qualités étaient remarquées. Elles attiraient aussi l'attention de tous ceux qui l'approchaient.

Le hasard lui fit rencontrer un jour, dans une auberge de Port-Vendres, M. Drouyn de Lhuys, à ce moment chargé d'affaires de France en Espagne. La conversation de l'officier, la clarté et la précision de ses idées, ses appréciations déterminées, la variété de ses connaissances, firent une profonde impression sur le diplomate, à tel degré qu'à son arrivée à Paris il raconta à M. Desage, directeur des affaires politiques au ministère des affaires étrangères, qu'en s'arrêtant à Port-Vendres, il avait fait la connaissance d'un capitaine d'infanterie dont le caractère résolu, l'esprit prompt et fin, la parole animée l'avaient vivement frappé.

« Je ne sais ce qu'il deviendra, ajouta-t-il, mais c'est un homme bien remarquable. Il se nomme Changarnier. »

La destinée ne devait pas tarder à justifier cet horoscope. Le 2ᵉ léger était peu de temps après appelé à se rendre en Afrique. Le capitaine accueillit cette nouvelle avec joie, mais la pensée des vives inquiétudes qu'il allait causer aux siens l'attristait.

« Il m'a été bien pénible d'affliger ma mère et toi, écrivait-il le 7 août 1835 à sa sœur, en lui annonçant mon départ pour l'Algérie; mais je voudrais que, comme moi, vous reconnaissiez que ma carrière peut en être améliorée, tandis que les inconvénients sont plus apparents que réels. Il est possible que l'expédition à laquelle on se décide ne soit pas sans avantages pour moi, et, d'ailleurs, je ne puis regretter un pays où nous semblions indéfiniment confinés. »

Le 26 octobre, le 2ᵉ léger quittait Perpignan. A Port-Vendres, Changarnier monta sur la *Ville de Marseille*, qui mettait à la voile le 2 novembre. Il débarqua le 10 à Mers-el-Kebir, d'où il gagnait aussitôt Oran. Une circonstance heureuse venait de se présenter pour lui : par suite de la promotion de M. d'Arbouville, son ami, le commandement de son bataillon se trouvait vacant. Le général de Castellane avait prescrit le maintien au dépôt de deux capitaines plus anciens que Changarnier, afin de lui en faire exercer l'intérim.

Changarnier calculait avec une secrète satisfaction que, si vite que pussent paraître les nominations, et quelle que fût la hâte du chef de bataillon envoyé de France, celui-ci ne pourrait arriver qu'après l'expédition. Le commandement du 2ᵉ bataillon du 2ᵉ léger, pendant la campagne de Mascara, ne pouvait donc pas lui échapper.

Les événements allaient lui fournir l'occasion de s'y faire

remarquer; déjà il avait attiré, pendant la traversée sur la *Ville de Marseille*, l'attention de l'officier d'ordonnance du duc d'Orléans, M. Bertin de Vaux, qui avait été promptement sous le charme de son esprit et n'avait pas cessé de lui témoigner une extrême coquetterie.

Le 22 novembre, le maréchal Clausel et le duc d'Orléans entraient à Oran, et les quatre brigades du corps expéditionnaire se mettaient en mouvement. Le 2⁰ léger faisait partie de la première brigade, commandée par le général Oudinot. Après avoir franchi, le 29, le passage de Mouley-Ismaël, l'armée arrivait le 1ᵉʳ novembre sur le Sig, dont, à une lieue plus loin, Abd-el-Kader surveillait l'entrée des gorges.

Le 1ᵉʳ décembre, Changarnier prend part avec son bataillon à l'enlèvement du camp ennemi par la colonne légère du général Oudinot. Le 3, après une belle marche du Sig sur l'Habra et un premier engagement victorieux contre Abd-el-Kader, le petit corps d'armée rencontre l'ennemi, qu'il trouve établi dans la plaine resserrée entre l'Atlas et une épaisse futaie, en avant des ravins profonds qui entourent les marabouts de Sidi-Embarek. Dix mille cavaliers arabes sont massés sur le flanc droit de la montagne, menaçant le flanc droit et l'arrière-garde du corps expéditionnaire, dont le front et le flanc gauche allaient être attaqués par l'infanterie et l'artillerie arabes.

Le combat éclatait à la fois de toutes parts ; la brigade Oudinot, qui se trouvait en avant, reçut le premier choc. Changarnier dirigeait les tirailleurs de l'extrême avant-garde. Le général Oudinot tombe blessé derrière lui ; à cet instant, Changarnier réunit à la hâte, sous le feu du canon et d'une vive fusillade, deux compagnies de zouaves et quatre compagnies du 2⁰ léger, avec lesquelles il charge l'ennemi embusqué et le chasse lestement. Seul officier monté en tête de cette charge, il passe le premier le ravin, que l'ennemi abandonne devant la troupe vigoureusement entraînée par son chef. Pendant que ce mouvement s'accomplit à droite, la deuxième brigade, au centre, enlève les marabouts, et le duc d'Orléans, à gauche, s'empare du bois. En même temps, l'arrière-garde, appuyée par trois cent cinquante chasseurs, repousse l'attaque de la cavalerie, qu'elle refoule dans la montagne, où la rallie son commandant El-Mezari.

La route de Mascara était désormais ouverte. Le 4, le maréchal remettait toute la colonne en marche pour entrer dans les montagnes de l'Atlas par le passage de Sidi-Ibrahim. Après s'être emparé des crêtes, il engage son convoi dans le défilé, où le terrain devient des plus difficiles. L'Arabe observe et n'ose pas résister devant ce mouvement habilement conduit, qui eût mérité, observait Changarnier, d'être fait en présence d'un ennemi plus habile et plus consistant. Le 5, le 2ᵉ léger se fait encore remarquer par l'entrain avec lequel il se rend maître des hauteurs, dont il chasse les Beni-Chougran. Du plateau d'Aïn-Kebira, qu'elle a atteint à travers mille obstacles, l'expédition arrive enfin à Mascara, que le maréchal occupe rapidement le 6, à sept heures du soir.

Pendant ces trois journées, Changarnier avait cruellement souffert de la faim. La veille, il avait donné le seul biscuit qui lui restait. Malgré l'absence de toute distribution, il ne voulut rien demander aux officiers, qui n'avaient certes pas de superflu. Il prit patience, espérant se dédommager à Mascara. A deux lieues de la ville, il trouva à acheter pour deux francs une tranche de citrouille, et s'estima heureux d'avoir pu mettre la main sur cette chétive nourriture.

Il était pleine nuit lorsque les deux premières brigades du maréchal Clausel pénétraient dans Mascara par une de ces pluies africaines dignes de leur réputation. L'aspect de la ville était saisissant; pillée d'abord par les tribus alliées et ensuite par les zouaves, elle paraissait à ce moment comme illuminée par les feux que les soldats avaient allumés avec tout ce qui pouvait les éclairer ou les chauffer. Les chiens, seuls gardiens des maisons, poussaient des hurlements sinistres à la vue de leurs nouveaux hôtes. Sur différents points, dans les faubourgs, quelques incendies commençaient à naître, et chacun aussitôt de penser à Moscou.

Bâtie sur trois collines, dans un beau pays entre deux chaînes de montagnes, Mascara, qui contenait douze mille habitants, offrait, avant cette destruction, une apparence riante ; les maisons, bien que petites, avaient un aspect extérieur de soin et de propreté.

Les scènes de pillage et de massacre, les moyens de répression dont il fut témoin, affectèrent péniblement la nature généreuse de Changarnier, qui répugnait à ces désordres. Sur la place de la Mosquée gisaient encore les cadavres des hommes mis à mort par l'ordre du bey Ibrahim, parce qu'ils avaient, disait-il, abusé du droit de prendre et de détruire.

Non loin de là, un spahi, le mousquet sur l'épaule, le pistolet et le sabre au côté, drapé dans son manteau, s'était assis au milieu de la boutique d'un Juif qu'il avait mis dehors par les épaules ; il vendait ses chandelles et ses figues avec un sang-froid imperturbable, soulevant lentement les balances et faisant bon poids à l'acheteur ; en face, le Juif expulsé le contemplait avec une sombre résignation.

A cette vue, Changarnier fait sur-le-champ un acte de prompte justice à la turque ; prenant lui-même l'usurpateur par la barbe, il le jette dans la rue en lui appliquant une correction de coups de plat de sabre ; le légitime propriétaire, rétabli dans sa possession, se précipite aux genoux de son libérateur, baisant littéralement la boue de ses bottes et le poursuivant des témoignages obstinés de son ignoble reconnaissance.

L'armée passa à Mascara deux jours bien nécessaires à son repos. Au moment du départ, l'impossibilité de laisser Ibrahim s'établir dans la ville fit décider l'incendie général. Changarnier, se faisant une joie de penser qu'un homme aurait à se féliciter de l'avoir reçu sous son toit, essaya de préserver l'habitation qu'il avait occupée. Il y plaça, comme sauvegarde, un adjudant jusqu'au départ de la seconde brigade. Mais en tournant le sommet de la colline qui domine Mascara, il aperçut les flammes qui dévoraient déjà la maison qui l'avait abrité.

Le retour de la colonne fut pénible et fatigant; elle traînait à sa suite une centaine de Maures et un millier de Juifs qui, se confiant à la parole française, étaient d'abord restés dans l'ancienne capitale de l'émir, où il ne leur était plus possible d'attendre la vengeance des Arabes. Ces malheureux, suivis de leurs familles, vinrent chercher un asile à Mostaganem et à Oran. Beaucoup d'entre eux restèrent ensevelis dans la boue, périssant misérablement sous les yeux des soldats, qui poursuivaient eux-mêmes à grand'peine leur marche sous des torrents d'eau; la faim, la soif, la fatigue, les nuits passées debout dans la fange, sans feu, faute de pouvoir l'allumer sous la pluie, faisaient endurer mille maux. Dans la nuit du 9 au 10, la plus cruelle de toutes, Changarnier, succombant sous le poids de son manteau chargé d'eau, s'affaissa dans la boue, appuya la tête sur les jambes d'un soldat moribond et s'endormit. Quand la colonne repartait, il paraissait à la tête de son bataillon dans une tenue si soignée, que Bertin de Vaux, en le croisant, lui cria qu'il le trouvait d'une fraîcheur impertinente.

Enfin, le retour du soleil vint alléger les souffrances du corps expéditionnaire; le 21 décembre, le maréchal Clausel ramenait tous les régiments à Oran. Pendant cette longue opération il avait témoigné de sérieuses qualités militaires, mais l'issue aurait pu devenir funeste, même après la défaite de l'ennemi et la destruction de sa capitale, si les pluies ordinaires à cette époque de l'année n'avaient pas cessé dès le 11 novembre.

L'affaire de Sidi-Embarek avait mis Changarnier fort à la mode dans le corps d'armée, et il avait reçu, tant à cette occasion que pour la distinction avec laquelle il avait commandé son bataillon, les éloges les plus flatteurs. Un jour, en coupant la colonne devant le 2ᵉ bataillon du 2ᵉ léger, le duc d'Orléans avait dit au maréchal, assez haut pour être entendu de tous :

« C'est le capitaine Changarnier qui s'est si vigoureusement conduit à Sidi-Embarek! »

Et tous deux passèrent en le saluant de la tête et de la main. Dès le lendemain de l'entrée à Mascara, le colonel Mesme, commandant le 2ᵉ léger, avait reçu l'ordre écrit du maréchal d'établir en faveur de Changarnier un mémoire de proposition pour le grade de chef de bataillon; il était le seul officier en faveur duquel semblable prescription nominative était faite.

Les chances de la guerre se prononçaient donc non sans éclat pour Changarnier dès les premiers moments, et elles ne devaient pas cesser de le favoriser. Le 2ᵉ léger, rentré à Oran avec la tête de la colonne le 16 décembre, reçut le 18 l'ordre de s'embarquer pour Alger, où le conduisirent la *Ville de Marseille* et le *Scipion*. Le soir même il était à bord, sans avoir eu le temps de secouer l'horrible boue de Mascara, et, dans la nuit du 20 au 21, il arrivait en rade d'Alger. Quinze heures après, le régiment s'établissait au camp de Mustapha-Pacha, à trois quarts de lieue d'Alger, où Changarnier occupa une de ces belles habitations mauresques, si nombreuses alors sur les admirables coteaux qui dominent la baie. Le 29 décembre, le 1ᵉʳ bataillon était envoyé au camp de Douëra, à cinq lieues d'Alger. Le 2ᵉ léger se trouvait avoir tous ses éléments dispersés; un de ses bataillons était resté en France, et un détachement de quatre cents hommes s'était joint à l'expédition que le maréchal Clausel fit au mois de janvier 1836 sur Tlemcen.

Le 31 décembre Changarnier était nommé chef de bataillon au 2ᵉ léger, où son maintien était vivement souhaité; mais il était désigné pour le commandement du bataillon resté en France. Cette nouvelle destination comblait ses vœux. On disait, en effet, les opérations de guerre interrompues pour un temps assez long, et, s'il n'eût voulu céder sa place à personne en temps de dangers, il se souciait peu de tenir garnison sur la côte africaine dans les jours de paix.

L'absence du maréchal Clausel, qui retarda assez longtemps la remise de sa nouvelle lettre de service, le désir de revoir ses camarades du détachement de Tlemcen, la coïncidence de quelques convenances personnelles ajournèrent successivement son embarquement. Cet intervalle de repos et de liberté n'était pas d'ailleurs sans lui plaire, il en jouissait à loisir; la pensée de revoir les siens fiers de lui, heureux de son avancement, était douce à son cœur. Il n'éprouvait pas un moindre contentement de se retrouver bientôt sous les ordres du général de Castellane. Mais les événements devaient lui ouvrir une voie différente : par suite de modifications, le commandement d'un bataillon actif du 2ᵉ léger, en Afrique, lui fut attribué.

C'était, sans qu'il pût s'en douter, une rapide et brillante carrière assurée. Au lieu de regagner Perpignan, il dut, avec les cadres du 3ᵉ bataillon, dont les hommes furent versés dans les deux premiers, se rendre à Draguignan, afin de compléter l'instruction des recrues du dépôt. Un nouveau bataillon ayant été constitué avec ces éléments, Changarnier le ramenait en Afrique au commencement de juin 1834, et ralliait son régiment au camp de Douëra. Aussitôt après son arrivée il fut procédé à une répartition égale des vieux et des jeunes soldats entre les bataillons du 2ᵉ léger, et le commandant resta à la tête du 3ᵉ.

Pendant l'été le régiment prit part, sous les ordres du maréchal de camp marquis de Brossard, contre le kalifa Mohammed-ben-Allal-Embareck, à des opérations de second ordre dont le meilleur résultat fut d'accoutumer tout le monde à la vie en campagne.

Le maréchal Clauzel, entraîné par les pressantes instances de Yusuf, qui prétendait avoir des intelligences dans Constantine, pressait le ministère de l'autoriser à en effectuer la conquête. Il finit par obtenir son assentiment, mais non pas les renforts qu'il réclamait. Le gouverneur résolut donc de concentrer à Bone des forces tirées des trois provinces, sans y appeler le 2ᵉ léger, établi depuis le 20 octobre au camp d'Erlon [1], dont la position ne le désignait pas pour l'expédition projetée.

Changarnier se désolait de ce mécompte.

« Quand on est employé aux affaires de ce pays, écrivait-il à sa sœur le 27 octobre, il faudrait au moins se trouver aux affaires de quelque importance : notre vie, assez monotone, me fait apprécier l'avantage que je me suis procuré depuis longtemps, de savoir, au besoin, me contenter de la société des livres. »

---

[1] Le camp d'Erlon était située entre Alger et Blidah, à trois lieues de cette dernière ville.

Quelle ne fut pas la surprise du commandant lorsque, le lendemain, 28 octobre, il recevait l'ordre de gagner Alger sur-le-champ, avec son bataillon, de l'y embarquer pour Bone, et de rejoindre le corps expéditionnaire !

« Cette faveur, car c'en est une grande, me comble de joie », disait-il en donnant cette nouvelle à sa sœur.

A Bone, le gouverneur avait trouvé l'effectif de sa petite armée fort amoindri par les fièvres d'automne. Pour le relever, il écrivit au commandant de la division d'Alger :

« Envoyez-moi, par le retour de la frégate, le bataillon du commandant Changarnier, cet officier que j'ai remarqué dans l'expédition de Mascara. »

La frégate, menacée par un vent furieux, fut contrainte de venir relâcher le 1er novembre au point de départ. Après une attente de quarante-huit heures elle reprenait la mer, et, le 7 novembre, elle arrivait à Bone. La petite troupe de renfort se porta, le 10 novembre, à quelques lieues en avant de l'armée. En conduisant les officiers chez le duc de Nemours, qui marchait sans commandement avec l'état-major du gouverneur, Changarnier fut agréablement surpris de rencontrer le capitaine Maurice de Mac Mahon. Tous deux témoignèrent une joie véritable à se retrouver.

La colonne se mit en mouvement le 13 novembre. Elle se composait de deux fortes brigades auxquelles on accorda le nom de divisions ; la première était commandée par le maréchal de camp de Rigny, la deuxième par le maréchal de camp Trézel [1]. Elle comprenait, en outre, quatre cents fantassins, cent cinquante spahis, six cents cavaliers des goums, soixante canonniers et deux pièces de montagne aux ordres de Yusuf. Mais, soit défaut de prévoyance, soit manque de bêtes de somme, elle était insuffisamment approvisionnée en vivres et en munitions.

La marche, d'abord favorisée par un temps magnifique, rencontra, dès le 19, de sérieuses difficultés ; les tourmentes de pluie et de neige étant tout à coup survenues, la petite

---

[1] Le bataillon du 2e léger était placé dans la deuxième division

armée en fut cruellement éprouvée. Plusieurs caissons de vivres restèrent dans la boue, un grand nombre d'hommes succombèrent, et leurs cadavres jonchèrent les neiges de la route. Enfin, le 21 novembre, vers une heure de l'après-midi, l'expédition arrivait en vue de Constantine, dont les canons la saluèrent par des salves répétées. Au même moment, quatre mille hommes sortis de la place essayèrent d'occuper le plateau de Koudiat-Aty; mais le général de Rigny, franchissant rapidement le Rummel, les força, après un combat assez vif, à rentrer derrière les remparts.

Changarnier avait établi son bataillon à couvert du feu de la place, lorsqu'au bout de deux heures d'attente le maréchal le fit appeler. A peine l'avait-il rejoint à moins de deux cents mètres sur sa droite, au plateau de Mansourah, où se trouvaient la division Trézel et les troupes de Yusuf, que le gouverneur lui désigna une vaste construction isolée sur la rive gauche du Rummel.

« Si nous pouvions y faire flotter notre drapeau, dit-il, cela produirait bonne impression sur la ville. Bonne chance, mon cher commandant; si vous ne réussissez pas, je serai bien sûr que ce ne sera pas de votre faute! »

Le bataillon prit aussitôt la direction prescrite. Plusieurs sentiers aboutissant à la fois au Rummel, Changarnier crut que leur jonction sur la rive indiquait un gué praticable. Il descendit de cheval et se mit en devoir de le reconnaître lui-même. La neige tombait avec abondance, le jour baissait rapidement, la rivière grossissait à vue d'œil. En avant de sa troupe, Changarnier, pénétrant dans le Rummel, marchait en sondant devant lui avec une baguette de fusil. Les hommes suivaient sur une seule file, se tenant par la main, l'eau montant jusqu'aux épaules. Ce difficile passage s'opéra sans coûter un soldat; quelques bagages et un mulet avaient seuls été entraînés par les eaux. Il était à peine achevé que la crue, s'élevant soudainement, rendit le gué impraticable.

A travers une nuit profonde, foulant aux pieds une neige épaisse, la petite colonne atteignit le bâtiment indiqué par le gouverneur. Il était abandonné, mais il y restait un bœuf dont les dépouilles partagées entre les compagnies ne furent pas médiocrement accueillies. Cette heureuse découverte mit les hommes en belle humeur. Changarnier les établit dans la partie la plus éloignée de la ville. Le lendemain matin, conformément aux instructions du maréchal, le drapeau flottait au faîte de la toiture. Les boulets de la place ne tardèrent pas à venir frapper les murailles de cette immense habitation, qu'on sut plus tard être le Bardo, ou haras du Bey. Presque au même moment, la division de Rigny était attaquée sur la gauche par la garnison, soutenue par le feu des remparts. Sans hésiter, Changarnier fait gravir à son bataillon les pentes du Koudiat-Aty pour se jeter sur le flanc de la sortie; ce mouvement, vivement conduit, provoque la retraite soudaine des assiégés, que le général de Rigny négligea de poursuivre. Du bord du Mansourah, le maréchal, tourné vers le bataillon du 2ᵉ léger, applaudissait du geste à ce petit succès.

Séparé du général Trézel par le Rummel, qu'il ne pouvait plus être question de repasser, le commandant vint se mettre à la disposition du général de Rigny. Celui-ci voulut déployer ses compagnies en tirailleurs, avec ordre de tirer sur tout canonnier qui se montrerait aux embrasures. Mais Changarnier lui ayant représenté qu'à si grande distance ce serait épuiser les munitions en pure perte [1], il l'autorisa à se poster à l'abri d'un ressaut de terrain, où sa troupe essuya peu de pertes.

Le 23, le soleil reparut et vint améliorer les conditions du terrain. Dès dix heures, le bey Achmet en profita pour attaquer avec une nombreuse cavalerie les derrières de l'armée, tandis que Ben-Aissa [2] dirigeait la défense de la place. L'engagement, pendant lequel le bataillon du 2ᵉ léger fit preuve de la plus intelligente bravoure, se termina avec avantage d'assez bonne heure. A titre de récompense, Changarnier obtint un supplément de dix cartouches par homme, chacun en ayant ainsi soixante-dix. La confiance et l'admiration de ses soldats croissaient envers leur chef; ils lui firent présent d'un excel-

[1] Les troupes étaient encore armées du fusil modèle dit de 1777 corrigé.
[2] Ben-Aissa, de race kabyle, chef des plus vigoureux.

lent cheval, dont le cavalier, revêtu d'armes et de vêtements d'une extrême richesse, avait péri pendant le combat. Une sacoche pendue à l'arçon de la selle contenait encore une demi-douzaine d'oreilles françaises, cruels trophées de la veille.

Vers trois heures, un fantassin, qui avait passé le Rummel à la nage, apporta dans une toile goudronnée, roulée autour de sa tête, un ordre du maréchal Clausel, ainsi conçu :

« Général de Rigny, à minuit j'attaquerai la porte d'El-Cantara ; à la même heure attaquez la porte de Koudiat-Aty. »

Ce fut à Changarnier que le général de Rigny confia cette opération, pour laquelle il lui adjoignit les compagnies d'élite du 17º léger et la section d'artillerie. Sans perdre un instant, le commandant se mit en devoir de reconnaître les abords de la place. Escorté de six soldats de bonne volonté, il s'approche des maisons qui bordent la route du plateau à la porte désignée. Elles étaient toutes abandonnées. Il combine rapidement son plan, revient, réunit les officiers et les sous-officiers et leur explique ses instructions.

« Toutes les troupes se masseront en silence dans la rue, leur dit-il ; je me dirigerai vers la porte avec la section d'artillerie et le nombre d'hommes strictement nécessaire pour porter six leviers, douze haches, deux chapelets d'obus ; les obusiers tireront à bout portant dans la porte. Si les chapelets d'obus, les haches et les leviers ne suffisent pas à la faire céder, l'infanterie en aura raison. Nous occuperons les maisons les plus rapprochées et le rempart pour attendre l'entrée de l'armée dans la ville au point du jour. »

Ses ordres donnés, et afin d'assurer un accès plus facile dans les habitations où il faudrait ouvrir des créneaux, il fit distribuer les quelques livres de bougie qu'il emportait en campagne pour lire le soir. Il attendait impatiemment le moment d'exécuter cette difficile entreprise, lorsqu'à sept heures, le Rummel étant devenu guéable aux cavaliers, un aide de camp du maréchal apporta des instructions plus détaillées. Celles-ci prescrivaient que l'infanterie légère d'Afrique, commandée par le lieutenant-colonel Duvivier, serait chargée de l'attaque de la porte de Koudiat-Aty. Insistant fortement pour que cette mission ne lui fût pas retirée, Changarnier essaya en vain d'y décider le général de Rigny; mais, tout en reconnaissant que le gouverneur eût maintenu les premières dispositions, s'il les avait connues, le général représenta la grave responsabilité qu'il encourrait en cas d'échec, étant donné surtout que l'effectif de l'infanterie d'Afrique s'élevait presque au triple de celui du bataillon du 2ᵉ léger.

Duvivier conduisit donc l'attaque. Mais ses préparatifs avaient été mal calculés. L'infanterie, presque confondue avec l'artillerie, gêna tellement les canonniers qu'un temps assez long s'écoula avant que les pièces fussent en batterie; il fallut attendre les chapelets d'obus, les haches et les leviers, laissés hors de portée facile; l'ennemi, averti par le bruit, dirigea un feu nourri sur cette masse compacte; deux cents hommes, dont huit officiers, furent tués en quelques minutes et la retraite s'effectua en grand désordre.

L'attaque de la porte d'El-Cantara ayant également échoué, le feu des assiégés cessa, et le silence se fit de toutes parts. A trois heures du matin, il était tout à coup interrompu par des chants : c'était la prière qui se faisait entendre du haut de la mosquée, aussitôt répétée sur les remparts par un chœur de quelques milliers de voix. Dans le calme de la nuit, le spectacle était saisissant, plein de grandeur; tous en furent profondément impressionnés.

A trois heures et demie du matin, un aide de camp du maréchal apporta au commandant de la première division l'ordre de commencer une retraite immédiate et d'opérer sa jonction avec la deuxième division avant le lever du soleil. Le général fit exécuter ce mouvement sur-le-champ et chargea Changarnier de le couvrir avec son bataillon. Le commandant organise rapidement sa troupe : il fait ramasser quelques sachets de riz, de biscuit, de sucre et de café oubliés dans les bivouacs, et se constitue une réserve de deux mille cartouches en faisant vider les cartouchières des blessés et des malades de tous les corps; il harangue en quelques mots ses hommes pour leur rappeler que le maintien d'une discipline rigoureuse est la seule sauvegarde dans les circonstances périlleuses, et exprime la confiance qu'ils sauront se tirer avec honneur des rudes difficultés à vaincre.

Le général de Rigny partit en tête, suivi des six escadrons de chasseurs, des trois bataillons du 17ᵉ léger, de l'ambulance et enfin de l'infanterie légère d'Afrique. Quand le bataillon du 2ᵉ léger se mit en marche, le soleil éclairait déjà l'horizon. Avertis par les sentinelles des remparts, de petits détachements commencèrent à sortir. Ils engageaient bientôt avec les tirailleurs du 2ᵉ léger une fusillade qui devint progressivement assez vive, tandis que le canon de la place ouvrait un feu nourri. Changarnier atteignait déjà la berge gauche du Rummel, lorsqu'il aperçut une quarantaine de soldats français courant éperdus au milieu des Arabes pour rejoindre la colonne. C'était un poste oublié par l'infanterie légère d'Afrique. Mais le commandant fait face en arrière, ramène au pas de charge son bataillon au-devant de ces malheureux, et réussit à en sauver le plus grand nombre. Cet incident ayant laissé à la garnison le temps d'arriver en masse, le passage du Rummel s'opéra avec beaucoup de difficultés, malgré le feu dont le lieutenant-colonel Duvivier le protégeait de la rive droite. A peine arrivé au sommet de la berge droite, le bataillon du 2ᵉ léger fut arrêté par les troupes de la seconde division, qui passaient précipitamment le Rummel devant la tête de la colonne pour gagner, dans la direction du marabout de Sidi-Mabruck, le point où le maréchal s'était porté afin de recueillir successivement les régiments. En les faisant former dans l'ordre arrêté pour la route, il leur adressait de mâles paroles ; la fermeté de sa contenance retrempait leur moral très affaibli par les misères et par l'impression d'une retraite commencée en pleine nuit, après un double échec.

A ce moment, Changarnier avait en réalité achevé de remplir sa mission, la division qu'il était chargé de couvrir ayant opéré sa jonction avec celle du général Trézel. Il attendit donc de nouveaux ordres, mais ceux-ci n'arrivant pas, il prit énergiquement l'initiative. Un examen rapide de la situation lui fit bientôt reconnaître que le péril allait s'aggravant. Les corps marchaient en désordre, dans une formation inégale, sans essayer même le moindre retour offensif pour sauver les traînards, aussitôt égorgés par un ennemi impitoyable; déjà le gros de la colonne allait être atteint, les deux canons de Yusuf étaient tombés aux mains des Arabes, et les deux tiers des troupes auxiliaires avaient déserté; le colonel du 63°, pressé de toutes parts, précipitait son mouvement. Au capitaine de La Tour du Pin, lui apportant l'ordre du maréchal de tenir ferme, il avait répondu : « J'ai toute l'Arabie sur les bras. » — Et, sans opposer de résistance, il poursuivait sa marche. L'ennemi avait massacré les blessés chargés sur quatorze voitures d'artillerie, dont les attelages s'étaient enfuis à la suite du colonel du 63°; l'infanterie arabe, ralliée par deux mille chevaux, gagnait rapidement du terrain. Une autre masse ennemie attendait l'éloignement du bataillon du 2° léger pour passer le Rummel; elle était suivie d'Achmet-Bey à la tête de la nombreuse cavalerie qui avait combattu dans la matinée de la veille la division de Rigny.

Changarnier comprit que s'il suivait à son tour le 17° léger, l'attaque générale se déclarerait et que, la défense n'étant nulle part préparée, la défaite deviendrait inévitable, avant que le maréchal, à ce moment à l'avant-garde, eût pu reformer ses régiments.

Pour lui en donner le temps, le commandant fit un vigoureux mouvement offensif sur les quatre ou cinq cents hommes qui avaient déjà franchi le Rummel derrière lui et les refoula vivement sur le gros des assaillants, qu'il contraignit ainsi de chercher un autre passage. Puis, ramenant son bataillon tout entier derrière un léger pli de terrain, il attendit la troupe ennemie qui venait de la Mansourah. Au moment où celle-ci arrivait à petite distance, il ouvrit contre elle un feu violent, dont l'effet inattendu mit le désordre dans ses rangs et rejeta sur les masses les têtes de colonne qui couraient sans cohésion à la poursuite.

Se reportant en arrière dans une petite ravine garnie de quelques rochers, il arrêta encore une fois les Arabes par de nouvelles décharges. A ce moment, le chef d'état-major du maréchal, escorté d'un peloton de chasseurs d'Afrique, passait au galop en arrière du bataillon en criant : « Commandant, c'est vous qui couvrez la retraite ! »

« Je m'en aperçois bien », répliqua Changarnier en éclatant d'un rire auquel répondit celui du bataillon.

Mais la position allait être débordée; Changarnier se replia peu à peu. Pendant qu'il opérait ce mouvement, la cavalerie d'Achmet dépasse au galop son infanterie pour commencer l'attaque. Trois à quatre cents cavaliers la précèdent, exécutant une bruyante *fantasia*. Les goums viennent à leur suite aligner leurs masses profondes, les étendards se portent en avant, les chefs courent sur le front des cavaliers, donnant des ordres, excitant les combattants; la charge d'ensemble se prépare, l'instant est critique.

Le commandant arrête son bataillon.

D'une voix forte il crie :

« Soldats du 2e léger, regardez ces gens-là en face : ils sont six mille et vous êtes trois cents. Vous voyez que la partie est égale ! »

Ces mots étaient à peine prononcés que la cavalerie ennemie s'ébranla.

« Formez le carré ! » commande Changarnier.

Le mouvement s'exécute dans un ordre ponctuel et, sur un signal du clairon, les tirailleurs qui contenaient ceux de l'adversaire rentrent rapidement dans les intervalles. Les trois cents cavaliers tirailleurs galopent à leur poursuite, puis s'arrêtent, sur une profondeur de quatre à cinq rangs, à quelques pas du carré, pendant que toute la cavalerie arabe se masse derrière eux.

L'ardeur est à son comble dans le bataillon, les hommes inclinent leurs armes, le doigt sur la détente.

« Soldats, à mon commandement! Vive le Roi ! » s'écrie Changarnier.

« Vive le Roi! vive le commandant Changarnier ! » répond d'une seule voix le bataillon.

Tous les fusils se sont relevés, les hommes attendent avec calme.

« Quatrième, deuxième et troisième faces, feu de deux rangs! Par la droite de chaque section, commencez le feu! » commande Changarnier.

En quelques instants, trois faces du carré sont jonchées de cadavres d'hommes et de chevaux; l'ennemi déconcerté fait demi-tour en désordre et se retire.

Le vaillant bataillon ne demeura pas formé en carré plus de quatre minutes. Un capitaine et seize soldats furent tués, le nombre des blessés dépassa le chiffre de quarante. Parmi eux était le commandant; il reçut, presque à bout portant, une balle qui courut tout le long de la clavicule droite en la dénudant, sans entamer l'os. Après avoir assuré le transport de ses blessés à l'ambulance, Changarnier se remit en marche, tandis que l'ennemi regagnait Constantine. On apercevait au loin l'infanterie qui rebroussait chemin en hâte; dans la précipitation de la sortie du matin, elle était partie sans se pourvoir de vivres, elle rentrait pour faire son premier repas.

A une heure, le bataillon rejoignit au bivouac le corps expéditionnaire; il y était accueilli par les acclamations et les applaudissements de toutes les troupes. L'enthousiasme était général; le gouverneur, s'en faisant l'interprète, vint au-devant de Changarnier pour lui adresser de chaleureuses félicitations. Le duc de Mortemart, le duc de Caraman, qui avaient accompagné l'expédition, sur l'invitation du maréchal, presque tous les officiers entourèrent le commandant, lui serrant les mains, le remerciant tout haut d'avoir sauvé l'armée.

Elle lui devait en effet son salut, non pas seulement à cause de la résolution et de la vaillance qu'il avait déployées, mais surtout en raison du sang-froid avec lequel il avait conduit cette difficile retraite et des dispositions aussi intelligentes qu'audacieuses qu'il avait su prendre. Il avait, avec beaucoup de bonheur, profité de la faute de l'ennemi. Celui-ci avait d'abord engagé sa cavalerie sans faire usage de sa nombreuse infanterie, dont l'attaque n'aurait vraisemblablement pas été repoussée par une troupe si inférieure en nombre.

Un temps superbe favorisa la retraite, reprise dès le 25.

Elle fut faiblement inquiétée par la cavalerie d'Achmet, qui harcela l'armée sur toutes ses faces, lui tuant une centaine d'hommes et massacrant avec férocité les traînards.

Le soir, au bivouac, Changarnier vit le maréchal s'approcher de lui. Négligemment, tout en causant, il s'assit sur une de ses cantines, l'engageant gracieusement à prendre place sur l'autre. Puis, après quelques mots affectueux :

« Et la Seybouse, dit-il, comment la passerons-nous au-dessous de Raz-el-Akba?

— Nous la passerons, monsieur le maréchal, et nous nous tirerons bien de ce pas difficile.

— Achmet y a sûrement envoyé ses Kabyles?

— A sa place, monsieur le maréchal, vous n'y manqueriez pas.

— Votre bataillon est admirable. Mais combien lui reste-t-il?

— Trois cents hommes décidés à se battre jusqu'au dernier.

— Les autres régiments le vaudraient, s'ils étaient aussi bien commandés... Je placerai sous vos ordres leurs compagnies d'élite et vous en tirerez bon parti.

— Oui, avec ces renforts, nous justifierons votre confiance. Aux abords de la rivière, si l'ennemi nous suit de près, nous vous assurerons quelque temps de tranquillité sur vos derrières par un vigoureux retour offensif, puis nous reviendrons passer rapidement la Seybouse et enlever sur la rive gauche les positions dominantes. »

Rassuré par cette énergie, le maréchal continua en exprimant son admiration pour la merveilleuse fertilité du pays, le pittoresque des sites.

« L'année prochaine, s'écria-t-il, je ferai venir de France cinq à six mille paysans pour cultiver ces contrées, et, dans peu d'années, le gouvernement gagnera des députés en leur donnant des villas dans ce beau pays! »

Et sur cette boutade, il serre gaiement les mains du commandant et se retire.

Un triste incident, clos devant un conseil de guerre, troubla péniblement la journée du 26. Au moment où l'avant-garde touchait au point où le bivouac avait été fixé, le général de Rigny et le colonel Corbin, du 17ᵉ léger, marchaient en causant, lorsqu'ils remarquèrent sur les hauteurs, à leur droite, une ligne épaisse et serrée qu'ils prirent pour des rangs d'infanterie arabe. Prenant le galop, le général de Rigny courut à travers la colonne criant : « Où est le maréchal?... A quoi pense le maréchal?... L'infanterie régulière d'Achmet va nous attaquer en flanc!... » Quand il eut rejoint le gouverneur, celui-ci, sans lui répondre, arrêta net les têtes de colonne. Par l'énergie de sa contenance il s'efforça de rendre la confiance aux troupes inquiètes de cette menace soudaine et envoya les officiers de son état-major chercher le bataillon du 2ᵉ léger et des renseignements. Au commandant Sainte-Hippolyte, aux capitaines de La Tour du Pin et Clausel, Changarnier répondit qu'il ne comprenait rien à cette alarme, qu'Achmet n'avait pas d'infanterie régulière, qu'il était certain que l'ennemi n'était nulle part en vue et que, d'ailleurs, jamais la marche du corps expéditionnaire n'avait été si libre. On s'approche alors des hauteurs et on découvre que les rangs d'infanterie arabe signalés n'étaient autre chose qu'une ligne épaisse et serrée de chardons!..... L'impression fut indicible.

Changarnier s'était endormi de bonne heure lorsqu'il fut tout à coup réveillé par le duc de Mortemart, l'intendant en chef Melcion d'Arc, le commandant Sainte-Hippolyte et le capitaine de Drée. Ceux-ci lui racontèrent que, peu d'instants auparavant, ils s'entretenaient avec le maréchal de la pitoyable hallucination du général de Rigny, lorsque l'intendant s'écria :

« Conservez-vous bien, monsieur le maréchal ; sans vous, nous ne reverrions pas Alger !

— Si je recevais une blessure, je me hâterais de mettre aux arrêts tous les officiers supérieurs en grade à Changarnier ou plus anciens que lui. Si j'étais tué!... Ma foi! dépêchez-vous de vous insurger et de décerner le commandement à Changarnier, sinon vous êtes tous... perdus! »

La retraite se poursuivit le lendemain dans les mêmes difficiles conditions; les soldats, à bout de forces, épuisés par les privations, succombaient sur la route et devenaient victimes de la férocité de quelques centaines de cavaliers arabes qui achevaient tous les traînards. Le passage de la Seybouse s'effectua sans obstacles sérieux; Achmet n'avait pris aucune mesure pour le défendre! Ce jour-là même, le maréchal signa un ordre du jour très atténué relatif à la panique du 26. Les instances, les excuses du général de Rigny le firent consentir à modifier les termes d'abord arrêtés. Mais le blâme parut encore trop dur au général; il réclama sa mise en jugement devant un conseil de guerre, qui prononça plus tard, sur ce fâcheux événement, une sentence d'acquittement.

L'armée arriva à Bone le 1er décembre, dans un état de délabrement[1] qui consterna la population; seul, le bataillon du 2e léger se présentait encore dans une allure ferme et vigoureuse. Pendant cette rude retraite, il n'avait pas eu un seul traînard. Les soins incessants de son commandant, son exemple, la confiance qu'il inspirait avaient soutenu aussi bien les forces physiques que l'énergie morale.

A peine avait-il assuré l'installation de ses hommes, Changarnier se hâtait de donner de ses nouvelles à sa sœur.

« Je suis fatigué, mais bien portant, lui écrivait-il. Deux nuits me remettront dans mon état de santé ordinaire. Comment souffrir des misères de nos cruels bivouacs, quand le cœur est plein des plus nobles émotions? Je ne puis vous laisser ignorer, et je voudrais cependant qu'un autre pût vous dire les services que j'ai rendus, services connus et appréciés de toute l'armée. Depuis le prince et le maréchal jusqu'aux derniers soldats, tous sont venus me complimenter. Je ne puis savoir jusqu'à quel point les rapports officiels pourront vous faire connaître la conduite du bataillon, principalement dans la journée du 24, premier jour de la retraite que j'étais chargé de soutenir. Attendez ces rapports et soyez modestes. Notre entreprise ayant échoué, on n'accordera probablement point

[1] Le rapport sur l'expédition annonça une perte de 448 tués et de 248 blessés; en réalité, sur un effectif de 8,770 hommes, un tiers avait péri dans le cours de la campagne, et, quinze jours après le retour, un second tiers était mort dans les hôpitaux.

de récompenses. Ne comptez donc pas sur celles qui pourraient être demandées en ma faveur. Maurice de Mac Mahon se porte à merveille; dis-le aux personnes de sa famille que tu pourrais rencontrer. Écris-moi à Alger, où on va nous envoyer dès demain. »

Le 4 décembre, en effet, le bataillon montait à bord du vapeur qui portait à Alger le maréchal; Changarnier insista avec force auprès de lui pour faire embarquer ses blessés, déposés par l'ambulance dans des hôpitaux surchargés, manquant de tout, abandonnés au dénuement. Les officiers de marine résistent, objectent l'encombrement; l'intendance oppose les embarras d'une complication de comptabilité, rien n'y fait : le commandant se débat avec opiniâtreté et reçoit enfin l'autorisation du gouverneur. Quatre grandes barques de pêcheurs ramenaient bientôt à bord ces malheureux arrachés ainsi à une mort certaine.

Le 6, on arrivait à Alger. Quant vint le tour de débarquement du bataillon, le bruit de son héroïque conduite s'était déjà répandu; son passage à travers la ville fut un véritable triomphe; on l'applaudissait, on l'acclamait. Jusqu'à Mustapha, où il devait s'arrêter, la foule ne cessa pas de l'accompagner. Le lendemain, 7 décembre, il était installé au camp de Douëra; le 8, il reçut la visite du duc de Nemours et du maréchal, qui renouvelèrent leurs plus chaudes félicitations. Le prince avait, durant la retraite, donné l'exemple invariable du sang-froid le plus impassible. Sa généreuse attitude avait laissé dans la mémoire de tous des souvenirs qui lui valurent l'accueil le plus sympathique; aussi ses éloges eurent-ils pour Changarnier un prix particulier. Les officiers de son bataillon lui avaient annoncé, dès l'arrivée à Bone, qu'au bivouac du 24, le soir même de cette glorieuse journée, ils avaient unanimement résolu de lui donner une épée d'honneur et chargé le commandant d'Arbouville de la faire exécuter à Paris.

« Je suis bien heureux depuis quinze jours, écrivait-il à sa sœur, c'est à en mourir ! »

Les nouvelles de l'expédition et le récit du brillant fait

d'armes de Constantine ne parvinrent à madame Changarnier que le 14. On devine sa joyeuse émotion, sa juste fierté en recevant l'écho des acclamations populaires qui saluaient partout le nom de son fils. A Toulon, un officier du dépôt du 2ᵉ léger se trouvait avec quelques recrues à l'arrivée du bateau porteur du premier rapport du maréchal; la foule l'applaudit et entoura avec empressement le petit détachement du régiment illustré par Chargarnier, tant les récits de l'équipage et des passagers avaient placé haut les services de cet admirable bataillon.

Le comte Joseph de Mac Mahon, à ce moment l'hôte du marquis d'Espeuilles, au château de la Montagne, écrivait à madame Changarnier, le 16 décembre :

« Nous recevons à l'instant une lettre de mon frère, datée de Bone le 1ᵉʳ décembre. Il me charge de vous dire que, ce jour-là, M. Changarnier était en parfaite santé; qu'il était, de l'aveu de tous les officiers de l'armée, celui qui avait eu les honneurs d'une affaire devant Constantine; qu'il y avait montré un sang-froid, un courage et un talent admirables, ayant soutenu la retraite avec son bataillon. Toute l'armée a beaucoup souffert, les convois étant tombés entre les mains des Arabes. »

A Sully[1], le même courrier apportait au marquis de Mac Mahon, fort anxieux de l'expédition, une autre lettre de son frère :

« Que l'un de vous monte à cheval, disait-il en terminant, et aille dire à madame Changarnier que, non seulement son fils se porte bien, mais qu'il s'est couvert de gloire en sauvant, avec son seul bataillon, notre désastreuse retraite ! »

D'un commun accord, la réunion assemblée au château confia cette mission au comte Édouard de Wall, qui courut s'en acquitter à Autun.

« La vénérable dame, racontait-il au retour, m'a serré dans ses bras, et jamais baiser ne m'a fait plus de plaisir. »

Peu de jours après, le marquis de Ganay écrivait à madame Changarnier, de Pise, le 25 décembre :

---

[1] Le château de Sully, près Autun, résidence du marquis de Mac Mahon.

« J'ai à ajouter à votre orgueil maternel, en vous faisant part de l'opinion d'un homme qui, par son noble caractère, par sa position personnelle, ne peut manquer d'avoir une influence assez grande relativement aux derniers événements d'Afrique. J'ai eu entre les mains une dépêche du général Tiburce Sébastiani, commandant la Corse, aux différents agents français en Italie, pour leur faire part de la malheureuse expédition de Constantine. Le général Sébastiani en connaissait tous les épisodes par MM. le duc de Mortemart, de Colbert et de Rancé, que le mauvais temps avait obligés de relâcher en Corse. Sa dépêche se termine par ces mots : Je tiens de M. le duc de Mortemart que c'est un chef de bataillon du 2ᵉ léger qui a sauvé l'armée par une action héroïque et sa constante énergie. M. de Mortemart déclare, d'après les connaissances qu'il a de la guerre, que ce brave officier a mérité les épaulettes de maréchal de camp, et compte le dire à tout Paris et au Roi le premier. »

En s'exprimant ainsi, le général Sébastiani avait traduit le sentiment unanime.

« Les corps de toutes les armes, écrivait de Bougie à Changarnier le commandant de Montre, chef de bataillon au 2ᵉ léger, s'inclinent devant vous! Vous êtes le héros de l'expédition, et il n'y a pas jusqu'au dernier soldat qui ne prononce votre nom avec vénération, comme vous devant quelque chose de son existence! »

L'impression fut des plus vives à Paris.

« Il n'est question que de vous partout, mandait à Changarnier M. Bertin de Vaux, officier d'ordonnance du duc d'Orléans. La page que vous a consacrée le maréchal dans son rapport doit vous rendre bien fier et bien heureux. M. le duc d'Orléans apprécie très haut les services que vous avez rendus à l'armée dans les derniers événements. Il est encore un homme qui va être bien content! C'est le général de Castellane. Je suis sûr qu'il n'aura pas pu lire jusqu'au bout ce qui vous concerne dans le bulletin; car vous ne doutez pas de l'émotion causée par ce diable de récit. »

A ces félicitations se joignaient celles de la municipalité

d'Autun : « Votre ville natale, disait le message officiel, ne pense pas pouvoir vous adresser d'éloge plus honorable et plus sincère qu'en vous annonçant qu'elle est fière de vous compter au nombre de ses enfants [1]. »

Le maréchal Clausel adressa au ministre un mémoire de proposition afin de faire élever le commandant Changarnier au grade de lieutenant-colonel « pour actions d'éclat ». L'heure que traversait Changarnier était bien la plus glorieuse qui puisse récompenser un soldat. On ne parlait que du 2e léger ; à Alger, le commandant était le héros de la faveur populaire, la crainte des acclamations de la foule l'empêchait de quitter Douëra. Il jouissait de son triomphe, mais son cœur n'en était pas troublé.

« Enfin, ma chère Antoinette, écrivait-il à sa sœur le 23 décembre, je vous sais rassurée, et je puis croire que vous prenez votre part de mon bonheur. Ce serait à en perdre la tête si l'habitude du malheur et de longues déceptions n'avaient d'avance rafraîchi et consolidé la mienne. Quelle que soit la bienveillance du maréchal, excellent pour moi, il ne faut pas compter qu'il réussira à me faire obtenir un avancement… nous avons échoué !… Mais enfin c'est quelque chose que d'être proposé, et l'opinion de l'armée, l'épée d'honneur que me donnent les officiers du bataillon sont bien au-dessus de tout ce que le ministre peut faire pour moi ! »

Appelé à Paris par le ministre de la guerre, Changarnier s'embarqua à Alger au commencement de janvier 1837. En sortant d'une quarantaine assez longue au lazaret de Toulon, il apprenait sa nomination de lieutenant-colonel au 10e régiment de ligne, en garnison à Soissons. Cette désignation ne comblait pas ses désirs ; le plus ardent était d'obtenir l'emploi de son grade à son cher 2e léger, dont le lieutenant-colonel venait de mourir. D'actives démarches étaient d'ailleurs en

---

[1] Par une délibération votée à l'unanimité, le conseil municipal d'Autun décida de commander un tableau représentant l'épisode du carré de Constantine. En moins de douze heures, les habitants souscrivirent une somme assez élevée pour pouvoir en charger Horace Vernet, dont l'œuvre originale fut placée au musée d'Autun. La copie exécutée par lui figure au musée du château de Versailles.

cours pour provoquer cette décision, et il comptait bien y ajouter ses propres instances. Quelle ne fut donc pas sa surprise, en arrivant à Marseille, de recevoir au bureau même de la malle-poste l'ordre de se présenter sans retard à l'état-major de la division !

« Colonel, lui dit le chef d'état-major, nous vous avons fait chercher dans tous les hôtels, dans tous les bureaux des voitures publiques. Veuillez lire cette dépêche, datée du 15 à midi, un peu retardée par le mauvais temps et qui vous a manqué à Toulon : « Ordonnez au commandant Changarnier « de se rembarquer pour l'Afrique ; il est nommé lieutenant- « colonel de son régiment, où le bien du service exige sa « présence. »

L'intervention du maréchal de camp, qui commandait la division en l'absence du général Damrémont, obtint du ministre pour Changarnier l'autorisation de jouir du congé précédemment accordé, en attendant l'achèvement des préparatifs de la future expédition. Mais la réponse se fit attendre plusieurs jours, et cette incertitude était un véritable supplice pour Changarnier, tant il avait hâte d'aller embrasser sa mère et sa sœur.

« Si j'ai joui franchement de mon bonheur, écrivait-il, je n'ai pourtant pas d'ostentation à expier. Caché dans le désert de Douëra, je n'en étais sorti que pour préparer mon voyage. Ici je refuse non seulement les invitations des principales autorités, mais encore celles des divers cercles. Il ne tiendrait qu'à moi de me faire faire des vers par l'Académie de Marseille, tout comme elle en fit à M. de Lamartine avant son départ pour l'Orient. Il est vrai que je n'y répondrais pas si bien. Je refuse tout cela sous prétexte d'indisposition, quoique je me porte très bien. Ce n'est qu'avec ceux que j'aime que je voudrais jouir de la satisfaction d'avoir fait mon devoir. Je me promène et regarde tout sans m'intéresser à rien ; au cabinet de lecture, je tourne les feuillets sans trop savoir ce que je lis ; au spectacle, Perlet et son éternel comédien d'Étampes m'ennuient, et c'est tout au plus si, il y a trois jours, le puissant violon de Paganini a commandé mon attention. Mon esprit et mon cœur ne sont point ici ! »

On peut juger par ces derniers mots que les qualités de l'homme de guerre n'excluent pas les délicatesses des affections de famille. L'autorisation obtenue, Changarnier se rendit d'abord à Paris, où il trouva l'accueil le plus chaleureux. La bienveillance du Roi, qui l'appela spontanément à une longue audience particulière, les témoignages des princes, l'empressement de la société, l'engouement populaire, tout concourut à donner à ce séjour un intérêt plein de charme. Ces démonstrations donnèrent à croire qu'un personnage si choyé ne pouvait faire moins que d'être fort en faveur. Les demandes affluent de tous côtés, on se recommande à sa protection, on sollicite ses démarches.

« On me ruine en ports de lettres, écrit Changarnier à sa sœur, pour me faire des demandes pour la plupart dépourvues de sens. Empêche donc qu'on ne se fasse de mon crédit une idée exagérée. Le plus grand service que tu puisses me rendre à Autun est d'éloigner toute idée de banquet. J'ai horreur de ces manifestations, et, sans être ingrat, je ne désire rien si vivement de mes compatriotes qu'un peu de tranquillité. »

L'opinion se prononçait fortement en faveur de l'Algérie, jusque-là très discutée, elle réclamait une action vigoureuse qui mit fin à cette longue résistance, si coûteuse pour nos armes. Le cabinet se préoccupait de donner à ce courant d'idées une large satisfaction en décidant la revanche de l'échec de Constantine. Le duc d'Orléans insistait fortement pour que l'expédition fût entreprise sans retard ; il entretint longuement Changarnier des mesures et des préparatifs à cet effet, le chargea de rédiger un mémoire et de présenter un projet ; il l'assura pour cette prochaine opération du commandement de l'avant-garde, dont il lui indiqua la composition. Le ministre de la guerre lui fit la même promesse. Enfin, lorsqu'il quitta Paris, Changarnier emportait les assurances les plus satisfaisantes, dont il alla jouir au milieu des siens. Son séjour à Autun fut d'abord interrompu par l'ordre de comparaître à Marseille comme témoin dans le procès du général de Rigny. Il y était à peine arrivé qu'un ajournement lui était notifié avec un nouveau congé.

« Je me suis mis en route, écrivait-il le 31 mai, de Chailli, au marquis de Ganay, pour rejoindre ma mère et ma sœur dans un pays où j'ai passé quelques heureuses vacances dans mon bon temps d'écolier.

« A Autun, tout mon temps s'est écoulé à faire et à recevoir des visites ; ce n'est pas toujours l'emploi le mieux entendu de la vie, mais j'ai recueilli tant de témoignages d'affectueuse et unanime bienveillance que rien ne pouvait m'y sembler ennuyeux. J'ai reçu depuis quelques jours bien des compliments qui ont flatté mon amour-propre, bien des preuves d'intérêt qui m'ont touché le cœur, mais rien ne m'a causé un plaisir plus vrai que de retrouver votre amitié toujours jeune, franche, chaleureuse ! Je ne vous l'ai pas dit, parce que j'ai eu la faiblesse de craindre de céder à une émotion que le monde veut que l'on cache ; mais pourquoi ne vous l'écrirais-je pas ?

« M. de Montépin voulait que j'écrivisse la relation de notre laborieuse campagne pour la déposer à l'Hôtel de ville. Rien ne serait si facile. Mais serait-il sage de dire la vérité blessante pour tant de gens ? Mais serait-il de bon goût de faire moi-même mon éloge ? — Trois jours après mon retour à Alger, j'adressai un journal d'une trentaine de pages, bâclé en toute hâte, au général de Castellane, qui me l'avait demandé avant mon départ pour Constantine. Un beau jour, les compliments, longtemps inintelligibles pour moi, de M. le duc de Fezensac, m'apprirent que cette immense lettre, écrite avec la franchise de l'intimité, était en circulation. Je n'ai pas pu la rattraper.

« Horace Vernet m'avait parlé d'un livret qu'il désirait que je lui prépare pour son tableau. Le paragraphe qui me concerne dans le rapport officiel, inséré au *Moniteur* du 16 décembre, serait, pour moi, la meilleure de toutes les légendes. »

Après le jugement du conseil de guerre, qui acquitta le général de Rigny, Changarnier regagna l'Algérie et vint reprendre sa place au 2e léger à Mustapha, près d'Alger. Il passa ainsi tout l'été dans l'attente de la nouvelle expédition de Constantine. Quelle ne fut pas sa déception, en lisant dans le *Moniteur* la composition de l'armée, qu'il n'était pas appelé à y prendre part! Il en ressentit une véritable douleur qu'on se représentera sans peine. Elle s'aggrava lorsqu'il dut assister au départ du 1ᵉʳ bataillon du 2ᵉ léger. Il lui fallut subir avec de longs mois d'inaction la privation de la gloire de la campagne et rester au camp de Mustapha, où il rongeait littéralement son frein.

Au mois d'avril 1838, le maréchal Valée lui confia la création du camp de Kara-Mustapha, à onze lieues à l'est d'Alger. Afin de donner des garanties de sécurité aux colons, le gouverneur général avait décidé l'établissement, dans la partie de la Mitidja soumise à notre domination, d'un assez grand nombre de camps retranchés. Changarnier s'établit sous la tente avec deux bataillons du 2ᵉ léger, un peloton de chasseurs d'Afrique, une section du génie et quatre obusiers de montagne. Quand la construction des retranchements et des baraques eut été achevée, il fallut ouvrir des routes, parcourir les tribus, consolider une autorité souvent contestée, maintenir et développer l'instruction et l'entraînement des troupes. Son activité s'exerça dans ces limites trop étroites à son ardeur, même quand il reçut après l'automne le commandement supérieur des deux camps de Kara-Mustapha et de Fondouck, dans lequel il remplaça le colonel du 2ᵉ léger.

L'état de paix se prolongea ainsi jusqu'au débarquement du duc d'Orléans à Alger, le 23 septembre 1839. Le prince apportait à Changarnier son brevet de colonel avec le commandement du 2ᵉ léger, où trois ans et demi auparavant il était capitaine.

Le maréchal ayant donné l'ordre au lieutenant général de Galbois de réunir trois cent mille rations à Sétif, et au commandant de Bougie de préparer le passage de corps nombreux, le bruit se répandit que les prochaines opérations avaient pour objectif un mouvement combiné entre deux colonnes partant l'une de Sétif, l'autre de Bougie. Toutes les dispositions prises paraissaient d'ailleurs confirmer cette conjecture; elle faisait l'objet exclusif des préoccupations du corps expéditionnaire dont les éléments se concentrèrent successivement à Mila. Le 2ᵉ léger, fort de deux mille deux cents hommes, s'embarqua le 5 octobre à Alger; il prenait terre le 7 à Philippeville; le 12 il saluait Constantine, dont la vue réveilla des souvenirs chers au régiment, et le 15 il était placé sous les ordres du prince royal.

L'armée se composait de deux divisions, dont le duc d'Orléans commandait la première et le général de Galbois la deuxième. Elle quitta Mila le 18, et arriva à Sétif le 21, où les pluies diluviennes d'Afrique l'obligèrent à séjourner.

Pendant cette halte forcée, un certain nombre de cheiks kabyles des montagnes vinrent se présenter au maréchal et lui apportèrent leurs promesses de soumission. Mais, peu confiant dans leur sincérité, il s'attacha à les interroger en détail sur l'état des communications entre Sétif et Bougie, sur les dispositions des lieux, sur les intentions de la population. Ce langage leva tous les doutes, et chacun fut persuadé que l'armée marchait sur Bougie. Avertis par leurs chefs, tous les Kabyles de la chaîne du Djurdjura vinrent attendre sur la route de Bougie le passage de la colonne afin de l'y surprendre. Le 25, par un soleil éclatant, le gouverneur se remettait en mouvement pour bivouaquer le même soir sur l'Oued-Bousalam, à l'intersection des routes de Bougie et des Portes de fer. Mais le lendemain l'armée tourne à gauche; l'émotion gagne tous les rangs, le secret, jusque-là si bien gardé, est divulgué; on se dirige sur les Portes de fer ou de Biben [1]. Après deux marches de près de douze lieues chacune, les troupes bivouaquaient le 27 à Dra-el-Amor, à trois quarts de lieue des Portes de fer.

Le lendemain 28, pendant que la division du général de Galbois se préparait à regagner de son côté Constantine, la division d'Orléans pénétrait dans le redoutable défilé. Marchant sur une seule file, ses trois mille hommes mirent plus de sept heures à le traverser. L'entreprise était hardie, car une poignée d'Arabes eût suffi à défendre cette gorge que les

---

[1] Les Portes de fer ou de Biban (en arabe : Biben au pluriel, Biban au singulier.)

Romains n'avaient jamais osé franchir. Deux gigantesques murailles de granit, hautes de quatre-vingts à cent mètres, le bordent de chaque côté et limitent le lit étrangement sinueux d'un mince ruisseau, l'Oued-Biban ou Bou-Kton, où l'eau sans cesse arrêtée dans son cours par des quartiers de rocher, d'énormes cailloux, des débris de toutes sortes, retombe en cascades. La pluie, la moindre résistance sur leur parcours, élèvent souvent en quelques instants jusqu'à plus de trente mètres le niveau des eaux, qui viennent alors déboucher en bouillonnant avec fureur à l'extrémité du défilé, sur l'étroite vallée qu'elles inondent entièrement. Dans cette effroyable profondeur la lumière arrive à peine ; la colonne marchait à travers une demi-obscurité, glissant à chaque pas dans une boue profonde ; on se heurtait à mille obstacles. Quand les regards se tournaient vers les hauteurs formidables du rocher, ils n'apercevaient que des crêtes bizarrement dentelées, déchirées de toutes parts, s'abaissant tout à coup pour grandir soudainement, présentant des ouvertures creusées comme des meurtrières, des remparts propices aux embuscades et aux surprises.

Une demi-heure à peine après que la division avait franchi ce passage périlleux, l'orage éclatait, et les eaux montaient soudainement dans cet endiguement naturel. L'armée avait échappé avec un rare bonheur au danger où elle avait risqué de périr tout entière. Elle bivouaqua à trois kilomètres en avant du défilé, sur les bords du Bou-Kton, au point où il prend le nom d'Oued-Mellelou.

La colonne arriva le 30 sur le territoire des Beni-Mansour ; elle le traversa sans inquiéter ces tribus, qui ne marquèrent qu'une surprise exempte d'hostilité. Le 30, elle occupait le fort d'Hamza, qu'elle trouva abandonné ; mais elle était attaquée le lendemain par un millier de Kabyles et de cavaliers, que le kalifa Ben-Salem jeta tout à coup sur son arrière-garde. Le 2ᵉ léger soutint l'engagement, conduit par son colonel, auprès duquel le duc d'Orléans vint aussitôt payer de sa personne. La fusillade, très vive, coûta à l'ennemi une soixantaine d'hommes ; de notre côté, les pertes furent moindres. Changarnier eut son cheval tué sous lui, tandis qu'il marchait à la tête de quelques compagnies.

L'armée entra à Alger le 2 novembre, ayant à sa tête le duc d'Orléans et le maréchal, tous deux fort acclamés, et, le 5, toute la division célébrait par un dîner en plein air le succès qu'elle venait de remporter. Dans une harangue animée de la verve la plus spirituelle, corrigée mal à propos par le *Moniteur*, le prince royal félicita les troupes de leur entrain et des résultats de l'expédition. Il les représenta comme la garantie d'une longue paix féconde pour la colonisation. Tout le monde ne partageait pas une telle illusion. Quand il entendit développer cette espérance, Changarnier, poussant doucement ses voisins, le général de Rostolan et le colonel de Bourgon, murmura en souriant : « Nous aurons la guerre dans quinze jours ! »

L'événement ne devait pas démentir cette prévision. L'expédition des Portes de fer avait été, en effet, un tour de force heureusement réussi, non pas un triomphe militaire. Elle n'avait rien apporté à notre domination ; elle ne nous avait pas même assuré de nouvelles voies de communication entre Constantine et Alger. D'autre part, elle constituait, aux yeux d'Abd-el-Kader, une violation du traité de la Tafna, parce que nous avions franchi son territoire sur une de ses extrémités. La première irritation de l'émir avait été d'abord calmée par le langage conciliant et amical du capitaine Daumas, accrédité auprès de lui comme chargé d'affaires, mais son silence cachait une humiliation profonde. Il ne pouvait pas se résoudre à la laisser sans vengeance. La paix n'avait été d'ailleurs pour lui qu'un moyen de préparer une nouvelle guerre et de guetter le moment favorable à une attaque soudaine. Pour porter ses moyens à leur complet développement, il aurait souhaité prolonger l'état des choses, mais il lui fallait contenir les impatiences mal calculées de ses partisans et de ses lieutenants. Afin de les apaiser, il compta sur l'ascendant de sa parole, et il imagina toute une mise en scène, dont il pensa tirer des arguments pour le système de la temporisation.

Il convoqua donc sur la Mina, à un jour fixé, deux cent cinquante des plus importants de son empire, et pour leur montrer les résultats dus à son esprit d'organisation militaire, il réunit sur le même point douze mille fantassins, appelés de Tiza et de Milianah. Escorté d'un des escadrons rouges récemment créés, Abd-el-Kader arriva au milieu de ses grands, qui le reçurent avec les manifestations d'un profond respect. L'émir, ayant mis pied à terre, vint s'asseoir sur de riches tapis, où prirent place à ses côtés tous les chefs. Leur cercle ne tarda pas à être environné de leur suite et des habitants de la contrée.

Abd-el-Kader prend alors la parole. En termes énergiques, il stigmatise la déloyauté de ses adversaires, qui avaient démenti par des actes d'hostilité les engagements de la paix ; il cite la communication diplomatique qui lui a été adressée, il la représente comme une satisfaction suffisante de la violation de son territoire. A ce moment, on entend résonner les tambours ; tout le monde se détourne, c'est l'infanterie régulière de l'émir qui s'avance ; l'ordre de sa marche, l'uniformité de son armement, de son équipement, son aspect guerrier, offrent un spectacle qui parle plus haut que l'éloquence de l'orateur ; l'enthousiasme déborde, mille cris s'élèvent : « La guerre ! la guerre ! »

Au milieu de cet irrésistible entraînement il ne fallait plus songer à parler de patience et d'ajournement. Abd-el-Kader y renonce sur-le-champ. Il remonte à cheval, d'un geste impérieux commande le silence, et s'écrie :

« La guerre ! oui, la guerre ! Vous la voulez, vous l'aurez ! Allez vous y préparer et ne vous en dégoûtez pas plus tôt que moi ! »

Puis il repart au galop, laissant tous les assistants sous la profonde émotion de la résolution soudainement acclamée.

L'agitation se propagea rapidement dans les tribus, où les agents de l'émir venaient répéter que la France avait trahi les promesses du traité de la Tafna. Le mécontentement éclata bientôt en indignation, et nos meilleurs partisans parmi les Arabes s'y associèrent promptement. De ce nombre était le caïd des Hadjoutes, Beschir, qui n'avait pas été appelé au rendez-vous de la Mina. De son poste d'observation sur la Chiffa, il était en relations fréquentes avec nos détachements. Ses sentiments élevés, la noblesse de son attitude, la courtoisie de son accueil lui avaient fait plus d'un ami parmi nos officiers. Quelques réflexions très vives lui avaient échappé sur la violation de la convention de la Tafna; elles furent rapportées au chef de bataillon Raphel, qui commandait le camp d'Oued-el-Alleg. Pour l'en punir, celui-ci eut la malencontreuse pensée de le faire arrêter, et il essaya de profiter de la présence de Beschir dans un marché où Européens et indigènes étaient confondus. Le coup manqua, et Beschir s'esquiva adroitement. Mais deux jours après, le 12 novembre, il attirait le commandant dans une embuscade, où le malheureux officier périt avec vingt-cinq chasseurs d'Afrique.

Promptement informé de ces faits, le ministère, présidé par le comte Molé, s'obstina à n'y voir qu'un accident de brigandage; il n'admettait pas que la paix fût compromise, et il n'ouvrit les yeux à cette réalité incommode pour sa politique qu'en recevant communication de la lettre écrite au maréchal Valée par Abd-el-Kader.

« Je désirais la paix, lui écrivait l'émir, mais je ne puis pas résister à la volonté des grands et du peuple, indignés des actes commis au mépris du traité de la Tafna : je suis obligé de te déclarer la guerre ! »

CHAPITRE II

1839. Boufarick, 30 novembre. — Combat du 8 décembre. — Combat d'Oued-el-Alleg, 31 décembre. — Le camp supérieur de Blidah. — 1840. Combat du 29 janvier. — Marche sur Cherchell, 12 mars. — Combat d'El-Afroun, 27 avril. — Combat du 8 mai contre les Beni-Menacer. — Le col de Mouzaïa, 12 mai. — Prise de Médéah, 17 mai. — Le bois des Oliviers, 20 mai. — Prise de Milianah, 8 juin. — Combat du 12 juin. — Marche nocturne sur le col de Mouzaïa, 14 juin. — Combat du 14 juin. — Expédition de Milianah, 22-26 juin. — Châtiment de la tribu des Mouzaïa, 2 juillet. — Changarnier maréchal de camp, commandant la subdivision de Blidah. — Aïn-Telazid, 4 juillet. — Marche sur Médéah, 27 août. — Combat du bois des Oliviers, 29 août. — Expédition de Kara-Mustapha, 19 septembre. — Expédition de Milianah; combat du Goutas, 3 octobre; combat de l'Oued-Soufflaï, 4 octobre; combat du 6 octobre; retour à Blidah, 7 octobre. — Expédition de Milianah, 27 octobre; marche nocturne sur le col de Mouzaïa, 28 octobre; affaire près de Médéah, 29 octobre; marche sur Milianah, 8 novembre; retour à Blidah, 11 novembre; ravitaillement de Médéah, 15-22 novembre; Changarnier à Alger, étude des prochaines opérations. — Rappel du maréchal Valée, 29 décembre.

Les hostilités se manifestent sur tous les points ; la cavalerie ennemie vient ravager les plaines de la Mitidja, refoule les tribus soumises, sème l'incendie et la terreur, enlève les patrouilles et les convois sur la route de Boufarick à Blidah. Aux portes même du camp d'Oued-el-Alleg, elle détruit un demi-bataillon en reconnaissance ; partout se répètent les attaques incessantes d'un ennemi aussi agile que brave et fanatique.

Pour le contenir, le maréchal Valée envoie, le 30 novembre, le colonel Changarnier à Boufarick avec deux bataillons du 2ᵉ léger, deux escadrons du 1ᵉʳ chasseurs d'Afrique et deux pièces de 8 commandées par le capitaine Bosquet. Il place cette colonne sous les ordres du général de Rostolan, établi à

Douéra, auquel se rattache le régiment de zouaves du colonel de Lamoricière, au camp de Koléah. La ligne de défense stratégique, s'appuyant à l'est et au sud sur les camps de Kara-Mustapha, Fondouck, Arba et Maison-Carrée, se termine à l'ouest à la place Blidah et au camp supérieur, à douze cents mètres de cette place, où commande le général Duvivier ; il a sous ses ordres sept bataillons et demi, une batterie de campagne, une batterie de siège et deux compagnies du génie. Mais les trois colonnes de Blidah, de Koléah et de Boufarick, au lieu de concerter et de lier leurs mouvements, isolaient leur action. Le général Duvivier se persuadait qu'il était assiégé, il se comportait en conséquence et se bornait à tenter quelques sorties.

« L'ennemi m'attaque depuis deux jours, écrivait-il le 3 décembre à Changarnier, et coupe ma communication avec le camp supérieur, d'où le colonel Gentil fait ma grande opération du nord. Aujourd'hui l'infanterie qui m'entoure est très nombreuse, et la plaine, au loin, présentait une nombreuse cavalerie qui, vers le soir, est retournée à la Chiffa. »

Le lendemain 4 décembre, il ajoutait :

« Tout mon monde est concentré dans Blidah supérieur et dans Blidah. L'opération a très bien réussi. L'ennemi a du monde entre vous et moi. El-Bakrani et Sidi-Mbareck sont réunis à Bouroudou, dans les montagnes en arrière de moi, avec assez de monde. »

Le général Duvivier avait mal jugé la situation. En réalité, il avait devant lui Sidi-Mbareck, le plus énergique et le plus capable des lieutenants d'Abd-el-Kader. C'est à lui que l'émir avait confié le soin de conduire les premières hostilités, de couvrir par des déploiements et des incursions répétés la concentration de ses forces principales et l'organisation de ses moyens d'attaque. Ceux-ci étaient retardés par la nécessité de recouvrer rapidement l'impôt, que les kalifas étaient allés recevoir eux-mêmes à la tête de détachements armés dans toutes les tribus arabes et kabyles, selon un usage séculaire. Les mouvements réitérés de Sidi-Mbareck avaient donc pour but de gagner du temps et d'empêcher la marche en avant de nos colonnes, qu'il venait harceler avec de nombreux cavaliers tirés des montagnes du Tittery, de l'enceinte de la Mitidja et des environs de Milianah. Leur nombre variait journellement de quinze cents à six ou sept mille hommes, soutenus par plusieurs bataillons d'infanterie régulière. Pour leur infliger un échec décisif, Changarnier aurait voulu qu'au moment où ces forces se seraient engagées dans la plaine, les garnisons de Blidah et de Koléah, se portant sur leurs derrières, vinssent occuper les principaux passages de la Chiffa et couper à l'ennemi sa retraite.

Le 8 décembre, les Arabes, au nombre de quatre mille cavaliers, s'approchèrent assez près de Boufarick pour que le colonel du 2e léger pût espérer de les atteindre. Il se porte résolument sur eux, à la tête de deux bataillons formés en colonne, séparés par un intervalle de cent mètres qu'occupent les deux escadrons de chasseurs d'Afrique et les deux pièces de 8; ils marchent de front. A peine arrivaient-ils à demi-portée de fusil que l'ennemi commença une retraite bien vite accélérée par le feu de l'infanterie et de l'artillerie.

Le maréchal Valée, qui attendait toujours, pour entamer des opérations décisives, l'arrivée des renforts qu'il ne cessait pas de réclamer, essaya alors d'une démonstration plus importante. Il confia au général Rullière le soin de ravitailler Blidah, à la tête d'une division de cinq mille hommes. Le 13 décembre, celle-ci faisait pénétrer son convoi dans le camp supérieur et repoussait cinq mille fantassins kabyles qui défendaient la route, tandis que son flanc droit était menacé par quatre mille chevaux. Elle réussissait également le lendemain, malgré l'attaque renouvelée des Kabyles, à introduire dans la ville de Blidah le convoi qui lui était destiné; ces deux combats, dans l'un desquels Changarnier eut un cheval blessé sous lui, ne dégagèrent pas la plaine.

Le 15, en retournant à Boufarick, le colonel du 2e léger fut averti que le gouverneur lui abandonnait son entière liberté d'action. Il en profita pour conduire d'abord, le 17, un troupeau au camp supérieur; il rétablit le cours d'eau qui l'alimentait, sans cesse détourné par les Arabes. Ces mouvements, renouvelés le 20, le 23, le 26 et le 28, furent chaque fois l'occasion de petits engagements. La situation menaçait de se prolonger ; le maréchal Valée arriva en personne à Boufarick le 30 décembre, à la tête de la division commandée peu de jours auparavant par le général Rullière.

Sa tristesse était profonde ; il en exprima avec animation les motifs à Changarnier, ne lui cachant pas le peu d'espoir qu'il conservait d'arriver à joindre l'ennemi, malgré ses efforts pour l'attirer. Afin de le contraindre au combat, il mit le lendemain sa colonne en marche vers Blidah, en inclinant d'abord vers le camp d'Oued-el-Alleg, dans la pensée que ce détour par la plaine amènerait une rencontre plus féconde en résultats, loin des montagnes, où les Arabes pouvaient facilement disparaître.

Durant la matinée, la division est suivie par de nombreux cavaliers qui semblent épier sa marche ; bientôt ses éclaireurs lui signalent une nombreuse cavalerie ; mais, après s'être montrée sur son flanc gauche, elle rebrousse sur ses derrières et se réunit, sur son flanc droit, à une autre masse de cavalerie venant de la Chiffa, sous les ordres de Sidi-Mbareck. A cette vue, le maréchal, plein d'espoir, arrête ses troupes ; à deux reprises, l'ennemi feint d'attaquer, mais il s'éloigne, poursuivi par quelques décharges peu meurtrières. Après une assez longue attente, la colonne, dirigeant sa marche vers le sud, reprend la route du camp supérieur. Il était déjà plus de trois heures ; il n'y avait, en apparence, plus aucune chance de combat, lorsque soudain un lieutenant indigène des gendarmes maures vient au galop informer Changarnier qu'il avait vu sur la droite une ligne de baïonnettes étinceler au soleil. Le colonel court à l'avant-garde, reconnait une nombreuse infanterie qui se portait directement sur le corps expéditionnaire. Il fait aussitôt avertir le gouverneur, revient à la hâte à son régiment, le tire du centre de la colonne et le déploie rapidement sur la berge droite de l'Oued-el-Kébir. Il parcourt son front, donne des ordres, annonce la bataille tant désirée, et prévient son tambour-major de guetter son premier signal pour faire battre la charge.

Le maréchal arrive à ce moment, rayonnant de joie :
« Oui, en vérité, les voilà tout près! » s'écrie-t-il.

En quelques mots Changarnier supplie le gouverneur d'aborder l'infanterie sans tirer, de faire déborder son flanc droit par la cavalerie. D'un geste du sabre, il lui montre la direction; le tambour-major croit saisir le signal convenu; la charge bat à l'instant. « Je vais vous faire appuyer par le 23ᵉ », crie le maréchal... — Mais Changarnier l'a déjà quitté; il est à la tête de son régiment, l'enlève et aborde vigoureusement l'ennemi, dont les premiers rangs sont bientôt culbutés. Les Arabes font demi-tour, abandonnant une pièce de canon placée au centre de leur ligne.

« Que les blessés nous gardent ce canon! » crie le colonel, dont le cheval est frappé de quatre balles. Et la charge continue dans un élan irrésistible pendant plus de trois kilomètres, jusqu'aux broussailles de la Chiffa, suivie par le 23ᵉ, qui recueillait au passage les fantassins arabes fuyant à travers notre colonne.

Pendant ce temps, le maréchal était allé se mettre à la tête de la cavalerie, entraînée d'abord dans une fausse direction; il la redresse, la conduit à la charge avec une ardeur de vingt ans et arrive à la Chiffa quelques moments après le 2ᵉ léger.

« Dans toutes mes campagnes, dit-il en félicitant Changarnier, je n'ai jamais vu un si beau mouvement d'infanterie. »

Dans le combat d'Oued-el-Alleg, l'ennemi éprouva des pertes considérables et subit un échec sérieux. A Paris, où il était convenu que la paix régnait en Algérie, on parut peu disposé à en reconnaître l'importance; le rapport du gouverneur, toujours modeste, fut encore atténué par le *Moniteur*, qui ne se décida qu'après de nouvelles dépêches à des reproductions plus exactes.

Le 2ᵉ léger, toujours prêt à marcher, concourut, sous les ordres du général de Rostolan, avec trois mille hommes tirés de la place de Blidah, à aller chercher à Boufarick un convoi de ravitaillement, qu'il ramena le 2 janvier à Blidah. Le même jour, le maréchal reprenait la route d'Alger, laissant Changarnier et le 2ᵉ léger au camp supérieur.

4

« Dans ce commandement, lui dit le gouverneur en partant, vous aurez une indépendance et une liberté également complètes. Je suis tranquille sur votre compte, mon cher colonel; vous ne vous laisserez pas mourir de soif.

— Ni de faim, monsieur le maréchal!

— Hé! si je ne vous envoyais pas de vivres?

— J'en irais chercher jusqu'à Boufarick, à Douëra, à Dely-Ibrahim!

— Il suffira de venir jusqu'à mi-chemin de Boufarick; c'est la partie la plus scabreuse de la route, et vous nous dispenserez de fournir des escortes. Ce sera un soulagement pour nos troupes.

— Et une distraction pour celles que vous laissez ici. »

En rentrant à Alger, le maréchal mit à l'ordre de l'armée le colonel Changarnier pour sa brillante conduite à l'affaire du 31 décembre, où il avait enlevé avec une si remarquable vigueur son régiment. Le 2ᵉ léger était d'ailleurs déjà légendaire.

« J'ai trouvé sur toute ma route, écrivait de Besançon, à son ancien colonel, le commandant Forey promu en France, un accord unanime pour regarder le 2ᵉ léger comme le plus remarquable régiment de l'armée, et le titre d'officier sortant de ce régiment m'a valu bien des questions. Partout on porte le 2ᵉ léger aux nues. Dans les villes, dans les villages, il est question de lui, et votre nom est véritablement populaire au dernier point. Vous avez un bel avenir, ne le compromettez pas par trop de courage; vous êtes colonel, et vous vous conduisez toujours en sous-lieutenant! »

Ces éloges n'étaient pas immérités. Sous la direction de son chef, le 2ᵉ léger était véritablement digne d'être présenté comme un modèle achevé sous le rapport de la discipline, de l'entrain, de la souplesse et de l'instruction. Persuadé avec raison que le commandement d'un régiment est la phase la plus attachante d'une carrière militaire, Changarnier s'efforçait d'y appliquer les meilleures inspirations de son intelligence et de son cœur. Ennemi de la routine et des vaines exigences, il recherchait les améliorations dans le bien-être du soldat, les simplifications dans le service et dans tous les détails de l'organisation; convaincu qu'il ne peut y avoir de bon travail sans un certain contentement de l'âme, il saisissait toutes les occasions susceptibles de provoquer la satisfaction et la belle humeur de ses subordonnés. D'une inébranlable fermeté, il atténuait volontiers les rigueurs et les monotonies du métier par la concession fréquente de permissions. Sa sévérité inexorable ne s'attaquait qu'aux paresseux et aux négligents, qu'il poursuivait sans relâche, tandis que, par les témoignages d'une bonne grâce invariablement affectueuse, il soutenait le zèle et l'ardeur de ceux qui servaient bien. Tous trouvaient en lui un interprète et un défenseur ardent de leurs intérêts. Son idéal était d'exercer au milieu de sa troupe l'autorité d'un père de famille, prévenant les fautes et les désordres, qu'il savait punir avec la dernière rigueur, développant par tous les moyens le sentiment de l'honneur, de l'abnégation, du dévouement à la patrie, l'esprit d'union, de camaraderie et d'émulation, recherchant non la popularité qui dérive d'une complaisante faiblesse, mais la confiance qu'inspirent la fermeté impartiale et les exemples généreux. Sa réputation d'homme de guerre l'aidait puissamment dans la réalisation de cette grande tâche; ainsi fanatisé par l'action de son colonel, le 2ᵉ léger acquit une renommée dont il était fier.

« La méthode de Changarnier n'est pas mauvaise, répondait le maréchal Valée aux critiques que provoque toujours l'esprit d'innovation, puisqu'elle a fait de son régiment le meilleur que j'aie jamais connu. »

C'est des souvenirs de cette époque de sa vie militaire et de l'expérience qu'il y avait acquise que s'inspirait Changarnier, lorsque, de longues années plus tard, il rédigeait pour un officier de l'armée d'Afrique, promu colonel, des conseils et des instructions sur les devoirs de son commandement. Leur observation ne contribua pas médiocrement à attirer les éloges au régiment ainsi dirigé et à servir la carrière du général C..., qui a laissé dans l'armée le souvenir d'un chef de haute valeur.

Dès le commencement du séjour du 2ᵉ léger au camp supérieur de Blidah, l'ennemi avait plusieurs fois essayé, sans succès, de renouveler les petites attaques qui avaient désolé la précédente garnison. Vers la fin de janvier, ayant reçu des renforts, il devint plus audacieux, et il aurait probablement réussi, le 29, à prendre sa revanche, si Changarnier n'eût promptement apprécié la gravité de la situation.

Tous les matins, quatre cents hommes du 2ᵉ léger et quatre cents du 24ᵉ de ligne sortaient, les premiers du camp supérieur de Blidah, les autres de la place même, pour améliorer l'état des communications entre ces deux points, distants de dix-huit cents mètres. Le 29 janvier, le lieutenant-colonel Drolenvaux prenait le commandement de toute la colonne; il abordait la ligne de l'ouest, derrière laquelle les travailleurs devaient être à couvert, lorsqu'il fut assailli par la fusillade de quelques centaines de Kabyles qui s'étaient établis, avant le jour, dans le Bois-Sacré, à trois cents mètres de la ville. Les débusquer fut l'affaire d'un instant. Travailleurs et flanqueurs se lancèrent à la poursuite avec plus d'ardeur que de prudence. C'est ce qu'attendait l'ennemi, qui avait masqué, dans le large lit desséché de l'Oued-Kébir, et dans le petit vallon, à sa gauche, deux forts bataillons de réguliers et deux mille Kabyles. Mais, dès les premiers coups de fusil, malgré la présence de deux mille cavaliers arabes surveillant le camp supérieur, Changarnier en sortait avec six cent cinquante hommes et deux obusiers de montagne. Il était aussitôt chargé par la cavalerie; une vive fusillade et quatre coups d'obusier en eurent assez vite raison. En même temps, une épaisse et profonde colonne de réguliers, flanquée et suivie par les Kabyles, remontait l'Oued-Kébir et quittait son lit pour prendre vigoureusement l'offensive contre le lieutenant-colonel Drolenvaux, dont la position devenait des plus critiques. Mais le mouvement de l'ennemi était arrêté court par une charge de Changarnier sur sa gauche; d'autre part, le colonel couvrait sa droite et contenait la cavalerie, toujours pressante, en appuyant deux cents hommes à un gros massif de cactus. Drolenvaux, réorganisant rapidement sa troupe, rejoignait à ce moment le 2ᵉ léger. A la tête des dix-sept cents hommes ainsi réunis, Changarnier mena rudement les quatorze cents réguliers, les deux mille Kabyles et les deux mille chevaux de l'ennemi.

A dix heures, après une durée de plus de deux heures, l'affaire était terminée : l'infanterie disparaissait dans la montagne, et la cavalerie au delà de la Chiffa, laissant sur le terrain cent cinquante tués et autant de blessés. Le 2ᵉ léger avait eu soixante-seize hommes hors de combat, et le 24ᵉ en avait perdu vingt-huit.

Cette vigoureuse répression ramena la tranquillité dans les environs de Blidah ; les Arabes ne reparurent plus de deux mois. Mais l'ignorance où Changarnier demeura pendant si longtemps de la situation et des mouvements de l'ennemi n'était pas sans l'inquiéter ; il écrivait à Valazé :

« J'ai toujours bien compris et partagé cette pensée de Créquy : Je ne suis jamais plus embarrassé que lorsque je ne vois pas l'ennemi. — Le général Duvivier croit qu'on nous attend au Téniah, et quelque part encore, sur la route de Milianah. C'est l'affaire du maréchal. La nôtre, c'est d'avoir plus ou moins de coups à porter, suivant les dispositions plus ou moins bonnes prises sur l'échiquier. Malgré le départ des anciens soldats et la perte des trois cent quatre-vingts hommes que nous ont enlevés les derniers combats, je pourrai encore entrer en campagne avec treize cents baïonnettes. Les détachements venus d'autres corps et de notre dépôt sont tels, que j'espère leur faire suivre les traces de leurs devanciers. »

Grâce à l'énergie du colonel, Blidah avait enfin recouvré sa sécurité. Cet important résultat avait ajouté encore au bon renom du régiment.

« Je vous ai suivi avec le plus vif intérêt, écrivait le duc d'Orléans, le 17 mars, à Changarnier, vous et votre régiment, au milieu de la nouvelle gloire que le 2ᵉ léger et son chef viennent encore récemment d'acquérir. La joie que j'ai ressentie des brillants succès auxquels le 2ᵉ léger a pris une part si éclatante n'a été obscurcie que par le regret que j'aurai bientôt, en me retrouvant au milieu de l'armée d'Afrique, de ne plus voir dans vos rangs quelques braves que j'avais été habitué à y trouver. Je m'occupe de rassembler des matériaux pour un travail militaire que je veux rédiger un jour, et où le 2ᵉ léger devra garder la place qu'il s'est faite dans l'armée par ses qualités guerrières. »

L'occupation de Cherchell, effectuée le 15 mars sans incident par le maréchal Valée, interrompit seule le repos du 2ᵉ léger au camp supérieur de Blidah, où il demeura jusqu'aux opérations du printemps. Changarnier y reçut son brevet d'officier de la Légion d'honneur, daté du 15 février précédent.

Le 23 avril, le corps expéditionnaire venait se concentrer à Blidah. Il se composait de deux divisions d'infanterie, la première commandée par le duc d'Orléans, auprès duquel son frère, le chef de bataillon duc d'Aumale, servait comme officier d'ordonnance. La seconde division était placée sous les ordres du général de Rumigny ; la réserve avait à sa tête le maréchal de camp comte de Dampierre. Celle-ci était formée de trois bataillons, six escadrons de chasseurs d'Afrique, huit escadrons de chasseurs et de hussards de France, et un escadron de gendarmes maures [1]. Le maréchal Valée ayant pris le commandement en chef, l'armée se mit en marche le 25.

Le 27, après le passage de la Chiffa, elle rencontra à El-Afroun la cavalerie de Sidi-Mbareck, qu'un combat vigoureux réduisit à une prompte retraite. Le but du maréchal était, avant tout, d'arriver à atteindre l'infanterie régulière de l'émir ; il estimait avec raison qu'un échec infligé à ces troupes bien organisées entraînerait des conséquences décisives. Mais Abd-el-Kader était résolu à n'engager ses bataillons que sur un terrain et dans les conditions qu'il jugerait les plus

---

[1] La première division, commandée par le prince royal, comprenait deux brigades : la première sous les ordres du maréchal de camp comte d'Houdetot, la deuxième sous les ordres du maréchal de camp Duvivier. Le 2ᵉ léger formait le premier régiment de cette seconde brigade.

Les fonctions de chef d'état-major de l'armée étaient exercées par le lieutenant général comte Schramm.

défavorables à son adversaire; il se contentait de nous faire surveiller par ses cavaliers, cherchant à faire dévier notre direction, nous entraînant vers le nord, ravageant la plaine de la Mitidja, s'efforçant de nous fatiguer par des marches incessantes, tandis qu'il conservait ses troupes fraîches pour une occasion opportune. Le corps expéditionnaire fut ainsi conduit d'abord vers la Haute-Boukira, puis ramené vers la Chiffa. Le 30 avril, au passage de l'Oued-Djer, nouvel engagement de cavalerie, puis halte de deux jours à Haouch-Mouzaïa, suivie d'une marche sur Cherchell. Le 8 mai, l'armée pénétrait sur le territoire des Beni-Menacer, et rencontrait sur son flanc gauche des hauteurs escarpées. Afin de couvrir de ce côté la marche de sa division, le duc d'Orléans prescrivit à Changarnier de détacher des flanqueurs sur les sommets. N'ayant pu obtenir de renforcer les compagnies qu'il jugeait trop isolées pour être secourues en cas d'attaque, le colonel résolut de les conduire lui-même. Il arrivait à peine au sommet du plateau, qui venait, en se rétrécissant, présenter une sorte de pointe surplombant la plaine, qu'il découvrait un nombreux rassemblement de Kabyles. Ceux-ci s'approchaient rapidement pour venir tirer à bonne portée sur la colonne qui défilait à leurs pieds. Aussitôt il ordonne à ses hommes de se masquer en arrière de la pente qu'ils achevaient de gravir; il ranime leur énergie. Accompagné du commandant Levaillant, il se poste derrière un bouquet de lentisques, où les balles viennent déjà siffler de tous côtés, et, lorsque les Kabyles sont à quarante pas, il commande : « Pas de charge, marche! » Les trois compagnies du 2e léger apparaissent, jettent un feu nourri sur l'ennemi, dont elles abattent les premiers rangs, et le poursuivent à la baïonnette.

L'insuccès des Kabyles permit au maréchal de gagner Cherchell sans obstacles, d'y renouveler ses vivres et, après s'être adjoint le 15e léger, de se mettre en mesure de franchir le défilé du Teniah[1], appelé aussi col de Mouzaïa.

La position était solidement défendue par les retranche-

---

[1] Teniah, c'est-à-dire ver, étroit sentier qui serpente, col.

ments qu'Abd-el-Kader avait fait élever sur les hauteurs, à gauche de la route; l'émir y avait rassemblé toute son infanterie régulière.

En arrrivant au plateau dit du Déjeuner, qui sépare les pentes inférieures des escarpements abrupts de la montagne, le duc d'Orléans divise sa troupe en trois fractions. Il garde le commandement de la colonne de droite, qui doit marcher directement par la route sur le col, tandis que celle de gauche, conduite par Duvivier, et celle du centre, par Lamoricière, sont chargées d'escalader les hauteurs et d'en chasser l'ennemi. Pendant ce temps, la deuxième division devait contenir les masses kabyles et les quinze mille cavaliers de Sidi-Mbareck. La colonne de gauche, composée du 2ᵉ léger, du 24ᵉ de ligne et d'un bataillon du 41ᵉ, se porte la première en avant. Elle est suivie de celle du centre. Tous les officiers montés mettent pied à terre; le général Duvivier, resté seul à cheval, est bientôt obligé de les imiter; mais, retardé par le terrain, il est dépassé par la colonne dont Changarnier prend alors la direction.

La petite brigade opère au milieu de mille obstacles cette rude ascension et franchit successivement les deux premières lignes de retranchements, sous le feu bien dirigé de quatre canons et de la nombreuse infanterie qui défendent la redoute. Pendant quelques moments un nuage l'enveloppe, la dérobant à la vue de ses adversaires; son chef en profite pour lui faire faire une courte halte et, le nuage disparu, reprend sa marche malgré une fusillade furieuse. Changarnier excite ses hommes, les encourage : il marque de sa personne la direction à suivre; il les entraîne; il contourne d'abord la base de la grande route, puis revient à un ravin d'où il découvre, à quarante mètres, un petit plateau qui précède l'ouvrage. Au moment où il l'atteint, il reçoit le choc des fantassins arabes s'élançant de la redoute; mais ceux-ci se brisent contre le 2ᵉ léger, qui les rejette violemment et pénètre dans la redoute. Le drapeau s'élève sur l'ouvrage conquis, et les clairons sonnent la marche déjà célèbre du régiment.

De ce point élevé, Changarnier distinguait nettement les

colonnes ennemies qui battaient en retraite; l'une d'elles, en se portant vers l'ouest sur le groupe qui avait tenté d'arrêter la colonne du centre, lui sembla indiquer par son mouvement la route du col. En un instant il prend ses dispositions.

« Vous voilà, je pars, dit-il au lieutenant Ducrot, envoyé par le colonel du 24ᵉ de ligne pour recevoir ses instructions. Dites à votre colonel de me suivre avec son premier bataillon, dès que le second sera près d'entrer dans la redoute. Avant de la quitter, son dernier bataillon prescrira au 41ᵉ de garder la position jusqu'à nouvel ordre. »

Et le mouvement en avant reprend plus vif et plus alerte.

En route, Changarnier recueille le régiment de zouaves et toute la colonne du centre, qu'il place entre le 2ᵉ léger et le 24ᵉ. Après avoir longé un petit lac d'où le site est merveilleux au milieu d'une végétation admirable, il rencontre une nouvelle redoute défendue par un bataillon de réguliers. Il s'en rend maître après un engagement de quelques moments, et la colonne, obliquant à droite, gagne le col par un sentier rapide. A son approche, un groupe de cavaliers se retire; c'est l'escorte d'Abd-el-Kader; l'émir, resté un des derniers, reprend au galop le chemin de la haute Chiffa.

La victoire était complète, mais elle avait été rudement achetée. Le 2ᵉ léger avait eu quarante-deux hommes tués, dont trois officiers et cent quarante-cinq blessés; le colonel[1] n'était pas atteint, mais huit balles avaient déchiré ses vêtements et ses épaulettes. Les quatre cinquièmes des pertes totales de l'armée avaient frappé le 2ᵉ léger, dont le prestige grandit encore après cette mémorable journée[2].

Le succès de cette opération nous assura la prise de Médéah, que l'armée occupa le 17, sans combat sérieux. Après y avoir laissé le général Duvivier, à la tête d'une garnison de quinze cents hommes pourvue de moyens de défense bien con-

---

[1] A la suite de ce combat, les Arabes désignèrent longtemps Changarnier sous le surnom de Bou-Ouen-Fouf, ce qui veut dire l'Homme du sommet.

[2] Changarnier se plaignit beaucoup plus tard de l'aspect délabré sous lequel Horace Vernet l'avait peint dans son tableau représentant la prise du col de Mouzaïa.

stitués, le gouverneur ramenait, le 20 mai, le corps expéditionnaire. Ce jour-là même, son arrière-garde est vigoureusement attaquée par Abd-el-Kader au bois des Oliviers; l'émir parvient à refouler le 17ᵉ léger, dont la marche était trop allongée, et le 15ᵉ léger sur le gros de la deuxième division. Mais revenue de sa surprise, celle-ci se défend énergiquement contre l'ennemi bien commandé cette fois qui lui inflige des pertes sérieuses et ne se retire qu'à la nuit.

Dès que la nouvelle de ce combat parvint en France, l'opposition se hâta de le représenter comme un échec subi par le maréchal Valée; on prétendit que la confiance qu'il inspirait à l'armée en était considérablement affaiblie; on critiqua vivement, non seulement ses dispositions dans cette journée, mais encore tout son système de guerre et d'occupation; on répéta que, vieilli dans une spécialité [1], il n'avait pas les qualités d'un chef d'armée; en un mot, les intrigues qui visaient à provoquer son rappel et à préparer la nomination d'un compétiteur ardent à obtenir sa succession s'acharnèrent avec une violence inouïe. On oubliait qu'on l'avait laissé aux prises avec de redoutables difficultés, sans répondre à ses demandes réitérées de renforts autrement que par des promesses; on se gardait de rappeler qu'on ne lui avait envoyé de nouvelles troupes qu'après avoir laissé s'écouler un temps très long, dont l'ennemi avait profité pour s'organiser solidement et ravager les provinces soumises; on ne tenait aucun compte du découragement profond que cet abandon avait inspiré à l'armée d'Afrique, dont la récente campagne venait à peine de relever le moral. Si tout n'était pas exempt de critiques dans le commandement du maréchal, il avait en réalité témoigné sur le champ de bataille de la largeur de ses vues, de la vigueur de son action et, en toutes circonstances, d'une équité, d'une droiture de caractère à laquelle le suffrage de l'armée rendait un hommage unanime.

Du 22 mai au 3 juin, le 2ᵉ léger [2] se reposa au camp supé-

[1] Le maréchal Valée appartenait à l'arme de l'artillerie.

[2] À la date du 28 mai, le maréchal Valée cite à l'ordre de l'armée, à la suite de « la brillante expédition de Médéah », le colonel Changarnier, du 2ᵉ léger.

rieur de Blidah, de ses glorieuses fatigues, et le 4 juin, l'armée, dont les princes avaient pris congé le 24 mai pour rentrer en France, se concentra de nouveau autour de cette ville pour entamer la campagne d'été. Le premier objectif du maréchal était l'occupation de Milianah. Mais informé par des espions de ce projet, l'émir la fait promptement évacuer, transportant à Taza tout son outillage de guerre et ses magasins d'armement. Aussi le 8 juin, le corps expéditionnaire, après avoir traversé le défilé, long de plus de sept kilomètres, qui aboutit de la vallée du Chélif à Milianah, trouva la ville abandonnée à l'incendie que les Arabes avaient allumé avant de s'éloigner. Après avoir assuré l'occupation et la défense de la place, où il laisse une garnison, le maréchal reprend sa route le 12. Le même jour, au moment où s'achève le passage du défilé sur la vallée du Chélif, son arrière-garde est soudainement assaillie par deux mille Kabyles, quinze cents cavaliers et deux bataillons. Mais ceux-ci ont affaire à la brigade commandée par Changarnier, qui a promptement raison de leurs efforts. Le corps expéditionnaire traverse alors sans obstacles l'Harba de Djendel, le plateau d'Ouamri, et va bivouaquer au bois des Oliviers le 14. Peu d'heures avant qu'il y arrivât, l'infanterie régulière de l'émir l'avait évacué en se dirigeant vers le col, et nos éclaireurs l'avaient vue disparaître dans le défilé.

Consulté par le maréchal sur l'opération du lendemain, Changarnier n'hésita pas à conseiller une attaque de nuit, afin de mieux surprendre l'ennemi et l'empêcher de profiter de son expérience dans la défense de ces positions. Il propose d'envoyer une seule colonne par la route pour aborder ensuite, en se divisant, le col par les pentes en face du ravin et par le débouché naturel du plateau. Il représente la surprise des Arabes, tirant à tort et à travers, puis culbutés dans les ravins, mis enfin en complète déroute. Le projet soulève beaucoup d'objections parmi les généraux qui assistent à l'entretien, mais il séduit par son audace le gouverneur, qui conclut en disant à Changarnier : « J'adopte votre avis. Vous conduirez cette opération. »

Les préparatifs n'en furent pas longs; le colonel réunit les officiers et sous-officiers des six bataillons empruntés au 2e léger, aux zouaves et au 24e; il leur expose son plan, développe ses instructions, explique à chacun son rôle avec sa précision et sa clarté ordinaires; il leur communique facilement sa confiance dans le succès, et le soir, à onze heures, la petite colonne se met en marche. Elle s'avance en silence, ne recevant pour tout commandement que les indications du mouchoir que Changarnier élevait de temps à autre pour faire faire halte ou repartir. A moins de sept cents mètres du col on aperçoit des nuages de couleur pourpre poussés par la brise. C'est le reflet des feux du bivouac ennemi. Changarnier les montre du geste au lieutenant-colonel Regnault, qui commande les zouaves en l'absence de Lamoricière : « Ils y sont », répond-il d'une voix presque imperceptible. Mais ces mots, entendus des hommes les plus rapprochés, sont rapidement transmis de bouche en bouche; l'ardeur est générale, la colonne entière accélère son mouvement.

« Chers et admirables soldats! que ne suis-je encore avec vous! » disait plus tard Changarnier en racontant cet épisode.

Quelques instants après, le lieutenant-colonel et ses deux bataillons de zouaves obliquent pour gagner la pente qui précède l'intérieur du col, pendant que le 2e léger, à la suite de son colonel, se prépare à l'attaquer simultanément par la route. Soudain, deux coups de feu retentissent dans la nuit; nul bruit ne les suit, c'est le signal de départ d'un petit poste de Kabyles qui se replie. Le but de l'opération était manqué, mais le col était libre et le corps expéditionnaire se remettait en marche.

Changarnier attendait le passage de la colonne pour y reprendre sa place, lorsque tout à coup survient le capitaine Le Bœuf, aide de camp du maréchal, qui l'appelait auprès de lui. « On ne fait là-bas que des sottises, dit le gouverneur en désignant l'arrière-garde. Courez donner à tout une meilleure allure. » La mission n'était pas aisée; il fallait cependant s'exécuter, et le colonel dut faire appel à toutes les ressources de son esprit afin de trouver des formules assez engageantes pour faire accepter au général d'Houdetot les indications que lui suggéra la mauvaise direction du combat. Par quelques artifices habiles, il arriva à persuader le général d'Houdetot que ses propres ordres avaient été mal compris ou mal observés. Les fautes rapidement corrigées, l'élan et la confiance de l'armée ranimées à la vue de Changarnier et d'un détachement de l'infatigable 2ᵉ léger, le colonel marcha avec ses deux compagnies contre un corps de Kabyles et trois bataillons de réguliers, qu'il sépara du gros de l'ennemi en les précipitant au fond d'un ravin, où ils subirent de nombreuses pertes. La brigade, désormais maîtresse du terrain, se porte vivement en avant et refoule les assaillants dans le bois des Oliviers.

Cette rencontre, un moment très compromise, coûta à nos troupes trois cent quatre-vingts blessés.

Le lendemain, ceux-ci furent conduits à Blidah par le général de Blanquefort, qui ramena ensuite du camp supérieur un grand convoi de vivres et de munitions destiné à ravitailler Médéah et Milianah. Le 2ᵉ léger attendit le retour de la colonne aux bords du lac merveilleux qu'il avait côtoyé lors du combat du 20 mai. Le 19, il se préparait à reprendre le mouvement et à couvrir le convoi, lorsque le capitaine de Chanaleilles, officier d'ordonnance du gouverneur, vint prier Changarnier de se rendre auprès de lui. Laissant au colonel du 24ᵉ le commandement de sa brigade, il rejoignit en peu d'instants le maréchal.

« Tous les colonels dont les régiments sont à proximité, lui dit-il, tous les généraux sont venus successivement me représenter que, dans l'état d'épuisement des hommes, la continuation des opérations est impossible contre un ennemi nombreux et acharné, sans nous exposer à un désastre. — Qu'en pensez-vous ?

— Avant de vous répondre, monsieur le maréchal, permettez-moi une question. Combien avez-vous laissé de vivres à Milianah? demande Changarnier.

— Pour quarante-cinq jours.

— Les vivres ont été déposés le 9; dix jours sont donc déjà consommés. Si nous reculons de vingt-cinq lieues déjà faites, et qui seront à refaire, vous serez obligé de réunir l'armée et de la remettre en marche après un repos strictement nécessaire pour détendre les nerfs de nos soldats, sans les délasser. Figurez-vous l'état de Milianah, où il est impossible de faire parvenir une lettre, lorsque l'époque où, sur votre promesse, elle compte être visitée et approvisionnée sera passée? Allons à elle au jour dit. Nos soldats ont souffert, mais ils sont en haleine. Quand on leur aura dit qu'il s'agit du salut de leurs camarades, ils useront leurs jambes jusqu'au genou.

— Eh bien, dit le maréchal, aussitôt que vous aurez mis votre brigade au bivouac, venez me trouver, et jusqu'à ce moment réfléchissez. »

« Êtes-vous toujours dans la même opinion? dit le gouverneur à Changarnier dès que celui-ci fut revenu.

— La réflexion l'a confirmée, répond le colonel. Et il développe avec précision le projet qu'il avait mûrement combiné. « Vous avez encore assez de troupes pour passer partout, et, si Abd-el-Kader vous barre le chemin, vous le battrez!

— Mon estomac et mes entrailles m'ennuient, reprend tristement le maréchal, et je serai obligé de rester à Médéah pour régler le système de fortifications que Duvivier veut trop développer.

— Sans compliment, nous vous regretterons, s'écrie Changarnier, mais nous seconderons si énergiquement le général Schramm que...

— Est-ce que je pense à lui! C'est vous qui commanderez!

— Et que ferez-vous, monsieur le maréchal, d'une demi-douzaine de généraux qui seront furieux?

— Eh! que m'importe! Vous comprenez ce qu'il faut faire, vous avez la résolution nécessaire, c'est vous qui commanderez! »

Et tournant brusquement le dos à son interlocuteur confondu, le gouverneur rentre dans sa tente.

Le 20 juin, de bonne heure, l'armée se trouva réunie sous

les murs de Médéah, après avoir essuyé sur sa route les coups de fusil de la cavalerie, qui suivait ses mouvements. La surprise fut grande lorsque le 21, à cinq heures du matin, un ordre du maréchal fit connaître que le colonel Changarnier partirait le lendemain à la tête d'un corps dont la composition était indiquée. Tous les régiments y étaient compris, mais les généraux et les colonels plus anciens de grade que Changarnier étaient maintenus à Médéah, et cédaient leur place à leurs lieutenants-colonels. L'ordre fixait également la force de chaque bataillon, dont étaient exclus tous les hommes fatigués; cinq mille hommes d'infanterie, six cents cavaliers, deux compagnies du génie et huit pièces de montagne formaient le corps expéditionnaire. Une telle faveur ne fut pas sans soulever de violents mécontentements; la fermeté pleine de tact avec laquelle le maréchal Valée sut les dominer et les contenir apparaîtra aux esprits impartiaux comme la meilleure démonstration de la solide autorité du gouverneur sur ses subordonnés.

Le soir, à dix heures, après avoir assuré toutes ses dispositions pour le lendemain, Changarnier dormait profondément, lorsqu'il fut réveillé par un nouvel ordre du gouverneur; il le rejoignit devant sa tente, où étaient réunis le lieutenant général Schramm, le lieutenant-colonel de Salles et quatre officiers d'état-major.

« Il paraît certain, lui dit le maréchal, que Ben-Arrach a amené de l'ouest des renforts à Abd-el-Kader. Vous rencontrez probablement l'ennemi à une lieue d'ici. S'il est tellement nombreux que le succès de votre opération vous semble compromis, revenez, et vous serez bien reçu. J'ai voulu vous en donner l'assurance en présence de ces messieurs. Vous serez reçu avec l'estime et l'affection que je vous ai vouées et que je vous conserverai toute ma vie. »

Ce langage bienveillant exalta au plus degré la reconnaissance et la résolution de Changarnier. Son plan était de jeter d'abord son immense convoi dans Milianah; puis, débarrassé de cette masse encombrante, de multiplier les occasions pour entraîner Abd-el-Kader au combat. Afin de faciliter cette première opération, il manœuvra pour dérober une marche à l'ennemi. Conduisant lui-même son avant-garde, forte de six cents chevaux et de la moitié de son infanterie, il suit dès avant l'aube la route de Médéah, dépasse la bifurcation qui conduit à Milianah, se dirige vers le bois des Oliviers, et gravit lentement le revers sud du contrefort qui s'élève jusqu'au plateau du Nador, sur la droite de la route de Médéah au col de Mouzaïa. Il masque ainsi la marche du convoi escorté de tout le reste de la colonne qui, au lieu de le suivre, a pris, à la bifurcation des routes, le chemin de Milianah, caché à l'ennemi par le contrefort que montait à ce moment Changarnier. Trompés par ce mouvement, les éclaireurs arabes informent Abd-el-Kader que le corps expéditionnaire retourne à Blidah et s'engage dans la direction du col de Mouzaïa. L'émir donne aussitôt l'ordre à son infanterie de s'y concentrer.

Après une halte nécessaire pour donner le temps à sa portion principale de s'écouler sur la route de Milianah, Changarnier renvoie ses bataillons d'arrière-garde ; ceux-ci franchissent les deux kilomètres qui les séparent de la croisée des routes, et viennent couvrir les troupes et le convoi, ainsi dérobés à l'observation de l'ennemi. Un peu plus tard, par une marche en diagonale sur sa gauche, le colonel rejoint le gros du corps expéditionnaire et place sa cavalerie entre le convoi et les bataillons qui en couvraient le flanc droit.

Lorsque l'émir, reconnaissant son erreur, rappela son infanterie, celle-ci était déjà à plus de dix kilomètres, sur lesquels elle devait revenir. Le but était donc atteint. Changarnier quittait le 23 son bivouac sur le Chélif, et s'engageait bientôt dans le défilé de Milianah, après avoir fait solidement occuper les hauteurs qui l'environnent. Le convoi s'avance alors vers la ville, tandis que l'artillerie et une brigade d'infanterie, commandées par le colonel Gentil, s'établissent sur des positions d'où elles ferment le défilé. Le colonel n'avait pas encore terminé d'inspecter la ville et sa garnison, pendant qu'on déchargeait le convoi, lorsque le bruit d'une vive fusillade se fit tout à coup entendre à l'entrée du défilé.

La cavalerie arabe renforcée de deux mille Kabyles nous avait attaqués avec une extrême vigueur, chargeant successivement notre gauche et notre centre. Quand Changarnier eut rejoint le colonel Gentil, celui-ci avait déjà infligé à l'ennemi des pertes importantes en le forçant à se retirer. A cinq heures, la colonne entièrement ralliée établissait son bivouac sur l'Oued-Bouctoum, à deux kilomètres au delà de l'entrée du défilé et à neuf de Milianah, tandis que l'infanterie ennemie s'arrêtait à cinq kilomètres, un peu au-dessus de la vallée du Chélif. Sa position lui assurait une retraite facile ; cette circonstance décida le colonel à ne pas l'attaquer, quoiqu'elle fût très fatiguée des longues marches auxquelles la ruse du 22 juin l'avait condamnée.

Le lendemain 24, dès que le corps expéditionnaire fut en mouvement, la cavalerie arabe apparaissait en masse ; elle se portait d'abord sur son flanc gauche, puis sur son arrière-garde, cherchant un point mal gardé pour y précipiter une charge toujours prompte comme l'éclair. Ses nombreux tirailleurs dirigeaient un feu incessant sur nos troupes ; ses fantassins réguliers se tenaient à une certaine distance, prêts à saisir une occasion favorable. Abd-el-Kader les conduisait en personne. Pendant la halte du repas, à dix heures et demie, il crut le moment propice ; il mena lui-même la charge de ses cavaliers sur notre flanc droit. Mais lorsqu'il arriva à bonne portée, il fut reçu par un feu violent de mousqueterie et d'artillerie ; contraint à la retraite, il laissa un grand nombre de morts sur le terrain. L'émir fit une nouvelle tentative le 25 avec sa cavalerie, sans engager son infanterie, mais il subit encore un échec et disparut. A dater de ce moment, la marche de la colonne ne rencontra pas d'obstacles, et le 26, dans l'après-midi, elle opérait sa jonction avec le gouverneur.

Le 27, le maréchal fit connaître par dépêche au gouvernement les résultats de l'opération confiée à Changarnier. Les termes dans lesquels s'exprima ce chef si sobre d'éloges furent une récompense dont le colonel appréciait tout le prix. Celui-ci revenait le 3 juillet de châtier la tribu des Mouzaïa, lorsqu'à son arrivée au camp supérieur de Blidah le gouverneur lui remit son brevet de maréchal de camp. Il n'avait passé que neuf mois dans le grade de colonel, et moins de quatre ans et demi auparavant il était encore capitaine [1].

Ce prodigieux avancement avait l'approbation unanime de l'armée ; elle reconnaissait à Changarnier des qualités de commandement et des services de guerre de premier ordre [2].

Le maréchal le mit à la tête de la subdivision de Blidah, dont il fit évacuer le camp supérieur devenu inutile, et ordonna au nouveau général de s'établir fortement sur le point culminant des montagnes des Beni-Salah, à Aïn-Telazid. En occupant, le lendemain 4 juillet, cette position faiblement défendue par les Beni-Salah, Changarnier eut son cheval blessé sous lui.

Dans la pensée du gouverneur, le commandant de la subdivision de Blidah devait poursuivre un double but : ouvrir une route de Blidah à Médéah, meilleure que le chemin très périlleux du col de Mouzaïa, réduire les Beni-Salah et barrer la route aux incursions qui, de l'ouest, venaient ravager la Mitidja.

La première partie de ce programme paraissait impraticable à Changarnier; nul autre passage n'existait, selon lui, à travers cette chaine coupée de nombreuses et profondes vallées, dont les sinuosités capricieuses remontaient à des sommets d'une prodigieuse hauteur.

En lui signalant ces difficultés à ses yeux insurmontables, il appelait encore l'attention du maréchal sur la nécessité d'accorder aux troupes sous ses ordres un repos impérieusement nécessaire. Il lui représentait que celles-ci travaillaient encore, alors que les autres avaient cessé tout mouvement.

« Ménagez votre excellent 2ᵉ léger, lui répondait le 16 juillet le maréchal, ménagez toutes vos troupes ; faites ou demandez ce qu'il faut pour leur bien-être, et vous me trouverez toujours disposé à en témoigner toute ma satisfaction. Quant

---

[1] A la date du 4 juillet, le maréchal Valée cite à l'ordre de l'armée le colonel Changarnier du 2ᵉ léger.

[2] « Vos compatriotes s'associent cordialement à votre glorieuse carrière. » — Extrait d'une adresse du conseil municipal d'Autun au général Changarnier (18 août 1840).

aux obstacles, aux difficultés de position, je sais ce qu'ils doivent être pour vous arrêter, et je suis tranquille sur le résultat de tout ce que vous entreprenez. L'occupation, d'une part, et l'établissement d'une ligne télégraphique, de l'autre, décident une question que nul moyen ne parvenait à résoudre. Les Arabes le comprennent eux-mêmes, et ils le prouvent par la ténacité avec laquelle ils s'opposent à votre établissement. »

Après quelques jours consacrés à l'exécution des travaux de fortifications urgentes, le général avait assuré la route sur un trajet de plus de deux lieues et mis fin, par des actes de vigoureuse répression, aux escarmouches perpétuelles des Beni-Salah. Il avait également fait construire une redoute pour y établir un poste télégraphique bien en vue de Médéah; celui-ci était achevé le 15 juillet, mais les signaux répétés ne pouvaient arracher aucune réponse. Le général Duvivier se regardait comme étroitement bloqué à Blidah et recommençait ce que Changarnier appelait son *nouveau siège de Gênes*. Impatienté de cet entêtement, Changarnier imagina un stratagème dont le résultat fut de mieux démontrer la bizarre opiniâtreté de Duvivier.

Le 2 août, sur l'ordre de Changarnier, le télégraphe reprend ses gesticulations; au milieu de phrases sans liaison il répète plusieurs fois : « Ordonnance..... avancement..... lieutenant général..... »

Ces mots magiques réveillent Duvivier, qui réplique sur-le-champ : « Répétez votre signal. » — « Le gouverneur est très mécontent de ne pas recevoir de vos nouvelles! » Le silence se rétablit. « C'est une paralysie volontaire », s'écrie Changarnier.

Le maréchal persistant à admettre l'existence d'une communication facile, en dehors du col de Mouzaïa, entre Blidah et Médéah, le général se prépara à la reconnaître et à aller chercher des nouvelles de la garnison de Médéah. Il fit venir un des escadrons de Boufarick, appela de Blidah les vieilles troupes d'infanterie, une batterie de montagne et un fort détachement du train des équipages. Le 27 août, il porta les trois bataillons qui devaient rester à Aïn-Telazid à huit kilomètres dans la direction de l'est. Le lieutenant-colonel qui les commande contient les Beni-Salah et les tribus hostiles; il couvre sur son flanc gauche la marche du petit corps expéditionnaire. Celui-ci, obligé de se frayer une route à l'aide de la pioche et de la hache, traverse, malgré les plus rudes obstacles, les vallées de l'Oued-Bou-Bouddou et de l'Oued-Ouzra, sillonnées de ravins profonds; après treize heures d'efforts, il se trouve encore à dix-sept kilomètres à vol d'oiseau d'Aïn-Telazid. Vingt kilomètres le séparent de Médéah, mais le terrain devient plus praticable. La capture de deux troupeaux nombreux procure aux hommes un joyeux repas; le mouton en formait, comme de coutume, le principal élément [1].

Le 28 août, à dix heures du matin, la colonne arrivait au nord-est de Médéah, et Changarnier envoyait son aide de camp, le capitaine de Mac Mahon, avertir Duvivier de son arrivée.

A son grand étonnement, lorsqu'il se présentait lui-même devant la porte de la ville, celle-ci était toujours fermée.

« Est-ce donc ici le château de la Belle au bois dormant? s'écrie en riant le général.

— Pas tout à fait, mon général, répond Mac Mahon, car je cause à travers le trou de la serrure avec des officiers fort impatients de nous voir. Dès que la colonne a été signalée, le général Duvivier a donné les ordres les plus sévères pour interdire à la garnison toute communication avec nos troupes. Vous entrerez dans la ville, mais vous y entrerez seul!

— Nous verrons bien, riposte Changarnier. En attendant, continuez d'étancher la soif de nouvelles de ces pauvres reclus. »

Après quelques minutes la porte s'ouvrait enfin devant Duvivier jouant toujours « au siège de Gênes ».

---

[1] Après les prises de troupeaux, Changarnier faisait distribuer immédiatement aux troupes les moutons capturés. Aussi, lorsqu'une affaire devenait chaude, ou bien si Changarnier survenait pendant le combat, les soldats avaient pris l'habitude de s'écrier : « Ça sent le mouton! ça sent le mouton! » Plus tard, pendant les journées d'insurrection de Paris, quand le général paraissait, les hommes répétaient la même exclamation.

« Vous êtes le bienvenu, mon cher général, dit-il, mais vous savez qu'une place assiégée ne doit avoir aucune relation avec l'extérieur !

— Quand toutes les nouvelles sont bonnes, l'ennemi a seul intérêt à en priver la garnison. J'ai le plus grand désir de ne pas vous contrarier, mais je vous amène cent quatre-vingts hommes, dont le maréchal renforce vos troupes, et il sera difficile de leur tenir la bouche close ! »

Les ordres bizarres de Duvivier ne furent guère observés ; les communications ne tardèrent pas à être complètes entre la colonne de Changarnier et la garnison, fort réduite par la surprise du 3 août, où elle avait perdu un quart de son effectif. Afin de remplir entièrement sa mission, Changarnier visita en détail les magasins, l'hôpital, les fortifications, les casernes, et put constater l'excellente direction de Duvivier sur tous ces points. Le 29, à deux heures du matin, au moment où le général se disposait à reprendre la route de Blidah, cette fois par le col de Mouzaïa, Duvivier lui apporta ses dépêches. Quand il vit les troupes prendre le chemin du célèbre Teniah, il répéta qu'un bon passage devait exister là où Changarnier l'avait cherché la veille, puis il ajouta : « Je regrette que vous n'ayez pas visité notre télégraphe ! »

La réflexion était imprudente, elle ne prenait pas Changarnier au dépourvu ; tirant un papier de sa poche, il répliqua : « Voici ce qu'on m'a remis hier au soir en rentrant au bivouac. C'est la lettre du lieutenant-colonel commandant le génie de ma colonne qui, me rendant compte de la visite de la redoute n° 5, au centre de laquelle s'élève le télégraphe, termine en disant : « Nous avons constaté qu'à l'œil nu on voit « distinctement toutes les parties du télégraphe d'Aïn-Telazid, « et qu'avec les lunettes, la correspondance serait facile et « assurée. Je n'ai pas pu faire passer la dépêche par laquelle « vous m'aviez recommandé d'annoncer au gouverneur l'ar- « rivée de la colonne, parce que les employés rédacteurs sont « en ville. »

Satisfait de ce trait malin, Changarnier serre les mains de Duvivier, saute à cheval et prend le galop.

L'ennemi avait été promptement averti de notre marche ; il nous attendait déjà au bois des Oliviers. Quelques centaines de Kabyles suivaient l'arrière-garde, mais le général avait fait occuper les positions importantes, et lorsqu'il arriva à vingt-cinq minutes du col, il prit ses mesures pour provoquer l'attaque des Arabes.

Il gagne la queue de la colonne, il détache sept cent quatre-vingts hommes, en laisse cent vingt en réserve, et masse le reste près des mines de cuivre. A ce moment, les réguliers sortent du bois des Oliviers. Changarnier rappelle ses derniers tirailleurs ; l'ennemi, croyant à une retraite précipitée, accourt en battant la charge ; à un détour de la route, il se trouve soudain à trois pas du détachement, qui s'élance sur lui à la baïonnette, le bouscule, le refoule au delà du bois des Oliviers, et lui tue plus de cent fantassins. Conduisant lui-même la charge au milieu des rangs ennemis, le général s'était vu tout à coup saisi à la jambe par un régulier : « Grâce, mon colonel Changarnier, je suis votre ancien sapeur Danel! criait-il. — Qu'on ne lui fasse pas de mal ! » dit Changarnier en continuant la poursuite.

Le soir même, au bivouac sur la Chiffa, il reconnaissait ce déserteur qui avait rejoint Abd-el-Kader depuis le 10 mars, après avoir dissipé une petite somme confiée par ses camarades pour acheter des provisions. Danel fournit au général des renseignements qui prouvaient la gravité des pertes subies par l'émir dans cette rude campagne et l'affaiblissement de ses forces régulières. En rentrant à Blidah, où il parvint le 30 août dans la matinée, Changarnier trouva le maréchal fort satisfait, sinon d'apprendre qu'il ne fallait plus penser à la route tant souhaitée, du moins du succès vigoureux qui avait marqué la fin de l'opération. Il n'eut pas de peine à obtenir la grâce de Danel.

La campagne d'été se terminait sans assez décourager l'ennemi pour le forcer au repos. Ce fut encore à Changarnier que revint l'honneur de lui infliger une leçon.

Le général s'était rendu à une invitation du maréchal Valée, qui lui avait offert l'hospitalité à Alger, et le général

Schramm avait profité de sa présence pour lui déléguer plusieurs des régiments dont il devait passer l'inspection. Le 13 septembre, pendant qu'il s'acquittait de cette mission, un message du gouverneur lui parvient, l'invitant à se rendre sur-le-champ auprès de lui. Celui-ci lui donne connaissance de la dépêche, expédiée le matin même de Fondouck ; le colonel du 58ᵉ l'informait que Ben-Salem était à Kara-Mustapha, à la tête de trois mille Kabyles, deux mille cavaliers des tribus, trois escadrons rouges et un bataillon de réguliers, et que la garnison du blockhaus, déjà cerné, était menacée d'une reddition. S'étonnant que le colonel du 58ᵉ souffrît un tel voisinage, le maréchal charge Changarnier de chasser promptement Ben-Salem, et lui offre d'organiser sur-le-champ une colonne importante.

En vue de prévenir la fuite des Arabes sans combat dans les hautes montagnes dont ils étaient à proximité, le général propose d'envoyer immédiatement au commandant Le Flô l'ordre d'amener son bataillon de zouaves du camp de Ber-Kadem à la Maison-Carrée, où il serait rejoint par le bataillon de tirailleurs du camp de Kouba, dont ces troupes relèveraient la garnison. Il lui demande de faire avertir sur-le-champ la batterie de montagne, la compagnie du génie et l'ambulance de Mustapha-Pacha, les escadrons de chasseurs d'Afrique d'Hussein-Dey, qu'à deux heures ils seront inspectés par Changarnier. Il explique qu'en arrivant il les mettra lui-même en marche, s'adjoindra, à son passage, la garnison de la Maison-Carrée, où il prendra des vivres, et sera ainsi, sans donner l'éveil, en mesure de surprendre Ben-Salem. Le gouverneur approuve ces dispositions, les ordres sont rapidement expédiés, et Changarnier quitte Alger, accompagné de MM. de Mac Mahon et Pourcet, suivis de trois chasseurs, tous trois en tenue de promenade. A huit heures du soir, il avait rallié ses troupes et prenait la tête de sa colonne [1] ; évitant les vedettes postées par Ben-Salem pour surveiller les directions d'Alger

---

[1] Elle se composait, en outre de la section du génie, de celle de l'ambulance, de mille trois cent vingt hommes, de trois cent quatre-vingts cavaliers et de quatre obusiers de montagne.

et de Fondouck, il atteignait, avant le lever du jour, les collines de Kara-Mustapha.

A ce moment, il détache le commandant Le Flô avec trois cents zouaves sur la route de la vallée du Boudouaou, avec l'ordre d'aborder le camp par son revers est, tandis que la cavalerie, placée sur le même point, y attendra les fuyards pour les sabrer. Lui-même divise sa troupe en deux colonnes marchant parallèlement et s'avance sur le camp. Il n'en était pas à cent mètres que les coups de fusil de signal des Arabes se font entendre ; aussitôt il ordonne la charge, s'empare du camp, gardé par un groupe d'une vingtaine d'hommes, le dépasse et culbute Ben-Salem, qui se retire avec soixante Kabyles et un bataillon régulier.

Au commandement : « La charge à la baïonnette ! » l'élan est général et les hommes s'élancent dans les fossés. Les Arabes n'osent pas tenir ; deux cents réguliers, six cents Kabyles, sautent par-dessus les parapets et s'enfuient par les ravins. Mais la deuxième colonne les arrête et les rejette dans les broussailles, où une vive fusillade en détruit un grand nombre. Le kalifa[1], surpris, s'enfuit en chemise sur un cheval nu, abandonnant un butin important en armes et en objets de toutes sortes, parmi lesquels son cachet et sa longue-vue. Pendant ce temps, les obusiers avaient dispersé le rassemblement de Kabyles qui cernaient le blockhaus. A ce moment les rayons du soleil levant éclairent les lignes de la cavalerie arabe accourue d'un camp voisin par la vallée ; la troisième colonne d'infanterie arrête son mouvement. Mais sur l'autre rive du Boudouaou apparaissent à ce moment quinze cents hommes des tribus et un fort escadron rouge. Le général court à toute bride à sa cavalerie, fait reconnaître les passages de la rivière et s'élance à sa tête, flanqué à gauche par les zouaves, à droite par les tirailleurs.

Pour traverser les rives escarpées de l'Oued-Boudouaou, le passage est si difficile qu'il faut défiler par un. Enfin la rivière est franchie ; Changarnier, couvrant sa gauche par un de ses

[1] Pendant la guerre d'Orient, Ben-Salem offrit ses services au Sultan, qui le nomma Pacha et lui donna un commandement en Anatolie.

escadrons, sa droite par sa première colonne, ordonne à la deuxième de marcher à l'ennemi, qu'il charge lui-même à la tête de deux escadrons. Galopant à cinquante mètres en avant avec le colonel Tortas, du 1er chasseurs, et le capitaine de Mac Mahon, son aide de camp, il renverse tout devant lui, brise en deux tronçons la ligne arabe, puis, soutenu avec un incomparable élan par l'infanterie, il les disperse après une vigoureuse poursuite. A l'instant où il arrivait au-dessus du mamelon au milieu d'une quarantaine de cavaliers qui fuyaient à pied, abandonnant leurs chevaux, l'un d'eux s'arrête tout à coup à l'abri d'un rocher, épaule son long fusil et couche en joue le capitaine de Mac Mahon. Celui-ci s'efface et attend sans sourciller ; après avoir visé pendant une minute, l'Arabe presse la détente, mais le fusil rate.

« Voyez, je tremblais pour vous », dit à son aide de camp le général, pâle d'inquiétude. Un peu plus loin, Changarnier est visé à moins de vingt pas par un Arabe ; nul moyen d'éviter la balle : il le regarde avec un sourire ; le projectile passe en sifflant sans l'atteindre. Près de cinquante ans plus tard, le maréchal de Mac Mahon citait ce trait en exemple de la bonté affectueuse de Changarnier, anxieux quand le danger menaçait un autre, d'une intrépide indifférence lorsque sa propre vie était en jeu.

L'ennemi ne tenta pas de se reformer et disparut dans les montagnes. Il laissait sur le terrain près de cent cinquante morts, un grand nombre d'armes, de chevaux et de bagages ; de notre côté, nous n'avions perdu qu'une vingtaine d'hommes. A la fin de la charge, Changarnier eut son cheval tué sous lui.

Après avoir visité le blockhaus et partagé la joie de sa garnison délivrée, le général se dirigea sur Fondouck, où il arriva à trois heures. Il reçut les félicitations du colonel du 58e, dont les inquiétudes avaient déterminé cette heureuse opération : le soir même, il rentrait à Alger et mettait pied à terre devant le palais du gouverneur, que son subit retour alarma tout d'abord. Son anxiété éclatait dans son regard, mais elle fit place à une vive satisfaction quand il connut le succès si promptement obtenu.

On a pu d'ailleurs déjà remarquer que si la rapidité dans la conception et dans l'exécution était un des caractères saillants du talent militaire de Changarnier, il se distinguait encore par la variété des moyens, la diversité dans l'ordre de marche ou d'attaque des colonnes, l'art de tirer parti du terrain et des circonstances toujours si mobiles de la guerre, l'imprévu dans le maniement des troupes. Ces qualités si essentielles dans un chef n'étaient pas seulement la conséquence de la netteté et de la décision de son esprit, elles étaient le résultat de persévérantes études dues à l'application incessante d'une méthode pratique. Celle-ci avait son origine dans un conseil très judicieux qu'il avait reçu pendant la campagne d'Espagne, en 1823.

« Quand, à la tête de votre troupe ou autrement, lui avait dit un officier général, vous arriverez en face d'un terrain accidenté, ne manquez jamais de l'étudier mentalement et de vous rendre un compte précis de ce que vous auriez à faire pour l'attaquer ou pour le défendre. Lorsque votre esprit se sera ainsi suffisamment exercé et aura acquis à cet égard une complète assurance, comptez que vous aurez tourné les difficultés les plus grandes de notre métier, et si, comme je le pense, vous avez un coup d'œil militaire juste, vous serez dans les meilleures conditions pour les surmonter. »

Le général n'avait jamais cessé de mettre en pratique cet avis si simple et si ingénieux ; c'est par son exercice constant et répété qu'il trouva la dextérité et la fécondité de ressources auxquelles il dut la plupart de ses succès.

Le maréchal Valée estimait avec raison qu'on ne le prenait jamais au dépourvu. Aussi, pendant que Changarnier achevait, en rayonnant autour d'Alger, l'inspection déléguée par le général Schramm, le gouverneur avait-il souvent recours à ses conseils, non seulement pour les affaires de la colonie, mais encore pour la préparation des opérations interrompues afin de donner à l'armée un repos que ses pertes et ses fatigues avaient rendu urgent.

Au cours d'un de ces entretiens, le général émit l'idée que la garnison de Milianah, bien qu'abondamment pourvue de vivres, était dans un trop proche voisinage de l'ennemi pour qu'il ne fût pas nécessaire d'y envoyer une colonne. L'absence de nouvelles se prolongeant, le maréchal paraissait déjà décidé à y envoyer Changarnier, lorsque arriva le 28 septembre, à Alger, un émissaire de Milianah chargé de faire connaître au gouverneur la situation très critique du lieutenant-colonel d'Illens. La mission de le secourir revint encore à Changarnier.

Il n'y avait pas un instant à perdre pour prévenir un désastre. Le général renonce à prendre le temps nécessaire pour réunir des forces plus nombreuses, et le même jour il regagne Blidah. Il apprend alors qu'Abd-el-Kader était arrivé au confluent de l'Oued-Djer et de l'Oued-Adelia, à égale distance de Milianah et du col de Mouzaïa. Convaincu que l'émir ne manquerait pas d'être averti de sa marche, il use d'un stratagème pour le tromper sur sa direction. Il appelle auprès de lui les principaux de la ville, et, au milieu de diverses explications d'affaires administratives, il leur avoue en secret qu'il se rend, non pas à Milianah, comme on l'avait annoncé, mais à Médéah. En même temps, il donne l'ordre au receveur de la poste de lui faire remettre les correspondances à destination de Médéah. Le lendemain matin, une heure avant le moment fixé pour le départ, il se rend seul à la poste, donne l'ordre de réunir en paquet les lettres adressées non à Médéah, mais à Milianah, avertit qu'il les fera prendre à l'instant du départ, ferme à double tour la porte du bureau, et met la clef dans sa poche. Le capitaine Pourcet vint au moment dit recevoir les sacs de dépêches, et le général, cherchant à prolonger l'erreur répandue à dessein, bivouaque le même jour à Haouch-Mouzaïa, dans la direction du col. Là, il fait connaître le véritable but de l'expédition, caché jusqu'à ce moment même à son état-major. La colonne [1], laissant le

---

[1] Elle se composait de trois faibles bataillons tirés des 48e, 24e de ligne et 17e léger, du régiment des zouaves, quatre cents chasseurs, deux compagnies du génie et une batterie de montagne. Le convoi comprenait plus de deux cents mulets.

Teniah au sud, se porte vers l'ouest dans la direction du territoire des Beni-Menad, observée sur ses flancs par des groupes de cavaliers et de Kabyles, qui n'essayent pas d'abord de l'aborder. Mais lorsqu'elle atteint dans les montagnes le défilé de Cheba-el-Keta, l'ennemi reçoit des renforts et devient menaçant. Le colonel Bedeau le repousse. Le 3 octobre, en arrivant à la rive droite de l'Oued-Djer, Changarnier découvre sur les hauteurs qui dominent sa gauche plus de trois mille cavaliers, suivis des fantassins réguliers de l'émir. Lui-même était à leur tête, revenant en toute hâte du point où l'avaient porté les fausses nouvelles de la marche sur Médéah. Sur la pente du Gontas il s'approche assez de l'arrière-garde pour qu'il soit nécessaire de la dégager ; la colonne traversait le plateau du Gontas, lorsque sa tête est attaquée par la cavalerie, mais les gendarmes maures la dispersent promptement.

Dans la matinée du 4 octobre, en atteignant l'Oued-Souffaï, le général se trouve en présence d'un corps de quatre mille chevaux ; rangé en bataille sur le front du marabout de Sidi-Abd-el-Kader, il est appuyé par un groupe de cavaliers d'égale force. Plus de deux mille Kabyles couronnent les hauteurs du défilé de Milianah, où nous avons déjà conduit le lecteur. Sans hésiter il divise ses troupes en quatre colonnes, prêtes à se former en autant de carrés au premier signal, qui délogent vivement l'ennemi de ses positions. Il envoie le colonel Leblond occuper les hauteurs de la rive gauche, tandis que le colonel Bedeau s'empare de celles de droite ; maître du défilé dont il ferme d'autre part solidement l'entrée, il dirige le convoi, ainsi protégé sur ses flancs, vers Milianah. Il confie la défense de la gorge au colonel Korte et s'approche de la place, dont les abords restent déserts. Tout à coup, il est rappelé par un message du colonel Bedeau, annonçant que l'infanterie régulière et les Kabyles s'avancent entre la ville et le plateau qu'il occupe. Il refuse d'abord de croire à une telle faute, mais sur de nouvelles instances, il modifie ses dispositions, ramène dans le défilé la cavalerie et les bagages, renforce de deux bataillons les troupes aux ordres de Bedeau et se réjouit d'écraser l'ennemi dans son imprudente tentative. La déception fut grande lorsque, poussant en avant, il vit fuir devant lui un petit groupe d'habitants du pays. L'erreur reconnue, Changarnier reprend sa précédente formation et gagne la ville.

Mais dans quelle détresse il trouvait la garnison, détruite par la maladie, par une incurable nostalgie ! Plus de huit cents hommes avaient déjà succombé, trois cents à peine survivaient, dont la moitié était près de périr dans les hôpitaux. Le spectacle était lamentable ; sans retard, le général relève le lieutenant-colonel d'Illens, auquel il donne pour successeur le commandant Brunet, du 48e ; il renouvelle la garnison tout entière, fait évacuer les hommes encore transportables, décharger le convoi, prescrit toutes les mesures commandées par une si cruelle situation, et après avoir accompli la visite des magasins, des fortifications et des hôpitaux, il repart en laissant la promesse d'un prompt ravitaillement.

Si l'ennemi s'était présenté plus tôt devant ses portes ou s'il avait connu le triste état de Milianah, nul doute que Changarnier ne l'eût trouvée en son pouvoir. La lui reprendre avec les forces médiocres dont se composait sa colonne n'eût certainement pas été sans d'assez mauvaises chances. Un échec eût fait reculer sérieusement notre occupation. On a reproché au maréchal Valée de s'y être exposé par l'abandon où il laissa cette place pendant près de trois mois et demi ; mais il ne faut pas oublier qu'à ce moment même la paix du continent était gravement menacée. Le ministère, absorbé par d'autres préoccupations, exigeant pour les résultats, parcimonieux pour les moyens d'exécution, retardait toujours l'envoi des renforts réclamés avec les plus vives instances par le gouverneur. A chaque courrier, celui-ci ne cessait pas de signaler l'épuisement de ses régiments surmenés, auxquels il avait dû accorder un repos indispensable. A Alger, les intrigues des bureaux avaient fait ajourner toute opération sur Milianah, sous prétexte que ses magasins étaient encore pourvus pour longtemps. Le fait était exact ; mais à la guerre, il ne suffit pas de vivres pour alimenter les troupes, il est également nécessaire de maintenir leur moral et de prévenir les causes du découragement qu'on avait laissées s'accumuler dans un déplorable abandon. Il eût été assurément digne du maréchal de dominer à temps ces difficultés, mais il serait injuste de ne pas lui tenir compte de tels embarras et de lui imputer l'entière responsabilité d'un désastre qui l'affligea profondément.

La colonne eut à lutter pendant son retour contre des obstacles de tout genre. Elle traînait un grand nombre de malades de Milianah, qui avaient supplié qu'on ne les laissât pas mourir dans cette prison détestée ; chaque jour, quelques-uns expiraient sur le chemin. Le petit corps expéditionnaire était, en outre, diminué des douze cents hommes laissés à Milianah et des quatre-vingts hommes perdus dans les petits combats soutenus pendant la route. Une nombreuse cavalerie ne cessait pas de le harceler, de le tâter sur toutes ses faces, cherchant, sans le découvrir, à y rencontrer un point faible pour y porter son attaque. Quand il quitta, le 6 octobre, son bivouac sur l'Oued-Hammam, les difficultés du terrain vinrent aggraver encore sa situation. Le convoi était contraint de marcher sur deux files, s'allongeant sur une étendue de plus de cinq kilomètres, constamment dominé à petite portée de fusil. Pour le protéger, Changarnier se porta avec quatre bataillons et deux obusiers à un kilomètre en arrière, rejetant vivement l'ennemi au loin et le débusquant de toutes ses positions ; celui-ci, croyant à une attaque, se replia et se prépara à se ruer sur l'arrière-garde. Cette diversion, calculée pour attirer l'effort des Arabes sur un seul point, laissa le temps de franchir plus de deux lieues sans nouvelle tentative ; elle permit au général d'arriver au point où il put augmenter le nombre des files, puis arrêter successivement la tête de la colonne, de manière à la masser et à ne repartir en avant qu'après en avoir modifié la longueur et la profondeur suivant les accidents du terrain. Pendant trois heures, à partir de sept heures du matin, plus de sept mille Kabyles attaquèrent vigoureusement l'arrière-garde sur des positions où ils se croyaient certains de l'entamer. Mais ils furent constamment repoussés dans une série d'engagements, mêlés de retours offensifs, où nos pertes atteignirent près de trois cents blessés et cinquante tués.

A dix heures, apparut l'infanterie régulière de l'émir, sur les collines de Karoubet-el-Ouzri. Elle était soutenue par cinq mille cavaliers, débouchant des gorges du nord-ouest sur le plateau borné par la Bourkika. Abd-el-Kader faisait flotter sur le front de ses escadrons ses étendards de famille et de commandement; un combat paraissait probable; mais notre infériorité numérique était telle qu'il eût été dangereux d'en prendre l'initiative. Changarnier fit former son convoi en carré au pied d'un mamelon, l'appuyant à un ravin qui le contournait sur deux faces. Après avoir réuni sur un seul point sa cavalerie et les quatre cinquièmes de son infanterie, il observe l'ennemi. Les Kabyles seuls s'aventurèrent à s'approcher; vivement repoussés, ils ne furent pas secourus par les réguliers, non plus que par la nombreuse cavalerie arrêtée par la Bourkika. La colonne, ainsi dégagée, put reprendre sa marche, atteindre la Mitidja et bivouaquer sur l'Oued-Djer. Mais l'alerte avait été rude; Changarnier avait fatigué durant la journée trois chevaux, et le soir, se jetant sur une botte de paille, il dormit plus de douze heures. Le 7 octobre, il rentrait à Blidah, ayant accompli avec plein succès sa mission [1].

« Le maréchal Valée a toute confiance dans le général Changarnier, écrivait au retour le capitaine de Mac Mahon à son frère, et il a raison, car il réussit dans tout ce qu'il entreprend toujours beaucoup mieux qu'on ne s'y attendait. Je suis enchanté d'être auprès de lui; c'est l'homme qui me convient; plus brave que qui que ce soit au monde, il garde toujours son sang-froid. Il inspire aux troupes une confiance immense. Il m'a toujours traité aussi bien que possible; depuis

---

[1] « Le nombre des propositions est si considérable, écrivait le 20 octobre le maréchal Valée à Changarnier, qui insistait pour faire obtenir de justes récompenses à ses troupes, que je n'ai pas pu les appuyer toutes auprès du gouvernement du Roi. Je vous prie de m'en faire le tableau en plaçant les candidats dans l'ordre de mérite, ce que je ne puis faire sans m'exposer à commettre des injustices. »

que je suis avec lui, je ne fais que courir dans toutes les directions. »

L'opinion de ses subordonnés était donc d'accord avec celle de ses chefs, le témoignage déjà si compétent que nous venons de mentionner méritait à tous égards d'être cité.

A son arrivée à Blidah, le 26 octobre, le maréchal félicita chaleureusement Changarnier du succès de sa dernière opération : « Nous vous avions mis dans une position bien critique, disait-il, vous seul vous pouviez en sortir avec avantage. »

Le gouverneur se mit en mesure de conduire lui-même un convoi à Milianah, dont il tenait à visiter la garnison. Le corps expéditionnaire se réunit à Blidah, qu'il quitta le 27 octobre. Il se composait de près de dix mille hommes, dont sept mille d'infanterie, ceux-ci formant deux brigades, commandées l'une par Changarnier, l'autre réservée à Duvivier, qui attendait son passage à Médéah.

En quittant le bivouac d'Haouch-Mouzaïa, le maréchal chargea Changarnier de recommencer au col de Mouzaïa l'opération nocturne du 14 juin, en y pénétrant cette fois par le nord. Le général la conduisit aussi heureusement que la première fois ; son arrivée soudaine sur le col fit reculer Abd-el-Kader, qui occupait avec plusieurs bataillons les hauteurs dominantes. Le lendemain 29, comme la tête de colonne entrait déjà à Médéah, Changarnier entendit une vive fusillade assez loin de l'arrière-garde. Accourir d'un temps de galop, de sa brigade qui marchait en tête, fut l'affaire d'un instant. Quatre bataillons de réguliers, soutenus par un millier de Kabyles, s'élançant des gorges de la Chiffa, menaçaient de couper le bataillon du commandant Renault, qui avait quitté trop tardivement la position qu'il avait été chargé d'occuper pendant la halte au bois des Oliviers. Il les attaque immédiatement avec trois bataillons empruntés à l'arrière-garde et les rejette au delà de la haute Chiffa. Au milieu de cet engagement, où il fut vigoureusement secondé par le colonel Gentil, Changarnier roula à terre sous son cheval criblé de blessures. A dater de ce moment, l'ennemi cessa de se montrer; l'armée, revenue le 1er novembre à Blidah, se remit en marche pour ravitailler Milianah, dont le maréchal renouvela, le 8 novembre, une partie de la garnison. Rentré le 11 à Blidah, le général termina la campagne d'automne par une expédition semblable sur Médéah, accomplie du 15 au 22 novembre.

Après avoir achevé l'inspection des cantonnements de sa subdivision, Changarnier écrivait, en terminant son rapport au maréchal, le 28 décembre :

« Intelligentes et disciplinées, avides de périls et d'honneur, commandées par des hommes désintéressés de tout, sauf de la Patrie et de la gloire, nos troupes ont atteint le plus haut degré de perfection qu'une noble nation puisse souhaiter à son armée. »

Sous l'impression de la juste confiance qu'inspiraient de tels instruments, le gouverneur étudia avec Changarnier, qu'il avait fait venir à Alger, les moyens de réaliser, au printemps, une opération importante combinée entre les troupes de la province d'Alger et celles de la province d'Oran. La pensée en avait été suggérée au maréchal, dès le 26 octobre, par Changarnier, qui lui avait représenté tous les avantages d'une campagne dont les mouvements d'ensemble étaient appelés à produire des résultats décisifs, tant au point de vue politique qu'au point de vue militaire.

Deux colonnes, l'une partant de Blidah, commandée par Changarnier, l'autre de Mostaganem, sous les ordres du maréchal, devaient opérer leur jonction sur le bas Chélif; tous les détails étaient minutieusement réglés à l'avance, l'itinéraire tracé, Milianah désigné pour servir de centre d'approvisionnement. Les deux fractions de l'armée arrivaient au chiffre de vingt-cinq mille hommes, sans qu'il fût nécessaire de réclamer l'envoi de nouveaux renforts. Le succès devait entraîner la ruine de la puissance d'Abd-el-Kader, en rendant désormais impossible la levée de ses impôts et de ses partisans dans les régions les plus ardentes à lui obéir.

« Ce sera fait de son empire, disait le gouverneur, et nous n'aurons plus qu'à soumettre les pays les plus obstinés dans leur fanatisme. Je vous confierai ce soin, mon cher général. »

Le maréchal Valée était tout entier à ces projets, lorsque le courrier du 9 janvier 1841 apporta la nouvelle de son rappel et de son remplacement par le général Bugeaud, nommé, par arrêté royal du 29 décembre précédent, au gouvernement général de l'Algérie. Le départ du maréchal causa une vive peine à Changarnier, qui lui avait voué un reconnaissant attachement. « C'est un des caractères les plus purs que j'aie connus, disait-il, et si tout n'est pas exempt de critiques dans la manière dont il a conduit la guerre, nous lui sommes, sans conteste, redevables des résultats qui ont préparé les événements ultérieurs. Pendant son commandement il a fait preuve des qualités d'un véritable chef d'armée. »

Le 19 janvier, le maréchal remettait au général Schramm l'intérim du gouvernement général, et, le même jour, il s'embarquait, le cœur plein de tristesse.

«Oui, mon cher général, écrivait-il à Changarnier le 30 mars suivant, lorsque nous nous sommes séparés, je regrettais bien vivement de vous quitter, de quitter une armée si brave, si dévouée, de laisser inachevée une œuvre glorieuse, difficile, et qui touchait à son terme. Le gouvernement croyait alors devoir sacrifier le fruit de nos efforts à un changement de système. Le fait accompli, il ne fut plus question que de continuer ce que nous avions commencé, de marcher dans la même voie, et, pour en diminuer les difficultés, le ministère se plaît à prodiguer les moyens et les ressources au chef de son choix. Tout se réduit aujourd'hui à un changement de personne; il y a peut-être à cela moins de mal que d'injustice. Je sais qu'en temps utile vous avez, seul contre tous, défendu et motivé avec loyauté ce qui avait été fait depuis quatre années; vous avez justifié ainsi la grande part que vous y avez eue et la gloire que vous y avez acquise. Je vous en remercie, parce qu'un temps viendra où, pour couvrir des fautes, on les donnera comme conséquences obligées des faits précédents. Il y aura à cela autant de bonne foi que lorsqu'on écrivait à un des officiers généraux de l'armée pour lui demander des renseignements vrais et positifs, déclarant qu'à Paris on regardait comme faux tous les dires et rapports officiels. Vous avez regardé comme un devoir de ne pas demander à quitter l'armée, je vous ai approuvé et vous ai engagé à rester ; mais je regrettais alors de ne pouvoir vous garantir que vous n'éprouveriez pas de désagréments. Vous ne serez pas et vous ne pourrez pas être placé et traité comme vous le méritez ; il faudrait pour cela que votre mérite fût apprécié sans envie, sans jalousie, et l'on ne rencontre pas fréquemment des chefs d'armée qui n'ont ni le besoin ni la volonté de se ménager les bonnes occasions et de rapporter à eux-mêmes une part de ce qui est souvent dû et mérité par d'autres. »

CHAPITRE III

1841. Le général Bugeaud gouverneur général de l'Algérie. — Combats et opérations sur Médéah et Milianah, 1ᵉʳ-8 avril, 26 avril-9 mai. Mouvements dans la province de Tittery, 18 mai-2 juin. — Opérations sur Médéah, Milianah et la vallée du Chélif, 6 juin-2 juillet. — Changarnier en France, 29 juillet-15 octobre. — Changarnier remplace Baraguey d'Hilliers dans le commandement du corps expéditionnaire de la province d'Alger, 26 octobre. — Combat du 29 octobre sur les bords de la haute Chiffa. — Bugeaud et Changarnier établissent le programme de la campagne de 1842, 10-15 novembre. — L'enceinte continue du général de Galbois. — Coups de main et razzias exécutés de Blidah par Changarnier pendant les mois de novembre et de décembre.

Le 22 février 1841, le nouveau gouverneur général débarquait à Alger, où l'on ne le voyait pas sans défiance prendre possession de son commandement. Les intrigues parlementaires, le soin qu'il avait mis à faire vanter son habileté et ses grandes aptitudes, son zèle ministériel avaient singulièrement contribué à son choix. Plus d'un officier général s'était plaint au maréchal Soult de la préférence accordée à un cadet pour l'ancienneté et les services. En Afrique, on craignait que le général Bugeaud n'apportât un parti pris absolu en toutes choses ; on lui reconnaissait sans conteste des qualités d'ordre supérieur : celle notamment de bien conduire les troupes et de s'occuper de leur bien-être avec une sollicitude constante ; mais on redoutait sa tendance à la partialité et son penchant à rechercher la popularité.

Les premières proclamations qu'il adressa à la population et à l'armée ne contenaient pas même la mention du nom de son prédécesseur. A la première réunion des généraux, il débuta par l'éloge un peu pompeux des grands services rendus par chacun d'eux « malgré la mauvaise direction de l'ensemble des opérations ».

« Au printemps, j'emploierai votre audace en dehors du petit cercle où elle a été trop longtemps cloîtrée », dit-il en laissant tomber son regard fin et malicieux sur Changarnier, que cette petite provocation piqua au vif. Et aussitôt de riposter : « Nous vous remercions de cette promesse, mon général, mais nous y comptions d'avance. Quand Alger était occupé par quelques milliers d'hommes, leurs sorties ne dépassaient pas la Chiffa. A mesure que l'effectif s'est élevé, la guerre s'est étendue. Maintenant que M. le maréchal a occupé Médéah et Milianah et en a fait des places de dépôt, il vous sera facile de la porter plus loin avec l'augmentation de forces qu'on vous envoie, quand nous avons déjà bien réduit celles d'Abd-el-Kader. »

Le gouverneur ne répliqua pas à ces mots, qui définissaient exactement la situation; bien que le trait eût porté, les services de son nouveau lieutenant restaient trop nécessaires, sa position était trop prépondérante dans les rangs de l'armée pour ne pas rechercher à maintenir l'entente avec lui. L'opinion était unanime à l'égard de Changarnier.

« L'armée vous rend toute justice, lui écrivait le général de Castellane, et je m'en réjouis dans l'intérêt de l'armée elle-même. Je me félicite de voir un homme d'honneur et de mérite en position d'arriver à tout. »

Les premières semaines qui suivirent l'arrivée du gouverneur furent consacrées à visiter les provinces et les troupes; en même temps le général Bugeaud ordonnait la concentration sur des points restreints des détachements dissiminés par le maréchal Valée et la destruction de la plupart des camps établis à grands frais sous la précédente administration. Pendant qu'il étudiait les opérations qu'il se proposait, Bugeaud était de la part de Duvivier l'objet des plus vives instances pour qu'il le chargeât de rechercher une route d'Aïn-Telazid à Milianah plus courte que celle du col; il prétendait que Changarnier n'avait pas pris la bonne direction, il expliquait qu'il avait appuyé trop à l'ouest. Bien que doué de rares qualités militaires, Duvivier était sujet à des entêtements singuliers; il persistait à proclamer l'existence de ce passage, malgré la démonstration si concluante établie par l'expédition de Changarnier; de même nous l'avons vu s'obstiner à croire au siège de Blidah, puis de Médéah.

La période de transformation pour inaugurer le système nouveau n'avait pas été sans encourager l'audace et les espérances de l'ennemi, qui en tirait des arguments en faveur de la résistance et de la lutte. Il était urgent d'y répondre et de ravitailler sans retard Médéah et Milianah. Afin de suppléer à l'insuffisance de nos moyens de transport, une réquisition générale de tous les animaux et de toutes les charrettes fut ordonnée. Ses dispositions prises, le gouverneur, à la tête du corps expéditionnaire, rejoignait à Blidah Changarnier, dont la colonne, formant l'arrière-garde, quittait cette ville le 1er avril avant le point du jour, se dirigeant vers le confluent de l'Oued-el-Kebir et de la Chiffa [1].

Comme il approchait des broussailles qui bordent la rive droite de cette rivière, Changarnier fut accueilli par la fusillade d'une chaîne de petits postes arabes, mais ses troupes poursuivirent sans riposter leur marche vers la montagne. Afin de prendre à revers les retranchements des hauteurs qui commandent le col de Mouzaïa, il fallut d'abord gravir le grand contrefort qui, du nœud de ces montagnes, descend au point où la rivière traverse la première chaîne de l'Atlas et débouche dans la Mitidja. Cette opération s'effectua sans rencontrer d'autres obstacles que ceux d'un terrain extrêmement difficile.

La journée du 2 fut employée à occuper les positions comprises entre le col et le bois des Oliviers, où le général précéda la portion principale conduite par le gouverneur. Le lendemain, il introduisait le premier convoi dans Médéah. En revenant bivouaquer au bois des Oliviers, une escarmouche s'engagea contre la cavalerie arabe; le général Bugeaud la

---

[1] La colonne se composait de deux bataillons du 23e de ligne, d'un bataillon du 24e commandé par le lieutenant-colonel duc d'Aumale, et de deux bataillons du 48e.

rejeta au fond d'un ravin. « Pendant cette petite affaire, on remarqua, dit le rapport de Changarnier, le sang-froid du duc d'Aumale, dont les troupes surent réserver leurs feux jusqu'au moment favorable, malgré la vivacité de l'attaque. »

Le 4 avril, trois bataillons de l'autre brigade vinrent occuper les positions entre le bois des Oliviers et le col ; le convoi s'engagea sur les pentes, suivi par les troupes de Changarnier. A cinq ou six cents mètres du bois des Oliviers, celui-ci trouva la cavalerie ennemie rangée en bataille sur la route de Médéah, tandis que les hauteurs de la rive gauche de la Chiffa étaient couvertes par les Kabyles. Le général donne aussitôt l'ordre au 48e de déployer en avant de son front une double ligne de tirailleurs bien embusqués. Ce mouvement assure à la colonne le temps nécessaire pour pénétrer assez en avant dans le défilé et n'être pas embarrassée par le convoi.

Au moment où ce régiment s'ébranle pour quitter le bois, un bataillon de réguliers essaye de franchir la Chiffa au-dessus du terrain découvert qui relie le bois au défilé. Son but est de nous tourner par notre gauche et d'arriver à un sommet qui domine toute la route jusqu'au plateau des mines de cuivre ; mais il trouve le contrefort qui longe la rive droite déjà occupé. Le 48e peut donc pénétrer dans le défilé, où il se masse pour en couvrir aussitôt la gorge par ses tirailleurs. Cependant, la cavalerie arabe avait fait irruption dans le bois, qu'elle avait envahi tout entier, sans oser toutefois en dépasser la lisière ; l'infanterie dirigeait sur nos hommes un feu très vif, mais peu meurtrier. L'attaque ne se prononçant pas davantage, Changarnier fait mettre en batterie une section dont le feu, soutenu par celui de deux compagnies dont il avait renforcé la ligne des tirailleurs, inflige à l'ennemi des pertes sensibles. Celui-ci se décide alors à se replier derrière les crêtes du mouvement de terrain par lequel il avait tenté de se porter en avant.

La berge gauche du ravin étant d'un accès trop difficile pour en risquer le passage sans perdre beaucoup de monde, l'arrière-garde continue sa marche ; mais de la vallée du Bou-Roumi débouchent de nouvelles troupes d'infanterie régulière et de Kabyles qui se jettent dans les ravins inférieurs aboutissant à la route; de ce point, le tir ennemi menaçait de nous être très funeste. Un mouvement rapide pour les tourner sur leur gauche, pendant qu'un bataillon du 48ᵉ marche sur leur front et les met en fuite. Un peu plus loin, Bugeaud leur faisait couper la retraite par le 23ᵉ et les gendarmes maures, tandis que Changarnier lançait contre eux quatre compagnies du 48ᵉ, en tête desquelles chargèrent le lieutenant-colonel Despinoy, chef d'état-major de la 1ʳᵉ division, le capitaine de La Tour du Pin, aide de camp du général, et le capitaine Roger, son officier d'ordonnance.

Cette attaque, que soutint très à propos celle des gendarmes maures, eut un excellent effet, et l'ennemi fut fort maltraité. A ce moment, les premières forces engagées par les Arabes, croyant l'arrière-garde très affaiblie par le détachement qui avait concouru à la manœuvre de Bugeaud, traversèrent tout à coup le ravin et s'élancèrent sur elle au pas de course; mais un demi-bataillon du 48ᵉ, conduit par le commandant Brunet, les rejette promptement au delà du ravin, qu'ils jonchèrent de leurs cadavres. Le feu de l'artillerie faisait en même temps évacuer le bois, et le combat ne tardait pas à cesser sur tous les points. A midi, les troupes étaient massées au col.

Cette rencontre nous coûta huit hommes tués et quatre-vingts blessés, dont sept officiers. De ce nombre était Changarnier. Au début de l'action, il avait été frappé à l'omoplate gauche d'une balle tirée de très près. La blessure parut d'abord des plus graves. « Pressez-vous, cher docteur, dit-il au chirurgien; l'affaire continue, et j'ai encore des ordres à donner! » Peu d'instants après avoir extrait la balle et sondé la plaie, le médecin s'écria : « Dans deux mois, vous pourrez remonter à cheval; la première lame de l'os est rudement lésée. — J'y serai plus tôt », répliqua le général, qui, le bras en écharpe, se remettait assez péniblement en selle.

Le 5 avril, le second convoi fut introduit à Médéah, et,

le 8, le corps expéditionnaire rentrait à Blidah sans supporter d'autre engagement.

Pendant ce temps, le général Duvivier s'était efforcé de découvrir sa fameuse route d'Aïn-Talazid à Médéah en dehors du col. Il s'était engagé dans une direction parallèle à celle suivie par Changarnier le 27 août précédent, mais il avait rencontré un terrain tout aussi déchiré d'obstacles. Attaqué par les Kabyles, il ne se fraya le passage qu'en perdant beaucoup de monde; il mit dix-huit heures de plus que Changarnier à gagner Médéah. Quand il y rencontra le gouverneur, celui-ci lui fit un accueil des plus sévères et lui exprima un blâme presque brutal. La violence des termes, leur injustice blessèrent profondément Duvivier, qui prit le parti de demander son retour en France.

Bugeaud se complaisait à revenir sur cet échec et à exhaler des plaintes amères. Un jour, en présence de plusieurs généraux, il s'en faisait recommencer le récit pour la vingtième fois par Bedeau, qui y avait pris part, lorsque tout à coup, se tournant vers Changarnier :

« Et ce diable de général Changarnier, qui nous a laissé faire cette équipée! s'écria-t-il, moitié plaisantant.

— Ne vous gênez pas, mon général, répliqua celui-ci en riant; dites que je l'ai conseillée. Quoique vous n'ayez pas voulu lire mon rapport confidentiel au maréchal Valée, vous savez bien que j'ai préféré revenir par le col, qui ne passe pas pour commode!

— Moi, à votre place, interrompit Baraguey d'Hilliers, je serais revenu par le même chemin, quand j'aurais été sûr d'y rester avec tout mon monde!

— Vous paraissez ne pas comprendre, riposta Changarnier, qu'ayant assez vu pour faire un rapport concluant, ma mission était remplie. J'ai ramené mes troupes, je leur ai procuré un beau succès; je suis revenu sain et sauf, et l'armée en a été bien aise. Vous, vous y seriez resté, et elle n'en aurait peut-être pas été fâchée! »

Une explosion de rires, auxquels Baraguey d'Hilliers ne prit aucune part, accueillit ces paroles.

La blessure de Changarnier ne devait avoir d'autres suites que les ennuis d'une convalescence, mais elle excita une vive sympathie.

« Tous ceux qui s'intéressent à vous, et le nombre en est grand, ont été vivement inquiets, lui mandait le colonel Drolenvaux, et, pour moi qui vous connais, le fait d'être remonté à cheval et d'avoir continué le commandement ne me rassurait que très médiocrement. »

« Il ne me suffit pas de me féliciter avec toute l'armée, lui écrivit le duc d'Orléans, de vous savoir échappé encore une fois à l'un de ces dangers auxquels, selon la belle expression du poète, « on mesurera votre gloire », il faut encore que je vous dise tout ce que j'ai éprouvé en apprenant la blessure que vous venez de recevoir. Je souhaite et j'espère pour vous, pour nous, pour cette Afrique que j'aime tant, que bientôt il ne vous restera plus de vos souffrances d'autre souvenir que celui d'un service de plus rendu à votre pays. »

Changarnier était à peine remis lorsque commença, le 26 avril, l'opération du ravitaillement de Milianah. Il reçut le commandement d'une brigade de la division de M. le duc de Nemours, tandis que le général Baraguey d'Hilliers était placé à la tête de la deuxième division.

Les opérations par lesquelles débutait le nouveau gouverneur général répondaient certainement aux nécessités de la situation, mais elles constituaient avant tout l'essai de son système, c'est-à-dire les marches répétées des colonnes, tantôt se relayant les unes les autres, d'autres fois combinant leurs mouvements et s'appuyant entre elles; escortant des convois et accomplissant en même temps des mouvements offensifs pour réprimer ou pour châtier les tribus, explorant sans cesse le pays, ne cessant pas d'affirmer la présence et la domination de la France, inquiétant partout l'ennemi et ne lui laissant pas de relâche.

Nous verrons que cette méthode présentait des avantages, mais aussi des défauts. Souvent, en effet, quand le vent du désert venait à peine d'effacer les traces de notre passage, les intrigues, les promesses ou les menaces de l'émir et de ses partisans ébranlaient le fragile édifice d'une soumission sincère à l'heure seulement où les tribus y avaient été contraintes par la force. Si tout n'était pas alors à recommencer, de nouveaux efforts, des démonstrations réitérées, d'autres combats devenaient nécessaires.

Le 26 avril, le corps expéditionnaire fort de seize mille hommes quittait Blidah [1]; il introduisit d'abord un convoi le 29 à Médéah. Au col de la Mouzaïa, où l'affaire avait été assez chaude à la précédente expédition, les Kabyles parurent de nouveau, mais n'osèrent pas attaquer et se bornèrent à observer. On allait bientôt les trouver réunis en masses non loin de Milianah. Le 2 mai, en arrivant à dix heures du matin à l'entrée du défilé qui conduit à la ville, six mille cavaliers se montrèrent près du Chélif. Les dispositions prises par la deuxième division ayant été mal assurées sur les hauteurs de la rive droite, les Kabyles, toujours prompts à reconnaître un point mal gardé, se précipitèrent sur le flanc du convoi et y jetèrent le désordre. Il en résulta un retard considérable, et le déchargement, au lieu d'être opéré en trois heures en des circonstances bien autrement difficiles sous la direction de Changarnier, fut si lent que les derniers mulets ne sortirent de Milianah qu'après minuit.

Le gouverneur espérait attirer l'ennemi, le lendemain 3 mai, au pied des escarpements de la place où le succès aurait été certain, si Abd-el-Kader avait eu la maladresse de l'y suivre. Bugeaud, confiant dans l'efficacité de son stratagème, avait compté entraîner les troupes de l'émir entre Milianah et la deuxième division. Celle-ci, appuyée de deux escadrons, gardait à deux kilomètres de la ville les hauteurs qui dominent la rive droite du ruisseau. En face du gouverneur, à deux portées de fusil, se tenaient par petits groupes cinq à six cents

---

[1] La 1re division, commandée par le duc de Nemours ayant sous ses ordres Changarnier, comprenait les 24e, 48e de ligne et le 17e léger du colonel Bedeau; la 2e, commandée par Baraguey d'Hilliers, était composée d'un bataillon du 26e, un bataillon du 58e, les zouaves, le 2e bataillon d'Afrique. Les 1er et 4e de chasseurs d'Afrique, les tirailleurs algériens, les gendarmes maures, les gendarmes français, le détachement du génie, et six pièces de montagne formaient la réserve.

Kabyles; derrière eux, à une assez grande distance, quinze cents réguliers occupaient le contrefort le plus élevé du Zaccar.

La première division, chargée de défendre l'entrée du défilé et plus des deux tiers de ses berges, avait placé un bataillon du 24e, aux ordres du colonel Gentil, derrière un piton de la chaîne longeant la rive droite de l'Oued-Boueytoum, se reliant ainsi à la deuxième division. A quatre cents mètres de ce piton, derrière un autre repli de terrain, était un bataillon du 58e, commandé par le colonel Van Eddeghem, couvert par une double ligne de tirailleurs. En arrière du col qui relie ce point au mamelon plus rapproché de la plaine se trouvaient huit cents hommes de cavalerie en colonne serrée par escadrons ; à leur gauche, quatre compagnies du 24e aux ordres du duc d'Aumale s'appuyaient au mamelon que couronnait le 2e bataillon d'Afrique. Le bataillon du génie occupait sur l'arête gauche le mamelon correspondant au précédent ; enfin quatre compagnies du 24e fermaient la gorge au fond de laquelle le convoi reposait en sûreté.

Le 48e de ligne gardait la clef des positions de la rive gauche. Vers midi, le bruit de la fusillade venant du point où se tenait le gouverneur arrivait à Changarnier; il apercevait en même temps la marche de la cavalerie ennemie sur sa gauche, pendant qu'une colonne de près de quatre mille Kabyles s'avançait sur les positions défendues par le 1er bataillon du 24e et celui du 58e. Le feu des tirailleurs du 24e se ralentissait par leur marche. C'était le moment de se conformer aux instructions du gouverneur, qui avait recommandé de prendre une vigoureuse offensive contre le flanc droit de l'ennemi, dans le cas où il nous attaquerait sur nos derrières ou sur notre flanc gauche. Le 24e et le 68e s'élancèrent aussitôt à la baïonnette, renversant tout sur leur passage, dirigés par le duc de Nemours et par Changarnier, constamment en avant des tirailleurs du 58e. Ces bataillons franchirent successivement deux ravins, jalonnant leur route de nombreux cadavres. Devant eux fuyaient plusieurs milliers de Kabyles, présentant à leurs coups des masses compactes, mais devenues inertes. Pendant ce temps, le duc d'Aumale contient par des dispositions bien calculées la cavalerie arabe, qui menace notre flanc gauche et le convoi; deux pelotons du 1er chasseurs, conduits par le colonel de Bourgon, traversent un terrain et un ravin extrêmement difficiles, poursuivent l'ennemi et achèvent la victoire. Leur charge est si impétueuse que le colonel de Bourgon, les capitaines de La Tour du Pin, Boyer, de Cotte, de Vernon et Roger, le lieutenant d'état-major Baoul, — ce dernier blessé dans un combat corps à corps avec trois cavaliers, — se trouvent durant quelques moments confondus dans la mêlée au milieu de plusieurs centaines d'Arabes, tant à pied qu'à cheval.

Le succès de cette vigoureuse offensive des troupes de toutes armes fut tel, qu'avec une rapidité presque inexplicable, cavaliers et fantassins disparurent de la montagne et de la vallée.

Vingt minutes après la fin du mouvement de la première division, arrivait à sa droite un escadron du 4e chasseurs qui, dès le matin, avait marché sous les ordres du gouverneur. Il était suivi des gendarmes maures. Les cavaliers achevaient à peine de détruire un groupe de Kabyles qui s'étaient éboulés au fond d'un ravin, que survenaient les bataillons du général en chef formés en échelons. La deuxième division n'avait eu aucun engagement à soutenir, et l'ennemi, que son instinct de la guerre avait averti du piège, au lieu de la suivre dans la vallée de l'Oued-Boutan, entre Milianah et les positions qu'elle occupait, avait tenté son effort sur notre gauche, qu'il supposait mal préparée à le recevoir.

La déception de Bugeaud fut grande, et il ne put pas résister à en témoigner sa mauvaise humeur. Le soir même, au bivouac de Sidi-Abd-el-Kader, il réunit les généraux, les colonels, l'intendant, le chirurgien principal, pour les ordres du lendemain. Retenu par une indisposition, le duc de Nemours avait chargé Changarnier de présenter ses excuses au gouverneur. Le cercle formé, Bugeaud annonça son intention de discuter les opérations de la journée.

« Ceux qui ne sauraient pas reconnaître les fautes commises, dit-il en manière de préambule, et se préparer à faire mieux dans l'avenir, seraient semblables à ce mulet du grand Frédéric qui, après avoir fait dix campagnes, n'était encore que mulet [1]. »

Il déclara tout d'abord que la première division, par un mouvement intempestif, avait empêché une grande victoire ; il expliqua le plan qu'il avait conçu pour attirer l'ennemi entre Milianah et les forces qu'il avait gardées sous sa direction personnelle, affirma que la faute commise résultait d'une absence de coup d'œil, de sang-froid et d'intelligence de la guerre : « Une demi-heure de patience intelligente de plus, s'écria-t-il en terminant, et, au lieu d'un succès incomplet, nous en aurions eu un très grand. »

Directement mis en cause en l'absence du duc de Nemours, Changarnier réfuta courtoisement point par point les reproches du général en chef. Il lui rappela que, sur les dix bataillons de la première division, sept avaient été appelés par le gouverneur sous ses ordres directs ; il représenta que l'ennemi était incapable de commettre la faute irréparable de venir engager directement la lutte contre des forces plus que quadruples des siennes, et de descendre dans le défilé entre Milianah et les positions occupées ; il ne craignit pas de dire que les pertes des Arabes eussent été beaucoup plus importantes si le gouverneur les avait fait attaquer de flanc quand le duc de Nemours les abordait de front, au moment où ils arrivaient en masses compactes aux bords de l'entonnoir où le convoi et la cavalerie s'étaient abrités.

« C'est bien vrai, interrompit le colonel Korte, j'étais monté à pied à quelques pas du général Changarnier, et je puis attester que, sans la charge exécutée par les deux bataillons, toute la cavalerie eût été perdue.

— Mais, reprit Bugeaud, je l'avais mise à la place où le général Changarnier l'avait toujours postée aux précédents combats devant Milianah.

---

[1] Le mot n'est pas de Frédéric II, mais du prince Eugène.

— C'est vrai, monsieur le gouverneur, répliqua le général, et cette place est la plus convenable, à la condition qu'on en défendra les abords. »

Bugeaud balbutia quelques mots sur son intention d'instruire et non d'offenser, donna sommairement ses instructions, et les assistants se retirèrent, confondus et mécontents du langage qu'ils avaient entendu.

Le lendemain et le surlendemain, comme le corps expéditionnaire s'était avancé jusqu'au Chélif pour en remonter ensuite la rive gauche, il rencontrait encore la cavalerie arabe; elle était embarrassée dans sa marche par d'immenses troupeaux qu'accompagnait une nombreuse population. Quelques coups de fusil tirés à la tête de la colonne firent croire un instant qu'ils seraient suivis d'un engagement de quelque importance, mais une charge de notre cavalerie entraîna la fuite de l'ennemi, qui laissa entre nos mains une centaine de prisonniers et plus de mille bœufs. L'armée continua sur Blidah; elle y arriva le 9 mai, sans que l'occasion d'un combat vînt satisfaire l'impatience des troupes et celle du gouverneur, qui avait partout sur son passage inauguré son système de destruction méthodique. Les arbres fruitiers coupés, les moissons brûlées, les silos vidés, tout ce que nos colonnes rencontraient était d'avance condamné. Il y avait loin de là aux conceptions qui avaient inspiré le négociateur du traité de la Tafna : c'était la guerre sans merci, sans pitié. S'il était une excuse dans ces pratiques trop rapprochées de la barbarie, c'était l'irritation causée par les résistances que plus de dix années d'efforts, de luttes et de sacrifices n'avaient pas pu réduire. *Ense et aratro,* avait dit le général Bugeaud. Pour ses débuts, sa charrue n'était pas celle de la fertilité.

Des ruines partout par la mine, par la pioche ou par le feu, tels furent les seuls résultats appréciables des opérations auxquelles le général Changarnier prit part avec le général Baraguey d'Hilliers, qui commandait la colonne, dans la province de Tittery, du 18 mai au 2 juin. De Médéah à Boghar, à Thaza, qui furent successivement détruits, ils poussèrent sur

Milianah par la vallée de l'Oued-Deurdeur[1]. Des faits semblables marquèrent les mouvements que ces généraux recommencèrent ensemble du 6 juin au 2 juillet. Ravitaillant successivement Médéah et Milianah pour descendre ensuite la vallée du Chélif, ils poursuivirent leur route jusqu'à la plaine des Hadjoutes, n'ayant à soutenir que des engagements de peu d'importance. Changarnier se signala cependant par plusieurs razzias, où se fit remarquer son intrépidité habituelle.

Depuis sa prise de possession du commandement, Bugeaud avait déjà froissé successivement en différentes occasions les généraux de Tarlé, son chef d'état-major, de Lamoricière, Changarnier et Duvivier. Malgré sa nature au fond bienveillante, il était souvent emporté par des mouvements de brutalité dont il n'était pas maître ; il aimait à apprécier devant ses subordonnés les actes de leurs camarades, n'épargnant pas les épithètes, devenant tout à fait injuste, jugeant alors mal les hommes. Ces incidents blessaient profondément ceux qui s'y trouvaient mêlés et entravaient constamment l'action du commandant en chef. Vers la fin de juillet le gouverneur s'abandonna avec Changarnier, qu'il avait fait appeler à Alger, à une critique très vive des actes de tous les autres généraux. Puis, voulant effacer le souvenir de ses précédentes boutades, il témoigna au général la bonne grâce la plus affectueuse, lui remit un congé de trois mois et lui promit qu'en son absence il ne se ferait rien de considérable.

Débarqué à Marseille le 29 juillet, Changarnier prit sans tarder la route d'Autun. A son passage à Lyon, le bruit de son arrivée s'étant répandu, un attroupement considérable se forma pour l'acclamer devant l'hôtel où il était descendu. La foule prit pour le général un commis voyageur de la plus imposante envergure, au visage traversé de moustaches menaçantes. Elle s'obstina à le saluer et à le fêter sous le nom du général Changarnier. Le brave homme eut toutes les peines du monde à établir sa non-identité, pendant que du coin d'une fenêtre le véritable général s'amusait de ce spectacle.

[1] Changarnier reçut à son retour le brevet de commandeur de la Légion d'honneur que lui avait conféré une ordonnance royale du 28 mai.

A Autun, les manifestations sympathiques se multiplièrent dès le jour de son arrivée : sérénade, feu d'artifice, visite du conseil municipal, félicitations se succédaient avec un empressement et un élan de sincérité qui émurent vivement Changarnier.

« Je suis de ceux qui supportent plus difficilement le bonheur que l'infortune », disait-il en avouant les émotions ressenties à cette occasion.

Le pays natal est-il autre chose que le coin le plus cher de la patrie elle-même? Les témoignages qu'on y rencontre sont donc capables de remuer plus profondément tous les sentiments généreux; ils avaient fait vibrer violemment ce cœur si sincèrement dévoué à la France, également accessible aux affections de la famille; celles-ci constituaient la meilleure joie de ces semaines de repos laborieusement gagné.

Un voyage qu'il fit à Paris au commencement du mois de septembre se trouva coïncider avec la date d'un banquet africain donné par le Roi à l'occasion de l'arrivée à Paris du 17e léger, commandé par le duc d'Aumale. L'invitation que le Roi lui faisait adresser se terminait par ces mots : « La réunion eût été incomplète si vous, qui parmi tant de braves avez brillé par l'éclat de vos services et de vos actions, n'en faisiez partie. »

Les symptômes de déclin du régime n'avaient pas manqué de frapper l'esprit pénétrant de Changarnier. Il avait pu reconnaître que, malgré le respect qui entourait la famille royale, les exemples qu'elle donnait au pays, la surface était déjà troublée par la fermentation des passions, l'affaiblissement de l'autorité du ministère et l'impatience générale qu'exaltent souvent les incidents d'une vie parlementaire très développée. Il n'était pas éloigné de penser qu'il aurait lui-même l'occasion de jouer un rôle sur cette grande scène, devant des spectateurs qui ne se contentent pas toujours de siffler les acteurs, et c'est à cet espoir qu'il faisait allusion quand il écrivait : « Je puis être utile ailleurs qu'aux bords du Chélif. »

Pour le moment, son désir était de retourner sur ces rives,

qu'il devait encore si souvent parcourir, et il avait hâte d'aller prendre part à la campagne annoncée pour l'automne.

« Je tiens à arriver pour les premières opérations, écrivait-il au capitaine de La Tour du Pin, et je désire être averti assez tôt pour me trouver à l'heure fixe. Je voudrais débarquer à Alger quarante-huit heures avant de monter à cheval ; je sacrifierai, s'il le faut, avec empressement, une partie de mon congé pour ne pas manquer la plus petite chance de guerre. »

Lorsqu'il arrivait à Alger, vers la mi-octobre, Changarnier trouvait les opérations sérieuses engagées par le gouverneur avec le général de Lamoricière dans la province d'Oran. Il recevait l'ordre de remplacer Baraguey d'Hilliers dans le commandement du corps expéditionnaire de la province d'Alger, dont il prenait possession, le 26 octobre, à Haouch-Mouzaïa. Son premier soin fut d'alléger la colonne de tous les hommes malades ou fatigués, qu'il renvoya aux hôpitaux et dans les cantonnements, et, le même jour, il la conduisit, réduite à quatre mille hommes, au plateau du « Déjeuner ». Un surcroit de fatigues malentendues avait rendu ces mesures nécessaires pour relever le moral très découragé des soldats. Informé de cette situation, le maréchal Soult écrivait à Changarnier :

« J'espère que les sages dispositions que vous avez prises donneront le temps nécessaire pour que les troupes de l'expédition du général Baraguey d'Hilliers puissent reprendre leurs cantonnements et jouir de quelque repos. Je compte toujours sur les bons services des troupes et sur la sûreté du pays partout où vous commandez. »

Le 25 octobre, le général conduisait un convoi à Médéah ; le 29, le colonel d'Arbouville se mettait en route pour occuper le col, lorsque des fantassins et des cavaliers ennemis, venant des gorges de la haute Chiffa et des pentes du Djebel, apparurent. Ils semblaient couvrir des colonnes prêtes à attaquer notre arrière-garde. Dissimulant sa cavalerie dans un espace restreint et encadré de mamelons, à peu de distance du bois des Oliviers, Changarnier disposa les quatre bataillons qui lui restaient de manière à les cacher à l'ennemi et à couvrir la droite de ses escadrons. Les Arabes s'avançaient, se prolongeant par leur droite derrière les hauteurs de la rive gauche du ruisseau, qu'ils se préparaient à traverser. Trois à quatre mille Kabyles, suivis d'un bataillon de réguliers, commandés par Berkani, commençaient à atteindre la berge droite, et Changarnier, du poste d'observation qu'il s'était choisi, surveillait attentivement leur mouvement, lorsqu'il fut averti par le général Bedeau qu'une grosse colonne d'infanterie régulière remontait la vallée de la Chiffa. Changarnier se récria sur l'invraisemblance de la nouvelle; Bedeau insista, il déclara l'avoir lui-même nettement reconnue. Changarnier modifie alors ses ordres et se porte de sa personne sur la gauche; mais il n'aperçoit aucune force ennemie sur le point où elle lui avait été signalée. Il fallut donc rétablir les premières dispositions et subir un retard regrettable. Le général, à la tête de la cavalerie, culbute les trois cents chevaux qui couvraient le bois des Oliviers; puis, remontant le lit presque desséché de la Chiffa, il déborde soudainement l'ennemi sur sa droite, pendant qu'une ligne formée par le 10e [1] et le 3e bataillon de chasseurs, avec un bataillon du 24e, charge un millier de Kabyles et une centaine de cavaliers, promptement refoulés sur les contreforts étroits et escarpés de la montagne. Mais ceux-ci se débarrassent de leurs armes, escaladent à force d'efforts ces pentes abruptes, atteignent leurs sommets et disparaissent, laissant sur le terrain une centaine de cadavres, un grand nombre d'armes et plus de cinquante chevaux ou mulets.

L'affaire du 29 octobre, qui aurait été plus meurtrière à l'ennemi sans la méprise qui retarda notre attaque, marqua la soumission complète de cette région de l'Atlas, dont les habitants demeurèrent désormais sourds aux appels de l'émir. Elle

---

[1] Le 10e bataillon de chasseurs, signalé dans cette journée dans le rapport officiel pour la vigueur de son attaque, était commandé par le chef de bataillon de Mac Mahon, ancien aide de camp de Changarnier, auquel il écrivait peu auparavant : « Les sept cent cinquante hommes que je puis vous présenter sont pleins d'ardeur et de bonne volonté. Sachant les bontés que vous avez pour moi, ces gaillards ont déjà la tête montée et s'intitulent l'avant-garde du général Changarnier. »

eut pour témoins deux officiers en mission auprès de l'armée d'Afrique, le colonel Thierry, professeur d'artillerie du duc de Montpensier, et le lieutenant-colonel de Chasseloup, aide de camp du ministre de la guerre, qui tous deux avaient chargé aux côtés de Changarnier. Après sa jonction au col avec le colonel d'Arbouville et un bivouac à Haouch-Mouzaïa, le général ramenait le corps expéditionnaire, le 30 octobre, à Blidah.

Ses troupes établies dans leurs cantonnements, Changarnier se rendit à Alger, où l'avait mandé le gouverneur, revenu le 10 novembre de sa campagne dans la province d'Oran. Bugeaud mit le général au courant de ses projets pour l'année 1842; ils discutèrent ensemble pendant plusieurs jours les principales données des opérations, et tous les détails qu'elles comportaient. Changarnier était parfaitement d'accord avec son chef sur les vues qu'il lui exposa ; elles étaient, dans leurs lignes générales, en réalité empruntées, pour la plupart, au programme déjà arrêté l'année précédente par le maréchal Valée et la conséquence logique des progrès acquis. Avant d'en suivre le développement, il est juste d'appeler l'attention du lecteur sur cette observation toute d'impartiale équité; elle ne doit en rien diminuer le mérite très grand, assurément, des actes du nouveau gouverneur, tant militairement que civilement. De même qu'il ne serait ni juste, ni exact, de dénier au gouvernement de son noble prédécesseur les éléments de succès légués par lui, il serait encore contraire à la vérité historique d'admettre que du commandement de Bugeaud a daté l'établissement solide de notre domination en Afrique.

Bugeaud n'a fait que poursuivre la mise en œuvre des moyens qu'il trouva tout préparés, en y apportant sa part d'efforts et d'intelligente vigueur. S'il rencontrait des obstacles, tous ne venaient pas de la nature même des difficultés qu'il avait à vaincre ; les moins embarrassants n'étaient pas dans les instructions officielles du ministère. Parmi celles-ci, il faut citer la conception bizarre d'une enceinte continue, sorte de muraille de la Chine, au moyen de laquelle on prétendait défendre le territoire conquis. Ce projet singulier avait trouvé à Paris des partisans si convaincus, que le général de Berthois fut envoyé en Algérie pour en diriger les travaux. Le gouverneur taxait cette invention de pure absurdité, mais il n'osa pas la repousser catégoriquement ; il laissa à l'expérience le soin d'en démontrer les immenses fautes pratiques et la complète inanité. Lorsque Changarnier retourna à Blidah, après les entretiens que nous venons de mentionner, il emportait des instructions pour mettre à la disposition du général de Berthois tous les travailleurs nécessaires à son entreprise. Le gouverneur lui avait également ordonné de faire enlever tous les blockhaus, mais le génie se prêtait à l'exécution de cette mesure avec la mauvaise grâce qu'on apporte volontiers à défaire ce qu'on a édifié.

« Le génie est bien dur à l'entente quand il s'agit d'enlever les blockhaus, écrivait le gouverneur à Changarnier le 7 décembre. Je veux que tous soient enlevés, excepté ceux qui paraîtront nécessaires pour appuyer les troupes au commencement du travail, car, dès que le fossé est creusé à hauteur d'appui, ils ne sont plus nécessaires. Ces messieurs ne voient-ils pas que si, avant que le système complet de gardes en infanterie et en cavalerie puisse être établi, j'occupe par un bout une douzaine de blockhaus, je crée non seulement un embarras, un surcroît de service sans aucune utilité, puisque l'ennemi peut passer partout ailleurs, mais je constitue encore un danger que vous comprendrez sans que je l'explique. »

Dans les fréquentes lettres qu'il adressait à Changarnier, Bugeaud entrait dans les détails les plus minutieux avec un soin souvent exagéré ; en même temps il le tenait au courant de toutes les nouvelles qu'il recevait des provinces d'Oran et de Constantine. Nous avons sous les yeux cette volumineuse correspondance, qui demeura également active jusqu'au moment où le général quitta l'Afrique, en été 1843. Elle témoigne d'une vigilance incessante et nous montre dans son vrai jour ce qu'on peut appeler « la manière » du gouverneur, son extrême bon sens, son énergie, sa volonté ferme et réfléchie, mais aussi son agitation et ses recommandations fatigantes pour des hommes d'initiative.

Pendant les mois de novembre et de décembre, Changarnier exécuta de Blidah, où il avait son quartier général, plusieurs razzias importantes à courte distance et enleva à l'ennemi un grand nombre de femmes, d'enfants et beaucoup de bétail. En se montrant partout offensif, il faisait cesser ces petites attaques énervantes que les Arabes ne discontinuaient pas en présence d'une attitude défensive. Ces coups répétés jetaient la terreur au loin, augmentaient notre puissance morale et préludaient utilement à des mouvements plus considérables. Elles éloignaient de nos lignes les foyers d'où sortaient les petits partis qui enlevaient nos hommes isolés. Blidah était d'ailleurs un véritable avant-poste, et Changarnier y demeurait toujours agressif, alerte et en garde contre les représailles de l'ennemi. Ses succès causaient une vive satisfaction au gouverneur.

« Ce matin, mandait-il au général le 24 novembre, je vous écrivais pour vous suggérer l'idée du coup de main que déjà vous avez exécuté. C'est bien beau d'être devancé dans ses vues ! »

Nous n'entreprendrons pas le récit de ces petites opérations incessamment renouvelées ; elles occupèrent tout l'hiver et ne furent interrompues que pendant une partie de janvier par la rigueur de la saison et la nécessité d'accorder quelque repos aux troupes.

CHAPITRE IV

1842. Razzia de Sidi-Rached, 16 mars. — Ravitaillement de Milianah, 21-27 mars. — Les Beni-Menacer, 30 mars-6 avril. — Les Kharezas, 8-15 avril. — Opérations sur les tribus insoumises proches de Milianah en ravitaillant cette place, 27 avril-7 mai. — Razzias aux environs de Médéah, 9-14 mai. — Retour du capitaine de Mirandol et de quatre-vingt-quatorze prisonniers de l'émir, 14 mai. — Razzia sur les Hadjoutes, 16-18 mai. — Opérations combinées, jonction des divisions d'Alger et d'Oran sur l'Oued-Rouina, 30 mai. — Soumission de toutes les tribus comprises entre l'Aratch, le Bourkika, Blidah et Médéah, 1-10 juin. — Félicitations du général Bugeaud, du maréchal Soult. — Opérations, razzias sur le Gontas, le Djendel, Taza, Teniet-el-Had, les montagnes de Macmata, Aïn-Tesemsil, les sources du Chélif, 17 juin-14 juillet. — Changarnier force Abd-el-Kader à se retirer, 1-9 août. — Mouvements dans le sud-ouest du beylick de Milianah, 12-25 août. — Campagne et combats de l'Oued-Fodda, 10-28 septembre. — Félicitations du maréchal Soult, des généraux Bugeaud et de Castellane, des colonels de Saint-Arnaud et Drolenvaux. — Le duc d'Aumale commandant Médéah et la province de Tittery sous Changarnier. — Courses dans la province de Tittery, 13-24 octobre. — Opérations d'ensemble dans l'Ouarensenis, 25 octobre-4 janvier. — Douleur de l'armée à la mort du duc d'Orléans. — Résultats de la campagne de 1842.

« On vient de me tenir longtemps au secret, mais on m'a enfin entr'ouvert les portes de ma prison, écrivait, à la fin de mars 1842, le général Changarnier au marquis de La Tour du Pin, et, bien que ma cavalerie fût insuffisante, j'ai donné aux Hadjoutes une fête telle que personne n'en avait encore célébré de pareille. »

Le 12 mars, après avoir reçu le gouverneur à Blidah, où il avait été son hôte pendant quarante-huit heures, le général avait expédié des ordres détaillés au commandant de Koléah pour le faire concourir avec lui à une opération contre les

Hadjoutes. Les deux colonnes se rencontraient, le 14, au centre des bois des Kharezas, où elles se divisaient de nouveau pour battre, pendant les deux jours suivants, tout le pays compris entre Koléah, Bordj-el-Arba, Haoueli, Mouzaïa et la mer.

La razzia de Sidi-Rached, qui couronnait ce mouvement, coûtait aux Hadjoutes quatre cents prisonniers, mille cent quatre-vingt-dix bœufs, mille huit cents moutons, cent cinquante chevaux ou mulets et un nombreux butin. Au retour de cette incursion, Changarnier trouvait, le 17, à Blidah, les instructions qui lui enjoignaient de conduire un grand convoi à Milianah et d'en relever la garnison; un temps détestable, qui vint déjouer les calculs favoris du gouverneur sur la marche du baromètre et les phases de la lune, contraria cette opération, qui s'effectua néanmoins, du 21 au 27, sans pertes.

Changarnier se félicitait d'une liberté d'action qu'il avait bien su mettre à profit, lorsqu'il apprit que le commandement seul du territoire lui était destiné pendant la prochaine campagne. Se souciant peu de rester immobile, il se préparait à faire tout ce qui eût été honorablement possible pour obtenir un emploi actif, lorsqu'une décision ministérielle appela tout à coup le général Baraguay d'Hilliers à Paris. Cette mesure, motivée par certaines résistances qui avaient profondément mécontenté le maréchal Soult, rendait au général le rôle qu'il souhaitait et donnait à sa verve l'occasion de s'exercer sur ces incidents. Les formes absolues, et souvent rudes, sous lesquelles l'autorité du général Bugeaud aimait à s'affirmer, ne cessaient pas, d'ailleurs, de faire naître des chocs du même genre. Le malin gouverneur ne manquait pas de s'en venger; ce fut, cette fois, à M. Guizot qu'il s'en prit, en lui refusant nettement un commandement pour le général Duvivier, qui demandait à retourner en Afrique.

Dès le 30 mars, le général Bugeaud venait rejoindre Changarnier à Blidah, et la colonne formée par ses ordres sous cette place se portait en avant, concertant son mouvement avec celui du général de Bar pour soumettre les Beni-Menacer. Mais, contrariées par les pluies, les troupes ne peuvent pas aborder la partie difficile du pays où l'ennemi s'est retiré, et viennent camper, le 5 et le 6 avril, aux portes de Cherchell. Cette marche était suivie de nouvelles opérations combinées.

Pour les réaliser, le gouverneur se rendait à Mostaganem, pendant que le général de Bar allait prendre à Alger le commandement de la province. Changarnier ramenait à Blidah la colonne dont il conservait seul le commandement; il regagnait son point de départ en revenant brusquement sur les Kharezas et faisait dans leur pays une battue générale, en même temps que dans les collines à gauche et tout le long de la mer.

« Vous avez bien terminé votre expédition et vous avez accompli une bonne opération », lui écrivait, le 17 avril, le gouverneur.

Le 29, une heure avant l'aube, quatre bataillons occupent les hauteurs qui commandent le cours de l'Oued-Djer, que la moitié de la cavalerie franchit vivement. Pendant ce temps, l'autre moitié, suivant la route parcourue la veille, atteint la Mitidja et pointe dans la direction du lac pour arrêter les troupeaux et les tribus fuyant devant les trois colonnes.

A onze heures, celles-ci étaient concentrées au point fixé, ayant ainsi enfermé quatre cent vingt-six prisonniers, soixante-cinq chameaux, quarante chevaux, cent bêtes de somme et six mille têtes de bétail. Le soir même, à dix heures, toutes ces prises entraient dans la première enceinte de Milianah, où le grand convoi pénétrait le 1er mai.

Le 3, le général reprenait la direction de Blidah, en visitant l'ouest, jusque-là inconnu, du pays des Beni-Menad et des Chenouan; il ramassait encore sur sa route beaucoup de bétail, et rentrait à son quartier général le 7.

« Vous avez fait éprouver à l'ennemi un grand échec moral en lui enlevant quarante familles qui se détachent volontairement ; vous lui avez infligé un échec matériel, puisque ceux qui n'ont pas voulu suivre l'exemple des soumis ont subi des pertes en prisonniers et en bétail. L'inconvénient, à la vérité, est de recueillir tous ces misérables dans notre intérieur, où ils nous gênent et nous coûtent, pendant que l'ennemi est débarrassé de ces bouches inutiles. Mais la politique du moment ne permet pas de les repousser. C'est ainsi qu'il faut commencer la désorganisation. »

Le ravitaillement des magasins de Milianah et de Médéah était devenu nécessaire.

Changarnier repartait dès le 27, et arrivait le lendemain soir au point où l'Oued-Djer supérieur reçoit l'Oued-Odelia. Il prend alors ses dispositions pour attaquer les tribus insoumises qui rendaient très difficiles, dans cette région, les communications entre Médéah et Milianah.

Les résultats dépassèrent tout à fait le programme convenu : le général avait su faire d'un convoi essentiellement défensif une opération offensive en même temps. Les razzias considérables qui venaient d'être exécutées avaient jeté un effroi profond dans les populations; celles-ci, croyant la colonne alourdie par un immense convoi, avaient été frappées au moment où elles ne soupçonnaient pas qu'elles pussent être atteintes.

Le moins satisfait de ces captures n'était pas l'intendant en chef Appert, qui se trouva, grâce aux razzias, pourvu de viande, au moment où le retard des bœufs achetés en Europe le laissait dans un embarras difficile à résoudre. Ce dispendieux régime ne devait pas, d'ailleurs, tarder à prendre fin.

Le 14 mai, au retour d'une nouvelle expédition de ravitaillement de Médéah et d'une série d'importantes razzias sur les tribus de cette partie de l'Atlas, le général voyait arriver le capitaine de Mirandol, un lieutenant et quatre-vingt-treize sous-officiers et soldats que l'émir s'était tout à coup décidé à rendre à Changarnier, sans échange et sans négociation préalables. Faits prisonniers l'année précédente par les Arabes, aux portes de Mascara, ils n'avaient pas cessé d'être, de la part d'Abd-el-Kader, l'objet de ses égards et de ses soins; même lorsqu'ils étaient rares, les meilleurs vivres leur étaient toujours destinés, et les attentions les plus délicates ne leur manquaient jamais. Tous furent unanimes à reconnaître les procédés de correcte courtoisie dont ils avaient été entourés.

On devine la joie qui les accueillit au retour, l'impatience d'entendre leurs récits, les témoignages que chacun était heureux de prodiguer à des camarades qu'on croyait peut-être ne plus revoir. La guerre offre quelquefois de ces contrastes, où il semble qu'il y ait, au milieu des violences de la lutte, des privations et des sacrifices de chaque jour, comme une occasion offerte par la Providence aux sentiments généreux de se manifester pour réconforter les cœurs et raviver les forces morales.

Bien que ce ne fût pas à Changarnier qu'il eût fait ces prisonniers, c'est à lui que l'émir avait voulu les remettre, quand il ne se crut plus assuré de pouvoir les protéger contre les passions irritées des populations; il voulait rendre ainsi un hommage mérité aux efforts du général pour humaniser cette rude guerre et y apporter les coutumes des nations civilisées. La razzia, cette nécessité imposée par les circonstances, répugnait d'ailleurs à Changarnier; les destructions, les ruines, le pillage qui l'accompagnaient blessaient ses sentiments; aussi ne s'y résigna-t-il que pour remplir des instructions reçues et satisfaire à un devoir pénible qu'il s'appliqua constamment par tous les moyens à adoucir; il veillait à ce que les hommes traitassent avec ménagements les femmes, les enfants, à ce que les parts dans les prises fussent strictement réduites aux proportions fixées par les règlements, abandonnant lui-même toujours aux troupes celle qui lui était allouée, et se refusant à en retirer tout bénéfice personnel, quelque légitime qu'il pût être.

Après une nouvelle incursion chez les Hadjoutes, qu'il acheva de ruiner par l'enlèvement de plusieurs milliers de têtes de bétail, Changarnier se prépara à se porter en avant pour rencontrer sur l'Oued-Rouina le gouverneur, qui, parti de Mostaganem, allait descendre toute la rive droite du Chélif. Le 20 mai, il se dirige sur Milianah; en passant devant cette place, il y jette tout le bétail qu'elle pouvait nourrir à portée de son canon; mais le troupeau, si encombrant pour la marche de la colonne, était encore plus que doublé par les captures opérées durant les trois journées qui précédèrent l'établissement du bivouac sur l'Oued-Rouina, affluent de gauche du Chélif.

Le 30 mai, lendemain de son arrivée, tandis que son infanterie opérait une razzia dans les montagnes de la rive droite, le général se rendait, avec sa cavalerie, au-devant du gouverneur, qu'il rejoignait à deux lieues du camp. La réunion de la division d'Alger à celle d'Oran excita parmi les troupes un vif enthousiasme; elle marquait, en effet, la liaison de leurs travaux, et consacrait la connexité de leurs résultats; elle apparaissait comme une sorte d'occupation de l'ensemble de tous les territoires à travers lesquels les colonnes avaient combattu isolément et pour leur propre compte, comme un démenti donné à la fière parole d'Abd-el-Kader, lorsqu'il avait écrit au général Bugeaud « qu'il n'était en réalité maître que du terrain recouvert par la semelle de ses bottes ».

La jonction des deux divisions fut donc célébrée avec un entrain également partagé par chacune d'elles. Après un jour consacré à ces réjouissances, les deux généraux se mirent d'accord sur la nécessité de soumettre les populations des montagnes qui entourent la Mitidja. Changarnier fit agréer au gouverneur son plan d'opérations, dont il obtint d'exécuter lui-même la partie la plus difficile.

Le 1ᵉʳ juin, tandis que le général Bugeaud poursuit son mouvement, ramenant avec lui l'immense troupeau et les trois quarts de l'artillerie de la division d'Alger, le général passe le Chélif, remonte sa rive droite, et va établir son bivouac sur l'Oued-Bessa. Mais l'aspect du pays et de nouveaux renseignements le décident à chercher sa route en remontant encore cette rivière, dont le nom change plusieurs fois durant son cours. Il gagnait ainsi vingt-quatre heures et ne laissait pas à l'ennemi le temps de préparer sa résistance.

Le 2, au point du jour, il reprend donc sa marche sur la rive droite du Chélif, en serrant de plus près le pied de la montagne. Dépassant Aïoun-Mouïala (les fontaines salées), il retourne brusquement au nord, incline vers l'ouest, et vient retomber dans l'étroite vallée de l'Oued-el-Had, qui est la même rivière que l'Oued-Bessa. La route devient alors d'une excessive difficulté ; le sentier sur lequel il fallait défiler homme par homme, cheval par cheval, traversait fréquemment la rivière, se relevant parfois en corniche sur des pentes à pic, puis rentrant tout à coup dans le ruisseau pour disparaître quelque temps. Même pour l'infanterie, il fallait attendre que le génie eût rendu praticables les passages que l'artillerie et les équipages ne franchissaient qu'à travers des obstacles inouïs. Ce fut à la tombée de la nuit seulement que l'arrière-garde put rejoindre, à la Dachera-Ahmet, où fut établi le bivouac dès huit heures du matin. Le lendemain au point du jour, le corps expéditionnaire remontait l'Oued-el-Had, qu'il quittait à son confluent avec l'Oued-Maïb, pour gravir la grande arête qui conduit au sommet du Mahali. Il fallait encore tracer à coups de pioche le sentier, aussi étroit que la veille, serpentant sur la montagne, pendant une ascension de dix-huit kilomètres, sur les flancs montagneux qui n'offraient ni un ruisseau, ni une fontaine pour étancher la soif des soldats. Quand ils atteignirent les sommets du Mahali, près d'Aïn-el-Anessar (les fontaines d'eau vive), ils durent, faute de fourrage, donner du biscuit aux chevaux épuisés de fatigue.

Le jour suivant, après avoir descendu les pentes qui conduisent à l'Oued-Tiffy, l'arrière-garde est attaquée par trois cents Kabyles que repousse vigoureusement le 6e bataillon de chasseurs, ayant à sa tête le commandant Forey ; le 5, après deux kilomètres d'une marche lente et difficile, la route s'élargit enfin ; mais les Kabyles, revenus plus nombreux, tentent de nouveau le combat.

L'engagement devient sérieux. Le colonel Leblond et le capitaine d'Aurelle se font remarquer par leur intrépidité, leur exemple ranime les troupes harassées. La colonne s'avance alors au milieu d'un pays plus facile ; elle bivouaque successivement sur l'Oued-Hachem, sur la Bourbika, et enfin sur l'Oued-Djer, au point où il entre dans la Mitidja. Changarnier se préparait à attaquer les Mouzaïas, lorsque des envoyés de cette tribu viennent annoncer leur soumission.

Cette opération, dans une contrée où les Turcs n'avaient

jamais pénétré, en avait profondément impressionné les populations; aussi, lorsque le général se porta, le 9 juin, contre les Beni-Menad et les Soumathas, il avait à peine abordé les pentes sud et nord de la première chaîne de l'Atlas, que ceux-ci, après une première attaque qui leur avait coûté plus de quatre cents prisonniers et deux mille têtes de bétail, amènent les chevaux de soumission et reconnaissent l'autorité de la France. Le 10, le corps expéditionnaire rentrait à Blidah; il avait réduit, malgré d'écrasantes fatigues subies sous un ciel de feu, toutes les tribus comprises entre l'Aratch, la Bourbika, Blidah et Médéah. Le gouverneur donna sans retard à celles-ci, avec des chefs qu'il choisit, l'organisation administrative et politique nécessaire; il plaça, sous les ordres de Changarnier, le beylick de Tittery, Médéah sa capitale, le beylick de Milianah, Blidah et son territoire.

En arrivant à son quartier général, Changarnier recevait les félicitations du général Bugeaud sur le succès des mouvements qu'il venait de terminer. « J'en suis on ne peut plus satisfait, c'est comme cela que j'aime la guerre », lui mandait le gouverneur.

Le duc de Dalmatie n'était pas moins explicite.

« Je ne puis, écrivait-il à Changarnier, que donner mon entière approbation aux dispositions que vous avez prises pour assurer le succès du ravitaillement de Milianah et des opérations qui l'ont suivi. En applaudissant à vos heureuses razzias et aux bons résultats qu'elles ont produits, je vous témoigne ma satisfaction pour les soins particuliers que vous avez pris afin de ménager les troupes sous vos ordres et de ne leur occasionner de fatigues que dans le cas d'une nécessité impérieuse, ou pour leur éviter de plus grandes marches le jour suivant. »

Les termes mêmes que nous venons de citer fixent d'une manière exacte la portée et la valeur de la campagne que nous avons esquissée; son importance résulte de l'ensemble même des conséquences qu'elle entraînait. Ce n'était pas d'ailleurs un mince mérite d'avoir triomphé des difficultés du terrain, des obstacles sans cesse renaissants, soit par la résistance armée des Arabes, soit par le mauvais temps. Les qualités militaires du chef trouvaient là pour se manifester une occasion naturelle en le forçant à mesurer exactement l'effort qu'il pouvait demander sur le moment, à calculer ses ressources et à les soutenir pendant toute la durée de ces longues expéditions. « La guerre, a dit le général de Brack, est l'art de faire dormir et de faire manger le soldat à propos. » C'est parce qu'il savait ménager ses forces pour en pouvoir disposer à l'instant opportun que Changarnier obtenait toujours de sa troupe un élan et un entrain invariables, maintenus par une constante communication entre sa volonté et l'application des forces matérielles et morales du soldat. « Changarnier, disait le général de Grouchy, est du petit nombre de ceux qui justifient une belle réputation bien acquise. »

Cette longue et vigoureuse campagne porta le dernier coup à la ligue sainte soulevée en 1839 dans toute l'enceinte de la Mitidja ; ni les plus cruels sacrifices, ni les pertes de toutes sortes, n'avaient abattu, durant cette lutte incessante, l'énergie des Arabes et la constance de l'émir, qui ne cessa la lutte que lorsqu'elle fut devenue impossible. La jonction que nous avons racontée des divisions actives de Mostaganem et d'Alger, la présence sous les murs de Blidah de la nombreuse et turbulente cavalerie indigène hâtèrent ces résultats décisifs, préparés par la ruine successive des tribus.

Les combats devant Milianah et au bois des Oliviers, en 1841, avaient d'ailleurs été les derniers où Abd-el-Kader engagea sérieusement ses troupes régulières. A partir de 1842, ses bataillons décimés ne paraissent plus qu'à de rares intervalles, et leur rôle se borne à pousser devant eux les tribus et les contingents irréguliers.

Cet état de choses obligea à des modifications essentielles dans notre système d'opérations ; il fallut rendre les colonnes assez légères pour suivre un ennemi devenu si mobile. On changea donc leur composition et l'on arriva à les rendre aussi rapides que la cavalerie.

Mais la Mitidja pacifiée, les chefs indigènes, institués par le gouverneur, obéis sans conteste, leur autorité reconnue, il fallait étendre jusqu'à la vallée du Chélif le cercle des soumissions. Après avoir joui, du 10 au 16 juin, de la joyeuse agitation de Blidah, le général Changarnier se remit en campagne le 17, « retournant, disait-il, à un délassement assez doux ».

Son but était de s'établir sur le Chélif, afin d'aider la garnison de Milianah à maintenir les territoires qui l'environnent, acheter, couper ou rentrer les récoltes des récalcitrants et appuyer en même temps la colonne sortie de Médéah pour recevoir l'obéissance des alentours. Mais, dès le 17 au matin, de nouveaux incidents modifièrent soudainement ses projets.

Pendant une halte, il vit venir à lui à toute bride, avec une petite escorte, Bagdadi-ben-Cherifa, frère de l'aga d'Abd-el-Kader dans le Djendel, qui lui offrait la soumission de son pays, à la condition qu'il protégeât le retour des femmes, des vieillards et des enfants; ceux-ci s'étaient retirés avec leurs richesses et leurs troupeaux, depuis quelques mois, dans les montagnes de la seconde chaîne de l'Atlas, d'où le khalifa Ben-Alla-Mbareck cherchait à les entraîner vers le sud-ouest.

Le temps pressait, car déjà le khalifa approchait à la tête des vaillants débris de ses bataillons réguliers et de deux mille cavaliers fidèles. Le général se décida sur-le-champ ; par une marche rapide sur une partie du Gontas, jusque-là inconnue, il rejoignait le lendemain l'aga, frère de Bagdadi. Conduit par ce fidèle auxiliaire, il ne tarda pas à dépasser le centre du pays et à rencontrer les populations qui étaient en mouvement pour rentrer dans leurs foyers.

Le défilé des troupeaux, des nombreuses bêtes de somme chargées de femmes, d'enfants, d'effets et d'ustensiles de toute espèce dura plus de trois heures. De groupe en groupe les deux chefs allaient recommandant la confiance à tous ces malheureux, dont les regards exprimaient la crainte en face de leurs protecteurs, ces terribles *Roumis* tant redoutés, grâce auxquels cependant chacun pouvait regagner le champ où il avait coutume de dresser sa tente. La queue de cette longue et confuse colonne n'avait pas encore passé devant Changarnier que deux cavaliers accouraient pour signaler les éclaireurs de Sidi-Mbareck qui étaient déjà en vue.

A la tête de quatre cents chasseurs et des goums du Djendel, il se porte à leur rencontre ; l'air retentissait des cris perçants de toutes les femmes, pour exciter leurs guerriers. Les éclaireurs s'éloignent, et leur retraite permet à l'émigration de rentrer sans être autrement inquiétée.

Résistant aux instances des chefs qui s'efforçaient de le retenir, Changarnier leur expliqua que, pour les protéger efficacement, il ne devait pas se borner à une guerre purement défensive, — de toutes la plus difficile et la plus malhabile, — mais bien poursuivre l'ennemi jusqu'au centre de ses ressources. Pour l'y atteindre, il continua, du 19 au 28 juin, à manœuvrer dans le quadrilatère formé par le Djendel, l'embouchure du Deurdeur dans le Chélif, Taza et Teniet-el-Had.

Après une série d'escarmouches, il contraignit à la soumission dix-huit tribus et chassa sans retour de la province d'Alger le khalifa Sidi-Mbareck. Trois cents hommes à peine accompagnèrent celui-ci; le reste lui avait été enlevé par le feu ou la désertion. La perte des magasins du beylick, cachés sur le revers des montagnes de Macmata, dont le général s'empara le 28 juin, acheva de réduire le vaillant et infatigable partisan de l'émir.

On trouva dans ces réserves une grande quantité d'équipements, de harnachements et d'outils de toutes sortes, qu'on envoya à Milianah avec les blessés, les malades et une partie des troupes. La colonne, réduite à quatre bataillons, les compagnies d'élite d'un cinquième, environ trois cents cavaliers, cent hommes du génie et trois pièces de montagne, dépassait, dès la soirée du 28, le sommet de la seconde chaîne de l'Atlas, et s'avançait le lendemain sur ces hauts plateaux inexplorés jusqu'alors.

« On n'a réellement pas le temps d'apprendre le nom de toutes les tribus qui viennent à vous, écrivait le 24 juin le gouverneur général à Changarnier. Poursuivez cette belle volage qu'on nomme la Fortune ; vous savez mieux que qui que ce soit que, pour la fixer, il faut la bien caresser. Modifiez, comme vous l'entendrez, les instructions que je vous ai données. Il me tarde de connaître la suite des résultats brillants que vous avez obtenus. »

La confiance du général Bugeaud ne devait pas être trompée. Le 29, dans la soirée, Changarnier recevait à son bivouac d'Aïn-Tykria la soumission de la grande tribu des Aouad, auxquels il donna, pour succéder à leur aga qui avait fui avec Sidi-Mbareck, Ameur-Ben-Ferrath. Le 1ᵉʳ juillet, dès les premières heures du jour, il reprenait sa marche et arrivait à sept heures du matin à Aïn-Tesemsil, où ses auxiliaires, éclaireurs plus intelligents qu'actifs, dormaient déjà aux abords du ruisseau. Par un hasard heureux, le général eut la pensée de monter sur l'éminence voisine d'où jaillissait une fontaine abondante. Dans le vaste horizon qui se déroulait devant lui, bien au delà des sources mêmes du Chélif, d'épais nuages de poussière couraient sur la rive droite du fleuve, ils signalaient la fuite des tribus.

Sur-le-champ il fait sonner à cheval. Deux cent cinquante chasseurs, renforcés de sept à huit cents chevaux des goums, partent au galop. Dès sept heures un quart, ils franchissent facilement le Chélif; à trois lieues de sa rive droite, ils atteignent une ligne imposante de cavaliers couvrant la marche d'une nombreuse population qui occupait, avec ses troupeaux, plus d'une lieue carrée de terrain. Le moment était critique, car une retraite eût déterminé à se retourner contre nous la plupart de nos récents alliés, l'infanterie était éloignée, et les affaires de cavalerie se décident vite. Aussi le colonel Korte n'hésite-t-il pas à conseiller l'attaque; la charge impétueusement conduite traverse la ligne des Arabes. Pendant qu'une partie de cette immense foule fuyait, le combat, assez vif, mais court, se terminait rapidement, laissant en notre pouvoir trois mille prisonniers, dix-huit cents chevaux et plus de soixante mille têtes de bétail.

« C'est la plus belle ghazia-manœuvre qui ait été faite. Elle couronne dignement votre intelligente et active campagne », mandait quelques jours plus tard le général Bugeaud à Changarnier.

L'effet produit par cet audacieux coup de main eut un retentissement immense dans la vallée du Chélif, il détermina la soumission immédiate des tribus à vingt lieues à la ronde. Ne conservant que les chefs de quelques familles influentes comme otages, le général rendit la liberté à tous. Afin de tirer parti du nombreux bétail, il disait dans son rapport inséré au *Moniteur* du 19 juillet 1842 : « Maintenant que mon troupeau a traversé la seconde chaîne de l'Atlas, je veux lui faire traverser la première et le conduire à Blidah, où je désire que l'intendant en chef envoie des instructions et le personnel nécessaire pour le diviser immédiatement dans les différents dépôts. Nous avons fait au goum auxiliaire et, en outre, il s'est fait lui-même une large part dans les prises. Nous avons concédé aux amis de l'aga Ameur-Ben-Ferrath tout ce qu'ils nous ont réclamé. Chaque jour nous avons payé en chameaux, bœufs et moutons, l'orge mangée au bivouac ; chaque jour ne nous a pas coûté moins de cinq cents têtes de bétail distribué ou égaré, et pourtant si une épizootie, que rien ne fait prévoir, ne survient, nous arriverons le 13 ou le 14 à Blidah avec un troupeau dont le chiffre sera égal, si ce n'est supérieur, à celui indiqué dans ma lettre datée d'Aïn-Tesemsil, le 1ᵉʳ juillet. C'est cinquante mille têtes de bétail que j'aurais dû dire alors, et je vous prie de faire connaître cet erratum au ministre. Il m'excusera, ainsi que vous, en considérant que je suis toujours préoccupé de la crainte d'exagérer les succès auxquels j'ai pris quelque part. »

Au retour de la colonne le 14 juillet à Blidah, les reçus de l'intendance additionnés aux consommations de la route, aux parts faites aux auxiliaires, prouvèrent que le chiffre de soixante mille têtes de bétail était le plus conforme à la réalité.

« Je suis transporté de joie, c'est admirable, écrivait encore le gouverneur; je prends en grande considération vos recommandations pour le brave colonel Korte et les officiers qui se sont distingués. Je les soignerai dans le travail que je ferai dès que j'aurai reçu les propositions des diverses colonnes qui agissent. Je n'ai rien à dire des arrangements que vous avez pris pour les nombreuses bêtes que vous avez capturées.

« Les résultats politiques doivent dépasser encore les résultats matériels. Cet événement a déjà retenti jusqu'à Tekedempt et chez les Flittas. Il rendra plus facile les opérations de M. de Lamoricière, et il consolidera en arrière ce que nous avons obtenu. Mes félicitations à vos troupes. Venez me voir à Alger, ou j'irai vous voir quand je pourrai. »

Pour répondre au désir du gouverneur, Changarnier conduisit à Alger les chefs des nombreuses tribus qu'il venait de réduire, et rentra à son quartier général le 21 pour y reprendre avec les commandants de subdivision le travail interrompu par les précédentes expéditions.

A Médéah, commandait le colonel Comman, ancien camarade du général Bugeaud, que celui-ci avait amené en Afrique; Milianah venait d'échoir au lieutenant-colonel de Saint-Arnaud, qui y avait remplacé, le 19 juin, M. Besson, après que celui-ci eut éprouvé, dans les hautes montagnes des Beni-Menacer, le 7 juin, un échec grave qu'il avait tenté de faire passer pour un succès. Les défections de populations nombreuses et de chefs influents enlevèrent à Abd-el-Kader définitivement la province de Milianah. Les tribus voisines de Médéah abandonnaient à leur tour une cause trahie par la fortune, et notre autorité se trouvait ainsi reconnue du pays des Beni-Sliman, à l'est de Médéah, à celui des Attaf, à l'ouest de Milianah, et, au nord, des gorges de l'Aratch aux montagnes des Beni-Menacer.

Résolu à relever sa fortune, Abd-el-Kader se porta en hâte sur le territoire des tribus dépouillées; pour les dédommager de leurs pertes, il essaya, avec leur concours, un coup de main sur les Beni-Aïch, nouvellement soumis. Vigoureusement repoussé, l'émir se retira au delà du Nah-Ouassel, où il se réunit à son khalifa Sidi-Mbareck dans les montagnes de la province d'Oran voisines de celles d'Alger. A cette nouvelle, le général quitte immédiatement Blidah à la tête d'une colonne d'un peu moins de trois mille hommes qu'il pensait pouvoir, s'il y avait lieu, renforcer à

Milianah. Ce départ précipité n'avait pas permis de la porter à un chiffre plus élevé, l'effectif des troupes valides était en effet fort affaibli à la suite des fatigues excessives des opérations continuées, sur tout le territoire, malgré les chaleurs accablantes de l'été. Afin de combler les vides dans les corps de la province d'Oran, qui avaient été les plus éprouvés, le gouverneur venait de retirer au général un régiment d'infanterie et un bataillon de chasseurs, promettant de les lui rendre sous peu et de conduire en outre dans l'est de la province d'Alger une division qu'il tenait en réserve.

Mais l'alarme prématurément répandue avait été fort exagérée, et Changarnier put se rendre compte que la situation était loin d'être menaçante; l'émir était encore éloigné, et aucun des symptômes précurseurs ordinaires des soulèvements ne se manifestait. Aux premiers jours d'août, le gouverneur jugea cependant une nouvelle démonstration nécessaire; il la prescrivit aussitôt à Changarnier, en joignant, comme de coutume, à cet ordre de minutieuses instructions pour la composition, le ravitaillement de sa colonne et l'organisation de ses moyens de transport.

C'était là, d'ailleurs, une des tendances favorites de Bugeaud, dont la nature inquiète se confiait difficilement même à ceux dont l'initiative avait pu s'exercer déjà heureusement et lui donner des gages.

« Dans cette circonstance, je veux, écrivait-il, un effet moral, pour faire monter à cheval les aghalicks et les pousser en avant : je n'attends pas de cette course des choses merveilleuses. On ne trouve pas tous les jours, à la guerre, l'occasion que vous avez si bien saisie dans votre incursion vers les sources du Chélif. »

La marche s'effectua au milieu de bourrasques effroyables; le 9 août, Changarnier rentrait de nouveau à Blidah, après avoir provoqué par cette pointe rapide la retraite de l'ennemi. Abd-el-Kader s'était, en effet, porté sur l'ouest, tandis que Ben-Allal se retirait dans la troisième chaîne de l'Atlas. Ces mouvements apparents déguisaient des projets qui ne devaient pas tarder à se dessiner. L'ex-bey de Médéah, violant ses promesses, quittait tout à coup notre cause et rejoignait le camp d'Abd-el-Kader; les tribus soumises, troublées par les menées séditieuses de l'émir, se sentaient menacées et demandaient du secours. Afin de les rassurer, Changarnier parcourait, pendant la plus grande partie du mois d'août, le sud-ouest du beylick de Milianah, consolidant l'obéissance des tribus et régularisant leur administration. Aux derniers jours d'août, on apprenait enfin par des espions qu'après une rencontre assez sérieuse à Tiaret avec le général de Lamoricière, l'émir s'était porté vers le sud, laissant Ben-Allal à Sébaïn-Aïoun (aux soixante-dix sources) avec un bataillon et quelques réguliers; la direction de sa retraite et la dispersion de ses forces indiquaient qu'il ne renonçait à tout mouvement sur le Chélif que pour se porter contre l'aghalick du Sud.

Cette situation, compliquée de quelques petits échecs dans la province d'Oran contre les Flittas, décida le gouverneur à s'embarquer au commencement de septembre pour Mostaganem. En informant Changarnier de cette résolution, il lui faisait connaître que les généraux de Lamoricière et d'Arbouville reprenaient les opérations manquées contre les Flittas; le premier devait pénétrer dans les montagnes de la rive gauche de l'Oued-Fodda et toucher à cette rivière du 18 au 20 septembre, en cherchant à opérer sa jonction avec Changarnier.

Les instructions qui accompagnaient ces nouvelles vinrent compléter le programme des opérations dans les montagnes, préparées par le général pour rassurer nos alliés encore fidèles et contraindre la soumission des dissidents. Après deux convois pour l'approvisionnement de Milianah, il avait concentré sous les murs de cette place les troupes destinées à prendre part à cette expédition avec des forces imposantes amenées par nos alliés.

La colonne confiée au général Changarnier avait donc pour mission de descendre la vallée du Chélif, jusqu'à l'Oued-Fodda, avançant par petites journées, ménageant les tribus amies, séjournant chez les tribus hostiles pour les ravager et les ruiner, si elles persistaient dans leur résistance; puis, la soumission de la plaine établie, s'engager dans la montagne et pénétrer dans le haut pays. Les troupes sorties de Cherchell devaient, pendant ce temps, se porter sur les pentes nord de la montagne à quelques journées de Changarnier et tenter de se joindre à lui. L'objectif poursuivi consistait ainsi à réduire, avant la campagne d'automne, le massif des montagnes sur la rive droite du Chélif, afin de laisser les troupes disponibles pour agir ensuite à la fois sur plusieurs points de la rive gauche.

Le 10 septembre, le général Changarnier sortit de Milianah emmenant avec lui un bataillon du 26e de ligne, le 6e bataillon de chasseurs d'Orléans, un bataillon de zouaves, plusieurs détachements réunis du 53e, du 58e et du 64e, un escadron du 1er chasseurs d'Afrique, un escadron du 4e chasseurs, trente hommes du génie et dix gendarmes, deux cent quatre-vingts mulets, en tout mille trois cent soixante hommes d'infanterie et deux cent soixante-dix chevaux; le capitaine d'état-major Pourcet remplissait à la fois les fonctions d'aide de camp du général et de chef d'état-major de la colonne.

Pendant que le corps expéditionnaire campait, après une journée de marche, sur la rive droite de l'Oued-Rouina, au point où trois mois auparavant s'étaient rejointes les divisions d'Alger et de Mostaganem, le général prescrivait au colonel Cavaignac de se porter en avant pour surprendre les tribus ennemies groupées sur les premières pentes nord de l'Ouarensenis, dans le bassin et sur la rive droite de l'Oued-Fodda. A la nuit, la cavalerie et deux cent cinquante zouaves montés sur des mulets pour rendre leur marche plus rapide, les chefs indigènes et le goum, commandés par cet officier supérieur, quittaient le camp en silence et descendaient le Chélif jusqu'à l'Oued-Fodda, sans avoir été signalés, puis, tournant au sud, ils remontaient cette dernière rivière pendant plusieurs heures et arrivaient au jour naissant, après avoir franchi plus de douze lieues, au milieu des douars des tribus hostiles. Les Arabes surpris, épouvantés, se réfugièrent en hâte dans la haute montagne, abandonnant, sans essayer de les défendre, leurs femmes et leurs troupeaux. Avec un butin considérable, le colonel Cavaignac ramenait au camp, dans la soirée, deux cents prisonniers, cent cinquante bœufs, neuf cents chèvres, et cent cinquante bêtes de somme. Sauf quelques gratifications aux Arabes, toutes les prises furent versées à l'administration.

Malgré les demandes réitérées de secours de nos alliés du Sud, menacés par Ben-Allal, le général Changarnier refusa de modifier sa marche et se décida à descendre le Chélif jusqu'aux bornes de la province de Milianah. L'Oued-Fodda, qui en formait la limite, est un ruisseau qui traverse les parties les plus difficiles des montagnes de l'Ouarensenis; c'est au milieu de ces gorges escarpées que la colonne devait livrer les combats hardis et heureux que nous allons raconter.

Après trois journées de marche et la soumission obtenue de plusieurs tribus importantes, le général atteignit la partie moyenne du cours du Chélif, où subsistent des traces intéressantes de l'occupation romaine; poussant vers le nord-ouest, il gravit les contreforts des berges de la rive droite et pénétra chez les Beni-Rached, tribu puissante, riche et hostile, au centre d'un territoire offrant un paysage merveilleux, une verdure luxuriante, avec une délicieuse fraîcheur et des eaux abondantes. Sur le plateau qui les domine, les Romains avaient construit un fort, dont une des faces était alors encore debout; cet ouvrage, à égale distance d'Orléansville et de Milianah, assurait la communication entre ces deux points et commandait la vallée moyenne du Chélif.

A ce moment parurent, disséminés sur les hauteurs, des groupes de Kabyles qui avaient suivi nos mouvements; le général les fit rejeter dans la vallée par le 6ᵉ bataillon de chasseurs, pendant qu'il dispersait les Beni-Rached et s'emparait de nombreux troupeaux. Le 17 septembre, il entrait dans la vallée de l'Oued-Fodda, après avoir atteint le premier but de ses opérations : à l'exception des Beni-Rached, d'ailleurs ruinés, toutes les tribus de la vallée avaient reconnu l'autorité de la France. Il lui fallait maintenant se porter sur l'aghalick du Sud sérieusement menacé, sauver des vengeances de l'émir les populations qui s'étaient compromises pour notre cause, et dont les chefs lui adressaient des demandes désespérées de secours. Deux chemins s'offraient pour y arriver : l'un, tracé dans la vallée même de l'Oued-Fodda, mais entièrement inconnu ; l'autre, remontant la vallée de l'Oued-Deurdeur, avait été parcouru au mois de juillet, lors de la première course de Changarnier vers le sud ; mais le général se trouvait alors obligé de retourner sur ses pas jusqu'à l'embouchure du Deurdeur et de faire quatre journées de marche fort pénibles dans la vallée du Chélif. Dans ce cas, l'approvisionnement de vivres devenait insuffisant, il fallait faire recharger le convoi à Milianah, opérer enfin une retraite apparente dont l'effet moral eût été désastreux. Les chefs indigènes assuraient, d'autre part, que le chemin, resserré toutefois entre les deux berges en certains endroits, était partout excellent, que la colonne ne rencontrerait que des dispositions pacifiques parmi les tribus. Ces affirmations, l'avantage de se porter directement au milieu de l'aghalick du Sud en décrivant un arc de cercle qu'il restait maître de modifier, déterminèrent le général.

Mais tous ces renseignements étaient faux, et l'expédition allait se heurter, sans le savoir, à un ennemi nombreux, au milieu d'une contrée qui présentait des difficultés inouïes. Les chefs indigènes, si pénétrants d'ordinaire pour deviner les projets qu'il leur importait de connaître, étaient, en réalité, sans renseignements sur la concentration des Kabyles assemblés depuis deux jours ; mais leur terreur panique pendant le combat, l'animosité de leurs coreligionnaires, leur conduite avant et après la journée du 19 septembre, ne devaient laisser place à aucun doute sur leur bonne foi.

C'est donc avec une entière confiance que Changarnier, après avoir fait évacuer sur Milianah tous les blessés et les malades, commença à gravir, le 19 septembre, par une montée longue et rapide, un large contrefort jeté dans un coude fortement prononcé de l'Oued-Fodda, dominé par le col élevé du Mahali. L'ennemi avait laissé libre ce difficile passage, afin de ne pas découvrir trop tôt ses projets et de laisser la colonne s'engager davantage ; c'est à peine si l'on apercevait quelques Kabyles, groupés sur un mamelon, à notre droite, d'où ils paraissaient observer avec indifférence la marche de nos troupes.

L'avant-garde arrivait ainsi à huit heures au marché de Souk-el-Khamis, où le général s'arrêta pour masser sa colonne. Ce marché, situé sur l'Oued-Fodda, présente la forme d'un grand fer à cheval, avec son sommet à l'ouest; à égale distance de la haute montagne et de la plaine, il servait de réunion habituelle à toutes les tribus groupées sur les pentes nord de l'Ouarensenis.

Pendant la halte, une centaine de Kabyles commençaient à tirer sur notre arrière-garde, qu'ils avaient suivie à la descente du Mahali; mais, au bout de peu de temps, l'attaque de l'ennemi éclatait par des coups de fusil vivement répétés; les cavaliers kabyles accouraient en masses profondes sur les hauteurs de la rive gauche; en quelques instants, toutes les ondulations du terrain se blanchirent sous d'innombrables burnous. En avant, un cavalier à veste rouge se faisait remarquer : c'était Bel-Zeitouni, un des lieutenants d'Abd-el-Kader; sous son commandement, il avait réuni, en face de la petite armée, un corps de cinq mille Kabyles, qui couvrait toutes les crêtes sur les hauteurs de la rive gauche et dominait toute la rive droite.

Le moment était critique; une marche rétrograde se fût difficilement exécutée, car les Kabyles occupaient déjà le défilé du Mahali et les positions qui le commandent; il fallait à tout prix briser l'obstacle : le dévouement absolu de la troupe, sa confiance sans bornes dans son chef, permettaient de tenter résolument le succès.

Changarnier donne l'ordre au 6ᵉ bataillon de gagner les crêtes de la rive gauche, pour contenir, avec le 26ᵉ, l'effort des Arabes contre son arrière-garde. Ce mouvement s'exécute rapidement, et le détachement, en arrivant à sa position, voit l'ennemi l'abandonner sans résistance. Mais celui-ci revient attaquer furieusement notre arrière-garde, dont les efforts énergiques permettent de continuer la marche au milieu de la fusillade la plus vive. Une compagnie du 26ᵉ se fait remarquer par son intrépidité et son sang-froid ; elle reçoit les éloges du général ; ses tirailleurs, tantôt courbés derrière un buisson, souvent à découvert, attendent immobiles la charge des cavaliers et ne font feu qu'à dix ou quinze pas. Les Kabyles s'efforcent de couper une partie de la colonne, de nouveaux contingents les rejoignent ; ils n'arrivent pas à entamer cette vaillante troupe, qui atteint, après plus d'une heure de marche, la sortie du petit défilé.

La vallée s'élargissait alors circulairement, laissant, au milieu, des oliviers séculaires ; sur la rive gauche, un large contrefort détaché de la crête principale prolongeait sa croupe arrondie vers la vallée, qu'elle rejoignait par une pente praticable à la cavalerie. Deux ravines latérales, boisées et profondément découpées, ne laissaient à cette position isolée d'autre accès que du côté de la vallée. C'est sur ses pentes inférieures, occupées par la compagnie d'arrière-garde, que se portaient à ce moment les efforts des Kabyles. Sur l'ordre de Changarnier, un demi-escadron d'arrière-garde, tournant brusquement à gauche, s'était dissimulé derrière le petit bois d'oliviers, en même temps que trois compagnies de chasseurs, couvertes par une sinuosité de terrain, se préparaient à suivre au pas de course notre cavalerie, dont elles devaient protéger la retraite après la charge. Au signal du clairon, nos derniers tirailleurs se retirent au plus vite, serrés de près par les Kabyles, et le général, ayant à ses côtés son état-major et le colonel Cavaignac, conduit la charge des chasseurs dont rien n'arrête l'impétuosité. L'infanterie suit au pas gymnastique, mais notre mouvement, bien que rapide, ne peut sauver la vie au lieutenant commandant la compagnie d'arrièregarde.

Quand la retraite avait sonné, cet intrépide officier n'avait pas voulu quitter la position avant d'avoir vu partir le dernier de ses hommes. Enveloppé tout à coup par une multitude de Kabyles qui sortent de chaque ravine, de chaque buisson, il leur fait résolument face et se défend héroïquement. Déjà plusieurs Arabes sont étendus morts à ses pieds, lorsque son sabre se rompt soudain dans ses mains.

Le sous-lieutenant de la compagnie retourne sur ses pas avec quatre hommes pour le délivrer; mais il est déjà trop tard : le lieutenant Ricot ne peut plus échapper à la fureur ennemie. Le sous-lieutenant Roufiat tombe blessé, et ses hommes, s'ouvrant un passage avec leurs baïonnettes, l'emportent sur leurs épaules. Seul, sans ressources, au milieu des cris de fureur et des yatagans levés sur sa tête, le lieutenant Ricot, blessé, le corps penché à terre, appuyé sur une main, menace fièrement ses ennemis, et continue à coups de pierres une défense, hélas! inutile. Témoins de cette sublime énergie et électrisés par tant d'intrépidité, officiers et soldats applaudissent à sa bravoure; mais les difficultés du terrain rendent vains tous les efforts tentés pour arracher le brave Ricot à la mort.

Enfin les cavaliers arabes sont dispersés, et la colonne reprend sa marche, d'abord faiblement inquiétée par les Kabyles; mais bientôt, entraînés par leurs chefs, ceux-ci retrouvent toute leur ardeur, et l'expédition avance sous les feux croisés des deux crêtes, enlevant au fur et à mesure les morts et les blessés, abattant les bêtes de somme trop lentes.

L'ennemi essaye vainement d'arrêter notre avant-garde, il multiplie partout ses efforts et, contrairement à ses habitudes de guerre, porte successivement son attaque sur tous les points de la colonne.

Vers deux heures, quarante chasseurs du 6e bataillon réussissent à s'emparer d'une position qui ferme la vallée; à ce moment, quatre cents Kabyles s'élancent de la crête principale; notre vaillante poignée d'hommes cède le terrain lentement, pas à pas, pour rejoindre le bataillon. C'est un combat corps à corps acharné. Soudain un cri sauvage retentit dans les montagnes et trahit la joie féroce de l'ennemi : nos chasseurs sont acculés à un escarpement vertical de plus de cent mètres de hauteur; leur porter secours est impossible, toute voie de salut leur est fermée. En vain ils se consument en efforts pour briser la muraille vivante qui les pousse vers le gouffre béant, la roche friable se déchire sous leurs pas, et neuf soldats roulent du haut de l'escarpement jusqu'au pied du rocher creusé par les eaux.

Un homme parvient à se maintenir en équilibre sur cette pierre glissante, il reste dix minutes suspendu sur l'abîme, il tombe... et se relève avec quelques contusions pour rejoindre ses camarades, ayant encore son sac et son fusil, dont le danger n'a pu le décider à se séparer.

Pendant ce temps, le reste du détachement, avec son capitaine, a pu se jeter à gauche de l'escarpement dans un ravin très boisé et profondément découpé. Les efforts des Kabyles se concentrent sur eux. Leur fureur s'acharne sur le capitaine, resté un des derniers pour conduire sa retraite. Blessé grièvement d'une balle qui lui a traversé l'épaule, il tue d'un coup de pistolet un des hommes qui l'étreignent ; de la main qui lui reste, il s'ouvre un passage à travers l'ennemi qui l'environne et échappe à une mort certaine en se laissant couler au fond du ravin.

Un dernier soldat reste sur la hauteur ; entouré de tous côtés, il abat un Kabyle d'un coup de fusil, les autres lui arrachent son arme et sa baïonnette, pendant que trois Kabyles s'efforcent de le précipiter du haut du rocher. Sa perte paraît certaine ; par une résolution héroïque, il saisit lui-même vigoureusement ces montagnards, s'enlaçant autour d'eux et se roulant dans leurs burnous, les étreint de ses poignets de fer, les entraîne et les fait tomber avec lui du haut de l'escarpement. Il roule ainsi au pied du rocher ; mais il se relève, il n'est pas blessé : à côté de lui, les trois Kabyles sont étendus morts, écrasés dans leur chute.

A l'arrière-garde, c'était une longue mêlée, où notre cavalerie se défendait corps à corps à coups de sabre. C'est en accomplissant cette rude tâche qu'un peloton de chasseurs commandé par le capitaine Bérard dut être remplacé, après avoir eu quatre chevaux tués et dix-sept blessés sur vingt-six.

A deux heures et demie, la colonne atteignait un nouvel étranglement de la vallée ; une nuée de Kabyles la charge avec fureur, ils sont repoussés par les zouaves et les chasseurs. Enfin, à cinq heures, l'arrière-garde rejoignait la tête de colonne, déjà établie au bivouac sur l'Oued-Fodda supérieur, où l'accès de la vallée devient très difficile.

Cette rude journée nous coûtait cinq officiers tués : MM. Laplanche, Ricot, Vallier, de Nantes, Sébastiani ; onze officiers grièvement blessés, dix-neuf hommes tués, quatre-vingt-dix-neuf blessés.

Le sang-froid, la fermeté, la constante sérénité, le coup d'œil patient et sûr du général dans ces graves conjonctures, produisirent une impression profonde, notamment sur nos Arabes, en proie à une terreur panique. Pas un d'entre eux ne ferma l'œil de cette nuit, qu'ils pensaient la dernière de leur vie. Aussitôt le bivouac établi, Changarnier loua hautement les chefs de corps et de service du dévouement et de l'intrépidité de tous, puis il leur expliqua ses projets pour le lendemain. Deux heures avant le point du jour, le 6ᵉ bataillon de chasseurs et celui du 26ᵉ devaient s'emparer des positions qui commandent la vallée.

Mais les Kabyles ne cessent pas de nous harceler ; pendant la nuit, ils tentent d'enlever nos postes avancés ; longtemps avant le point du jour, leurs cris de convocation se font entendre au loin. Ils multiplient leurs efforts pour nous chasser de nos positions ; repoussés en perdant beaucoup des leurs, ils interrompent alors le combat pour enterrer leurs morts. Vers neuf heures, ils se ruent de nouveau avec violence sur notre arrière-garde ; toute notre cavalerie s'élance contre eux et les sabre ; en même temps, les zouaves chargeant vivement en abattent un grand nombre par un feu ouvert à petite portée et arrêtent leur élan.

L'expédition se porte résolument en avant ; à dix heures, elle arrive à un dernier étranglement de la vallée ; en sortant de ce petit défilé, la compagnie d'arrière-garde du capitaine Magnagnose, harcelée par un groupe de Kabyles, se laisse entraîner trop loin à leur poursuite ; un de ses hommes, blessé, suivait avec peine, le capitaine le charge sur ses épaules ; quelques pas plus loin, il tombe mortellement blessé, victime de son généreux dévouement.

Changarnier arrivait à quelques lieues de la naissance de la vallée de l'Oued-Fodda, dans le pays ouvert de Beni-Chaïb, près de la grande ligne de partage qui sépare les bassins du Nahr-Ouassel et du Chélif moyen. Là se passa la dernière tentative des Kabyles sur notre arrière-garde : repoussés par notre cavalerie, qui coupa la queue de la colonne ennemie, leur fuite fut si rapide, qu'ils n'essayèrent même pas d'enlever leurs cadavres.

A partir de ce moment, le général peut continuer sa marche sans obstacles, sans attaques, et atteint la partie supérieure de la vallée de l'Oued-Fodda, après avoir traversé dans leur plus grande longueur, du nord au sud-ouest, les hautes montagnes de l'Ouarensenis.

Ce combat de vingt-quatre heures fut un des plus rudes et des plus périlleux que nos troupes aient eu à soutenir en Afrique ; jamais colonne française ne s'était trouvée dans des conditions si désavantageuses, en présence d'un ennemi plus acharné ; jamais le soldat ne déploya plus d'énergie morale, plus d'intrépidité sous un chef plus vaillant et plus habile.

Après deux jours passés au débouché de ce défilé, d'où l'ennemi avait cru qu'elle ne sortirait pas vivante, l'expédition se remettait en mouvement et débouchait, le 22 septembre, dans les plaines largement ondulées qui forment la crête de la deuxième chaîne de l'Atlas. Dans les silos de Maroum, qu'elle pilla de fond en comble, elle trouva une immense quantité d'orge et de blé. C'est près de cette précieuse réserve que l'émir se préparait à passer l'hiver, afin d'observer les vallées du Chélif et du Deurdeur. Une fructueuse razzia, vigoureusement conduite par le lieutenant-colonel Morris, couronna cette opération ; six mille moutons, quatre cents bœufs, soixante-cinq chameaux tombèrent en notre pouvoir. Cet audacieux coup de main, exécuté sur le territoire même des tribus qui venaient de nous combattre, jeta un tel effroi parmi ces populations que, trois mois plus tard, nos régiments purent parcourir, sans qu'on essayât même de leur en défendre l'accès, ce pays si difficile. La journée du 19 septembre avait rompu l'alliance des tribus de la haute montagne, dernier boulevard où les partisans de l'émir avaient cru, au mois de mai précédent, trouver un refuge assuré.

Enfin, après cinq jours de marche, le général Changarnier rentrait, le 28 septembre, à Milianah, ayant ajouté de nouveaux et brillants faits d'armes à ceux qui avaient honoré la France sur la terre d'Afrique.

Les félicitations méritées ne se firent pas attendre.

« Je suis bien empressé, mandait, le 12 octobre, le maréchal Soult au gouverneur, d'applaudir à la persistance honorable que le général Changarnier a montrée dans sa dernière expédition de l'Ouarensenis. Je vous prie de lui en témoigner toute ma satisfaction et de lui exprimer que je la considère comme une détermination des plus glorieuses pour lui. »

« Je n'ajouterai rien aux paroles de M. le maréchal, écrivait le général Bugeaud, vous savez déjà quels sentiments m'ont inspirés ces événements. »

Les éloges de ses chefs étaient accompagnés d'autres témoignages non moins flatteurs.

« Je vous fais mon compliment de votre sanglant combat, écrit le général de Castellane. C'est grâce à votre audace et à votre présence d'esprit que vous vous êtes glorieusement tiré de la position difficile où vous vous trouviez : c'est qu'à la guerre, pour réussir, il faut de la vigueur et de l'à-propos, et vous ne manquez ni de l'une ni de l'autre. »

« Si j'avais un peu de votre bonne étoile et beaucoup de vos talents militaires, j'essayerais aussi de porter un coup du même genre à Ben-Allal », lui mande le lieutenant-colonel de Saint-Arnaud.

« Vous avez eu un succès brillant, là où bien d'autres n'eussent essuyé qu'un désastre, dit le colonel Drolenvaux. Nous avons reconnu notre ancien chef. »

En rentrant à son quartier général à Blidah, le général Changarnier apprenait la prochaine arrivée en Afrique du duc d'Aumale, récemment promu maréchal de camp. Le prince allait recevoir le commandement de Médéah et de la province de Tittery. Dans cette position, il devait être sous les ordres du général Changarnier, déjà investi du commandement supérieur de Médéah et de Milianah. Il avait accepté cette combinaison avec empressement, disant « qu'il se trouvait avec d'autant plus de plaisir sous le commandement du général Changarnier, qu'il le connaissait déjà sous les rapports les plus honorables ».

L'heure d'une campagne active était de nouveau venue : elle allait être conduite sans relâche ; nous essayerons de l'expliquer et de guider le lecteur à travers ce dédale de courses et de travaux, tâche souvent ingrate, toujours laborieuse, jusqu'au succès brillant qui vint couronner de longs efforts, la prise de la smalah de l'émir. Ce fait de guerre devait échoir au jeune prince, mais la colonne qu'il commandait étant partie sur les instructions du général Changarnier, nous serons justifié de comprendre cette opération parmi celles que nous avons voulu raconter.

Il paraîtra, d'ailleurs, naturel au lecteur, comme à nous-même, de nous étendre un peu, à cette occasion, sur les détails qui font connaître, avec l'organisation de la résistance arabe, nombre de faits et de circonstances utiles et intéressantes à pénétrer pour se rendre compte des ressources et des moyens d'Abd-el-Kader, adversaire acharné de la France.

Nous ne nous arrêterons pas au détail des mouvements que Changarnier effectua du 13 au 24 octobre dans la province de Tittery, pendant que le gouverneur faisait une démonstration contre Ben-Salem, que nous avons vu le mois précédent menacer l'aghalick du Sud, où le général s'était porté à travers l'Oued-Fodda : soumissions de tribus, engagements de peu d'importance, nous n'avons rien à relever de saillant dans cette expédition, que nous nous bornons à noter sommairement.

Elle fut suivie d'une opération plus importante, à laquelle Bugeaud vint prendre part et dont le but était de traverser de nouveau l'Ouarensenis, considéré comme le refuge toujours prêt à recevoir Abd-el-Kader. Trois colonnes réunies sous Milianah en partaient le 25 novembre ; celle du centre, commandée par Changarnier, devait rencontrer les deux autres à l'ouest du grand pic de l'Ouarensenis à l'Oued-Kchab; elle y arriva la première, après avoir traversé les champs de bataille du 19 et du 20 septembre, rejoignant la colonne de gauche, commandée par le colonel Korte, et celle de droite dirigée par le gouverneur, qui avait sous ses ordres immédiats le duc d'Aumale. Ces mouvements combinés n'entraînèrent aucun résultat notable; un nouveau rendez-vous sur l'Oued-Riou fut donc désigné aux trois colonnes, qui se remirent en marche le 3 décembre. Changarnier y arrivait encore le premier le 8; un instant, il avait eu devant lui Abd-el-Kader, qu'il avait vainement cherché à atteindre, celui-ci s'étant dérobé en se rejetant vivement vers le sud. Le colonel Korte rejoignait le dernier à l'Oued-Riou, après avoir livré, le 10, un combat assez sérieux.

Les trois colonnes réunies avaient devant elles la puissante tribu des Beni-Ouragh, au milieu de laquelle Abd-el-Kader s'était rendu peu de jours auparavant; Bugeaud donna l'ordre de l'attaquer. Pris entre deux feux par le général Changarnier et le colonel Korte d'un côté, le duc d'Aumale de l'autre, ces montagnards offrirent bientôt de se rendre. Leur chef vint faire sa soumission, en l'accompagnant de paroles simples et nobles; leur accent ému frappa le gouverneur, qui refusa les otages et ne voulut d'autre garantie que la promesse donnée. L'expédition n'avait fait, en réalité, que recueillir les fruits de la campagne de septembre de Changarnier dans l'Ouarensenis; elle avait alors rencontré, en effet, ces mêmes populations kabyles que le général Bugeaud venait de traverser et de combattre; sous l'impression qu'elles avaient conservée de l'échec de leurs précédentes tentatives, elles ne lui avaient opposé la plupart du temps qu'une faible résistance et s'étaient promptement décidées à mettre bas les armes.

Les troupes ayant reçu l'ordre de se replier, le général Changarnier eut pour instructions d'aller s'embarquer à Tenez; mais n'ayant pas trouvé sur ce point les ressources suffisantes pour pouvoir l'occuper militairement, il gagna de là Cherchell le 2 janvier, et enfin Blidah, où il rentrait le

4 janvier 1843, après avoir, en dernier lieu, obtenu des tribus du Dahra une soumission dont tout semblait garantir la sincérité.

Chargarnier était trop attaché aux intérêts de l'armée d'Afrique pour ne pas avoir ressenti vivement avec elle la perte du duc d'Orléans, que l'année 1842 avait vu mourir prématurément.

Il avait exprimé avec l'élan d'une impression profonde et sincère le chagrin qu'il en avait éprouvé, dans une de ses lettres au général de Castellane, son ancien chef et son ami, dont les félicitations et les encouragements lui arrivaient des premiers après chacun de ses succès.

« Je savais bien tout le chagrin que vous éprouveriez de la mort de Mgr le duc d'Orléans, lui écrivait-il de Perpignan où il commandait depuis dix ans le corps d'observation des Pyrénées; cela n'est pas sans raison, car il vous voulait du bien, et beaucoup.

« Ce malheur est irréparable, de la nature de ceux dont on sent chaque jour davantage l'étendue. L'armée est consternée. Mgr le duc d'Orléans était un intermédiaire entre l'armée et la couronne, chose précieuse sous notre forme de gouvernement, où les ministres de la guerre changent souvent. Il aimait les bons officiers, il les recherchait, les avançait, et comme ce sont ceux-là qui mènent les autres, il avait sur l'armée une influence immense. Les regrets ont été unanimes. Il m'était un puissant appui pour faire le bien. Malheureux prince que j'ai vu si brave sous la mitraille à Anvers ! »

« Il aimait notre métier et s'était donné la peine de l'apprendre à fond », disait de lui le général Bugeaud, toujours si réservé dans l'éloge.

« Il était notre amour et notre gloire », écrivait la Reine Marie-Amélie, dans l'expansion de sa douleur maternelle.

L'année 1842 était féconde en résultats militaires : d'une part, la province d'Oran aux trois quarts soumise; de l'autre, la province d'Alger pacifiée et réduite jusqu'aux hautes montagnes, l'émir profondément affaibli, mais non vaincu.

Ce n'était encore qu'une étape vers la conquête définitive,

à laquelle nous ne devions parvenir qu'en répétant nos efforts et nos sacrifices.

Mais quels étaient leur influence au point de vue des progrès généraux de l'armée? Beaucoup de bons esprits, parmi les plus compétents, émettaient sur ce point des doutes et des critiques.

« L'Afrique n'est plus une bonne école de guerre », écrivait déjà le général de Castellane à Changarnier, et cette appréciation, souvent répétée depuis, n'était pas sans exprimer un fait exact sous plus d'un rapport. Opérant dans des conditions tactiques si éloignées de celles qu'eût rencontrées une campagne en Europe, les officiers n'y acquéraient pas en réalité l'expérience d'un certain ensemble dont ils eussent pu tirer parti sur le continent. Les colonnes légères dont la nécessité s'était imposée avec leur formation spéciale, le mode particulier des transports, l'absence presque constante de l'artillerie, le système de résistance spécial aux Arabes, l'organisation des vivres et de l'alimentation des troupes, toutes les circonstances constituaient un état de choses assurément fort à part. A beaucoup d'égards, la pratique, dans ces conjonctures, troublait profondément les notions vraies de la guerre moderne; mais les obstacles de toutes sortes qui en résultaient offraient encore un exercice sérieux du commandement. L'obligation d'apporter des soins minutieux à la question des subsistances, de ménager des troupes sans cesse en expédition, de maintenir leurs forces comme leur moral, également assaillis par les tourments du climat, de rester à toute heure prompt à l'attaque aussi bien qu'à la riposte, de lutter contre un ennemi habile à tirer profit de la nature du terrain, doué d'un merveilleux instinct de l'intelligence de la guerre, d'une bravoure et d'une hardiesse que rien ne rebutait, toutes ces difficultés provoquaient un emploi utile des aptitudes du chef.

Le succès, dans cette voie, n'était certes pas aisément accessible, car le nombre de ceux dont la guerre d'Afrique consacra les talents fut des plus restreints.

Parmi eux, Changarnier marqua assurément en première ligne. L'histoire des faits de guerre à travers lesquels il s'éleva rapidement au sommet de la hiérarchie militaire et au premier rang des chefs dans lesquels l'armée plaça sa juste confiance, explique quelles qualités il révéla dans la longue série de ses expéditions.

On s'est demandé si le général eût été aussi heureux sur une scène plus vaste et s'il y eût justifié sa réputation. Eût-il manié avec la même dextérité, la même décision, de grandes masses? Eût-il partout fait preuve de la même facilité de conception dans les combinaisons, du même bonheur dans la promptitude de leur choix et la rapidité de leur exécution?

La destinée cruelle ne lui réserva pas l'occasion d'en témoigner, et quels que fussent ses regrets et sa douleur, il porta cette infortune avec une impatience dont il demeura toujours maître.

Néanmoins, la méthode avec laquelle il conduisit ses opérations, son initiative constamment heureuse, son audace, sa résolution, ses victoires le placèrent assez haut dans l'estime et la considération du soldat pour faire présager qu'on le retrouverait avec les mêmes qualités sur un théâtre plus étendu et plus important. Le général de Castellane se faisait l'écho de cette opinion, quand il écrivait deux ans plus tard à Changarnier : « Vous êtes regardé comme l'officier le plus capable de conduire un corps d'armée d'invasion. »

On citait d'ailleurs, hier encore, le nom d'un général dont la réputation militaire date des campagnes d'Afrique, lors de sa première jeunesse; on signalait son talent comme le plus apte à soutenir le choc d'une guerre étrangère et de commander les armées de la France ; de même qu'il arriva à Changarnier, la haine des partis lui a fermé les rangs de l'armée.

Quoi qu'il en soit, à son ascendant sur la troupe, à de grandes qualités unanimement reconnues, le général en joignait d'autres qui ne sont pas moins de l'essence d'un chef véritable : l'intégrité de la vie, la droiture et la générosité des sentiments, un immuable désintéressement, un patriotisme ardent. On lui a reproché d'en avoir eu trop la conscience et d'avoir trahi souvent le sentiment qu'il avait de sa haute valeur. Ce sont là, on le reconnaîtra, de bien petits côtés sur lesquels il est vain d'insister lorsqu'ils sont rejetés dans l'ombre par l'éclat de grands et véritables services rendus au pays; c'est de ceux-là que nous essayons de retracer les exemples, sur lesquels il est consolant, aujourd'hui plus que jamais, pour toute âme française, de se reporter. Si le général Changarnier s'est taillé dans l'histoire une figure à la Plutarque, nous le féliciterons d'avoir eu le goût d'une attitude si élevée au-dessus des passions, de ne s'en être jamais départi, et chacun le saluera non pas seulement comme un vaillant soldat, mais encore comme un grand serviteur de la France.

CHAPITRE V

1843. — Vengeance d'Abd-el-Kader sur les tribus soumises, ses excitations à travers tout le pays. — L'émir se retire devant la colonne de Changarnier, 17 janvier. — Le soulèvement des Beni-Menacer comprimé, 20 janvier-5 février. — Soumission des Beni-Menad, 1-15 mars. — Expédition des Sept colonnes, 1-10 avril. — Procédés de Bugeaud à l'égard de Changarnier. — Changarnier promu lieutenant général, 9 avril. — Orléansville, 20 avril. — Préparatifs de l'expédition contre Abd-el-Kader et sur l'Ouarensenis. — La prise de la smalah, 5-23 mai. — Opérations et succès de Changarnier sur l'Ouarensenis, 23 avril-7 juin. — Quatrième expédition de Changarnier dans l'Ouarensenis, 16 juin-15 juillet. — Organisation des provinces de Tittery et de Milianah. — Rupture de Changarnier et de Bugeaud. — Changarnier rentre en France, août.

L'armée avait accueilli avec joie le retour du duc d'Aumale dans ses rangs, où il avait laissé de vivants souvenirs.

« Ce n'est pas tant le prince qu'on accueillera avec une vive satisfaction, lui avait mandé le gouverneur, le 19 septembre 1842, à la veille de son débarquement, c'est l'officier général qu'on a vu, oubliant son rang, vouloir partager les fatigues et les dangers, comme s'il eût été un soldat parvenu. »

Le général Bugeaud avait donc complètement répondu aux désirs du prince en lui confiant le commandement de la colonne, toujours agissante, de Médéah, et en le plaçant sous les ordres de Changarnier, dont l'ardeur ne se rassasiait pas des fatigues d'une campagne presque ininterrompue. L'un était digne de l'autre ; nous allons suivre leurs efforts, dont la vigueur devait déterminer les résultats les plus décisifs pendant la campagne de 1843.

Le gouverneur apprenait, en rentrant à Alger, que l'émir, reprenant partout l'offensive, parcourait victorieusement la vallée du Chélif, châtiant et ruinant les tribus qui s'étaient soumises à notre autorité, soulevant les Kabyles, ranimant partout l'insurrection.

Ces nouvelles, que le lieutenant-colonel de Saint-Arnaud avait transmises avec une inquiète insistance, étaient d'abord accueillies avec quelque défiance par le général Bugeaud : « Saint-Arnaud a l'âme vive, disait-il, il a reçu l'impression du premier moment, et la frayeur de nos alliés grossit le danger. Les chefs indigènes regardent, il est vrai, comme à peu près certain qu'Abd-el-Kader est entré chez les Beni-Menacer, qu'il y réunit une nombreuse infanterie, et qu'il envoie des lettres aux Beni-Menacer et aux Soumathas pour les soulever. C'est donc, aux yeux des Arabes, un Protée, qui se trouve à la fois sur tous les points d'un arc de soixante lieues ! Je sais bien que les tribus ne savent pas lui résister quand il se présente, tant il a d'ascendant religieux sur elles ; aussi toutes regardent comme juste qu'il fasse couper des têtes, quand il le peut, à celles qui se sont soumises à nous. »

Mais les faits étaient vrais. Abd-el-Kader, qu'on ne croyait pas en état de tenter tant de choses, avait porté son mouvement jusque chez les Beni-Menacer, dont la plus grande partie s'était immédiatement prononcée pour lui ; à ce moment même il réunissait de nombreuses forces kabyles. Il avait exercé une vengeance particulièrement violente contre les Ataf, et leur avait fait chèrement payer leur fidélité à notre cause, leur tuant une centaine d'hommes et enlevant tous leurs troupeaux. Les tribus de l'Ouarensenis, sans exception, poussées par l'infanterie de son khalifa Ben-Allal, avait fourni des contingents pour garder les passages et empêcher la fuite de nos alliés. Ceux-ci, entourés tout à coup, n'avaient pas même pu se concentrer, et leur énergique résistance individuelle ne les avait pas préservés de la défaite.

Changarnier avait, dès le début, averti le gouverneur de ces événements, qui ne lui avaient paru ni si imprévus, ni si graves : « En face d'un ennemi si agile, lui écrivait-il, je n'ai pas la prétention de pourvoir à tout ; mais, à la place d'Abd-el-Kader, commandant des cavaliers dévoués, ayant des éperons fort longs et trouvant partout des vivres, je causerais partout des alertes. »

« Vous avez raison de penser, lui répondait Bugeaud, que la défensive contre un ennemi agile est chose difficile. Elle l'est même beaucoup contre les armées d'Europe. Le meilleur moyen, c'est de ne pas se borner à parer les coups, mais d'en porter. »

Tel était bien le système dont s'inspirait Changarnier. Par quelques mouvements courts et répétés, il s'était efforcé de de rendre un peu de confiance au pays qui l'environnait. Dès les premiers jours de janvier, il parcourait, malgré le mauvais temps et le peu de forces dont il disposait, la région qu'il avait visitée au mois d'avril précédent avec le gouverneur. Le 4, il atteignait Cherchell et rentrait le 7 à Blidah, sans avoir attendu le général Bugeaud, que la tempête empêchait de débarquer à Tenez. De cruelles intempéries avaient rendu urgent le retour de la colonne, que ce mouvement avait sérieusement exposée, malgré les observations de Changarnier. Le gouverneur n'avait pas été, du reste, sans regretter la réitération de ses ordres et éprouver quelques inquiétudes : « J'ai été bien heureux, écrivait-il, d'apprendre que Saint-Arnaud n'était pas sorti. C'était bien assez d'avoir dehors la colonne du général Changarnier. Il est nécessaire d'être vigilant, bien que je ne croie pas le danger aussi grand que le représentent les Arabes. »

Cependant Abd-el-Kader venait de faire subir au général de Bar un petit échec dans le pays des Beni-Menacer. L'émir était arrivé le 15 janvier sur l'Oued-Fodda avec mille cavaliers et mille fantassins kabyles ; il y attendait de nombreux contingents, prêts à le rejoindre, pour tenter une double razzia sur les environs de Milianah par son infanterie et dans la vallée par sa cavalerie. Changarnier marcha droit contre lui. La pluie et la grêle se succédant sans interruption, il avait l'espoir de le surprendre ou d'atteindre au moins la queue de sa colonne. Mais averti par ses postes, Abd-el-Kader se retirait promptement vers le nord-ouest, dans les montagnes, une heure avant l'arrivée de nos troupes, dont les éclaireurs pouvaient apercevoir ses derniers fantassins prêts à disparaître dans des sentiers presque inaccessibles. Sur le lieu même où il venait de camper, le général trouvait le cadavre du caïd des Beni-Ferrath, qu'Abd-el-Kader avait fait mourir sous le bâton ; à côté, gisaient les corps du caïd du Beraz de l'Est et de ses trois fils, dont il avait ordonné de couper les pieds et les mains avant de les faire mettre à mort. La neige rendant toute opération impossible, il fallut rentrer dès le 17 à Milianah pour y attendre un temps moins défavorable. La nouvelle de la prompte retraite de l'émir avait du moins diminué les craintes de nos alliés et affaibli les espérances de nos ennemis.

Le 20 janvier, Changarnier lançait le lieutenant-colonel de Saint-Arnaud dans la direction des Beni-Rached, pendant que lui-même, laissant une petite réserve d'infanterie et de cavalerie sur le Chélif, pour observer ses débouchés, tournait le Zaccar, afin de se porter au centre de l'insurrection des Beni-Menacer. Il combinait son mouvement avec celui des colonnes commandées par le gouverneur, le duc d'Aumale et le lieutenant-colonel de Ladmirault. Le soulèvement de cette tribu puissante et toujours prête à reprendre les armes était ainsi promptement étouffé, et, du même coup, était arrêté le retour de fortune qu'Abd-el-Kader avait obtenu de son énergie et de la versatilité arabe. Pendant que le général Bugeaud parcourait et ravageait tout le territoire à l'ouest des Beni-Menacer jusqu'aux montagnes élevées, Changarnier redescendait le Chélif et ne rentrait à Milianah que le 5 février.

Le général avait donc jugé d'une manière exacte la mesure du danger, lorsqu'il avait écrit, le 18 janvier, au duc d'Aumale :

« Après m'avoir considéré comme trop frappé des premières nouvelles, le gouverneur général semble s'exagérer les conséquences de la situation. Je n'en méconnais pas la gravité, mais maintenant que nos moyens d'action sont à peu près en ligne, je suis persuadé qu'au bout d'une quinzaine de jours de temps passable nous aurons comprimé toute tentative d'insurrection nouvelle, inspiré la crainte, si ce n'est le repentir, aux tribus révoltées. »

Les troupes rentrées dans leurs cantonnements pour prendre un repos bien mérité, Changarnier se rendait à Alger, où l'avait appelé le gouverneur, afin de régler avec lui les opérations du printemps et de l'été; il recevait pour sa part la mission de réduire l'Ouarensenis.

D'un autre côté, les rapides coups de main exécutés à longue portée par le duc d'Aumale n'avaient pas peu contribué à disperser le rassemblement qui se préparait à fondre sur l'aghalick du Sud et Djendel. « Vous avez dépassé nos espérances, lui écrivait Bugeaud, le 15 février; la jeunesse est heureuse, quand elle est sage et habile! » Malgré tout, l'émir ne se décourageait pas; il multipliait ses intrigues pour entretenir dans la province, que nos efforts contenaient si difficilement, un esprit de révolte favorable à ses projets. Il allait même jusqu'à répandre le bruit qu'il avait reçu un envoyé du gouverneur, chargé de lui céder la souveraineté des tribus placées en dehors de la chaîne qui enferme la Mitidja. En réalité, Abd-el-Kader avait éprouvé des pertes sérieuses et souffert des rigueurs de la saison; si la situation n'était pas aussi florissante qu'elle le paraissait après la campagne de l'année précédente, les tribus, fatiguées, ruinées par la guerre, étaient mal préparées à soutenir la prolongation de la lutte.

« Au fond, écrivait au duc d'Aumale le gouverneur, quand il fut revenu de ses premières alarmes, les Kabyles, comme toutes les troupes sans organisation, sans discipline, sans tactique, sont peu redoutables lorsqu'ils sont réunis en nombre un peu considérable et que nous-mêmes nous sommes rassemblés de manière à pouvoir faire usage de nos moyens. Ils ne sont réellement à craindre qu'alors que nous sommes étendus dans de longs défilés, ayant à protéger un nombreux convoi. Dans ce cas, il faut, de distance en distance, attendre la queue de sa colonne, pour être plus à portée de la secourir, en prenant à l'avance les positions qui commandent, et ne jamais sortir d'un grand bassin pour entrer dans un autre avant d'avoir rallié l'arrière-garde sur la ligne de partage des eaux. »

C'était l'application judicieuse et hardie de cette méthode que nous avons vu suivre l'année précédente par Changarnier dans les gorges de l'Oued-Fodda.

Rentré le 16 à Blidah, où un ordre du gouverneur lui avait prescrit de s'établir, le général organisait, de concert avec le prince, deux convois de ravitaillement sur Milianah, dont les magasins avaient été à peu près vidés pendant la dernière période de la guerre, et préparait un mouvement sur les pentes nord du Zaccar. Déjà, un mois auparavant, il avait suggéré l'idée de cette opération; il ressentit donc une vive satisfaction en apprenant que Bugeaud avait résolu de la faire exécuter. La nécessité n'avait pas manqué d'ailleurs d'en démontrer l'urgence; la tranquillité ne se rétablissait en effet qu'avec peine. Ben-Salem, l'infatigable lieutenant de l'émir, venait de se jeter dans l'Ouennogha et tentait de faire des courses dans le sud et dans l'est de la province de Tittery. Il était indispensable de reparaître dans le pays pour y consolider notre autorité. Un plan général fut donc établi pour envelopper les Beni-Menad, qui avaient pris une part importante dans le soulèvement des Beni-Menacer. Le 1er mars, le duc d'Aumale quittait Médéah pour se porter sur El-Etnina, pendant que Changarnier, avec la colonne de Milianah, le général de Bar, avec celle de Cherchell, enfermaient dans un cercle les Beni-Menad. Ceux-ci, surpris avant d'avoir pu organiser la résistance, se décidèrent à offrir leur soumission. Changarnier consentit à la recevoir; usant d'indulgence, il se contenta de leur adresser des paroles sévères pour leur reprocher leur déloyauté et l'oubli de la parole donnée, et retint en otages les chefs les plus influents comme garants de la fidélité de leurs tribus.

Au retour, le prince châtiait les tribus kabyles des pentes inférieures du pic de Djurjura, et rentrait le 14 à Médéah, après avoir essuyé de violentes intempéries et perdu pas mal de monde.

« Je regrette vivement, lui écrivait le gouverneur, les hommes que vous avez perdus, et je me reproche presque leur mort. Mais pouvions-nous prévoir un temps si néfaste?

Votre persévérance, la patience et le dévouement de vos troupes sont vraiment dignes d'éloges! Vous avez rempli votre mission au delà de ce que je pouvais attendre. »

Par un mouvement d'humeur assez mal justifié, le général Bugeaud n'adressa aucune félicitation analogue à Changarnier, qui avait heureusement conduit cette opération, et, bien qu'il ne fût pas sorti d'Alger, parut s'attribuer le mérite de ce triomphe, du reste facile, dans sa dépêche citée par le *Moniteur* du 17 mars. La lettre du général de Bar, insérée au *Moniteur* du 11, disait, d'ailleurs, qu'il attendait le signal de Changarnier pour se porter en avant : ce rapprochement met en lumière le peu de sincérité de l'affirmation du gouverneur. Ce n'était d'ailleurs pas la première fois que Bugeaud se hasardait au delà de la vérité des faits. Dans le même *Moniteur* du 11 mars, il annonçait la soumission des Beni-Menacer. Six fois déjà depuis le mois de juin 1842, il avait mandé cette bonne nouvelle. Le 21 mars, le *Moniteur* insérait une nouvelle lettre, où il faisait connaître succinctement une affaire malheureuse du lieutenant-colonel de Saint-Arnaud, « attaqué, écrivait Bugeaud, par quatre fractions des Beni-Menacer dont on ignorait l'existence ». Pour en avoir raison, le général de Bar, avec cinq mille hommes, tentait d'introduire dans les montagnes l'agha nommé par le gouverneur, mais il subissait un échec; forcé de rentrer à Cherchell, il avait dû écrire au général Bugeaud que les Beni-Menacer étaient en réalité toujours soulevés. Le gouverneur se décide alors à faire appel à Changarnier, qu'il appelait volontiers son *montagnard*, et met à sa disposition le général de Bar et ses troupes. Dans une dépêche reproduite par le *Moniteur* du 29 mars, il disait en même temps, mais sans avouer ce dernier échec :

« Les fils de Berkani ont attaqué la fraction des Beni-Menacer, commandée par Abd-el-Kader-ben-Amar, que je vous propose pour agha... Le général Changarnier va faire cesser cette petite guerre qui existe au nord de Milianah. »

Le général de Bar avait imprudemment pris au pied de la lettre les assurances des envoyés de ces tribus, et il avait trop promptement ajouté foi à des négociations dont le but était de masquer les préparatifs de nouveaux soulèvements. Le gouverneur avait donc pu croire, sur la foi de ces illusions, à une soumission complète; on devine aisément le mécontentement qu'il en éprouvait et l'embarras où il se trouvait ainsi placé. Il en résulta pour lui, comme on le verra par la suite, une situation fausse vis-à-vis de Changarnier; si l'on peut admettre que le général Bugeaud n'ait pas été animé d'un vif empressement à l'expliquer officiellement, il est difficile de comprendre sa répugnance à dissiper vis-à-vis de son lieutenant les apparences d'un mauvais vouloir qui avait toutes les proportions de l'injustice.

D'ailleurs, ces révoltes naissantes favorisaient la campagne de la presse d'opposition contre le ministère et, par suite, contre le gouverneur qui s'en aigrissait. Il se plaignait, dans une de ses lettres à Changarnier, de voir « les journaux préconiser les actions magnifiques de tel jeune et brillant général, qualifier de fautes ses propres opérations, blâmer son système et louer, chez les chefs de colonne, les mêmes actes qu'on venait d'imputer à tort au gouverneur. »

Si certains faits particuliers avaient pu motiver des critiques, la passion plus que la justice inspirait à la vérité le plus souvent ces attaques, car il est hors de doute que tous agissaient en Afrique sur les ordres précis du général Bugeaud. Il n'était pas équitable de se refuser à reconnaître au gouverneur un système de guerre mûrement réfléchi et raisonné, combiné avec les ressources mises à sa disposition tant en hommes qu'en argent. Sur ce vaste territoire, où éclataient à chaque instant les révoltes des tribus, pareilles à de petits cratères volcaniques dont on ne peut prévoir les éruptions, la répression n'était possible qu'au moyen de courses et de mouvements offensifs répétés; l'occupation générale était impraticable; personne ne songeait à réclamer l'emploi de ce moyen ruineux pour le trésor et pour l'armée. Il y avait donc une faute de logique à critiquer la méthode que les circonstances de toute nature imposaient; mais où est la logique, que devient la réflexion, lorsqu'il s'agit d'intérêts à satisfaire et de moyens d'opposition à combiner?

Le général Bugeaud appréciait avec plus de sagesse les difficultés de personnes, lorsqu'il écrivait à Changarnier :
« Trouvons-nous souvent des hommes complets? Servons-nous donc de leurs qualités, quand elles l'emportent sur leurs défauts, et atténuons ceux-ci autant que nous le pouvons. »
C'était vraiment là le langage digne d'un chef fait pour le commandement et l'autorité.

Laissé libre d'agir comme il l'entendrait et investi du commandement de toutes les troupes, Changarnier affecta d'abord de paraître exclusivement occupé des travaux de la route de Blidah au Chélif, dont l'établissement présentait un intérêt stratégique considérable. Il parut oublier les Beni-Menacer et fit exécuter sur les ateliers plusieurs déplacements de bataillons sans cause apparente. Ses soins se portaient pendant ce temps à réunir des indications minutieuses et détaillées sur le terrain qu'il devait aborder; le passage du Mahali ne le lui avait fait connaître encore qu'imparfaitement, et il n'en existait alors aucune carte. De longs entretiens avec l'agha désigné par le gouverneur pour cette contrée et un de ses serviteurs l'aidèrent à constituer, sur leurs renseignements, une carte qui fut reconnue plus tard assez exacte pour n'y apporter que des modifications très secondaires.

Après plusieurs jours consacrés à ce travail, le général donna des instructions pour la composition et l'itinéraire des six colonnes qui devaient partir de Milianah, de Cherchell et des ateliers des nouvelles routes, il gardait pour lui-même la direction d'une septième colonne. Ces forces, accompagnées de guides fidèles, se mettaient en mouvement dans la nuit du 1ᵉʳ au 2 avril; le 3, elles envahissaient sur quatre côtés à la fois la région des Beni-Menacer, et, le 4, le corps expéditionnaire se concentrait dans la matinée au point fixé. Se dispersant de nouveau, les colonnes fouillèrent tout le pays et s'emparèrent de la presque totalité des troupeaux de l'ennemi; elles firent prisonniers plus d'un tiers de ses combattants et réduisirent définitivement cette turbulente tribu, dont cette opération, désignée sous le nom d'expédition des Sept colonnes, marqua la complète soumission.

Le gouverneur ne se soucia pas d'annoncer cette conquête, dont il avait dès longtemps donné la nouvelle; il ne fut donc pas question de la dépêche de Changarnier, et les Beni-Menacer continuèrent à passer en France pour des amis anciens. Le silence qu'il garda à cette occasion vint s'ajouter aux causes de mécontentement que le général avait éprouvées; en différentes occasions, il avait estimé que les services de ses troupes n'avaient pas été appréciés comme ils le méritaient; il ne dissimula pas au gouverneur l'impression qu'il en ressentait, et le différend s'aggrava entre eux. La nomination au grade de lieutenant général, qui parvint à ce moment à Changarnier, ne put pas atténuer la tension de leurs rapports, et les démarches prêtées au général Bugeaud pour faire obtenir cet avancement de préférence au général de Bar ou à Baraguey d'Hilliers constituèrent un nouveau grief; ses conséquences devinrent, quelque temps après, décisives. Comme il arrive souvent, cette situation fut l'objet de commentaires dans l'entourage du gouverneur, et l'influence de bavardages maladroits envenima définitivement la question. Le général Changarnier eût-il été mieux inspiré en ne prêtant à ces incidents qu'une attention dédaigneuse ? Il est probable que son indifférence eût mis Bugeaud dans l'embarras, et que la mauvaise humeur de celui-ci s'en fût lassée. Mais la souplesse nécessaire pour résoudre ces difficultés n'était, pour des causes différentes, dans le caractère ni de l'un ni de l'autre ; chacun regardait qu'il y avait des questions de principes engagées et se piquait de ne pas même paraître céder. Tous deux étaient ainsi entraînés à se maintenir dans une invariable attitude, qui mettait, en quelque sorte, aux prises deux natures très dissemblables : la rudesse native de Bugeaud, trop faiblement atténuée par les habitudes de la société, la fierté résolue de Changarnier, mal disposée à fermer les yeux sur une omission d'égards.

Peu de temps auparavant, le gouverneur avait écrit à Changarnier : « Mon caractère est bienveillant et, si je blesse, ce ne peut être que par distraction. »

Cette explication, qui en eût demandé d'autres, demeura

assez naturellement sans effet, et la correspondance entre les deux généraux se restreignit désormais à un bref et strict échange de service.

Changarnier, promu lieutenant général le 9 avril, avait obtenu ce grade élevé à la suite de continuels faits de guerre, où il avait témoigné des plus brillantes qualités militaires. Tous applaudissaient à sa nomination, et l'unanimité des suffrages ajoutait encore à sa gloire. Six ans et demi le séparaient seulement du jour où il avait débarqué simple capitaine sur la côte d'Afrique; dans ce court espace de temps il avait franchi tous les degrés de la hiérarchie, et il était devenu un des chefs de l'armée par la confiance qu'inspirait un talent incontesté.

Le 20 avril, le général se trouvait, avec les troupes qui venaient de concourir à la soumission des Beni-Menacer, sous les murs de Milianah; il y était rejoint le lendemain par le gouverneur. Son infanterie et sa cavalerie en partaient le 22 pour escorter un immense convoi de bois de construction et d'outils de toutes sortes, destinés aux travaux de l'établissement fondé à Orléansville, sur le Chélif, à la hauteur et à près de dix lieues de Ténez, dont le port devait desservir la ville nouvelle.

Le 23 avril il donnait au duc d'Aumale, qui rentrait à peine à Médéah d'une fructueuse expédition, l'ordre de se mettre à la poursuite d'Abd-el-Kader; lui-même se préparait à se porter de son côté sur Teniet-el-Had, afin d'y établir un camp permanent à la clef des vallées par lesquelles on débouche de l'ouest sur le Chélif moyen, et, de là, à gagner l'Oued-Fodda, dans le but de refouler les Kabyles sur le grand pic de l'Ouarensenis. Le prince devait, pendant ce temps, occuper Boghar et manœuvrer vers le haut Chélif; les renseignements recueillis signalaient la présence de la smalah à deux journées de marche au sud de Goudjilah. Pour l'empêcher de fuir vers le Maroc, le général de Lamoricière avait été chargé de mouvements offensifs très prononcés en avant de la plaine d'Eghris. Le temps pressait, et la date du 5 mai, fixée pour le départ de la colonne de Médéah, ne pouvait plus être retardée; l'émir venait, en effet, d'envahir subitement les environs de Mascara, où il avait cruellement ravagé nos tribus amies; il était donc urgent qu'une diversion immédiate l'obligeât à se porter vers l'est. La composition de la colonne de Médéah ne laissait rien à désirer pour son infanterie et ses équipages; mais le nombre des cavaliers était, aux yeux de Changarnier, tout à fait insuffisant. Néanmoins, le gouverneur s'obstina à ne pas tenir compte des observations qu'il lui présenta sur ce point. Bugeaud ne paraissait pas d'ailleurs croire à un succès, et il n'accordait au mouvement conduit par le prince que l'importance d'une simple démonstration. Changarnier estimait, au contraire, qu'en cherchant la smalah sur les cours d'eau, assez rares dans cette région, le duc d'Aumale devait l'atteindre; quant à ce qui était de s'en emparer, il connaissait assez sa vigueur et son entente de la guerre pour être assuré qu'elle ne lui échapperait pas. Cependant, un quart d'heure avant de se mettre en marche, le 23 avril, à cinq heures du matin, pour descendre la vallée du Chélif, le gouverneur se décida à céder à Changarnier un de ses escadrons pour l'employer à ses propres opérations; mais le général, persistant dans son opinion, l'envoya sur-le-champ au duc d'Aumale, dont la cavalerie se trouva ainsi élevée au chiffre de cinq cent soixante chevaux. On verra plus tard quel secours cet appoint apporta au prince, et ce n'est assurément pas se hasarder que de dire qu'il lui dut peut-être de pouvoir accomplir le brillant fait d'armes qui le rendit maître de la capitale errante de l'émir.

« Je suis heureux de la belle mission que vous avez à remplir et plein de l'espoir que vous ferez tout ce qu'il peut y avoir de brillant dans la guerre actuelle », avait écrit Changarnier au prince en lui adressant ses instructions.

A l'expression de sa juste confiance il ajoutait, sur l'ordre qu'il en avait reçu du gouverneur, une pressante recommandation. On connaissait l'ardeur guerrière du prince, sa volonté de n'être pas ménagé, sa résolution de payer vaillamment de sa personne. Bugeaud lui prescrivait donc de rester avec l'infanterie et de ne détacher le colonel Yusuf que lorsqu'il ne resterait plus qu'une dizaine de lieues à faire pendant la nuit pour atteindre la smalah; l'infanterie devait, autant que possible, marcher la nuit, à la suite de la cavalerie, pour se rendre au point de rendez-vous qui serait convenu.

« Si, dans le cours de la campagne, les circonstances vous engagent à vous faire devancer par vos escadrons, je vous prie de ne pas oublier, lui écrivait Changarnier, que vous seul pouvez assurer, en temps opportun, à la cavalerie le concours peut-être indispensable de votre excellente infanterie, dont je verrais avec peine Votre Altesse Royale se séparer. C'est près de ses bataillons, c'est au centre de ses troupes, et non à la tête de sa cavalerie chargeant en fourrageurs, que Votre Altesse Royale pourra suffire à tous les devoirs du commandement, à toutes les exigences de l'occasion. »

C'était là, sans nul doute, un sage conseil; mais l'impétuosité du jeune commandant de la colonne ne devait pas s'en contenter; nous la verrons prendre son essor avec une audace que le bonheur se plaît à couronner. A la guerre, comme dans la vie quotidienne, les troupes et les peuples aiment l'initiative des princes ou des chefs, parce qu'elle est l'expression de leur dévouement et le signe de leur autorité; nulle exhortation, nulle promesse ne vaut l'exemple d'un chef qu'on voit se sacrifier pour vaincre; c'est d'en haut que doit partir le mouvement qui seul peut communiquer aux masses l'ardeur d'un cœur généreux et la passion des succès utiles à la patrie. Aussi bien, aux heures incertaines et difficiles, quand le danger gronde à nos portes, avons-nous vu souvent chacun se tourner anxieusement vers ceux dont il espérait le salut et leur dire : Marchez! Personne ne leur criait : Marchons! La cohésion ne naît pas, en effet, d'elle-même, elle s'impose.

Mais laissons là ces réflexions dont la philosophie nous a paru se dégager naturellement de la correspondance que nous venons de citer, et reprenons notre récit en suivant tout d'abord le duc d'Aumale dans son expédition, avant de revenir aux opérations que conduisait pendant ce temps Changarnier.

Le 10 mai au matin, le prince quittait Boghar, avec le plan arrêté d'atteindre Goudjilah le plus promptement possible, en cherchant à dérober à l'ennemi la direction de sa marche, puis de s'efforcer de gagner la smalah de vitesse. Au moment de se porter en avant, il était informé qu'il ne devait plus compter sur l'appui du général de Lamoricière, que les événements de la province d'Oran empêchaient de suivre le programme primitivement fixé ; il devait donc se considérer comme agissant pour son propre compte et ne tabler que sur les ressources dont il disposait directement.

Sa colonne, a dit le rapport qu'il adressa au retour à Changarnier, se composait de treize cents hommes d'infanterie, aux ordres du lieutenant-colonel Chadeysson ; cinq cent soixante chevaux, commandés par le colonel Yusuf ; une section d'artillerie de montagne et un goum de cinq cents cavaliers. En outre, huit cents chameaux et mulets portaient vingt jours de vivres et vingt jours d'orge.

Se refusant aux pressantes sollicitations des chefs indigènes qui cherchaient à l'entraîner dans une série de courses secondaires et de razzias qui n'eussent fait que révéler sa présence et compromettre le succès final, le duc d'Aumale s'établissait, le 13, à Relhiga, à l'abri d'une montagne boisée qui le dérobait entièrement à la vue ; il avait atteint ce point en longeant l'étroite vallée où coule l'Oued-Belbala. Mais la vigilance arabe n'était pas en défaut, et la marche de l'expédition était déjà surveillée par un groupe de cavaliers ; une ligne de feux allumés chaque jour sur nos traces faisait connaître à l'ennemi notre direction ; les chasseurs ne tardèrent pas à s'emparer des Arabes qui nous avaient suivis. Reconnus pour des espions, ils furent sans merci passés par les armes. Les renseignements fournis plus tard par les prisonniers nous apprirent que nous ne nous étions pas trompés sur le rôle que remplissaient ces hommes, et qu'à dater du moment où ils tombèrent entre nos mains, l'ennemi cessa de connaître notre marche.

Le 14, au point du jour, la colonne arrivait au pied de la montagne qui domine Goudjilah, que les zouaves surprirent rapidement ; l'oukil d'Abd-el-Kader y avait paru la veille, ayant laissé la smalah à Oussek-ou-Rekaïe, à une quinzaine de lieues vers le sud-ouest. Dans la nuit du 14 au 15, les troupes s'arrêtaient à une heure de l'après-midi au sud des montagnes qui entourent Goudjilah, à la source Aïn-el-Guetti. Pendant la halte, le prince fit faire quelques reconnaissances par les cavaliers du goum, qui lui ramenaient peu après un petit nègre qu'ils avaient trouvé dans les bois. Fait prisonnier avec son père dans une razzia de l'émir, ils venaient de s'échapper tous deux de la smalah.

« Il s'exprimait avec une lucidité remarquable, dit le duc d'Aumale dans son rapport du 30 mai au général Changarnier; il répondait à toutes les questions sans se troubler, sans se couper, et je fus bientôt convaincu de sa sincérité. Quant à son père, nous ne pûmes tirer de lui que ces paroles : « Ah!
« vous voulez prendre la smalah, et vous n'êtes pas plus de
« monde! Oh! vous pouvez vous en aller! »

L'enfant disait qu'après son incursion dans la plaine d'Eghris, Abd-el-Kader était venu à la smalah rallier son bataillon régulier et son artillerie, avec lesquels il s'était efforcé de barrer la route à la tribu des Arar et d'empêcher sa jonction avec le général de Lamoricière; n'ayant pu y parvenir, il avait ramené son infanterie à son douar et donné l'ordre à la smalah de se rendre sur le Djebel-Ahmour, afin de la dérober à la colonne de Mascara. Le 14 au soir, l'ennemi avait quitté Oussek-ou-Rekaïe, se rendant, pour y faire halte, à la source de Taguin.

Quant à l'émir, il surveillait de sa personne la colonne du général de Lamoricière, pendant que Ben-Allal restait dans l'Ouarensenis.

En même temps, le prince apprenait que ses éclaireurs avaient aperçu la division Lamoricière vers le sud-ouest. Celle-ci avait donc pu sortir du Tell, et sa présence avait dû provoquer le mouvement de la smalah, où l'on croyait sans doute les troupes de Médéah rentrées à Boghar. Le duc d'Aumale se décida donc à marcher immédiatement sur Taguin, dans la pensée de l'y surprendre, ou, tout au moins, de la rejeter sur le Djebel-Ahmour; prise entre les deux colonnes, elle ne pouvait plus alors échapper.

Mais l'exécution d'un plan en apparence si simple n'était pas sans présenter des difficultés sérieuses. Égaré par ses guides, le prince avait incliné trop à l'ouest ; pour arriver à Taguin, la cavalerie devait franchir vingt-cinq lieues, l'infanterie vingt lieues, à travers un espace où ne se rencontrait pas une goutte d'eau. Cet effort n'était pas au-dessus du dévouement de cette vaillante troupe.

« On ne sait vraiment ce qu'on peut obtenir de l'énergie de tels hommes, écrivait leur commandant dans son rapport, qu'après l'avoir éprouvée. »

La colonne fut partagée en deux parties : l'une, composée des zouaves, de l'artillerie et de la cavalerie ; l'autre, de deux bataillons d'infanterie et de deux pelotons de cavalerie ; ces deux fractions se mettaient en route en se donnant rendez-vous à Ras-el-Aïn-Taguin. Elles marchèrent toute la nuit, tourmentées par le simoun qui soufflait avec fureur.

Le 16, au point du jour, le prince, qui s'était mis à la tête de la colonne légère, fut averti du voisinage de la smalah, dont on avait vu les feux ; il se porta vivement en avant avec sa cavalerie ; mais au bout de trois heures de marche, il s'aperçut qu'il avait été conduit en dehors de sa direction et qu'il allait sur l'Oued-Bedda. Il fallut donc reprendre la route du rendez-vous convenu. Déjà il avait perdu l'espoir de rencontrer l'ennemi, et il ne songeait plus qu'à atteindre la source de Taguin, lorsque soudain l'agha des Ouled-Aïad vint lui rendre compte de la présence de la smalah aux bords mêmes de cette source. A cette nouvelle, les indigènes, épouvantés de la disproportion des forces, supplient le prince d'attendre son infanterie. Mais toute hésitation eût compromis sans retour les chances de la victoire. Quelque diligence qu'ils fissent, les zouaves ne pouvaient pas rejoindre avant deux heures. Un délai d'une demi-heure aurait suffi pour mettre hors de notre portée les femmes, les troupeaux et donner le temps à l'ennemi d'organiser sa défense.

« Jamais on n'a reculé dans ma race ! » s'écrie le duc d'Aumale. Il prend rapidement ses dispositions ; le colonel Yusuf enlève au trot le premier échelon formé des spahis et du goum ; le prince suit avec sa réserve, composée des chasseurs et des gendarmes. A la vue de cette immense ville de tentes et en face de cette masse d'hommes qui courent aux armes, les irréguliers se débandent, les spahis s'arrêtent. Le duc d'Aumale se résout à engager sur-le-champ tout le monde ; il oblique à droite et dépasse le premier échelon ; son impétuosité a été plus contagieuse que la lâcheté du goum : les spahis sont entraînés, et déjà le douar d'Abd-el-Kader est envahi. L'infanterie tente en vain par sa fusillade d'arrêter cette charge fougueuse ; elle est sabrée et mise en déroute, tandis que notre cavalerie continue au loin la poursuite.

Les chasseurs pénètrent dans le camp, où la résistance est protégée par un feu continu ; la supériorité du nombre pèse rudement sur les assaillants ; le peloton du sous-lieutenant Delage, détaché sur la droite, commet la faute de se déployer en tirailleurs et d'engager le tir ; il va être entouré, lorsqu'une attaque vigoureuse du sous-lieutenant de Canclaux vient heureusement le dégager.

L'escadron du capitaine d'Épinay, se portant sur la droite, renverse tout ce qu'il rencontre, pendant qu'au centre le lieutenant-colonel Morris, à la tête de trois pelotons, charge la masse ennemie avec un entrain que rien ne peut ralentir. Enfin, après un combat d'une heure et demie, la victoire est définitive, et l'heureux général reste maître de la smalah depuis si longtemps insaisissable. L'ennemi avait laissé trois cents morts sur le terrain, tandis que nous ne comptions que dix hommes tués, onze blessés, seize chevaux tués et vingt-six blessés.

Quatre drapeaux, un canon, deux affûts, d'abondantes munitions de guerre, une grande quantité d'armes, la tente de l'émir, ses effets précieux, de riches vêtements, des manuscrits, des bijoux, plus de trente mille têtes de bétail, plusieurs milliers d'ânes, quelques centaines de chameaux, de chevaux et de juments constituaient notre butin.

Quant aux sommes d'argent et aux trésors d'Abd-el-Kader, le goum et les spahis les avaient pillés, et, au retour à

Médéah, on citait des cavaliers qui avaient changé jusqu'à dix-huit mille francs de douros.

« Bien des gens sont sortis pauvres de leurs tentes qui compteront désormais parmi les plus riches », disait l'agha.

« Quand, après la reddition, racontait un des captifs, nous pûmes reconnaître la faiblesse numérique du vainqueur, le rouge de la honte couvrit nos visages; car si chaque homme de la smalah avait voulu combattre, ne fût-ce qu'avec un bâton, les vainqueurs eussent été les vaincus; mais les décrets de Dieu ont dû s'accomplir! »

Au nombre des prisonniers figuraient quelques parents d'Abd-el-Kader, de nombreux officiers et personnages de sa maison, leurs familles et plusieurs chefs d'un rang élevé. Un instant, la mère et la femme de l'émir avaient été prisonnières; saisissant l'étrier du colonel Yusuf, elles imploraient sa clémence, sans être reconnues; mais au milieu de la confusion des premiers moments, elles furent sauvées par un esclave fidèle et s'échappèrent sur un mulet.

L'infanterie ne rejoignit la colonne que le soir, après avoir franchi trente lieues en trente-six heures. Si on l'eût attendue, l'opération était manquée. La journée du lendemain fut employée à mettre un peu d'ordre parmi les populations prisonnières; nul ne tenta de s'échapper, tous se résignèrent à leur destinée; dès le 18, le duc d'Aumale, en se dirigeant sur Boghar, reprenait la route de Médéah, où il arrivait le 25, sans avoir été attaqué. Les captifs, au nombre de plus de quinze mille, précédés de l'avant-garde, étaient divisés par tribu et par famille. Pendant la route, il fallut souvent les défendre à coups de sabre contre la sauvage rapacité des cavaliers irréguliers, qui profitaient de la moindre circonstance pour se jeter à travers les files, afin de piller et de commettre toutes sortes d'excès. Paralysés par la terreur, incapables de résister, les cris seuls des prisonniers avertissaient des désordres que la force avait peine à réprimer. Enfin, après sept jours de marche, Médéah ouvrait ses portes à cette immense colonne; elle était reçue aux acclamations générales.

Ce glorieux fait de guerre marquait la chute d'Abd-el-

Kader dans la province d'Alger, où les soumissions furent, à dater de ce moment, solidement établies. La portée du coup qui venait de frapper l'émir était immense; sa smalah constituait en effet une véritable capitale errante, centre de ses forces, de ses richesses, du pouvoir qu'il exerçait, des négociations qu'il engageait, des ordres qu'il envoyait aux tribus, de tous ses moyens d'action enfin. Vingt mille âmes, dont cinq mille combattants, y étaient réunies. Elle représentait aux yeux des Arabes cette puissance dont l'image frappait leur imagination et excitait leur fanatisme. Abd-el-Kader y exerçait son autorité avec une violence et une rigueur inouïes. « De quiconque tentera de fuir ma smalah, avait-il dit, à vous les biens, à moi la tête ! »

La terreur retenait donc tous ceux qui auraient pu être tentés de fuir pour aller retrouver, au milieu des plaines fertiles qu'ils avaient quittées, la vie paisible dont ils avaient joui. Abd-el-Kader, sentant bien la nécessité de s'entourer de l'aristocratie du pays, s'emparait, par tous les moyens possibles, des chefs influents. Une fois agrégés à la smalah, la désertion n'était plus possible. L'organisation régulière du campement où le même ordre était invariablement observé, les enceintes successives qui y étaient établies en facilitaient la discipline intérieure comme la défense du dehors; les ressources de mille espèces accumulées en approvisionnements et en ouvriers de tous les métiers assuraient une vie propre et indépendante à cette immense émigration et permettaient de la tenir longtemps à l'abri des attaques.

L'émir, sans cesse en course, ne paraissait que pour peu de temps. Après la journée du 16 mai, il chercha en vain à reconstituer sa smalah ; ses appels demeurèrent vains, il avait subi moralement et matériellement un échec dont il ne devait pas se relever.

De notre côté, l'effet produit par l'expédition ne fut pas moins grand; le résultat faisait une impression profonde sur l'armée, il justifiait à ses yeux le système tactique du gouverneur, dont l'application coûtait tant d'efforts journaliers dans des marches et des opérations incessamment répétées.

« J'ai été heureux, sans en être étonné, de votre beau succès qui a causé une joie générale », écrivait le général Bugeaud au duc d'Aumale.

« J'ai appris presque sur les lieux, lui mandait le général de Lamoricière, le brillant succès que vous venez d'obtenir; j'ai pu juger mieux que personne la hardiesse de l'entreprise et l'importance du résultat. Vous avez porté à la puissance de l'émir le coup le plus rude qu'elle pût recevoir.

« Un jour, je ne sais s'il vous en souvient, c'était à Neuilly, après une conversation qui avait trait aux belles pages de notre histoire : « Espérons, me dites-vous, que l'avenir nous « en réserve encore de pareilles et que nous travaillerons à « les écrire. » Vous commencez à réaliser les espérances que vous avez conçues et que nous partageons avec vous. Nous nous sommes réjouis de la gloire que vous venez d'acquérir. »

Le cœur doux et généreux de la reine Marie-Amélie trouva une consolation à sa douleur dans l'éclat de cette brillante victoire : « Je jouis plus encore de son humanité et de sa modestie que de son courage et de sa résolution, qui pourtant ont été jolis à vingt et un ans! » disait-elle.

L'éloge du ministre de la guerre n'était pas moins honorable. Après avoir fait connaître au prince que le Roi avait ordonné la remise à l'hôtel des Invalides des étendards pris à l'ennemi, il ajoutait : « Votre triomphe a excité un mouvement unanime de sympathie et d'admiration, et on a été heureux d'y remarquer une parfaite combinaison dans les mouvements, de la hardiesse dans l'exécution et ce coup d'œil exercé qui assure le succès. »

Le gouverneur écrivait encore le 23 mai, au prince, de son bivouac de l'Oued-bou-Bara : « Nous avions reçu dans la journée une très bonne nouvelle du général Changarnier; l'allégresse était déjà grande. Vous devez la victoire à votre résolution, à la détermination de vos sous-ordres, à l'impétuosité de l'attaque. Vous avez bien fait de ne pas attendre l'infanterie ; il fallait brusquer l'affaire comme vous l'avez fait. Cette occasion presque inespérée, il fallait la saisir aux cheveux. Si vous aviez hésité, les Arabes se seraient réunis pour protéger les familles, un certain ensemble eût été mis à la défense, et le succès, à supposer que vous l'eussiez obtenu, vous eût coûté fort cher. La décision, l'impétuosité d'à-propos, voilà ce qui constitue le guerrier.

« Il est des cas où il faut être prudent et mesuré, où il faut manœuvrer avec ordre et ensemble, c'est quand on trouve un ennemi bien préparé, fort et bien échelonné. Il en est d'autres où il faut l'élan et la rapidité d'exécution, sans s'occuper beaucoup de l'ordre. L'affaire de Taguin était de ce nombre ; vous l'avez compris, et c'est là surtout ce qui fait le grand mérite de cette action.

« Il faut tirer tout le parti possible du grand effet moral que produisent votre belle affaire et celle du général Changarnier. »

La campagne effectuée par celui-ci pendant ces événements avait contribué pour une part décisive, en effet, à la soumission générale de la province d'Alger, établie enfin après tant de travaux persévérants. A Teniet-el-Had, où nous l'avons vu se diriger le 23 avril, Changarnier se trouvait à l'entrée des plaines du Sud et dans le voisinage d'une merveilleuse forêt de cèdres séculaires qu'il avait traversée le premier, au retour de son expédition dans les gorges de l'Oued-Fodda. Le 27, il se préparait à continuer sa marche, lorsqu'au point du jour une dépêche du gouverneur vint le prier de protéger son flanc droit contre « une grosse masse d'infanterie de Berkani qui était signalée, disait-il, dans les montagnes de l'ouest de Cherchell ». Répondant à cet appel, le général part avec sa colonne, moins quatre bataillons qu'il laisse à Teniet-el-Had, pour achever les travaux du camp, et le 1er mai, à deux lieues de Zatima, il rencontre Berkani, dont il met les troupes en déroute. Celles-ci se réduisaient en réalité à trois cents réguliers appuyés de six cents Kabyles et de cinquante chevaux. Le vieux khalifa, obligé à une prompte retraite, n'était suivi que de quelques-uns de ses fantassins ; tout le reste était dispersé.

Afin d'appuyer ses opérations, Changarnier réclame et obtient du gouverneur la concentration de deux mille hommes à Kshab. Il rappelle en même temps trois des bataillons restés à Teniet-el-Had, et pénètre, le 10 mai, par l'Oued-Rouina et l'Oued-Fodda dans l'Ouarensenis, où ses trois colonnes se rejoignent, le 12, à Médina de Beni-bou-Douan. Pendant les trois journées qui suivent, il défait successivement Ben-Allal-Mbareck et met en fuite son bataillon régulier, qu'accompagnaient plus de quatre mille Kabyles. Le corps expéditionnaire, après avoir été passablement éprouvé en différents engagements, arrivait, le 18 mai, à six heures du matin, au pied des sommets arides de l'Ouarensenis. Les pics de ces montagnes étaient devenus le dernier asile des ennemis dont le général venait de battre les forces assemblées. Devant lui se développait, sur une étendue de plus de cinq kilomètres, une série de crêtes qui dominaient toutes les autres. Leur élévation, qu'on apercevait du plus loin, les avait fait surnommer par le soldat « la cathédrale de l'Algérie ». Mais les flancs escarpés, les sentiers presque à pic, rendaient les passages tout à fait impraticables ; Changarnier se décida donc à établir le blocus ; le résultat n'en pouvait être douteux, car les assiégés n'avaient pour se désaltérer, eux et leurs troupeaux, que la ressource d'une petite fontaine d'où l'eau coulait à peine goutte à goutte.

Dans la nuit, l'ennemi tenta cependant deux fois de forcer l'investissement, il trouva tous les points gardés ou défendus, et dut regagner rapidement sa retraite ; son attaque ne fut pas sans nous coûter quelques pertes, dont le chiffre s'éleva à cinq tués et dix-huit blessés ; l'armée eut à déplorer la mort du vaillant colonel d'Illens, du 58e, celui-là même qui avait commandé la première garnison de Milianah. Cernés de toutes parts et pressés par la soif, les Kabyles engagèrent, dès le 19 au matin, les pourparlers pour la reddition. Le général exigea qu'elle se fît sans condition. Ces fières populations se préparaient à prolonger néanmoins leur résistance, quand, le lendemain, leurs troupeaux, affolés par une soif ardente, se dérobèrent soudain à leurs gardiens et vinrent se ruer en masse sur le ruisseau qui traversait nos lignes. Une heure plus tard, les vieillards, les femmes et les enfants se présentaient devant nos postes ; deux mille hommes armés les suivaient, prêts à les venger s'ils étaient reçus à coups de fusil. Mais le même motif d'humanité qui leur avait épargné le massacre, conséquence inévitable d'un assaut, leur assura un accueil pacifique ; les troupes partagèrent le sentiment de pitié de Changarnier ; elles n'eurent d'autres préoccupations que de venir en aide aux souffrances nées des privations subies par ces malheureux. Le général ne garda que les principaux comme otages, et ne retint même qu'une partie des troupeaux. Dès le 20 au soir, il revenait de nouveau sur le camp de Teniet-el-Had, où il arrivait le 23 ; il ramenait avec lui, outre un certain nombre de chevaux, cent cinquante bêtes de somme, huit cents bœufs et huit mille moutons.

La victoire établissait définitivement la pacification des montagnes. Pour la consolider, Changarnier y rentrait le 25 mai ; le 28, il en atteignait la partie la plus difficile, dans la province d'Oran et à l'ouest de l'Ouarensenis, sans avoir été attaqué. Le 29, il rencontra les dernières forces que les Kabyles tentèrent de lui opposer, mais il ne tarda pas à avoir raison de cette suprême attaque de l'ennemi, qui fut mis rapidement en déroute, laissant sur le terrain de nombreux cadavres. Après avoir brisé cette résistance, il put parcourir sans obstacle toutes les montagnes ; les tribus lui donnèrent pour l'avenir des gages de soumission, et les plus récalcitrantes elles-mêmes acceptèrent sans opposition les chefs qu'il désigna.

Rentré le 7 juin à Milianah, après une campagne de plus d'un mois, il accordait un repos très nécessaire à ses troupes, revenues, à la lettre, sans chaussures, de cette fatigante expédition. Relié à Orléansville par un détachement qu'il avait laissé sur l'Oued-Rouina, il recevait du gouverneur pleine liberté d'action pour la direction des opérations dans l'est de la province d'Oran et toute la province d'Alger. Une récente tentative d'Abd-el-Kader faisait en effet prévoir au général Bugeaud quelques soulèvements. L'émir venait de faire une razzia sur les Bou-Aïch, ceux-là mêmes qui avaient servi de guides au duc d'Aumale pendant la marche sur Taguin ; le gouverneur était parti immédiatement pour aller coordonner les opérations des généraux de la province d'Oran.

De son côté, Changarnier prescrivait au prince de renforcer et de faire agir la colonne de Boghar, aux ordres du colonel Korte, afin de maintenir la tranquillité du Sud, et de châtier les tribus qui avaient concouru à la razzia d'Abd-el-Kader sur sur les Bou-Aïch. Le 16 juin, il reprenait lui-même la campagne et commençait avec deux colonnes une nouvelle incursion dans l'Ouarensenis, qu'il visitait pour la quatrième fois. Accompagné par les chefs principaux des tribus, dont un grand nombre n'avaient jamais accepté la domination turque, il mit fin à toute hostilité entre la ligne de Tiaret au Chélif et celle de Boghar à Milianah. Les postes de Boghar et de Tiaret, dont son insistance avait obtenu la création, garantissaient la soumission définitive de tout ce vaste territoire, en même temps qu'une occupation permanente préparait une solide base d'opérations. Cette longue et patiente démonstration ne servait pas moins nos intérêts politiques; le général en profita afin d'imprimer partout à l'administration une marche régulière, pour lever l'impôt qu'il put faire rentrer sans résistance, et affermir sur tous les points notre autorité. Les mêmes résultats étaient obtenus par les colonnes parties, sur les ordres de Changarnier, d'Alger et de la Maison Carrée pour parcourir le haut et le bas Isser, tandis que celles sorties de Médéah et de Boghar opéraient dans les plaines du Sud et celle de Cherchell dans la région vers Tenez. Un mois tout entier était consacré à ces mouvements étendus, qui consolidaient les résultats dont le maréchal Soult avait défini l'étendue lorsqu'il avait écrit à Changarnier, dès le 18 juillet:

« Les succès que vous avez obtenus vers l'Ouarensenis et les brillants avantages que vous avez remportés ont puissamment contribué à ceux que le gouverneur général et le général de Lamoricière ont eus de leur côté, et je les considère dans leur ensemble comme un pas immense fait vers la pacification générale de l'Algérie. »

Telle fut la dernière expédition du général. Durant les

six semaines qui la suivirent, sa tâche fut limitée au travail de l'organisation des deux provinces de Milianah et de Tittery; celle de Tittery se trouvait déjà préparée par le duc d'Aumale, qui en avait fixé tous les éléments avant d'aller jouir en France de son congé, au milieu de la famille royale (15 juillet). Dans une pensée élevée, le prince avait refusé l'intérimat du gouvernement général de la colonie, et le gouverneur avait été aussi sensible à ce procédé qu'à l'intime satisfaction de le voir s'effacer devant lui.

Le général Marcy-Monge vint le remplacer sous les ordres de Changarnier à Médéah, et les relations les plus affectueuses s'établirent promptement entre eux. Sa parfaite connaissance des Arabes, la netteté et la précision d'un esprit dont la fermeté s'imposait à tous ses subordonnés sans jamais s'égarer, furent le point de départ d'une sympathie bientôt réciproque. Les jours où elle était née laissèrent chez les deux généraux des souvenirs qui leur demeurèrent également chers. A Milianah, le colonel Reven avait succédé au lieutenant-colonel de Saint-Arnaud, dont Changarnier regretta peu le départ; la préférence dont il était l'objet de la part de Bugeaud, qui avait admis d'entrer en correspondance directe avec lui en dépit des règles de la hiérarchie, la faveur souvent partiale que marquait le gouverneur à son ancien officier d'ordonnance du temps de Blaye avaient, dans plus d'une occasion, froissé à juste raison Changarnier, toujours inflexible en matière de règlements et d'équité. Mais, pendant que son administration active et vigilante provoquait les progrès les plus marqués, les relations du gouverneur et du général s'altéraient chaque jour davantage; cette situation, qu'un mot généreux de Bugeaud eût suffi à faire cesser, devint intolérable à Changarnier. Il résolut de s'y soustraire et écrivit au gouverneur afin de le prier de demander pour lui au ministre l'autorisation de rentrer en France après l'achèvement de l'inspection générale dont il avait été chargé pour les troupes d'infanterie de la province d'Alger et d'une partie de celle d'Oran. Il se bornait à motiver sa résolution sur l'état de tranquillité définitive qui paraissait établie dans toute l'étendue du territoire sous ses ordres et l'absence des chances d'opérations actives.

Bugeaud ne se méprit pas sur la signification de cette démarche ; il répondit à Changarnier en l'engageant à venir le voir à un jour qu'il lui fixait. L'entrevue débuta par un monologue du général ; il exposa avec une respectueuse fermeté au gouverneur les circonstances qui rendaient à ses yeux impossible la prolongation d'une subordination où il avait éprouvé de pénibles froissements. Bugeaud écoutait en silence, ne faisant aucune observation et ne cherchant pas à rétablir, par un de ces élans auxquels ne résiste jamais un cœur de soldat, l'entente détruite ; son attitude restait maussade et visiblement embarrassée. Était-ce réflexion ou calcul ? Trouvait-il quelque secrète satisfaction à une retraite qui pouvait être facilement imputée à tort à Changarnier en rendant possible le reproche d'indiscipline qui devait le justifier lui-même ? Quoi qu'il en soit, le général abandonna soudainement l'entretien et se retira. La rupture était consommée. Changarnier, aussitôt son inspection terminée, s'embarqua pour la France.

Bugeaud, qui venait d'être élevé à la dignité de maréchal de France, annonça le départ du général dans un ordre dont la sécheresse et le laconisme furent remarqués de tous. Il n'exprima pas un regret en perdant une collaboration dont le concours lui avait été si utile et à laquelle naguère il s'était plu souvent à rendre hommage. A différentes reprises, il se prit cependant à faire en particulier l'éloge des qualités militaires de Changarnier et, selon son expression, « de sa merveilleuse intelligence de la guerre ». Il se plut même à ajouter qu'il n'était pas sans avoir quelque faible pour lui ; mais ce langage, qui venait trop tard, n'exprimait pas assurément toute sa pensée. A quel sentiment avait-il en réalité obéi en changeant brutalement d'attitude à l'égard d'un officier dont il avait tant de fois vanté les services ? Le point de départ véritable de cette transformation était-il dans un désaccord sur des questions exclusivement militaires, comme on l'a affirmé quelquefois ? Ne faut-il pas plutôt en chercher le mobile dans le désir secret d'écarter un compétiteur éventuel à son commandement ? Ou bien est-il plus vrai d'admettre que le gouverneur, placé dans une situation fausse par les circonstances que nous avons racontées plus haut, céda à un mouvement d'humeur et de colère hors de proportion avec les très maigres incidents qui en furent le prétexte? Quoi qu'il en soit, et peut-être pour toutes ces causes réunies, il est certain que le maréchal formula des plaintes si vives et se prévalut de griefs si sérieux, que ses rapports maintinrent Changarnier dans une véritable disgrâce. Pendant plus de quatre ans le ministre ne lui donna d'autre mission qu'une inspection générale.

Le général essuya cette épreuve, non seulement sans proférer une plainte, mais sans tenter même de faire entendre une justification. « Je supporte plus aisément l'infortune que le bonheur », avait-il écrit un jour à un de ses amis. Les péripéties de sa vie ne lui fournirent que trop d'occasions d'en justifier. Sa patience avait sa source dans un sentiment de fierté très élevée et dans le dédain qu'inspirait à sa droiture une attitude en apparence voisine de la sollicitation ou de l'intrigue. Mais ce penchant à attendre beaucoup du temps, qui retarda trop souvent son action, n'était pas sans constituer une lacune dans cette organisation à tant d'égards si complète; elle fut la cause de plus d'un mécompte honorable dans sa vie; il ne sut pas toujours, comme le lui avait conseillé une fois Bugeaud, « pour fixer la belle volage qu'on nomme la Fortune, la bien caresser ». L'ingrate paya ses refus d'abandon et reporta les faveurs qu'il n'avait pas su forcer sur des hommes plus adroits à déjouer ses caprices.

De puissantes consolations vinrent du moins adoucir, pour Changarnier, l'amertume du départ; son éloignement fut regardé en effet, suivant une expression de Le Flô, « comme un véritable malheur pour l'armée d'Afrique ». Dans l'opinion de tous, il était assurément l'un des officiers qui l'avaient le plus honorée par le talent, le caractère et les services; chacun était accoutumé à voir son nom associé à toutes les phases glorieuses de la conquête, qui lui devait ses progrès les plus importants; il suffisait qu'une opération lui fût confiée pour que le succès suivît invariablement; aussi les Arabes l'avaient-ils surnommé le « dompteur ». Les témoignages chaleureux de ce sentiment affluèrent avec l'expression des regrets unanimes.

« Votre nom remplit nos cœurs », lui écrivait-on. Et plus tard : « Autour des feux, au bivouac, soldats et Arabes parlent constamment de vous; beaucoup sont convaincus qu'ils vous doivent la vie, et ceux qui vous ont suivi à l'Oued-Fodda disent qu'avec tout autre ils y seraient restés. »

« Tous s'efforcent de mériter l'opinion favorable d'un juge aussi compétent que vous, lui écrivait le commandant Canrobert dont il avait loué le bataillon de chasseurs après l'avoir inspecté; tous ne cesseront pas de faire des vœux pour que leur heureuse destinée les appelle avant peu sous votre commandement, précurseur du succès et de la gloire. »

Le général se dirigea sur Autun, où l'affectueuse admiration des habitants lui réservait un accueil enthousiaste. Beaucoup de ses amis l'engageaient à aborder le terrain politique et à entrer à la Chambre. On lui répétait que des chances sérieuses se présentaient à lui, que, dans l'état actuel des affaires, il n'avait pas de meilleure voie à suivre pour grandir sa carrière. Mais cette tentation agissait médiocrement sur son esprit; il conservait des doutes sur les résultats et ne se sentait pas attiré par ce détour pour ressaisir un commandement. Sans décliner catégoriquement les avances dont il était l'objet, il demeura à l'écart en attendant les chances de la destinée.

CHAPITRE VI

1844, Accueil fait à Changarnier à Paris. — Autorité littéraire de Changarnier. — 1845, Changarnier refuse de retourner en Afrique. — Séjour à Autun. — Changarnier inspecteur général du 20ᵉ arrondissement d'infanfanterie, 24 mai. — La paix après la bataille d'Isly. — Changarnier refuse la candidature législative à Autun. — 1846, M. Thiers essaye de réconcilier Bugeaud et Changarnier, qui décline les offres du maréchal pour revenir en Afrique. — Regrets de l'armée d'Afrique. — Désastre de Sidi-Brahim. — Changarnier pressé d'entrer dans la vie politique. — Changarnier candidat à la députation à Autun. — Élection de son concurrent. — Changarnier inspecteur général du 10ᵉ arrondissement d'infanterie, 27 mai. — 1847, le maréchal Bugeaud quitte le gouvernement de l'Algérie. — Le duc d'Aumale désigné pour lui succéder. — Changarnier inspecteur général du 16ᵉ arrondissement d'infanterie. — Changarnier accepte les propositions du prince pour un commandement en Afrique. — Changarnier commandant de la division d'Alger, 6 octobre. — Abd-el-Kader et le Maroc. — État de la colonisation. — Mesures d'administration. — Ultimatum de l'empereur du Maroc à Abd-el-Kader. — L'émir victorieux des troupes marocaines est écrasé par les Kabyles. — Reddition d'Abd-el-Kader, 24 décembre. — Manœuvres du ministère pour écarter les engagements pris envers Abd-el-Kader. — Propositions de Changarnier pour les opérations du printemps. — La nouvelle de la révolution du 24 février. — Départ des princes. — Changarnier gouverneur général par intérim jusqu'à l'arrivée du général Cavaignac. — Adieux du duc d'Aumale à l'armée. — Démonstrations de sympathie. — Dépêche de Changarnier au général Subervie, ministre de la guerre.

Après quelques mois passés à Autun avec sa famille, Changarnier vint, dans les premiers jours de janvier, s'établir pour l'hiver à Paris. Dès son arrivée, il put constater quels préjugés les rapports du maréchal Bugeaud avaient fait naître sur les incidents qui l'avaient décidé à quitter l'Afrique. L'accueil qu'il trouva auprès du Roi, des princes, du maréchal Soult et des ministres, fut de la froideur la plus marquée; aux Tuileries, la Reine seule continua à lui témoigner la plus gracieuse bienveillance, tandis que les cercles officiels demeuraient dans une réserve nettement significative. Malgré l'impression peu agréable qu'il en ressentit, le général persista dans un silence dont il s'était fait une règle ; il ne rechercha pas une explication qui lui eût facilement fourni l'occasion de se justifier. L'attitude dans laquelle il s'enferma était assurément empreinte d'un profond sentiment de dignité ; l'habileté ne l'eût peut-être pas conseillée, et une juste impatience aurait pu le déterminer à attirer la lumière sur une situation défavorable qui risquait fort de se prolonger; mais il n'avait pas le goût de la plainte, quelque légitime qu'en fût le motif, il se sentait invinciblement éloigné de démarches que repoussait son caractère. Malgré cette disgrâce, la duchesse d'Orléans parut néanmoins provoquer volontiers ses avis et l'entretint fréquemment de ses préoccupations pour l'avenir de ses fils ; les incertitudes et les complications préparées par la douloureuse catastrophe de l'année précédente agitaient son esprit et son cœur ; elle pressentait que, dans un pays tourmenté par tant de changements et de révolutions, la transmission du pouvoir rencontrerait plus d'un obstacle ; elle recherchait les appuis et tentait de s'entourer des hommes en état de défendre un jour les droits du jeune comte de Paris. Étrange anomalie des choses ! Par une inconséquence si contraire au génie de notre nation, la France, naturellement portée aux sentiments de chevaleresque générosité, ne devait pas, aux heures violentes, se sentir charmée par la voix d'une femme, quelle que fût la vaillance de son caractère ; c'est en vain qu'on lui présenterait la royauté d'un enfant dont peu d'années auparavant elle avait acclamé la naissance : quand la crise furieuse vient à se déchaîner, l'image même de la patrie ne saurait en arrêter les colères aveugles.

L'opinion publique fut plus équitable pour le général. Entouré, fêté, objet des témoignages les plus flatteurs, il devint une des personnalités les plus en vue de la société de Paris et du monde politique. De solides et honorables amitiés naquirent pour lui de la fréquentation des hommes éminents qu'il rencontrait journellement ; c'est notamment de ce moment que datèrent ses longs et affectueux rapports avec M. Thiers et les relations qu'il noua rapidement, dans le salon de la place Saint-Georges, avec tous ceux qui marquaient dans la politique et dans les lettres.

Au milieu de cette pléiade d'hommes considérables, il brilla à son tour et ne tarda pas à conquérir un véritable ascendant. L'agrément d'une conversation où le trait arrivait toujours juste et aisé, l'étendue de ses connaissances, la finesse de son goût littéraire, son penchant pour tout ce qui intéresse la culture de l'esprit, sa parfaite courtoisie, la sûreté de son amitié, les dons les plus variés, enfin, lui valurent de nombreux suffrages.

« Changarnier sait écrire, ce qui sert souvent », disait M. Guizot. « Il est une véritable autorité littéraire », répétait volontiers Sainte-Beuve.

Quand, en 1844, l'illustre critique fut candidat à l'Académie, le général décida plusieurs voix en sa faveur, notamment celles de M. de Lacretelle et de Thiers.

En lui faisant connaître ses démarches, Sainte-Beuve, fort anxieux de l'issue, lui écrivait :

« Je ne songe plus à vous remercier, je me laisse faire en toute reconnaissance. M. de Lacretelle se prononce hautement, M. Thiers a été fort adouci à mon égard ; il n'y aura plus qu'à le confirmer, mais il est bien essentiel qu'il ait d'ici jeudi de la constance. Je travaille tous les jours avec zèle à ne pas être trop indigne de mes actifs et glorieux alliés : c'est mon honneur de vous voir intervenir et vaincre pour moi sur ce terrain académique. »

Les événements séparèrent plus tard le général et l'écrivain ; nous les verrons toutefois se rapprocher de nouveau, entraînés par le plaisir de l'esprit, qui demeura toujours entre eux le véritable lien. La mollesse et l'impressionnabilité de Sainte-Beuve, l'inconstance de ses opinions, le doute sur la fixité de son caractère étaient de ces causes qui retenaient toujours Changarnier dans une secrète réserve. Ni l'un ni l'autre ne voyaient de la même manière la vie et le devoir, mais ils étaient également épris des travaux et des jouissances intellectuels ; dans leurs entretiens chacun apportait, sous une forme des plus différentes, sa verve, ses appréciations, mouvement tout opposé dans une joute qui n'en paraissait à tous deux que plus piquante par le choc d'idées et de sentiments entièrement dissemblables.

Cette sage tolérance, cette prudente indulgence pour les opinions de bonne foi, même quand elles heurtaient le plus directement sa manière de voir, étaient d'ailleurs un des traits caractéristiques du général Changarnier, peu endurant quand on sortait d'un domaine abstrait. N'y avait-il pas là quelque dédain pour les opérations spéculatives qui ne sauraient pas se traduire par l'action, son principal apanage, son vrai champ de bataille? Était-ce le fait d'une curiosité non exempte de malice? Sa fermeté dans la même voie, son attachement aux mêmes principes, puisaient-ils une force nouvelle à la vue d'un scepticisme élégant et raffiné à la poursuite d'une vérité toujours entrevue à travers les mêmes doutes? Il est vraisemblable d'admettre que le général subissait cet attrait plutôt que la sympathie dont le charme n'accompagne qu'une confiance certaine.

Pour lui, il sortait toujours de ces rencontres, qui se renouvelèrent si souvent à travers sa longue existence, en emportant une estime et une considération qui s'imposaient. On pouvait, en effet, le discuter, on était forcé de le respecter. Souvent on lui a reproché sa sévérité pour les hommes, mais il serait injuste de croire qu'il cédait aux entraînements de l'orgueil; la cause, quand elle s'exerçait, en était plus élevée; elle résidait uniquement dans l'idée qu'il s'était faite du devoir, et notamment du devoir envers la patrie, auquel il rapportait tous les autres, et s'il a blâmé des faiblesses, s'il s'est quelquefois dressé contre des fautes, des erreurs ou des crimes, son indignation ne fut pas personnelle; elle fut le cri d'un cœur consacré à la défense des idées de désintéressement, de droiture et de dévouement à la France.

Mais, il faut le dire, cette philosophie, qui suffit à la vie de salon, ne répond plus aux exigences d'une existence politique. A ceux qui sont en avant sur cette grande scène le silence est souvent nécessaire, car c'est lui qui sert le mieux les grands desseins. Nous en avons éprouvé de saisissants exemples; on barre, en effet, difficilement la route à un adversaire qui cherche à dérober sa marche, à masquer ses mouvements, qui se refuse à découvrir sa ligne de bataille.

Sur le terrain politique cette patience manquait à Changarnier; cette lacune devait être, nous le verrons plus tard, une des causes de l'interruption de sa carrière.

Près de deux années se passèrent pour le général dans une inactivité complète. Cependant, en février 1845, le duc de Dalmatie lui offrit un commandement en Afrique; le ministre aurait voulu lui confier la conduite de la guerre préparée par le maréchal Bugeaud, pour enserrer au printemps la Kabylie dans un réseau d'opérations combinées qui devait envelopper le pays tout entier. Le gouverneur projetait d'y fonder un établissement considérable qui achèverait, sous l'action d'une pression continue, la ruine de la ligue kabyle, déjà fortement entamée par la première invasion.

« Le gouverneur se sentirait soulagé d'un grand poids, écrivait d'Afrique le marquis de la Tour du Pin à Changarnier, s'il vous avait sous sa main, afin de faire passer au besoin ce petit monde de ses épaules sur les vôtres. Atlas ne demanderait pas mieux que de trouver le dos complaisant d'un Hercule. »

Afin d'assurer le succès de sa proposition, le maréchal Soult eut l'imprudence de l'appuyer de considérations personnelles tirées des précédents incidents; mais leur effet fut de décider Changarnier à renoncer cette fois encore à l'Afrique. Le ministre eut beau lui donner la preuve que le maréchal Bugeaud lui-même avait demandé son retour, il se heurta à une résolution arrêtée.

« L'argument même qu'il crut employer avec grâce, disait le général, n'a fait que confirmer ma décision. »

Il prit son parti d'une situation qui n'était pas sans lui laisser des regrets et recommença à partager son temps entre ses amis et ses occupations de travail habituel. Comme de coutume, le mois de mai le ramena à Autun.

« J'ai commencé, dès mon arrivée, écrivait-il à M. de la Tour du Pin, son ancien aide de camp, par courir à la campagne, qui m'a d'abord semblé charmante sous sa première parure, éclairée par quelques beaux rayons de soleil. Mais ceux-ci sont devenus rares, la pluie et la grêle se succédant ; je suis retourné deux fois au milieu de mon petit champ pour y voir l'herbe pousser, les feuilles et les fleurs se développer et s'épanouir. Ce va-et-vient entre une petite ville déjà dépeuplée par une apparence de printemps et une campagne inondée et attristée m'a fait tourner souvent mes regards vers Paris. J'ai été dix fois tout près d'y retourner. Mon incertitude a cessé : on va sans doute s'occuper de la nomination des inspecteurs généraux, et je ne veux pas aller à Paris avant la clôture de ce travail. Y serai-je ou n'y serai-je pas compris? Je l'ignore. Ce que je sais bien, c'est que je ne consentirai pas à avoir l'apparence d'un solliciteur. En attendant, j'ai lu hier soir trois chapitres des *Confessions* de saint Augustin. »

Au moment où il écrivait ces lignes, une décision ministérielle attribuait à Changarnier l'inspection générale du 20ᵉ arrondissement d'infanterie (24 mai 1845). Il en recevait la nouvelle avec une vive satisfaction, comme de toute mesure qui le rapprochait des troupes dont les progrès l'intéressaient si vivement. Il n'était donc plus destiné à cette vie de commandement en campagne dont le mouvement et le danger avaient pour lui d'irrésistibles attraits, et cependant il ne pouvait pas détacher son regard des péripéties de la guerre. Elles se poursuivaient en effet, si ce n'est avec les incertitudes et les sacrifices du début, du moins avec des efforts plus coûteux qu'on n'aimait à en convenir.

La campagne qui se termina par la bataille d'Isly avait été pour nous l'occasion de sacrifices considérables, et, même après la victoire, peu s'en fallut que ceux-ci ne devinssent plus lourds encore. Sans les instances, en effet, et les pressantes observations du général de Lamoricière, le maréchal Bugeaud se fût obstiné à se porter en avant.

« Personne n'en serait revenu, écrivait à Changarnier un officier général, car il ne tarda pas à entrer chaque jour deux cent quarante hommes à l'hôpital. »

Quand il ne vit plus les choses à travers l'enivrement de son triomphe, le maréchal reconnut les côtés critiques de sa situation et manda au prince de Joinville de faire la paix à tout prix. De retour à Alger, il oublia la lettre qu'il lui avait écrite et blâma amèrement le traité; il continua ses plaintes jusqu'au moment où, pendant son séjour en France, on lui représenta sa dépêche, dont il ne se souvenait plus. Cette petite démonstration mit d'un seul coup fin à ses criailleries.

Pendant que le général achevait l'inspection dont il avait été chargé, le collège électoral d'Autun se préparait à remplacer M. Schneider, qui avait succombé le 3 août, au Creuzot, aux suites d'une chute de cheval. Le nom de Changarnier fut promptement mis en avant, et, sans le consulter, quelques amis plus zélés que circonspects proposèrent sa candidature. Mais il déclina ces avances et expliqua les motifs de son refus dans la lettre suivante, datée du 19 août 1845 et reproduite le lendemain par la plupart des journaux :

« J'apprends que plusieurs journaux, — qui n'ont pas passé sous mes yeux pendant ma récente tournée d'inspection, — ont annoncé que je me présentais à Autun pour remplacer M. Schneider, décédé.

« Il est vrai que, pleins du souvenir des témoignages solennels de haute estime et d'affection que mes concitoyens m'ont tant de fois donnés, beaucoup d'électeurs avaient cru que des suffrages spontanés m'enverraient porter à la Chambre la libre expression des sentiments honorables qui me sont communs avec les habitants d'Autun et ce profond attachement à mes devoirs qui ne m'a jamais fait défaut dans une carrière laborieusement ouverte, loyalement parcourue. Mais je renonce à ma candidature avant de prendre des engagements et de faire des démarches jugées nécessaires par une partie du corps électoral de l'arrondissement, et qui me semblent incompatibles avec l'indépendance d'un député consciencieux comme avec mes habitudes et mon caractère. »

Ce refus n'empêcha pas un certain nombre de voix de se fixer sur le nom du général à l'élection du 13 septembre, qui ouvrit les portes de la vie politique à M. Eugène Schneider. Le général reprit donc sans impatience le cours de la vie un peu monotone que les circonstances lui avaient faite. S'il eût été tourmenté par l'aiguillon d'une ambition avide d'un rôle brillant, il n'eût certes pas manqué l'occasion qui s'offrit de nouveau à lui, au printemps de l'année 1846, de rentrer en Algérie. Le maréchal Bugeaud, de passage à Paris au mois de mai, constatait en effet, non sans surprise, que Changarnier avait gardé un silence absolu sur les incidents qui avaient déterminé leur rupture; il apprenait avec un profond étonnement qu'il était demeuré muet à leur égard aussi bien vis-à-vis des princes que du ministre de la guerre et de tous ceux qu'il fréquentait; il s'était attendu à recevoir les échos de plaintes, de blâmes ou de critiques, et il se trouvait en présence d'une attitude qui démentait mieux que la défense la plus ardente les appréciations durement exprimées dans ses rapports sur le caractère et les tendances de son ancien lieutenant. Cette découverte inattendue déconcerta profondément le gouverneur général; elle lui montra sous son véritable jour cet esprit qu'il avait jugé trop légèrement, et il dut convenir que l'irascibilité qu'il avait dénoncée en termes si sévères n'était que l'expression des blessures faites à la fierté du « montagnard » par les vivacités habituellement irréfléchies de son chef. Dans un entretien intime, il reconnut quelques-uns de ses torts et avoua qu'il s'était mépris sur le caractère de Changarnier, dont il vanta de nouveau les grandes qualités militaires.

Ce retour à l'impartialité fut bientôt signalé au général, et M. Thiers, qui avait été en cette circonstance le confident du maréchal, s'efforça d'ouvrir les voies à un rapprochement. Changarnier ne fit pas difficulté de s'y prêter, il ne chercha pas à s'obstiner dans une rancune qui n'eût pas été cependant sans motifs. Il accepta donc l'invitation de se rendre place Saint-Georges pour rencontrer à diner son ancien chef. La soirée se passa dans un échange de procédés et d'expressions de courtoisie également bien accueillis de part et d'autre. Mais Bugeaud souhaitait davantage, et il voulait obtenir de Changarnier qu'il vînt reprendre un commandement en Afrique; M. Thiers fut encore son intermédiaire, et il pressa vivement le général d'entrer dans les vues du gouverneur. Ses instances demeurèrent vaines. Changarnier estimait, non sans raison, que le passé n'était pas effacé dans l'esprit du maréchal et qu'il était mal garanti contre un retour d'humeur; il lui déplaisait d'en courir les chances, il connaissait les exemples journaliers des froissements éprouvés par nombre d'officiers, et il prévoyait que le premier incident pouvait être l'occasion d'un éclat plus grave. Il déclina donc la proposition du maréchal dans des termes qui n'exprimaient que des pensées gracieuses et obligeantes. En refusant cette offre, Changarnier avait assurément résisté à son propre désir. Sa pensée se reportait avec un sentiment de vive affection vers cette terre d'Afrique, où il avait conquis tant de gloire et où il n'était pas lui-même oublié.

« Partout, lui écrivait d'Algérie le commandant Pourcet, j'ai rencontré des officiers qui ont rappelé votre souvenir avec empressement et respect, beaucoup avec reconnaissance. »

« A aucune époque, lui mandait le commandant Le Flô, nous n'avons eu plus de raisons de nous affliger de votre absence que pendant les derniers temps. Que de fois, depuis un an, j'ai entendu prononcer votre nom avec l'expression d'un regret et d'un respect qui vous eussent ému! Vous avez laissé en Afrique des souvenirs dont vous devez être fier. »

Le désastre de Sidi-Brahim ne tarda pas à provoquer de nouvelles plaintes; il pouvait être en effet l'objet d'une double critique : au gouverneur d'abord, dont les instructions n'avaient pas rendu impossible cette héroïque folie; au colonel de Montagnac ensuite, qui était parti sans avertir MM. Cavaignac et de Barral, l'un à huit, l'autre à quatre lieues de lui. Il ne s'étonne pas en voyant s'allonger bien au delà des données fournies par les avis reçus la distance jusqu'au campement d'Abd-el-Kader; il ne rétrograde pas, ne s'éclaire pas, et va enfin faire une reconnaissance avec les deux tiers de sa malheureuse colonne, au lieu d'envoyer seulement une douzaine d'hommes à la découverte. Cernée par les assaillants, l'héroïque troupe se défend vaillamment; mais, accablée sous le nombre, elle succombe tout entière; les huit mille Kabyles commandés par Abd-el-Kader qui l'ont, à la lettre, massacrée, se ruent sur le détachement qui suit; à son tour, il est écrasé sans pouvoir sauver un soldat; il ne reste enfin que l'arrière-garde, que sa défense dans le marabout de Sidi-Brahim a immortalisée : huit hommes blessés seuls échappèrent à la mort, la colonne avait perdu quatre cent cinquante-deux hommes!

On conçoit le retentissement d'un si cruel désastre; jamais de telles pertes n'avaient été subies du même coup. La puissance d'Abd-el-Kader, son audace, ses moyens d'action n'étaient donc pas abattus. Il n'entre pas dans le cadre de notre récit d'expliquer quelle longue suite de périls et de travaux la lutte devait encore traverser avant d'éteindre la guerre, mais il était intéressant de noter au passage ce fait considérable et la situation encore difficile qu'il mettait en pleine lumière.

Les opérations du maréchal Bugeaud avaient amené certainement des progrès essentiels et, sur bien des points, décisifs, mais il les avait prévus plus complets, plus étendus. Pour se justifier des mécomptes qu'il avait éprouvés, il aimait à comparer son commandement à celui de son prédécesseur.

« Si, comme l'affirme M. Molé, M. le maréchal Valée a réellement conquis l'Algérie, disait un jour le gouverneur au roi Louis-Philippe, et qu'il eût continué son système d'occupation de tous les points importants, ce n'est pas cent mille hommes qu'il faudrait, mais bien trois ou quatre cent mille!

« Ne nous critiquez pas, mon cher maréchal, nous avons bien assez d'embarras », lui répondit doucement le Roi.

A l'heure où ces événements se déroulaient en Algérie, le général Changarnier était de nouveau entouré des sollicitations de ses amis pour le décider à affronter les chances du scrutin. On lui rappelait l'exemple du maréchal Bugeaud, le rôle politique qu'il avait joué à la Chambre, l'ascendant qu'il y avait exercé et les débats à travers lesquels il s'était imposé en quelque sorte au gouvernement pour le poste de gouverneur général de l'Algérie ; on lui citait encore le cas du général de Lamoricière, qui venait de prendre un congé pour préparer son élection.

« C'est vers la politique que doivent tendre désormais vos visées, lui disait-on. Laissez là vos Arabes et vos Kabyles, ils sont usés, et si vous tenez à les revoir, le chemin de la Chambre vous y conduira à de meilleures conditions que tout autre. »

« Être député, lui mandait le général de Castellane, est dans l'intérêt de votre avenir politique. »

La France en était déjà arrivée à cette période d'incontestable affaiblissement que marque toujours l'exagération de la vie parlementaire. Les longs et laborieux services de carrière, l'expérience acquise dans une existence entièrement consacrée aux affaires du pays, ne valaient déjà plus la consécration du vote populaire et la désignation des groupes parlementaires, dont l'influence tendait à absorber le gouvernement. On ne se contentait plus de s'appliquer à la direction générale, de poursuivre une impulsion conforme aux sentiments exprimés par le corps électoral, de maintenir l'harmonie entre les aspirations du pays et les décisions officielles ; le courant entraînait au delà de ces sages et prudentes limites, qui déterminent le rôle et la tâche de chacun. Les forces vives de la nation, au lieu de travailler parallèlement au développement régulier de sa puissance et de sa grandeur, se contrarient ; alors il s'établit entre elles une guerre stérile dont la confusion et l'incertitude sont les premières et nécessaires conséquences ; les intérêts des partis deviennent leur unique mobile, ils se substituent à ceux même de la France, et peu à peu l'on descend à un état où l'éloquence de la tribune n'est même plus nécessaire pour excuser et pour couvrir les faiblesses et les dangers d'un tel aveuglement. Alors le magistrat quitte son siège, le soldat renonce à son épée pour se mêler à la lutte, tous s'efforcent de devenir chefs, personne ne se soucie de servir dans le rang ; heureux encore quand il n'arrive pas que les fonctions publiques soient le prix de services dont le pays n'a pas été le but !

La voie nouvelle où on le pressait d'entrer n'était donc pas sans causer quelque répugnance à Changarnier ; elle ne lui apparaissait pas comme la continuation naturelle de la carrière à laquelle il s'était attaché, il se sentait entraîné à rester exclusivement militaire. Cependant, il céda et se rendit à ce qu'on lui démontra comme une nécessité de la situation. Néanmoins, il ne conservait qu'une confiance très faible dans le succès final.

« Préparée et soutenue par d'excellents amis qui prétendent suppléer à ma philosophique inertie, écrivait-il à M. de la Tour du Pin, ma candidature aux prochaines élections me prend beaucoup moins de temps et d'attention que vous ne le supposez peut-être. Résolu à ne pas faire beaucoup de choses considérées comme nécessaires et auxquelles mon concurrent n'aura garde de manquer, je ne puis croire à un succès ; mais je me consolerai facilement d'un échec qui ne pourra m'enlever les sympathies des hommes les plus honorables du pays. »

La lutte n'était pas d'ailleurs sans être quelque peu confuse ; le candidat rival du général s'était créé dans l'arrondissement d'Autun une juste popularité. Au Creusot, dont il se préparait à faire un des premiers établissements métallurgiques de l'Europe, M. Eugène Schneider avait déployé une activité couronnée par de brillants succès, et, si la gloire militaire de Changarnier était de nature à attirer à lui les suffrages d'un grand nombre, la position de son adversaire, son triomphe aux précédentes élections, l'appui que lui accordait le ministère constituaient de sérieux avantages en sa faveur.

L'article d'un journal local expliquait nettement quelques-uns des éléments de cette situation :

« Beaucoup de membres du corps électoral d'Autun, disait-il, éprouveront l'embarras que nous éprouvons nous-même aujourd'hui. Les sympathies du pays paraissent se répartir également sur chacun des deux candidats constitutionnels, et

cependant le pays ne peut donner son mandat qu'à l'un d'eux.
M. Schneider a fait avancer l'industrie métallurgique française dans une voie tellement progressive, que nos produits les plus importants non seulement rivalisent avec l'Angleterre, mais les surpassent même. M. Changarnier a travaillé avec éclat à la conquête de l'Afrique septentrionale ; il est un de ceux qui ont le plus fait pour qu'un bon système de colonisation puisse y être exercé. Leurs titres sont différents, mais ils sont égaux ; aussi nous est-il impossible de prendre parti pour l'un ou pour l'autre des deux hommes éminents qui offrent leurs services et leur dévouement à l'arrondissement d'Autun. »

Si l'auteur de ces lignes exprimait une appréciation judicieuse à beaucoup d'égards, il ne traitait, à la vérité, qu'un des côtés les moins décisifs de la question. On voit rarement, en effet, les électeurs se prononcer d'après les mérites ou les services du candidat ; ils lui demandent plus volontiers de répondre seulement à leurs vues, de servir leurs intérêts ou leurs passions, et leur confiance obéit le plus ordinairement aux influences locales. Sous le rapport politique, les deux concurrents représentaient en réalité deux opinions assez différentes : M. Schneider avait toutes les sympathies du gouvernement, qui regardait, non sans fondement d'ailleurs, le général comme le champion de l'opposition. En raison de la composition du collège électoral, tous deux conservaient certains ménagements et s'efforçaient de persuader aux électeurs que leur programme était de nature à satisfaire leurs aspirations dans ce qu'elles avaient de plus rationnel et de plus légitime. Pendant que M. Schneider recherchait la protection officielle, Changarnier se plaçait sous le patronage de M. Thiers, qui faisait agir et parler en sa faveur.

« Tout en passant la moitié de sa vie avec les fonctionnaires de tous les degrés, écrivait le général à M. Thiers, M. Schneider dit et fait répéter qu'il est l'ami de M. Barrot et qu'il vit dans l'intimité politique la plus étroite avec MM. Thiers et Barrot. D'un autre côté, M. de Lamartine, répondant à une lettre adroitement rédigée, fait un pompeux éloge de M. Schneider. Bien qu'il ne prononce aucun nom propre et qu'il n'établisse par conséquent aucune comparaison, aucun parallèle quelconque, le grand poète entend bien nuire à un candidat qu'il sait avoir pour un homme d'État de votre connaissance des sentiments meilleurs que le député sortant.

« Dans ces circonstances, un électeur qui appartient à la gauche a adressé à M. Barrot une lettre écrite dans des intentions loyales. Il sollicite une réponse signée Thiers et Barrot. Contentez-vous, je vous prie, d'expliquer votre étonnement de ce qu'une fraction quelconque de l'opposition hésite entre le général Changarnier et M. Schneider, qui a constamment voté pour le ministère et qui est hautement et très vivement soutenu par l'administration. Point d'articles dans les journaux, si vous daignez croire un instant que MM. de Voltaire et Thiers réunis auraient moins d'esprit que le plus médiocre candidat à l'endroit de ses intérêts électoraux. »

Le général faisait ressortir dans sa profession de foi le caractère d'opposition modérée de sa candidature.

« Le profond sentiment de mes devoirs qui m'a guidé dans ma carrière militaire, disait-il, m'accompagnerait encore dans la position nouvelle que j'ose espérer de votre bienveillance. Les devoirs seraient différents, le dévouement et l'abnégation seraient les mêmes. Dans toutes les questions de politique intérieure, je voterais avec les amis de l'ordre et de nos institutions, dont les développements progressifs, mais prudents, ne peuvent que consolider le gouvernement, qui assure nos droits et auquel je tiens par les liens de la reconnaissance. Sur la question électorale, je ne croirais pas que la fortune puisse seule présenter des garanties suffisantes ; je voudrais encore compter pour quelque chose l'opinion des hommes éclairés et modérés. Fonctionnaire, je ne puis être soupçonné d'hostilité systématique envers une classe d'hommes à laquelle j'appartiens. Mais, si plusieurs d'entre eux donnent au Parlement un utile contingent d'expérience des hommes et des affaires, d'autres ne peuvent s'éloigner longtemps sans des inconvénients graves des postes qui leur sont confiés. Par mes conseils et par mes votes, je voudrais faire aviser prudemment aux moyens d'empêcher certains fonctionnaires d'apporter à la Chambre un trop grand nombre de votes qui ne semblent pas suffisamment dégagés des préoccupations de carrière et de position. Dans les discussions d'administration et de finances, tous mes efforts tendraient à obtenir qu'une prudente et sévère gestion des deniers de l'État ménageât l'avenir et permît de diminuer les charges des contribuables. Dans nos relations avec les gouvernements étrangers, qui, tous, ont de puissantes raisons de souhaiter la conservation de notre alliance, je voudrais que nous nous montrassions à la fois dignes, fermes et conciliants. Si jamais des circonstances, qu'heureusement rien n'annonce aujourd'hui, semblaient nous ouvrir des perspectives de périls et de gloire qui n'ont pas toujours été sans charme pour notre vaillante nation, la voix d'un soldat qui, personnellement, ne craint pas les chances de la guerre serait peut-être écoutée. Elle s'élèverait la première pour rappeler que ce n'est pas légèrement qu'un peuple sage doit compromettre tous les biens de la paix. Efforçons-nous de la conserver, tant que nous le pourrons honorablement, cette paix féconde, si favorable à notre commerce, à notre industrie, et qui permet à notre agriculture de suivre l'heureuse voie des progrès dans laquelle elle est entrée. »

À quarante ans de distance, le programme qu'on vient de lire n'a guère vieilli, tant il est vrai que les besoins des peuples et les devoirs des gouvernements restent les mêmes à travers les transformations des temps, à tel point que nous ne cessons pas d'entendre encore, en des termes le plus souvent moins nobles, des appels analogues à la confiance du pays. Exemple trop rare à citer, la campagne électorale se développa sans qu'aucun des deux candidats se départît vis-à-vis de l'autre des procédés de la plus correcte courtoisie. Les hasards de leur tournée les réunit même un jour dans une rencontre inattendue, à la même table, dans un château des environs d'Autun; le maître de la maison était un chaud partisan du général, tandis que son fils faisait la propagande la plus active en faveur de M. Schneider. Changarnier se piqua de sa galanterie accoutumée : le repas fut des plus gais, et la cordialité la plus aimable ne cessa pas de régner entre les convives ; aussi le souvenir de cette politesse de bon ton ne s'est-il pas encore effacé dans la contrée qui en fut témoin.

Mais l'année 1846 devait être ingrate à Changarnier. M. Schneider fut élu par 236 voix sur 444 votants; 151 voix s'étaient portées sur le nom du général et 56 sur celui de M. Guyton de Rigny, candidat légitimiste, tandis que 71 électeurs s'étaient abstenus.

Au retour de l'inspection générale du 10ᵉ arrondissement d'infanterie, pour laquelle une décision du 27 mai précédent l'avait désigné, Changarnier regagna Autun, après avoir successivement parcouru Dijon, Besançon, Lons-le-Saunier, l'Isère et les Basses-Alpes.

« Ma paisible vie, écrivait-il après son arrivée, se partage entre la campagne et la petite ville où réside une partie de ma famille; elle n'est marquée par aucun incident qui vaille la peine d'être raconté. »

La disgrâce vint se faire sentir encore ; deux sièges étant devenus vacants au comité d'infanterie, le ministre de la guerre paraissait décidé à y appeler le général, mais les mêmes influences hostiles s'interposèrent activement, et ces emplois furent accordés à deux officiers généraux moins anciens que Changarnier.

Les choses allèrent ainsi jusqu'au moment de la démission du maréchal Bugeaud, en avril 1847. Six années de commandement avaient, à la vérité, ébranlé la santé du maréchal; mais sa retraite avait surtout pour cause le dégoût et la lassitude que lui inspiraient les attaques dont il avait été l'objet.

« Il n'y a, écrivait-il, pour un gouverneur d'Afrique, qu'un seul moyen de se reposer, c'est de s'en aller. C'est le parti que j'ai pris, non pas tant pour ma maladie qu'à cause de l'injustice publique. »

Le duc d'Aumale, dont la nomination était désirée depuis longtemps, était, quelque temps après, choisi pour occuper le gouvernement de l'Algérie et prendre la succession du maréchal. Il s'y rendait sans illusion sur les obstacles qu'il pourrait y rencontrer.

« Vous n'êtes point séduit par le brillant du commandement, lui écrivait Bugeaud ; vous en connaissez dès longtemps tous les écueils. Vous avez mesuré les difficultés, vous avez prévu la critique et même la calomnie, et cependant vous bravez tout cela pour servir la France et obéir à votre père. Vous avez déjà, quoique très jeune, une très grande expérience. »

Le nouveau gouverneur eut le désir d'obtenir, dans sa difficile mission, le concours du général Changarnier, à qui les propositions du prince parvinrent pendant qu'il achevait l'inspection générale du 16ᵉ arrondissement d'infanterie dans les Pyrénées. Quarante minutes après la réception de la lettre de l'intermédiaire du prince, la poste emportait l'acceptation de Changarnier. Sa réponse reflète trop certains traits saillants du caractère du général pour que l'impartialité de l'histoire ne nous décide pas à en citer la partie essentielle.

« Lors même, mon cher Pourcet, écrivait-il de Bayonne le 24 juillet, que vous auriez eu à me proposer le commandement de la province d'Oran, auquel l'éloignement d'Alger et le voisinage du Maroc et de la Deïra donnent une importance particulière, je ne l'aurais pas accepté sans un certain serrement de cœur qui n'étonnerait pas le prince, à qui je sais si bon gré de ne pas ignorer que, pour moi, il y a dans la vie autre chose que des fusils et des soldats. Mais il s'agit seulement d'un commandement dont les attributions semblent devoir être inférieures à celles des deux autres lieutenants généraux et qui m'offrira moins de chances de montrer si j'ai quelques-unes des qualités que l'armée veut bien m'attribuer. Eh bien ! j'accepte, je ne dirai pas avec joie, mais sans hésitation, avec l'empressement le plus sincère, la part qui m'est destinée dans une combinaison agréable au Roi et qui me permet de prouver combien je suis profondément reconnaissant de la bienveillante confiance dont le duc d'Aumale daigne m'honorer. Telle est ma réponse à votre lettre, qui n'est en mes mains que depuis trois quarts d'heure. J'accepte donc, même sans rien savoir des questions relatives à l'intérim en cas d'absence du gouverneur général et des relations, pendant cette absence, du commandant de la division d'Alger avec le chef de l'administration civile, bien persuadé que le prince ne voudrait pas m'assigner une position peu convenable pour mon grade. »

La pensée d'affectueux ménagements que Changarnier indiquait dès le début de sa lettre pour son camarade et son émule Lamoricière met trop en relief les côtés généreux de son caractère pour qu'elle ne soit pas remarquée : « Je ne suis ni difficile, ni modeste », écrivait-il un jour à un ami. Les souvenirs qu'il a laissés parmi ceux qui l'ont réellement compris et pratiqué ne démentiront pas cette formule originale, qui exprime, nous le croyons, avec justesse, la vérité sur le fond de sa nature.

Le choix dont il avait été l'objet par le duc d'Aumale était approuvé par le maréchal Bugeaud, qui disait : « Changarnier est un homme utile à la guerre. » L'adhésion du général assurait au prince, avec son concours, celui de Lamoricière et de Bedeau, et il avait grandement raison quand il s'écriait : « Avec les trois hommes les plus distingués que l'Algérie ait produits, je réalise les plus belles chances pour la domination, la sécurité et le développement de ce pays! »

Alger devait être d'abord le quartier général du nouveau commandant de la division d'Alger; il y emmenait le commandant Pourcet, son ancien aide de camp, à ce moment officier d'ordonnance du ministre de la guerre, qui s'offrit de lui-même à l'accompagner. D'affectueuses relations, qui ne cessèrent jamais, s'étaient établies entre eux ; en le remerciant Changarnier lui écrivait :

« Bien certainement je serai heureux de toutes les occasions de prouver mon dévouement, si sincère, que j'ai toujours éprouvé quelque pudeur à en parler, et vous, avec qui je ne dissimule pas ma pensée, vous savez que j'ai pour le futur gouverneur général des sentiments qui ont beaucoup contribué à me faire accepter avec empressement une position où nous pouvons espérer de rendre quelques services utiles, mais sans éclat. La grande affaire est maintenant la colonisation et le maintien de la tranquillité. Nous nous efforcerons d'y contribuer. »

Une décision ministérielle du 17 septembre mit définitivement le général Changarnier à la disposition du gouverneur, auprès duquel il s'était déjà rendu à Paris pour s'entendre sur des questions importantes. « Je ne sais, lui avait-il dit, si je parviendrai jamais à réaliser les espérances que vous daignez fonder sur le général, mais je sens bien que le dévouement sincère, inébranlable, vraiment affectueux de l'homme ne vous manquera pas. »

Le 1ᵉʳ octobre, Changarnier rejoignait le duc d'Aumale à Toulon et s'embarquait avec lui, le 3, sur la frégate *le Labrador*, qui entra en rade d'Alger le 5. Le lendemain, le prince adressait à l'armée l'ordre du jour suivant :

« L'armée est prévenue que M. le lieutenant général Changarnier, mis à la disposition du gouverneur général de l'Algérie par décision royale du 17 septembre 1847, a pris, à partir d'aujourd'hui, 6 octobre, le commandement de la division d'Alger et provisoirement établi son quartier général dans cette ville. L'armée d'Afrique, où M. le lieutenant général Changarnier avait laissé de si glorieux souvenirs, le verra avec joie et confiance reprendre une part importante à la grande entreprise dont son nom était déjà inséparable. »

Le commandement de la province d'Oran était en même temps dévolu au général de Lamoricière, et celui de Constantine au général Bedeau. Avant de rejoindre leurs postes, les trois généraux eurent, pendant dix jours, avec le prince, une série de conférences pour étudier et arrêter les bases du programme à suivre dans notre colonie. Les questions de tout ordre qui furent traitées donnèrent au duc d'Aumale l'occasion de témoigner de la variété et de la spécialité de ses connaissances; la confiance de ses lieutenants s'en accrut, elle se trouva encore confirmée par la bienveillance de ses relations et par une bonne grâce dont son prédécesseur n'avait pas toujours donné l'exemple. Le général Cavaignac ne résista pas davantage à son ascendant lorsqu'il le pria de rester à Tlemcem et de retirer sa demande de retour en France, où il avait exprimé le désir de rentrer à la nouvelle de l'arrivée à Oran du général de Lamoricière.

L'entente, entretenue par les mêmes témoignages de courtoisie, rendait toutes choses faciles; l'impulsion s'en fit sentir partout, elle aida l'administration du prince à s'établir solidement avec la collaboration de ces hommes éminents; ils s'occupèrent, sans retard, de visiter le territoire et les tribus placées sous leurs ordres. Un jour, dans une course à Médéah, par la coupure de la Chiffa, Changarnier, qui accompagnait le gouverneur, remarqua avec peine que le travail des fondations d'une usine nouvelle et le déblayement de l'exploitation des mines de cuivre avaient mis à découvert une foule d'ossements humains sur le terrain d'un de nos engagements. Ce spectacle attristant et l'indifférence coupable des spéculateurs, sur les lieux mêmes où ils avaient autrefois combattu ensemble, émurent profondément les deux généraux. Ils n'épargnèrent pas aux auteurs de ce sacrilège l'expression de leur indignation, et des instructions furent données sans retard pour que le repos et le respect fussent désormais assurés aux débris glorieux de nos soldats et de nos ennemis.

La tranquillité était générale, mais la présence d'Abd-el-Kader sur les frontières du Maroc, où il paraissait guetter un moment favorable pour de nouvelles tentatives de guerre, préoccupait sérieusement le cabinet.

« L'idée fondamentale de notre politique, écrivait M. Guizot au prince, doit être d'isoler Abd-el-Kader et de l'empereur du Maroc et des tribus du Riff, ménager les droits et les intérêts de l'empereur et de ces tribus, de telle sorte qu'Abd-el-Kader soit bien évidemment l'ennemi commun, l'homme qui compromet leur sécurité et la nôtre. En agissant avec persévérance selon cette idée, nous avons déjà gagné, nous gagnerons de plus en plus du terrain. Je crois très désirable que la paix subsiste entre nous et la grande Kabylie, et qu'aucune expédition militaire un peu considérable n'y soit de quelque temps entreprise. La dernière expédition du maréchal Bugeaud a excité dans les Chambres de vives méfiances et de vifs débats. »

Au Maroc, les événements s'étaient, en effet, notablement aggravés; Abd-el-Kader y était en voie de progrès, tandis que l'Empereur demeurait irrésolu, nonchalant, impuissant. Lamoricière, aussi bien que Cavaignac, persistait néanmoins dans la résistance à toute intervention de ce côté, tandis que Bugeaud l'avait déclarée opportune et utile. Cette divergence de vues, dans laquelle le ministère ne partageait pas son avis, n'avait pas peu contribué à la retraite du maréchal, qui eût été fort disposé d'ailleurs à passer outre. « Il est des circonstances, disait-il, tellement impérieuses que, dans l'intérêt du pays, il faut savoir dépasser les ordres du ministre de la guerre. » Et il appuyait sa thèse sur l'exemple de la bataille d'Isly, livrée sur le territoire marocain, malgré l'ordre du ministre, apporté la veille, de ne pas dépasser la frontière. Les mesures que le sultan du Maroc se décida enfin à prendre contre l'émir devaient obliger celui-ci à renoncer à une lutte dont la principale base d'opérations lui échappait. Les circonstances servirent ainsi notre système et aidèrent à hâter une solution habilement préparée. Le général Changarnier ne s'était donc pas trompé dans ses prévisions, lorsqu'il parlait de l'administration et de la colonisation comme de la tâche la plus importante des travaux à effectuer. Jusque-là, en effet, le système du maréchal Bugeaud avait donné en réalité des résultats très incomplets.

« Si le gouvernement des Arabes est, en général, bien constitué, écrivait le général Bedeau pendant qu'il exerçait l'intérim, ses progrès incessants, le personnel très méritant des bureaux directeurs chaque jour recruté d'officiers intelligents et dévoués, il n'en est malheureusement pas ainsi de l'administration civile, de laquelle dépend, sans nul doute, le succès de la colonisation et des intérêts européens en Afrique. Cette administration, telle qu'on l'a constituée, est indubitablement le principal obstacle au progrès des affaires. Dans l'état actuel, il y a abus d'attributions, multiplicité inutile de hiérarchie et de centralisation, emploi beaucoup trop nombreux de personnel et, malgré cela, lenteur extrême d'expédition. »

D'un autre côté, les entrepreneurs de colonisation et les grands concessionnaires échouaient complètement. La compagnie d'El-Bulso à Christel, celle de Thelot, qui avait reçu six mille hectares, étaient en pleine déconfiture; le concessionnaire de l'Enfra (à l'ouest de Mers-el-Kébir) abandonnait cette terre de plus de huit cents hectares. Et cependant l'administration militaire avait elle-même semé et récolté leur blé, elle avait tout créé ; tandis qu'un tiers seulement des familles persistait à rester, celles des deux autres tiers coûtaient déjà quatre à cinq mille francs chacune, dépense qui eût atteint le double, si l'administration et les bras civils en eussent été chargés.

Afin de favoriser le progrès général, le duc d'Aumale pressa l'achèvement et la promulgation des ordonnances relatives aux concessions de terrains, à l'instruction criminelle, aux officiers ministériels, aux juges uniques. Il s'occupait de la constitution des banlieues civiles d'Alger, de Constantine et d'Oran, de l'introduction du régime municipal, de la renaissance des études musulmanes, de la simplification du fait de mise en possession des terres et de la diminution des délais. Ces améliorations étaient conduites avec activité; elles étaient fixées par les instructions du prince adressées aux commandants des trois provinces, leur prescrivant l'indication méthodique des zones à coloniser, des divisions de territoire à étudier, des travaux publics à reconnaître, apprécier et entreprendre.

Les affaires prenaient ainsi un nouvel essor, tandis que, d'autre part, la situation d'Abd-el-Kader au Maroc était devenue très critique. D'abord respecté et presque soutenu par Abd-el-Rhaman, traité par les tribus comme le représentant de Mahomet, l'émir avait pu, à l'abri de ce prestige, vivre paisiblement sur le territoire marocain au milieu de sa Deïra et de ses troupes ; mais l'influence qu'il exerçait ne fut pas sans inquiéter bientôt l'Empereur : sa jalousie prit ombrage d'une puissance qu'il craignait de voir grandir et devenir menaçante pour l'indépendance de ses États. Ainsi qu'on l'avait prévu, la peur eut raison de son indolence et le décida à mettre en demeure son hôte malheureux d'accepter son autorité.

« Si vous vous retirez dans l'intérieur de l'empire, lui

écrivait-il, vous y serez traité avec de grands honneurs, vos soldats seront incorporés dans mon armée; si vous refusez, le chemin du désert est libre. Mais, fidèle aux engagements que j'ai souscrits, je ne tolérerai pas que vous menaciez plus longtemps les frontières des possessions françaises. »

Le sultan appuya cette communication par la marche en avant de troupes nombreuses; l'émir ne voulut pas céder et se prépara sur-le-champ à combattre. En même temps il faisait parvenir au gouverneur général, par Lamoricière et Cavaignac, des propositions de soumission qui ne furent pas d'abord acceptées. Il cherchait même à nouer des relations avec l'Espagne pour obtenir sa médiation et se placer sous la suzeraineté de la Reine, en se réservant à lui-même le pays depuis Gazet jusqu'à la Moulaïa. L'armée marocaine, forte de douze mille hommes, approchait. Abd-el-Kader n'hésita pas à l'attaquer avec huit cents fantassins et quatre cents cavaliers. Son incomparable énergie, son entente de la guerre, la vaillance de sa faible troupe le servirent assez heureusement pour vaincre l'ennemi. Mais ses forces étaient trop réduites pour qu'il pût profiter de sa victoire; pressé par les Kabyles, qui se disposaient à attaquer la Deïra, il dut se retirer afin de la protéger. Au passage de la Moulaïa, vingt-cinq mille Kabyles se ruent sur sa petite armée, qui se défend avec une vigueur inouïe; plus de la moitié de son effectif périt dans la bataille. Accablé par l'infortune, en face de l'impossibilité de prolonger la résistance, il se décide à se retirer vers les oasis du Sud, et partage sa smalah entre les survivants de ses défenseurs, qu'il renvoie dans leurs foyers. Mais la crainte de trop rudes fatigues pour les siens lui fait abandonner son premier projet, et il dépêche deux officiers au général de Lamoricière pour lui répéter de nouveau son intention de se remettre en ses mains, à la condition que le gouvernement français le fera transporter, lui et les siens, à Saint-Jean d'Acre ou à Alexandrie, et lui garantira la liberté de se retirer à la Mecque ou à Médine. Lamoricière n'hésita pas à prendre cet engagement, et les deux émissaires de l'émir lui rapportèrent, en gage de la parole donnée, le sabre du général français. Le duc d'Aumale ayant ratifié cette promesse, Abd-el-Kader arriva, le 23 décembre, à nos avant-postes, près de Sidi-Brahim; le lendemain notre vaillant et infatigable ennemi se présenta pendant une revue au gouverneur, mit pied à terre et, tenant son cheval par la bride, lui dit :

« Je vous offre ce cheval, le dernier que j'aie monté pour combattre, en signe de ma gratitude et de mes souhaits de bonheur.

— Je l'accepte, répondit le prince, comme un hommage à la France, dont la protection vous couvrira désormais et comme un signe de l'oubli du passé. »

Le soir même l'émir s'embarquait pour Oran, d'où il était conduit à Alger, puis à Marseille, accompagné de sa mère, de sa femme, de son fils et de ses officiers, tous blessés comme lui.

C'était pour l'Afrique un grand événement; il marquait la fin de cette longue guerre toujours à la veille de renaître, tant qu'Abd-el-Kader restait libre d'y fomenter l'insurrection et d'y réveiller le fanatisme musulman; ses défaites n'avaient amené que des interruptions plus ou moins longues de la lutte par les armes, que sa capture seule pouvait clore. Ce glorieux résultat était dû à la prudence et à l'habileté soutenues avec lesquelles le gouverneur général avait réussi à séparer l'émir du sultan du Maroc, et à préparer les événements dont il ne restait plus à la France qu'à recueillir les fruits. L'Algérie allait donc pouvoir entrer dans une phase nouvelle ; aussi l'opinion accueillit-elle cette heureuse issue avec une vive satisfaction.

Le 26 décembre, à sept heures du soir, le général Changarnier recevait à Alger la dépêche du gouverneur lui annonçant la reddition d'Abd-el-Kader. Par ses ordres, une salve de vingt-cinq coups de canon apprenait à la population que l'émir était entre nos mains, et des mesures étaient prises pour la transmission rapide sur tous les points du territoire de cette heureuse nouvelle, qui parvenait en France et à Paris au moment de l'ouverture des Chambres.

« Puissent celles-ci, écrivait le général au prince, par une économie mal entendue ne pas enlever à nos rudiments de colonisation une partie des consommateurs et des secours dont ils ont tant besoin, et à notre action politique l'appui d'une force militaire toujours prête pour les accidents qu'il faut prévoir et qui, s'ils ne peuvent être prévenus, ne le seront pas parce qu'on saura que nous sommes désarmés.

« Le commandant de la division d'Alger ne peut laisser échapper une si bonne occasion de dire qu'il n'y a plus aucune raison pour ne pas constituer le plus tôt possible ici, où elle ne peut pas être plus mal tenue et plus mal disciplinée qu'ailleurs, la réserve générale de l'armée, et il devrait peut-être dire de nos armées. La division d'Oran devrait être immédiatement diminuée à notre profit, et même un peu la division de Constantine, bien que moins richement pourvue, mais elle n'a pas de bon port rapproché de ses principaux centres de troupes.

« Vous savez, sans que j'aie besoin de vous le dire, si mes félicitations doivent être sincères, et vous me comptez, j'en suis sûr, au premier rang de ceux qui prendront toujours la part la plus vive à tous les événements heureux pour le pays et pour le gouvernement de Votre Altesse Royale. »

Du fond de sa retraite, le maréchal Bugeaud avait reçu une lettre de son successeur ; en lui annonçant la chute d'Abd-el-Kader, le duc d'Aumale la présentait, non sans justice, comme une des conséquences de la guerre habilement conduite par son prédécesseur :

« Vous avez l'esprit trop juste, lui répondait le maréchal, pour ne pas apprécier les véritables causes de cet événement et l'âme trop élevée pour ne pas rendre justice à chacun. Comme tous les hommes capables de faire de grandes choses, vous ne voulez que votre juste part de gloire, et, au besoin, vous en céderiez un peu aux autres. »

Fidèle à ce sentiment généreux auquel le duc d'Isly rendait un hommage mérité, le duc d'Aumale fit, en rentrant à Alger, présent à Changarnier du pistolet qu'Abd-el-Kader avait laissé à l'arçon de sa selle, le jour où il était venu lui faire solennellement sa soumission. Plus tard, le général légua cette arme historique au comte Jacques de Ganay, dont il suivait avec une sollicitude amie les succès dans la carrière des armes.

Restait maintenant la question de savoir ce qu'on ferait du prisonnier. Le ministère s'effraya de l'usage que l'émir pourrait faire de sa liberté; il le voyait déjà prêchant la guerre sainte, soulevant les masses musulmanes, envahissant l'Algérie à la tête de partisans résolus. Il redoutait que ses menées ne fussent favorisées par la puissance la plus jalouse de notre établissement sur les côtes d'Afrique, il craignait de se ménager de graves et lourdes complications. Malgré la sincérité de sa parole, Abd-el-Kader saurait-il échapper aux intrigues qui pourraient l'entourer? Représentant du Prophète, ne croirait-il pas remplir un devoir en entreprenant une nouvelle guerre contre le chrétien? ne serait-il pas entraîné par les excitations de ses coreligionnaires? Ces objections, les éventualités qui risquaient de naître, malgré les plus rigoureuses précautions, alarmaient le cabinet, qui ne savait à quoi se résoudre.

Il y avait sans aucun doute quelque pusillanimité à de telles hésitations, et M. Guizot eût été mieux inspiré de donner son application à parer d'autres menaces plus sérieuses, plus immédiates, dont assurément il ne percevait alors que bien incomplètement le danger. Sa puissance comme homme d'État n'était-elle pas au-dessous de sa réputation et de son éloquence? Beaucoup l'admettaient déjà, et les événements n'ont pas donné tort à cette appréciation. Il manquait avant tout de cette souplesse, de cette bonne grâce nécessaire pour traiter avec les hommes. Un diplomate étranger, transféré de Vienne à Paris à la fin du règne, avait été confondu de cette hauteur d'attitude, de cette froideur de langage. Habitué aux relations aisées et courtoises du prince de Metternich, aux échanges de vues faciles et fréquents avec le chancelier autrichien, à un abord toujours séduisant, son impression en face de la raideur et de la solennelle allure de M. Guizot avait été celle d'une profonde surprise. « Comment voulez-vous, disait-il, que le principal mouvement d'une grande machine propage d'une manière régulière et utile son impulsion à tous ses rouages, lorsque lui-même ne se meut qu'en grinçant et en remplissant les airs de tapage? » Du haut de son nuage, M. Guizot perdait beaucoup de la véritable proportion des choses, et, tandis qu'il s'exagérait les chances que pouvait faire courir à notre colonie algérienne le séjour de l'émir en Afrique, il voyait avec une faible inquiétude se développer l'agitation des banquets réformistes et grandir un mouvement que son gouvernement ne savait ni apaiser, ni diriger, ni enrayer.

L'arrivée d'Abd-el-Kader en France provoqua donc un véritable embarras que le gouverneur et Lamoricière ne voulaient pas laisser résoudre en fixant le sort du prisonnier dans un sens contraire aux engagements pris vis-à-vis de lui. En débarquant à Toulon, le lieutenal-colonel de Beaufort y laissa l'émir, qu'il avait accompagné, et se rendit directement à Paris afin de faire valoir toutes les raisons qui militaient en faveur des promesses stipulées.

Il eut beau représenter qu'Abd-el-Kader, au moment où il était tombé entre nos mains, avait encore la possibilité de s'échapper, qu'il lui avait lui-même plusieurs fois répété qu'il avait mieux aimé se livrer aux Français, dont il connaissait la générosité, que toutes les circonstances indiquaient très nettement qu'il était hors d'état de songer à reprendre la guerre, que tous ses moyens étaient épuisés; le colonel se heurta à la résistance absolue et obstinée du président du conseil, qui insistait pour expédier le prisonnier à Alexandrie, où on l'eût mis sous la surveillance du pacha d'Égypte.

M. Guizot imagina, pour échapper à l'obligation de tenir l'engagement souscrit, d'envoyer à Abd-el-Kader, au fort Lamalgue, où il avait été transféré, le colonel Daumas, avec mission de lui arracher d'autres demandes.

Mais cette tentative échoua; Daumas obtint à grand'peine qu'il adresserait au Roi une lettre ambiguë : elle était à peine écrite qu'il la redemanda pour y faire des changements. Ne pouvant y réussir, craignant que sa lettre fût regardée comme une renonciation, affligé de l'affirmation répétée du colonel lui déclarant que le ministère était décidé à ne pas le laisser partir, il adressa une nouvelle réclamation au lieutenant-colonel de Beaufort.

« Je vous informe, écrivait-il, que j'ai envoyé au Roi une lettre par laquelle je sollicite sa clémence, sa pitié et sa compassion, ainsi que les grands sultans ont l'usage d'accorder. Je vous instruis que je ne m'attache pas aux choses de ce monde ni à ses biens; mon désir est seulement d'obtenir ce que j'ai demandé au fils du Sultan et au général de Lamoricière, c'est-à-dire mon envoi à la Mecque ou à Médine, où je resterai jusqu'à ma mort. En dehors de cela, je n'aime rien et ne désire rien, à moins que ce ne soit contre mon gré, et alors je patienterai forcément. »

Il ne restait plus qu'à opter entre le respect de la parole donnée et une mesure qui en eût été le manquement. Le Roi n'hésita pas, dans ces conjonctures, à donner l'ordre au lieutenant-colonel de Beaufort de rester à Paris pour presser la réalisation des engagements pris par son fils.

Durant ces différents incidents, le général Changarnier soumettait au gouverneur général des mesures propres à réprimer toute tentative de révolte et à préparer les mouvements médités pour la période des beaux jours; ces mesures, comme nous l'avons déjà vu, consistaient principalement à renforcer les troupes de la division d'Alger en y ramenant de forts détachements retirés aux deux autres provinces; elles comportaient en outre la concentration à Sétif d'un rassemblement de troupes assez considérable pour constituer une colonne de toutes armes toujours prête à sortir, se reliant par une garnison importante à Philippeville et ainsi au territoire d'Alger; la division d'Oran devait se rattacher par un système analogue à celle d'Alger, de manière à constituer un ensemble propre à seconder les opérations offensives et à parer aux nécessités intérieures. Ce plan reçut la pleine approbation du prince; il répondait à sa pensée comme à ses desseins. Un autre projet militaire occupait également Changarnier, celui de la conquête de la Djurjura, seule fraction de l'ancienne régence qui ne s'était pas encore soumise à notre domination. Le gouverneur avait reconnu la nécessité de cette opération et se pro-

posait d'obtenir pour l'effectuer l'autorisation du ministère.
Tels étaient les travaux auxquels furent consacrés les commencements de l'hiver de 1848, mais le soleil du printemps ne devait pas éclairer la campagne combinée pour cette époque.

Le 27 février, à six heures et demie du soir, Changarnier vit entrer soudainement chez lui un aide de camp du commandant de la marine, pour lui annoncer que des dépêches télégraphiques, apportées par un bâtiment, avaient transmis la nouvelle de l'abdication du Roi, de la fuite de la famille royale, suivies aussitôt de la proclamation de la République et de l'installation d'un gouvernement provisoire. Sans perdre un instant, le général monta à cheval et atteignit d'un temps de galop Mustapha, où il trouva le duc d'Aumale dans son cabinet, avec le prince et la princesse de Joinville, la duchesse d'Aumale et le lieutenant-colonel de Beaufort, son aide de camp. Le prince était déjà décidé au départ, sans songer à une résistance qui n'eût pas été peut-être sans chance de succès, ni sans écho dans la colonie; il estimait que le sang français appartient à la France seule, il n'hésitait pas à quitter en proscrit cette terre d'Afrique où il avait brillé de tant d'éclat, où son administration avait obtenu le suffrage général. « Amis et ennemis, lui écrivait peu de jours auparavant M. Guizot, sont unanimes à reconnaître l'heureuse impulsion que vous avez donnée à toutes choses. »

On devine l'émotion de cette entrevue et les impressions de ceux qui y prirent part, à la veille de l'exil. Comme l'entretien s'achevait, le duc d'Aumale dit à Changarnier :

« Notre présence, si elle se prolongeait, ne serait pas un petit embarras pour vous, mon cher général, mais nous ne pouvons tarder à savoir où est le Roi.

— Vous êtes bien bon de penser à mes intérêts dans une telle catastrophe, repartit tristement le général, je ne cesse pas de vous considérer comme mon chef, comptez que tous vos ordres seront strictement exécutés. »

Le prince répondit par quelques mots affectueux, et Changarnier regagna rapidement Alger, où il s'arrêta d'abord chez le général Gentil, commandant de la subdivision, pour lui donner ses instructions.

« Ne tolérez pas, lui dit-il, le moindre désordre, et maintenez la plus rigoureuse observation de la discipline. Ma responsabilité couvrira la vôtre. »

Il était près de neuf heures quand Changarnier rentra à son quartier général. « Souvenez-vous bien de ceci, dit-il à ceux qui l'y attendaient : la république ne durera pas; je ne la servirais pas, si je ne croyais notre pays menacé par la guerre. J'offrirai mon épée, mais je ne ferai pas le semblant d'aimer cette révolution. »

Il y avait assurément beaucoup de vrai dans cette prévision, mais le général ne se doutait guère de ce que devaient lui coûter les transformations qui allaient se succéder en France. Dans la soirée, il retourna auprès des princes, qu'il ne quitta qu'à une heure avancée de la nuit; le lendemain, ceux-ci rentrèrent au palais du Gouvernement à Alger, où Changarnier ne cessa pas de leur prodiguer les témoignages d'un attachement sincère et reconnaissant. Dans ces jours troublés, l'armée fit preuve de la discipline la plus solide et des sentiments les plus généreux; seul, le chef de bataillon Espinasse déclama dans la caserne des zouaves une chaleureuse protestation d'amour pour la république et se laissa aller à s'exprimer en termes violents contre le duc d'Aumale.

Le 2 mars, dans la soirée, M. Touchard, aide de camp du prince de Joinville, apporta des nouvelles de la famille royale. Elles décidèrent les princes à fixer leur départ au lendemain, à dix heures du matin.

« Je vous présenterai à neuf heures et demie les fonctionnaires de tous les ordres, lui dit Changarnier.

— Ne craindront-ils pas de se compromettre? répondit le duc d'Aumale.

— Ma convocation couvrira et rassurera les plus timides, répliqua avec fermeté le général.

— Amenez-les donc, reprit le prince, mais après avoir déjeuné avec nous.

— Nous serons tous prêts à vous recevoir à sept heures du

matin, ajouta la duchesse d'Aumale, nous ne voulons rien perdre du temps que vous pouvez encore passer avec nous. »

Le 3 mars, le gouverneur général adressait par deux proclamations affichées partout ses adieux aux troupes et à la population civile. Il disait à l'armée :

« M. le général Changarnier remplira par intérim les fonctions de gouverneur général jusqu'à l'arrivée à Alger de M. le général Cavaignac, nouveau gouverneur général de l'Algérie. En me séparant d'une armée modèle d'honneur et de courage, dans les rangs de laquelle j'ai passé les plus beaux jours de ma vie, je ne puis que lui souhaiter de nouveaux succès. Une nouvelle carrière va peut-être s'offrir à sa valeur; elle la parcourra dignement, j'en ai la ferme croyance. Officiers, sous-officiers et soldats, j'avais espéré combattre encore avec vous pour la patrie!... Cet honneur m'est refusé; mais du fond de l'exil, mon cœur vous suivra partout où vous appellera la volonté nationale. Il triomphera de vos succès, tous ses vœux seront pour la gloire et le bonheur de la France! »

« Habitants de l'Algérie, écrivait le prince dans sa seconde proclamation, fidèle à mes devoirs de citoyen et de soldat, je suis resté à mon poste tant que j'ai pu croire ma présence utile au service du pays. Cette situation n'existe plus. M. le général Cavaignac est nommé gouverneur général de l'Algérie. Jusqu'à son arrivée à Alger les fonctions de gouverneur général par intérim seront remplies par M. le général Changarnier. Soumis à la volonté nationale, je m'éloigne; mais du fond de l'exil, tous mes vœux seront pour votre prospérité et pour la gloire de la France, que j'aurais voulu servir plus longtemps. »

A l'heure convenue, Changarnier se présenta chez les princes, qu'il trouva déjà en costume de voyage, et partagea avec eux leur dernier repas sur le sol français; il était à peine terminé qu'il retournait à son quartier général, où l'attendaient les fonctionnaires qu'il y avait mandés. Aucun ne manquait, et tous se rendirent auprès des princes pour les saluer. Partout la foule se pressait dans une attitude de respect, les officiers remplissaient le palais et jusqu'aux escaliers. Au dehors, les soldats de la garnison qui n'étaient pas sous les armes et beaucoup d'autres venus des cantonnements les plus rapprochés attendaient le passage de leur chef. Après quelques mots prononcés avec grâce, le duc d'Aumale sortit le premier, le prince de Joinville donna le bras à la duchesse d'Aumale, Changarnier, en grande tenue, offrit le sien à la princesse de Joinville. Le cortège traversa ainsi la ville entre la haie des troupes contre laquelle se pressaient les habitants, conduit par le duc d'Aumale, qui s'arrêtait à chaque pas pour serrer les mains qui se tendaient vers lui. Au moment où l'on arriva au quai d'embarquement, et suivant l'ordre écrit de Changarnier, l'artillerie de terre et celle de la marine tirèrent le salut royal, rendant un suprême hommage au chef que perdait l'armée, pendant que les princes, avec le général et l'amiral Dubourdieu, montaient en canot pour aller rejoindre le *Solon*. On était à bord depuis dix minutes, quand le commandant Jaurès vint avertir Changarnier que tout était prêt pour le départ. Celui-ci, fort ému, baisa la main des princesses et pressa une dernière fois celle des princes; il se retirait déjà lorsque le prince de Joinville, revenant à lui, l'attira vivement sur son cœur et l'y retint quelques moments en silence.

Un instant après, Changarnier était descendu dans le canot qui suivit le *Solon* pour l'accompagner encore au large, mais la frégate ne tarda pas à prendre de l'avance. Sur le pont les mouchoirs s'agitaient encore ; c'était le dernier adieu.

Rentré à son quartier général, Changarnier écrivit immédiatement au nouveau ministre de la guerre, le général Subervie :

« Je viens d'accompagner à bord du *Solon* Mgr le prince de Joinville, madame la princesse de Joinville, Mgr le duc d'Aumale et madame la duchesse d'Aumale. Partout, sur leur passage, ils ont recueilli les témoignages d'une sympathie respectueuse, aussi honorable pour la population que pour ces princes dont la jeunesse a été consacrée au service de l'État. Je n'ai pas souhaité l'avènement de la République, mais quand la France est menacée de la guerre, je sollicite un commandement sur la frontière la plus menacée. »

Moins de dix-huit ans auparavant, bien différent avait été le départ du maréchal de Bourmont; au lendemain d'une conquête éclatante, il était tombé soudain au rang des proscrits; c'est en fugitif qu'il put à grand'peine quitter cette terre qu'il venait de faire française et s'échapper sur une misérable barque espagnole. Ce fut aussi à quelques jours de succès brillants que le duc d'Aumale dut quitter les mêmes rivages, qui ne portaient pas bonheur.

Les démonstrations que nous avons racontées, aussi bien que l'attitude si nette de Changarnier, eurent l'approbation du gouvernement de la nouvelle République, qui s'honora en ne regrettant pas une courtoisie si militaire et si française. Comme il n'arrive pas toujours, sa vie ne devait pas plus tard démentir le général; il servit fidèlement le gouvernement qui venait de se faire proclamer. Sa surprise en le voyant surgir n'avait pas été certes médiocre, mais ni les concessions du Roi, ni son abdication n'avaient pu détourner les fureurs populaires. On avait un instant pu croire que M. Thiers sauverait peut-être la dynastie, mais le bruit de son nom s'était aussitôt perdu dans l'orage. Il semblait que Paris tout entier parût ce jour-là de l'avis du prince de Talleyrand, lorsqu'il avait dit, quinze ans auparavant, de cet homme d'État :

« J'ai vu mieux, j'ai vu pire, je n'ai rien vu de pareil. »

CHAPITRE VII

Changarnier gouverneur général de l'Algérie par intérim. Il est appelé à Paris, chargé définitivement du gouvernement de l'Algérie, puis rappelé de nouveau à Paris. Il est nommé ministre de France à Berlin. La journée du 16 avril.
Distribution des drapeaux à l'armée, 20 avril. — Changarnier gouverneur général de l'Algérie, 30 avril. — Son élection à l'Assemblée constituante 8 juin. — Départ pour Paris. — Commandement en chef des gardes nationales de la Seine, 29 juin. — Séance du 3 août à l'Assemblée. — Incident entre MM. Changarnier et de Lamartine, 4 août. — Mission du comte Alphonse de La Marmora à Paris, les offres du roi Charles-Albert déclinées par Bugeaud, Changarnier, Lamoricière et Bedeau. — Appréciation technique par Changarnier de la campagne de 1848 en Italie.
Première rencontre de Changarnier et du prince Louis-Napoléon, 26 septembre. — Vote de la Constitution, 4 novembre. — Proclamation solennelle de la Constitution, 12 novembre. Le prince Louis-Napoléon président de la République. — Pourparlers pour la formation du nouveau ministère. — Changarnier commandant en chef des gardes nationales de la Seine, des troupes stationnées dans la 1re division militaire et de la garde mobile, 19 décembre. — Installation du Président à l'Élysée, 20 décembre.
Interpellation de Ledru-Rollin sur les conditions inconstitutionnelles du commandement de Changarnier. — Étude des mesures pour prévenir et combattre les insurrections. — Réorganisation de la garde mobile, 25 janvier. — Interpellation de Ledru-Rollin à l'Assemblée, 26 janvier. — Les délégués de la garde mobile à l'Élysée. — Les vingt-cinq chefs de bataillon de la garde mobile aux Tuileries, 28 janvier. — Incident Aladenise. — Préparatifs de soulèvement. — La journée du 29 janvier. — Tentative du Président pour proclamer la dictature. — La séance de l'Assemblée. — L'insurrection étouffée. — Colère des anarchistes. — Appréciation de la conduite de Changarnier.

En attendant l'arrivée du général Cavaignac, nommé par le gouvernement provisoire gouverneur général de l'Algérie, Changarnier s'occupa avec la plus ferme activité des mesures nécessaires au maintien de l'ordre et au développement des travaux en cours d'exécution. Le 4 mars, pendant qu'il visitait la construction des batteries de la côte, son quartier général recevait la visite de quelques centaines de colons marchant en désordre, mais ils furent arrêtés par la vigueur du chef de poste, qui menaça de commander le feu s'ils essayaient de franchir le seuil du quartier général. Deux délégués furent cependant, après pourparlers, introduits chez le général, où ils déclarèrent au chef d'état-major qu'ils venaient, au nom de toute la population civile, réclamer la proclamation solennelle de la République et la célébration de fêtes de jour et de nuit pour honorer le régime nouveau.

A peine débarrassé de cette visite, le chef d'état-major se rendait au-devant du général, qu'il rencontra dans un des faubourgs d'Alger. Mis au courant des faits, Changarnier dicta immédiaement un ordre du jour à l'armée pour lui faire connaître l'acte d'énergie du caporal chef de poste et sa promotion immédiate au grade de sergent. Comme il traversait la grande place, le général aperçut le maire, le procureur général et M. Vaïsse, directeur des affaires civiles, qui l'entourèrent avec toutes les démonstrations de la plus vive anxiété. Changarnier, mettant pied à terre, se joignit à eux et, tout en traversant les groupes agités qui encombraient la place, prêta l'oreille à leurs doléances.

Le directeur des affaires civiles insistait fortement sur les inquiétudes des autorités et l'urgence, « dont le général était sans doute convaincu », de donner à la population une satisfaction légitime.

« Je suis, leur répondit le gouverneur général par intérim, nettement résolu à laisser à Cavaignac l'honneur et le plaisir de fêter l'avènement de la République, mais je vais adresser aux citoyens une proclamation : doublée de l'ordre du jour relatif au nouveau sergent, celle-ci les rendra, sinon contents, du moins tranquilles.

— Notre projet de proclamation ne conviendrait-il pas au général? dit le chef du parquet.

— Voyons-le, néanmoins ? » répondit-il.

Rentré chez lui, Changarnier intercala dans sa proclamation une partie du projet qui lui avait été soumis.

« Citoyens d'Alger, disait-il, le gouvernement républicain de la France a nommé le général Cavaignac gouverneur général de l'Algérie. Le général Cavaignac est déjà en Algérie ; il est attendu à Alger d'un moment à l'autre. Il a reçu directement les instructions de la République ; seul il a mission de les exécuter. Remise lui sera faite de toute l'autorité. Félicitez-vous en bons citoyens que cet accomplissement en Algérie de la révolution terminée en France ait lieu sans que la paix publique puisse être troublée. Tous les gouvernements ont besoin d'ordre : c'est ce qui les constitue, les honore, les affermit. Le premier soin du gouvernement provisoire a été de prescrire aux autorités existantes le maintien de la tranquillité publique. C'est en vertu de ces prescriptions mêmes et dans l'intérêt de tous que, momentanément investi des fonctions de gouverneur général, j'ai à veiller au bon ordre. C'est mon devoir, et je le remplirai jusqu'à l'arrivée prochaine du général Cavaignac. — Alger, le 4 mars 1848. »

Cette déclaration catégorique découragea toute tentative nouvelle de désordre. Le 10 mars, Changarnier remettait au nouveau gouverneur son commandement ; celui-ci était accueilli par les manifestations enthousiastes des républicains, mais il resta modeste, simple, et son langage aussi bien que son attitude eurent le suffrage des hommes modérés. Cavaignac, élevé, bien que général de brigade, à une situation plus considérable que ne le comportait son grade, justifiait ainsi le mot du maréchal Bugeaud, qui avait écrit de lui : « Longtemps j'ai eu peu de goût pour Cavaignac ; il m'a forcé par l'honorabilité de son caractère et la droiture de sa conduite en toutes circonstances. »

Dès le surlendemain, 12 mars, Changarnier s'embarquait pour Toulon, afin de se rendre à Paris et y recevoir les ordres du ministre de la guerre. Il profitait de cette occasion pour visiter au fort Lamalgue l'émir encore prisonnier. Il le trouva douloureusement affecté de sa captivité et de l'oubli de la parole donnée ; leur entrevue, longue et presque cordiale, émut le général, qui ne pouvait pas prendre facilement son parti d'entendre reprocher avec raison à son pays l'omission d'un engagement pris en son nom. Plusieurs années devaient s'écouler avant qu'Abd-el-Kader reçût la liberté dont il ne cessa, durant toute sa vie, de faire l'usage le plus conforme aux conditions souscrites par lui.

En parcourant les départements qui se trouvaient sur sa route, Changarnier eut plus d'une occasion de constater le frémissement de désordre qui s'était propagé à travers toute la France. Comme il traversait Lyon, sa voiture fut arrêtée à la porte de Vaise par le poste des « Voraces », qui s'en étaient emparés. Ceux-ci, ouvriers égarés par les déclamations et les décevantes promesses de quelques révolutionnaires dont ils servaient sans s'en rendre compte les passions, sommèrent le postillon de s'arrêter pour leur laisser fouiller la voiture et vérifier si elle ne contenait pas de valeurs.

« Vous trouverez, dit Changarnier en mettant la tête à la portière, dix-huit mille francs qui ne sortent pas de Lyon, mais d'Algérie.

— Il nous dérobe de grosses sommes! » cria une voix.

En un instant, la voiture est cernée, et le chef de la bande invite le général à descendre sur-le-champ. Pour toute réponse, le capitaine d'état-major Pourcet, aide de camp de Changarnier, place sous ses yeux une lettre du ministre de la guerre invitant le général « à se rendre à Paris pour y recevoir la destination la plus utile au service de la République ».

Cette constatation fut jugée suffisante, et Changarnier resta libre de continuer sa route, en emportant la somme qu'il avait difficilement réalisée à son départ d'Alger en vendant à la hâte ses chevaux et ses meubles.

Changarnier atteignait sans autre incident Paris, où il descendit dans son appartement habituel, 3, rue du Faubourg-Saint-Honoré. Mais quel changement s'offrait à ses regards! La capitale, d'ordinaire si brillante, si animée, ne présentait plus qu'un aspect morne et désolé ; aux approches de la nuit, les boutiques se fermaient de toutes parts, dans la crainte de quelque coup de main; partout la chaussée était encombrée des débris des barricades et des bivouacs, tandis que les ouvriers, encore dans l'enivrement de leur facile victoire, oubliaient leur misère pour prêter l'oreille au langage trompeur des nouveaux courtisans officiels. L'affolement de la peur avait gagné les classes aisées ; beaucoup allaient même jusqu'à se parer de la blouse pour cacher sous ce vêtement populaire leurs frayeurs et leurs inquiétudes. L'écroulement de la monarchie avait été si prompt, si inattendu, la dispersion de toutes les forces qui la protégeaient si rapide, la prise de possession du pouvoir si facile, la défense si pitoyable, qu'il semblait que là ne devait pas s'arrêter une conquête sans résistance. Tout semblait donc menacé d'une ruine complète, et nulle part n'apparaissait une force autour de laquelle on pût grouper les éléments de conservation politique et sociale. Les hommes les plus expérimentés eux-mêmes n'échappaient pas au désarroi universel, tant ils étaient déconcertés par les événements. Changarnier ne tarda pas à reconnaître, même chez les esprits les plus féconds en ressources, cet état d'abattement et de stupeur. Habitué dès longtemps à recourir aux lumières de M. Thiers, il pensa que nul ne serait mieux en état de lui faire entendre une appréciation sage et juste, exempte de toute fausse exagération, sur la nature du mouvement qui avait emporté le pays. Son premier soin fut donc de lui faire demander un rendez-vous ; à sa grande surprise, la réponse fut qu'il ne lui était pas possible de venir le voir ou de le recevoir chez lui, mais qu'il lui proposait de le rencontrer dans une maison tierce, chez une parente de sa femme, où il le priait de se rendre à pied vers neuf heures du soir. A peine entré dans le salon, Changarnier resta confondu du découragement de son interlocuteur : « C'en est fait à jamais de la monarchie en France, lui dit-il, il ne reste plus qu'à savoir si la République demeurera aux mains des aventuriers coupables qui exploitent le pays, ou si elle sera un jour ouverte aux honnêtes gens, et ceux-ci n'ont autre chose à faire, en attendant, qu'à observer la prudence et l'effacement. » L'entrevue fut courte, et M. Thiers quitta le général, en ajoutant qu'il ignorait quand il lui serait possible de le revoir.

Si l'on examinait à fond quels pouvaient être les motifs qui dictaient à cet esprit si pénétrant, d'un raisonnement si ferme, des conclusions aussi absolues, on serait assez fondé à admettre qu'il en arrivait là faute de se rendre un compte exact et sincère des causes qui avaient déterminé les événements et des fautes commises. Il lui plaisait peut-être davantage de s'avouer vaincu par une force supérieure et irrésistible que de convenir que la défaite avait été inconsciemment préparée, que rien n'avait été fait pour la prévenir, et que les dernières heures de la monarchie avaient été déplorablement épuisées dans de stériles indécisions. Il éprouvait à son tour combien compte peu, aux heures de révolution et de bouleversement, l'élite intellectuelle d'une nation, car il s'agit alors de satisfaire d'abord les passions, et non point de répondre à de légitimes aspirations vers les progrès réparateurs. Dans la méditation de la retraite, il pouvait comparer le courant qui le rejetait aujourd'hui à celui qui avait entraîné son parti aux affaires, dix-huit années auparavant, et il pouvait se dire qu'à ces deux dates décisives l'intérêt de la France avait été sacrifié à ceux d'ambitions avides autant que personnelles. Devenu plus tard le chef de la France, après de nouveaux et plus cruels malheurs, il semble que M. Thiers se soit ressouvenu de la formule politique qu'il développait sommairement dans cette secrète conversation, et l'on peut croire que c'est d'elle qu'il continuait à s'inspirer dans la direction qu'il imprima au pays.

Tout autre était l'appréciation du comte Molé, auprès de qui Changarnier se rendit en quittant l'entretien que nous venons de raconter. Introduit avec peine, et non sans de difficiles pourparlers, dans ce salon en ce moment veuf de son éclat ordinaire, le général trouva l'ancien ministre, non point exempt d'inquiétude, mais du moins de découragement. « En résumé, lui dit-il, je ne crois pas à l'avenir de la République, bien qu'à mes yeux la journée du 17 mars soit un nouvel et grave échec pour les honnêtes gens. »

En réalité, il était, à cet instant, à peu près impossible d'établir une prévision et d'apercevoir quelque chose du fil conducteur des événements; c'était encore la période de la confusion. A de pareils moments les hommes sont vite usés;

tel avait été le cas du général Subervie, qui avait déjà renoncé au portefeuille de la guerre pour la grande chancellerie de la Légion d'honneur.

En descendant du bâtiment qui l'avait amené à Toulon, Changarnier avait reçu du ministre une dépêche très explicite pour lui exprimer sa satisfaction de la fermeté qu'il avait montrée en Algérie.

« Je me hâte de vous remercier, lui écrivait le général Subervie en date du 13 mars, au moment de se réfugier dans sa lucrative sinécure, en approuvant tout ce qui a été fait par vous pour maintenir l'ordre matériel et moral dans l'armée, comme dans la population européenne et indigène. »

Mandé le 22 mars par François Arago, qui avait réuni au département de la marine celui de la guerre, Changarnier fut assez étonné de lui entendre dire : « Rendez-nous le service de remplacer Cavaignac en Algérie, il ne fait pas bon ménage avec les colons, et, à chaque courrier, il nous annonce le prochain soulèvement des Arabes. Nous aimons mieux l'avoir ici. »

Changarnier mit comme condition expresse à son acceptation la promesse formelle qu'il lui serait donné un grand commandement sur le continent, si la guerre venait à éclater en Europe, et se prépara à gagner l'Afrique. Le 31 mars, à dix heures du matin, il entrait en rade d'Alger. La frégate portant le pavillon du général en chef avait à peine jeté l'ancre, qu'elle fut accostée par un canot qui amenait le capitaine Jarras, aide de camp du gouverneur. Celui-ci informa le général que Cavaignac avait reçu du gouvernement provisoire l'ordre de rester à son poste, et de l'inviter, dès son arrivée, à retourner immédiatement en France pour recevoir une nouvelle destination.

« Soit, répondit Changarnier, à qui cette communication inattendue n'était pas pour être désagréable.

— Mon général vous prie de lui faire l'honneur de dîner chez lui, reprit Jarras, non sans quelque embarras, si vous croyez pouvoir débarquer..... Il n'ose pas vous le conseiller; ce serait imprudent le soir et très dangereux le jour.

— Dangereux?... Pour qui?...

— Mon général, le gouverneur croit que les colons n'ont pas oublié votre refus de proclamer la République.

— Je remercie votre général de son invitation, repartit Changarnier, je ne l'accepte pas pour ne pas le compromettre. »

Pendant que durait ce colloque, de nombreux officiers, des fonctionnaires de l'administration et des membres du corps consulaire étaient venus à bord saluer le nouveau gouverneur; leur surprise fut indicible en apprenant que Cavaignac leur restait et que Changarnier rentrait en France. Il était une heure de l'après-midi; le général se décida à débarquer; sur le quai, une foule compacte l'attendait, les témoignages de respect et de sympathie furent unanimes, en dépit des prévisions défavorables de Cavaignac, et Changarnier arriva sans encombre à la maison du consul d'Angleterre, dont il avait accepté l'invitation. Il y entrait à peine qu'il rencontrait Cavaignac.

« Vous ne m'échapperez pas, mon général, s'écria celui-ci, puisque la mer ne vous a pas tellement fatigué que vous ne puissiez prendre une part quelconque d'un dîner quelconque. C'est le mien que vous mangerez! »

Changarnier se rendit de bonne grâce, et la conversation resta cordiale durant tout le repas, sans qu'il fût question du gouvernement général de l'Algérie donné, retiré et rendu successivement au titulaire actuel. Les deux généraux se séparèrent dans les meilleurs termes, et Cavaignac vint le lendemain saluer à bord le général Changarnier, auquel il offrit des vœux de bon voyage qui ne manquaient assurément pas de sincérité.

De retour à Paris le 6 avril, Changarnier s'en fut immédiatement rendre compte à Arago du voyage qu'il venait de subir. Il trouva le ministre assez confus de l'aventure; il eût été trop embarrassant pour lui d'en donner une explication raisonnable, il préféra donc se borner à des démonstrations d'empressement.

« Vous aurez un beau dédommagement si la guerre éclate,

lui dit-il. Préparez en silence, sur le papier, l'organisation de l'armée du Nord-Est, forte de cent quarante mille hommes. Nous vous abandonnons le choix des régiments et des généraux, en dehors de l'armée des Alpes, à la seule condition que vous prendrez Charras pour chef d'état-major. Il n'est, il est vrai, que lieutenant-colonel; mais il est sous-secrétaire d'État au ministère de la guerre. »

Il y avait à peine quarante-huit heures que le général s'occupait de l'exécution des ordres reçus, qu'il recevait une lettre de M. de Lamartine, lui annonçant sa nomination comme envoyé extraordinaire et ministre plénipotentiaire auprès de la cour de Prusse. On peut imaginer la contrariété que lui causa cette nouvelle; l'impatience s'empara de lui; il courut derechef chez le ministre de la guerre, pour lui dire son profond étonnement et sa résolution arrêtée de ne pas accepter une mission sur laquelle il n'avait pas été consulté; il conclut en lui demandant s'il regardait la paix comme tellement assurée que tout préparatif de guerre fût abandonné, ou bien si son commandement avait été attribué à un autre officier général.

Arago lui répondit que, dans son opinion, la paix lui paraissait au moins probable; qu'en tout cas, si elle venait à être troublée, il lui donnerait le commandement qu'il lui avait promis, et termina en l'engageant à ne pas refuser, dans la crainte d'exciter les colères de ses collègues, et d'empêcher ainsi éventuellement la nomination qu'il désirait sincèrement lui confier, si les hostilités venaient à éclater.

Décidé à profiter de ces indications et à attendre la circonstance qui le débarrasserait de cette malencontreuse légation, le général alla passer sa soirée chez madame de Lamartine; il trouva son mari préoccupé, absorbé; il était à peine dans le salon, que le ministre sortit pour se rendre à la réunion, ordinairement tumultueuse, des membres du gouvernement. Mais son départ ne priva pas Changarnier d'une précieuse information qu'il dut au capitaine d'état-major de Boislecomte, chef de cabinet de M. de Lamartine. Celui-ci avoua au général qu'en lui donnant un poste diplomatique le gouvernement avait voulu l'éloigner, et en même temps il lui exprima toutes ses félicitations d'une circonstance qui lui permettait de sortir de Paris. Changarnier, résolu à suivre le conseil d'Arago, pria M. de Boislecomte de le tenir au courant des événements, et tous deux convinrent d'un rendez-vous quotidien pour aviser à saisir une occasion favorable.

Le 16 avril, comme il venait aux informations, le général rencontra M. de Champeaux, secrétaire particulier du poète, qui, le prenant par la main, le conduisit dans un salon écarté :

« Ah! général, quel malheur que vous ne soyez pas venu plus tôt! s'écria-t-il, la moitié du gouvernement conspire contre l'autre.

— Mais qu'y puis-je? répliqua Changarnier.

— Les clubs ont passé la nuit en armes, jamais Paris n'a couru un aussi grand danger », lui dit M. de Champeaux.

Ces mots étaient à peine prononcés que madame de Lamartine entrait, et saisissant le bras du général : « C'est la Providence qui vous envoie! Courez à l'Hôtel de ville, je vous en conjure; il y a des choses auxquelles M. de Lamartine n'entend rien! »

En un moment la résolution de Changarnier était prise, et peu d'instants après il arrivait sur la place de Grève, comme il n'était pas encore midi. La place était déjà envahie par la clientèle ordinaire des mouvements populaires, et les grilles de l'Hôtel de ville, défendues par une centaine de gardes mobiles, étaient hermétiquement fermées. Le sieur Rey, nommé par le gouvernement provisoire colonel et commandant de l'Hôtel de ville, consentit, sur la présentation d'un laissez-passer officiel, à en ouvrir les portes au général; il le conduisit dans l'appartement occupé par le maire de Paris, lieu de réunion des séances et des repas prolongés qui formaient la note comique au milieu de ces bouleversements. M. Armand Marrast, profondément découragé, accueillit avec une satisfaction visible l'arrivée de Changarnier.

« Le gouvernement, lui dit-il, est divisé en deux fractions : l'une décidée à la résistance, l'autre résolue à aider l'émeute. Ledru-Rollin donne son appui à ce second groupe, tout en communiquant à ses collègues les résolutions de ses partisans déjà assemblés et prêts à se soulever en armes. Ceux-ci attendent la marche sur l'Hôtel de ville des ouvriers réunis au Champ de Mars pour l'élection des officiers d'état-major de la garde nationale, afin de se réunir à eux au fur et à mesure qu'ils traverseront les sixième, septième et huitième arrondissements. Une fois l'Hôtel de ville tombé aux mains de ces colonnes furieuses, Paris et la France seront la proie du communisme. En ce moment, M. de Lamartine confère avec quelques-uns de ses collègues au ministère des finances, d'où il viendra nous rejoindre ici. Le général Duvivier a consigné dans ses casernes la garde mobile, pendant que l'Hôtel de ville, qui contient cinquante mille cartouches en réserve, est occupé par quatre cents hommes du bataillon des montagnards et cent trente gardes mobiles, pourvus chacun de trois cartouches.

— Hâtez-vous, répondit Changarnier, de requérir les troupes directement, suivant votre droit, et de donner aux bataillons casernés à l'Ave-Maria, place des Vosges, rue du Foin et dans la caserne de Lisieux, l'ordre de se concentrer immédiatement ici ; prévenez le général Duvivier des mesures que le danger vous oblige à prendre sur-le-champ. »

Quittant M. Armand Marrast, le général, accompagné de M. Rey, parcourt sur-le-champ le jardin, les cours et le rez-de-chaussée, fixant les points à occuper et plaçant de petits postes devant chacune des portes. Il rentrait chez le maire de Paris au moment où M. de Lamartine y pénétrait, pâle, défait, éclatant en plaintes déclamatoires.

« Ah ! général, s'écria-t-il, le peuple est si mobile ! Il nous reviendrait peut-être si nous pouvions tenir ici trois heures !

— Eh ! nous tiendrons trois jours, nous tiendrons tant que nous aurons des vivres et qu'on n'aura pas fait une large brèche avec du canon ! »

Puis, s'adressant à M. Marrast :

« Sauvez Paris, sauvez la France, et décidez-vous à écrire ce que je vais vous demander ! »

Sans hésiter, M. Marrast prit la plume :

« Dictez, général, cela ira plus vite, je ne m'entends pas en affaires militaires. »

Et d'un seul trait il écrivit sous la dictée de Changarnier l'ordre pour chacun des colonels de la garde nationale de faire battre immédiatement le rappel et de diriger, dès qu'ils seraient rassemblés, deux bataillons sur l'Hôtel de ville, où ils devaient arriver en battant la charge.

« Jamais le courage de la garde nationale, disait la lettre, n'aura une plus grande occasion de servir la société tout entière. Prescrivez donc aux bataillons que vous laissez dans votre arrondissement d'y maintenir l'ordre par de fortes et fréquentes patrouilles. »

Une dépêche analogue était en même temps adressée au général Duvivier; elle lui enjoignait de mettre en mouvement les bataillons, en commençant par les plus éloignés de l'Hôtel de ville et en calculant leur marche sur le temps nécessaire aux légions pour se réunir et arriver. Les bataillons demandés à midi, entrant au même instant à l'Hôtel de ville, les communistes se trouveraient ainsi placés entre les feux de la garnison et ceux de quarante bataillons battant la charge à leur approche.

Ces ordres, signés de M. Marrast, expédiés aux colonels de la garde nationale, Changarnier faisait réunir M. Rey, les cinq commandants de la garde mobile et de la garde montagnarde, le capitaine, un sergent et un volontaire de chaque compagnie; il leur expliquait lui-même l'opération et assignait à chacun le poste où il devait attendre le moment de la sortie.

« C'est vous, enfants de Paris, dit-il, qui avez fait ce gouvernement que je n'avais pas souhaité. Je viens vous aider à le défendre contre des misérables qui veulent le déshonorer et le noyer dans le sang. C'est au nom de vos mères, jeunes soldats, que je vous demande de faire votre devoir! »

Toutes les voix s'élevèrent pour acclamer ces paroles; l'attitude d'un des officiers de la garde mobile lui paraissant douteuse :

« Commandant, lui dit Changarnier, c'est à la tête de votre bataillon que je compte marcher quand nous exécuterons une sortie ; ce chapeau rond à la main, je guiderai vos jeunes gens. Pour m'en faire connaître, je vais les passer en revue. »

La physionomie de l'officier refléta l'expression d'un profond contentement ; sur-le-champ il suivit le général et l'accompagna pendant qu'il haranguait en quelques mots chacun des pelotons.

« Quand je remontai auprès de M. de Lamartine et du maire de Paris, disait Changarnier en racontant cette journée, le succès était désormais certain, et ces messieurs respiraient plus à l'aise. »

Le mouvement prescrit s'accomplissait en bon ordre, et les communistes renonçaient bientôt à une lutte qui eût assuré leur défaite. La situation ainsi résolue, tous les membres du gouvernement provisoire, sans exception, n'hésitèrent plus ; ils se rendirent à l'Hôtel de ville et célébrèrent par des discours solennels l'admirable triomphe de la République. Changarnier repoussa les sollicitations de M. de Lamartine, qui voulait l'entraîner sur le balcon, et se déroba en annonçant qu'il allait rassurer madame de Lamartine. Il la trouva réfugiée chez M. de Lesseps, où le conduisit en grand secret M. de Champeaux et ne s'éloigna que pour aller dîner chez la marquise de la Tour du Pin, dont le fils avait servi longtemps sous ses ordres en Afrique. Tout à coup survient un huissier de la Chancellerie pour supplier le général de se rendre au ministère de la justice. Ne doutant pas de quelque nouvelle complication, Changarnier y court précipitamment ; mais quel n'est pas son étonnement de trouver les membres modérés du gouvernement joyeusement réunis autour d'une table et buvant à leur succès de la journée ! Il entre à peine, qu'il se sent enveloppé dans une chaude étreinte et embrassé sur les deux joues avec un tendre élan. C'est M. Crémieux qui se fait l'organe de la reconnaissance de ses collègues. « Douce récompense ! » disait un jour le général en racontant cet incident pittoresque.

Telle fut la journée du 16 avril, dont les origines ne furent autres que les divisions trop retentissantes des membres du gouvernement ; la foule réunie au Champ de Mars pour l'élection des officiers d'état-major de la garde nationale, agitée par de secrètes provocations, avait repris une allure plus calme dès que la vigueur et la rapidité de la concentration des bataillons sur l'Hôtel de ville avaient été connues. Mais l'échauffourée avait été grave, et peu s'en fallut qu'elle ne réussît. A peine le danger conjuré, la lutte renaissait au sein du gouvernement ; chacun voulait dominer les autres, et surtout effacer la popularité qui semblait s'attacher avec une faveur marquée au nom de M. de Lamartine. Quarante-huit heures ne s'étaient pas écoulées depuis l'instant où ils buvaient à l'envi pour célébrer leur victoire, que la querelle intestine avait repris de plus belle ; M. de Champeaux se précipitait chez le général pour le prier de se rendre au ministère des affaires étrangères, où M. de Lamartine jugeait la situation plus menacée encore que l'avant-veille.

En se rendant à cet appel, Changarnier était salué sur sa route par les acclamations des gardes nationaux. Leurs vivats lui fournirent l'occasion d'engager le ministre à rappeler dans Paris les troupes qu'on avait éloignées, afin de donner un témoignage de confiance bien mérité à une capitale si capable de se garder elle-même.

« C'est une grosse affaire, je ne puis pas la décider seul.

— Il est des moments, répliqua vivement le général, où il faut savoir user de sa popularité, et je n'ai pas besoin de vous apprendre la puissance de la vôtre. Pour moi, si le combat s'engage, j'appelle sur l'heure les garnisons de Versailles et de Saint-Germain.

— Nous verrons, nous verrons ; prenez patience, dit Lamartine avec son air de solennité rêveuse. Je vous répondrai dès que j'aurai vu des hommes très importants que j'attends et qui ne doivent pas vous rencontrer ici. »

Sans attendre davantage, Changarnier expédia immédiatement aux garnisons de Versailles et de Saint-Germain l'ordre de se tenir prêtes à venir à Paris et en fit avertir en même temps le commandant de la division militaire.

« Le général Changarnier a donc reçu le commandement ? demanda Bedeau.

— Partout où il est, mon général commande! » repartit l'officier avec joyeuse humeur.

Le souvenir de la journée de la veille, le lien d'une ancienne et franche camaraderie, et peut-être le désir de ne pas porter une redoutable responsabilité, firent accepter volontiers au général Bedeau une situation peu régulière. Mais qu'y avait-il alors de régulier? Au milieu de ce désordre incessant, de ces luttes quotidiennes entre les chefs du pouvoir, quelle confiance pouvait subsister? Il fallait avoir une foi bien robuste pour voir encore à travers ces ministres de hasard, émeutiers de la veille, le principe d'autorité supérieur, indispensable à tous les gouvernements, et pourtant c'est à l'appui, au concours actif et généreux de tous ceux à qui l'on jetait les épithètes les plus violentes et les reproches les plus immérités que ces hommes, issus du mouvement de la rue, durent de préserver Paris et la France de plus grandes catastrophes.

Pendant que Changarnier attendait impatiemment le retour du ministre des affaires étrangères, celui-ci parlementait dans son cabinet avec les chefs populaires; le bruit de leurs discussions, où dominaient les voix de Ledru-Rollin et de Louis Blanc, commençait à s'apaiser, lorsque le général, qui rongeait son frein depuis plus de trois heures, sortit en déclarant qu'on n'avait qu'à l'envoyer chercher s'il était besoin. La journée s'acheva sans que de nouveaux embarras rendissent son intervention nécessaire.

L'accord s'était établi entre les ministres pour donner à la cérémonie de la distribution des nouveaux drapeaux la pompe la plus éclatante. Elle eut lieu le 20 avril. Au milieu de la foule, on vit arriver les anciennes voitures de la cour, dont descendirent gravement les membres du gouvernement pour rejoindre, sur une estrade tout enguirlandée d'étendards et de tentures à crépines d'or, leurs femmes et leurs filles.

Ce ne sont que festons, ce ne sont qu'astragales.

En face de la tribune officielle stationnent les députations de chaque corps; elles se composent, pour chacun des quatorze régiments d'infanterie casernés dans un rayon de vingt lieues autour de Paris, du colonel, d'un chef de bataillon et d'une compagnie; pour chacun des six régiments de cavalerie de la même circonscription, du colonel, accompagné d'un chef d'escadron et d'un peloton. Aussitôt la remise du drapeau, les membres du gouvernement embrassaient successivement le colonel. Cette accolade répétée ne se trouva pas du goût de tous; il se rencontra même un colonel qui osa la refuser. Le lendemain, il payait par une mise à la retraite d'office cet acte d'indépendance. « Criez : Vive la République! » dirent quelques ministres à un officier supérieur, à l'attitude froide et silencieuse, dont ils n'obtinrent pour toute réponse qu'un seul mot...

La solennité s'acheva par le défilé des gardes nationales; celles de la banlieue se firent remarquer par leurs acclamations enthousiastes. C'était un spectacle affligeant que cette parodie étrange des fêtes de l'honneur, au nom du drapeau, image de la Patrie. Elle laissa aux militaires un souvenir pénible, mais aussi l'impression que l'armée se sentait humiliée et qu'elle donnerait un jour sa confiance au chef qui l'affranchirait de cette tutelle. Ce sentiment fut peut-être partagé même par le ministre de la guerre, car dès le lendemain, 21 avril, il faisait appeler Changarnier pour lui offrir de nouveau le gouvernement général de l'Algérie. Le général accepta avec un empressement doublé du désir de ne pas aller occuper à Berlin son poste diplomatique.

Arago éclata en plaintes contre Lamartine, contre Cavaignac, contre les obstacles de tout genre qui retardaient son action et entravaient son autorité; c'était le refrain accoutumé des disputes intimes du ministère et de la jalousie qu'inspirait à ses membres la popularité croissante du ministre des affaires étrangères, récompense éphémère des chants consacrés à la liberté. On se souvenait des accents passionnés avec lesquels il célébrait de généreuses aspirations; c'était comme un charme irrésistible, et, nouvel Orphée politique, le poète entraînait les masses à sa suite.

Mais on ne gouverne pas longtemps avec de la magie, si celle-ci n'est pas au service d'idées précises et arrêtées, si elle ne s'affirme pas sur un but clairement déterminé.

Nommé par décret du 30 avril aux fonctions de gouverneur général de l'Algérie, en remplacement du général Cavaignac appelé à Paris, Changarnier se mettait immédiatement en route, et le 11 mai il débarquait à Alger, où son prédécesseur lui remettait sans regret le commandement.

Le 15 mai, il écrivait au ministre de la guerre :

« Monsieur le ministre, au moment de clore mon courrier, je n'ai pas à vous donner de nouvelles qui ne soient déjà relatées dans ma dépêche n° 255, direction des affaires arabes. Je n'ai pas passé dans l'oisiveté les quatre jours écoulés depuis mon débarquement, et bientôt j'aurai l'honneur de vous adresser le bilan politique, militaire, administratif et financier que je crois convenable d'établir à mon entrée en fonction. Je suis personnellement entouré d'une bienveillance générale chaleureusement exprimée, dont je serais plus touché si je pouvais uniquement l'expliquer par le souvenir de quelques anciens services rendus à ce pays. Mais les excellentes intentions et le haut mérite de M. le général Cavaignac sont momentanément méconnus ici. Il est devenu l'objet d'une animadversion très injuste, dont la partie turbulente d'une population aigrie par ses souffrances lui a donné des témoignages publics. Les mauvais sentiments manifestés pour lui ajoutent probablement beaucoup à l'affection qu'on croit avoir pour le nouveau gouverneur général. La faveur publique, qui me serait toujours précieuse, me sera-t-elle toujours fidèle? Je l'ignore ; ce dont je suis bien sûr, c'est que, pour la conserver, je ne ferai pas de molles concessions et ne m'écarterai jamais de la ligne indiquée par mes devoirs et par les inspirations de ma conscience scrupuleusement consultée. Agréez, etc. »

Le général Cavaignac avait déjà pris possession du portefeuille de la guerre, lorsque cette dépêche parvint à Paris. Il ne sut pas mauvais gré à son successeur de lui avoir présenté sous son véritable jour la situation telle qu'il l'avait lui-même laissée. Il avait d'ailleurs le cœur trop bien placé pour n'avoir pas le goût d'une courtoise franchise, et l'incident que nous venons de raconter, loin d'altérer leurs rapports, contribua à établir entre les deux généraux une confiance réciproque.

Il n'était que trop vrai que la colonie avait ressenti profondément le contre-coup de la révolution de Février; les préférences républicaines depuis longtemps connues du général Cavaignac ne lui avaient pas préparé de maigres embarras; elles avaient encouragé toutes les exigences chères aux hommes de désordre. Malgré ses répugnances, le gouverneur avait été contraint de céder et d'assister même à une cérémonie où le bonnet rouge avait été placé au sommet de l'arbre de la liberté; cet acte de faiblesse fut suivi de plus d'une tolérance regrettable, si bien que les déclamations des clubs, les injures et les violences qui s'y débitaient avaient été jusqu'à provoquer les sifflets à l'entrée de Cavaignac dans sa loge au théâtre. Son rappel lui parut donc une délivrance, il avait hâte d'abandonner à d'autres mains une position devenue difficile. De petites insurrections commençaient à se manifester principalement sur les frontières ouest et est. Elles furent aussitôt réprimées par des colonnes dont les mouvements, vigoureusement conduits, eurent tout de suite raison de ces velléités de révolte. En même temps, tous les clubs furent fermés par ordre de Changarnier, la tranquillité et la confiance renaissaient, et le travail menacé reprenait son cours ordinaire. Toutes les mesures d'ordre incessamment contrariées par les commissaires ou les magistrats venus de Paris étaient énergiquement soutenues par les ministres, mieux inspirés après leurs récentes expériences. M. Crémieux notamment n'oubliait pas le service que Changarnier leur avait rendu le 16 avril, et sa reconnaissance ne s'étant pas arrêtée à l'étreinte émue que nous avons déjà rapportée, il eut la sagesse de tenir un compte utile des propositions faites dans l'ordre judiciaire par le gouverneur général.

Cavaignac, toujours droit et franc, reconnut les résultats obtenus par l'énergie et l'activité de son successeur.

« J'ai reçu votre lettre en date du 1er juin, lui écrivait le

10 juin Changarnier. L'approbation que vous voulez bien donner aux propositions contenues dans ma dépêche du 20 mai est une récompense et un encouragement. Je ne me suis pas trompé en vous proposant le renvoi en France d'un régiment d'infanterie et des 5ᵉ, 8ᵉ et 9ᵉ bataillons de chasseurs à pied. J'avais pris soin de désigner ces corps par leurs numéros pour prouver que je considérais comme n'appartenant déjà plus à l'armée d'Afrique les troupes prêtes à s'embarquer. Si vous nous laissez le régiment et les trois bataillons que je viens de nommer, nous serons plus forts pour la guerre, nous aurons plus de bras pour nos travaux, et les colons, qui ne vivent guère qu'aux dépens du budget, seront un peu moins malheureux.

« Mais si la France avait besoin ailleurs de ces excellentes troupes, vous pourriez les retirer sans que mon système d'occupation et la guerre en fussent sérieusement compromis.

« Dans des instructions, dont le premier mérite est d'être claires, j'ai rappelé aux généraux commandant les divisions que nous ne pourrions nous étendre partout qu'à la condition de n'être forts nulle part. J'ai réduit au chiffre strictement nécessaire les garnisons de certains postes plus qu'inutiles, que je conserve uniquement parce qu'il serait impolitique de les évacuer en ce moment. J'ai disposé mes troupes de telle manière qu'à la première apparence de troubles, chaque commandant de subdivision pût immédiatement sortir à la tête d'une colonne imposante. En cas d'insurrection sérieuse, nous pourrions, au moyen de la réserve établie au quartier général de chaque division et des emprunts faits aux subdivisions voisines, réunir, sur un point donné, des forces suffisantes pour remporter un de ces succès rapides et décisifs assurés, en toute espèce de guerre, aux généraux qui savent manœuvrer et se concentrer à propos sur ceux qui s'étendent et se divisent sans discernement. Si un de ces coups vigoureux ne mettait pas fin à l'insurrection, nos troupes iraient donner ailleurs de nouvelles leçons jusqu'à une soumission complète. Ce serait le cas de répéter l'axiome célèbre : « La guerre est dans les jambes. » En cas de rupture avec les

Anglais, ils se contenteraient probablement de donner aux indigènes de l'argent, des armes, des munitions et les conseils d'un certain nombre d'officiers énergiques. Si cependant ils voulaient nous joindre corps à corps, c'est par les frontières du Maroc ou de Tunis, ou par un point de la côte éloigné de nos principaux centres militaires, qu'ils tenteraient d'arriver à nous. Une conflagration générale du pays s'ensuivrait indubitablement; alors, prenant en patience les mouvements des indigènes et laissant de faibles garnisons dans nos divers postes bien pourvus dès à présent de vivres et de munitions, nous marcherions avec des troupes d'élite droit à notre ennemi principal. Je ne suis pas disposé à parler légèrement d'un adversaire si respectable, mais j'ai la confiance que, même avec une certaine infériorité numérique, nos vieilles bandes, manœuvrières infatigables, patientes dans les privations, ardentes dans les combats, commandées par des chefs connaissant bien le pays, ne tarderaient pas à remporter un avantage capable d'agir puissamment même sur les Arabes qui ne l'auraient pas subi. »

La confiance si fermement exprimée par Changarnier, dans la dépêche dont nous venons de citer la plus grande partie, était d'ailleurs partagée par tous ceux à qui il commandait.

« Si des circonstances difficiles se présentaient, lui écrivait Bosquet, nous tâcherions tous ici de nous grandir pour mieux comprendre votre pensée et nous rendre dignes de notre général en chef. »

Mais les chances de guerre générale, admises par beaucoup d'esprits clairvoyants, ne devaient pas se réaliser à une heure où tous les États étaient profondément troublés par le mouvement d'idées auxquelles la révolution de Février avait apporté une nouvelle puissance. Il fallait d'abord régler sa situation intérieure avant d'aller courir les hasards d'une campagne. Le seul fait militaire saillant des opérations ordonnées dans l'intérieur de l'Algérie par Changarnier fut la soumission, dans la province de Constantine, du bey Achmet, celui-là même qui avait infligé un si rude échec au maréchal Clauzel. En même temps qu'il recevait cette nouvelle le 15 juin, le gouverneur général apprenait qu'il avait été nommé, le 8 juin, représentant du département de la Seine aux élections complémentaires de l'Assemblée constituante, le 4e sur une liste dont Caussidière occupait le premier rang, Thiers le cinquième, Louis-Napoléon Bonaparte le huitième, et Proudhon le dernier rang.

Élu sans avoir sollicité le mandat des électeurs de la Seine, le général, après avoir remis au général Marey-Monge l'intérim du gouvernement général, quittait le 22 juin cette terre d'Afrique qu'il ne devait plus revoir. Il pénétrait dans la vie politique au milieu des luttes des partis, du déchaînement de toutes les fureurs, avec la volonté de servir loyalement les intérêts du pays, mais non sans appréhensions et sans regrets d'abandonner son rôle militaire. Quand il débarqua le 25 juin à Marseille, il trouva la ville sous le coup de la terreur d'une tentative d'émeute, éclatée la veille, mais promptement réprimée. On ignorait encore les événements de Paris et le lien des mouvements révolutionnaires obéissant à un mot d'ordre. En relayant à Aix, Changarnier connut par une dépêche la bataille qui se livrait dans les rues de la capitale. Comme il traversait Valence, il apprit que le combat continuait avec la même fureur, et que Lyon était déjà au pouvoir des révoltés. Courant alors la poste, il se rendit à Moulins pour gagner à Bourges le chemin de fer de Paris. Là, mêmes nouvelles : la guerre civile ensanglantait Paris, bien que l'insurrection commençât à perdre ses positions; mais la situation demeurait incertaine, et le préfet était invité à ne pas arrêter le mouvement des gardes nationales sur Paris. Rejoint à ce moment par ses aides de camp, Changarnier leur fit prendre les devants et leur donna comme instructions de le rejoindre à Tours, s'ils apprenaient en route que Paris était tombé au pouvoir de l'émeute. Si ce malheur survenait, il était décidé à rallier à Tours les troupes stationnées à portée de cette ville et à les conduire au secours du gouvernement prisonnier. Mais cette douleur devait lui être épargnée; elle était réservée pour d'autres temps.

A Bourges, le général était informé de la défaite des insurgés; Paris avait échappé, cette fois, à la domination barbare. Le 28 juin à sept heures et demie du matin — une demi-heure après son arrivée, — Changarnier entrait au palais de l'Assemblée et se présentait en tenue au général Cavaignac. Il trouva le chef du pouvoir exécutif encore sous le coup des émotions violentes qu'il venait de traverser, mais en même temps dans toute l'animation du succès qui ouvrait définitivement, croyait-il, l'avenir à la République forte et honnête, son rêve depuis longtemps. Il se regardait comme appelé lui-même à assurer son établissement et ne doutait pas de la reconnaissance du pays. Il développait avec chaleur ses sentiments et ses prévisions, lorsqu'on vint tout à coup lui rendre compte que les émeutiers, reprenant l'offensive, étaient déjà maîtres de la caserne de Courbevoie. Toujours ardent à payer de sa personne, Changarnier lui proposa de se mettre à la tête d'un détachement pour aller reconnaître les positions occupées par l'insurrection. Cavaignac accepta avec une satisfaction qu'expliquait le refus qu'il avait essuyé peu auparavant du général Baraguey d'Hilliers, dont l'humeur ne s'était pas accommodée de servir sous les ordres d'un officier général de promotion récente.

A la tête d'un escadron, Changarnier gagna Courbevoie par la place de la Concorde et les Champs-Élysées; il reconnut en peu d'instants que la soumission était complète de ce côté comme ailleurs, et que les sanglantes journées n'étaient pas près de recommencer. Au retour, comme il croisait les bataillons qui se rendaient devant l'Assemblée pour défiler devant elle, il fut salué par leurs vivats : « Vive le général Changarnier! Vive notre général en chef! il nous le faut! »

La confiance allait à lui de toutes parts, et le mouvement de l'opinion le désignait au choix du gouvernement; celui-ci accepta sans hésiter cette indication en le nommant, par décret du 29 juin, commandant en chef des gardes nationales de la Seine. En même temps, une brigade dite de réserve était placée sous ses ordres. Elle se composait de deux régiments d'infanterie et d'un bataillon de chasseurs, casernés à l'*Assomption* et dans les bâtiments de la liste civile, rue

Saint-Thomas du Louvre. Les Tuileries devaient servir de quartier général au nouveau commandant en chef.

Établi dès le 30 dans l'appartement du roi et de la reine des Belges, Changarnier assista le 1er juillet à la parade dans la cour du château et se préoccupa de procéder sans retard aux mesures de réorganisation. La première qui s'imposait à son attention était la réforme de l'état-major de la garde nationale, instrument nécessaire du commandement. A l'exception de trois anciens officiers, qui tenaient leur nomination du maréchal comte de Lobau, les cent cinq officiers qui le composaient y avaient été placés par Courtais, puis maintenus par son successeur Clément Thomas. Marchands de chevaux, faillis, acteurs, bohèmes de toutes les professions y étaient exclusivement représentés ; tous vivaient dans une familiarité de carrefour et tutoyaient sans vergogne leur propre général.

Afin de bien apprécier les éléments à éliminer, Changarnier fit inviter à sa table pour le déjeuner, chaque jour, tous les officiers d'état-major, ceux de la garde nationale et de la brigade de réserve, qui prenaient le service pour vingt-quatre heures ou commandaient les détachements de garde aux Tuileries. Six semaines furent nécessaires pour étudier les décisions à intervenir. Un certain nombre d'officiers envoyèrent spontanément leur démission ; enfin, le 15 août, par la voie de l'ordre, le général fixa la composition définitive de l'état-major.

En se rendant à l'Assemblée pour y prendre séance, Changarnier avait éprouvé quelque étonnement d'y trouver son siège désigné au milieu des bancs de la gauche. Mais il avait été celui du général de Négrier, et M. Jules de Lasteyrie y avait inscrit son nom le jour même où cet officier tombait frappé par les balles françaises. Son hésitation ne fut pas de longue durée; autant par respect pour la mémoire de cette victime de nos discordes civiles que par courtoisie envers ses collègues, il occupa le fauteuil qui lui était ainsi échu. La situation qui en résultait devint plus singulière encore ; par suite de travaux faits dans la salle des séances et de la suppression d'une grande partie des banquettes de l'extrême gauche, la place du général ayant été seule maintenue, il se trouva siéger au milieu même de la Montagne.

Dans la séance du 3 août, après que M. Quentin-Bauchart eut achevé la lecture du rapport de la commission d'enquête, Ledru-Rollin essaya de se justifier des accusations portées contre lui au sujet de sa conduite lors de la journée du 16 avril. Au milieu d'une foule de rectifications, il déclara, entre autres, qu'il était faux que, pour obtenir du maire de Paris l'ordre de battre le rappel général, il eût fallu lui dicter cet ordre, que lui-même l'avait envoyé une heure auparavant comme ministre de l'intérieur.

« Je ne voudrais pas nuire, répondit Changarnier, à la justification que vous venez d'entendre, mais il importe à la vérité et à moi-même que je constate que le 16 avril, à une heure après midi, M. le ministre des affaires étrangères et M. le maire de Paris n'avaient aucune connaissance des ordres donnés par M. le ministre de l'intérieur et des démarches faites pour faire prendre les armes à la garde nationale. Cela est si vrai qu'à une heure après midi M. le maire de Paris fit partir l'ordre de battre le rappel dans toutes les légions. Je ne voudrais pas nuire, je le répète, à la justification que vous venez d'entendre, mais voilà le fait que je tenais à constater et que je maintiens. »

M. Armand Marrast monta à la tribune pour assurer que, pendant qu'il faisait reconnaître les officiers d'une légion de la banlieue, le ministre de l'intérieur avait donné l'ordre de faire battre le rappel.

« Voici, dit-il en terminant, ce qui explique comment cet ordre ne fut pas immédiatement exécuté : il fut porté à l'état-major, *où il souffrit quelques difficultés.* Je fus obligé de renouveler cet ordre au moment où j'arrivai à l'Hôtel de ville. »

La vérité était que Ledru-Rollin avait réclamé le concours de la garde nationale comme il le prétendait, mais avec peu de désir d'être obéi ; l'ordre seul de M. Armand Marrast arriva à destination ; deux reçus de cet ordre parti de l'Hôtel de ville le 16 avril, l'un signé du colonel de la 5° légion à une heure trente minutes, le second signé d'un adjoint du VI° arrondissement à une heure trente-cinq minutes, parvinrent par la poste au général et le mirent ainsi en possession de preuves catégoriques.

L'incident ranima toutes les impatiences de M. de Lamartine. A plusieurs reprises déjà, accusé de mollesse, d'imprévoyance et d'indécision durant la journée du 16 avril, il s'en était défendu avec énergie dans un long plaidoyer intitulé : « Lettre aux dix départements qui m'ont élu. » Mais la démonstration était peu péremptoire ; si la droiture des intentions du ministre restait indiscutable, il n'était pas moins évident que sa fermeté, son sang-froid, la vigueur de son autorité ne s'étaient pas affirmés avec la résolution nécessaire dans ces difficiles conjonctures. A l'heure où Changarnier, sur les suppliantes instances de madame de Lamartine, le rejoignait à l'Hôtel de ville, il se sentait enveloppé par les intrigues et les défections ; le péril lui paraissait inexorable, et nous l'avons vu s'épuiser en vaines plaintes, au lieu de songer à l'action.

Mais le succès efface souvent jusqu'à la mémoire même des difficultés qu'il a fallu traverser pour l'atteindre, et M. de Lamartine, après la victoire, regardait comme une injustice qu'on fît même allusion à ses découragements. Dans cette circonstance la colère l'emporta sur la réflexion, peut-être même sur la reconnaissance ; le lendemain, 4 août, il faisait ou laissait insérer dans le *Bien public*, journal qu'il venait de fonder, un article sur la séance de la veille, dont les allégations parurent offensantes à Changarnier. En arrivant à l'Assemblée, le général chargea le marquis de Mortemart et M. Guichard de demander au ministre un entretien, le priant de se faire accompagner par deux collègues désignés par lui. M. de Lamartine ne tarda pas à arriver, suivi des généraux Subervie et Baraguey d'Hilliers.

Après avoir lu à haute voix le passage qui l'avait blessé, le commandant en chef ajouta :

« Monsieur de Lamartine, je vous demande réparation par les armes, en votre qualité de propriétaire et de rédacteur en chef de ce journal qui m'insulte. Il n'y aura pas de difficultés pour le choix des armes, je vous l'abandonne, quoique je sois l'offensé. »

A cette ouverture, Lamartine répondit en s'étendant longuement sur l'absence de toute preuve qui permit de le regarder comme l'auteur de cette publication, qui n'était pas assez injurieuse pour rendre une rencontre nécessaire, assurait-il.

« Je proteste, repartit Changarnier, et j'affirme de nouveau mon droit à exiger une réparation. Il serait vraiment beau que vous me criiez au secours quand vous vous croyez perdu et que vous plaisantiez mes services quand je vous ai sauvé ! »

Les deux adversaires reprirent la parole, répétant avec plus de force ce qu'ils venaient de dire ; enfin M. de Lamartine recommençait pour la troisième fois à développer ses faibles arguments, lorsque Baraguey d'Hilliers, l'interrompant :

« Nous ne comprenons pas bien si vous voulez accepter ou si vous refusez la réparation qu'on vous demande. »

« Pourquoi, ajouta le général Subervie, n'exprimez-vous pas au général Changarnier les regrets que vous paraissez éprouver ? »

L'opinion formelle des amis dont il avait réclamé l'assistance parut causer quelque embarras à Lamartine, qui se rejeta avec plus de persistance dans les déclamations qui lui servaient de texte. Vivement pressé de conclure, il dut se résigner à subir l'appréciation des quatre témoins et à insérer le lendemain dans le *Bien public* la rétractation suivante :

« M. le général Changarnier, justement blessé des deux articles publiés par le *Bien public* de ce jour, dans lesquels le nom du général se trouve mis opposition avec celui de M. de Lamartine, a eu à ce sujet, devant les soussignés, une explication avec M. de Lamartine, lequel a déclaré qu'il est complètement étranger à la rédaction de ces articles publiés sans son aveu, chacun des deux honorables représentants se réservant, du reste, sa libre appréciation des événements du 16 avril.

Signé : Général SUBERVIE, général BARAGUEY D'HILLIERS, R. DE MORTEMART, GUICHARD.

Paris, 4 août 1848.

L'incident demeura clos ; les circonstances qui l'avaient fait naitre avaient été l'occasion des déclarations les plus catégoriques sur la solidité de l'ordre matériel et le caractère définitif de la défaite de l'insurection. Mais en réalité les rapports de police ne cessaient pas de signaler la persistance de l'agitation révolutionnaire. Dès sa prise de possession du commandement, Changarnier avait été à même de constater les efforts renaissants des vaincus de Juin, et le 11 juillet, lorsqu'il fut appelé devant la commission d'enquête de l'Assemblée, interrogé sur la situation de Paris, il avait répondu :

« Les émeutiers ont été d'abord fort abattus. Ils reprennent courage et semblent vouloir recommencer la lutte. Une correspondance très active est établie entre les insurgés de Paris et les provinces. » Précisant l'examen des causes qui lui faisaient prévoir un nouveau soulèvement, il avait indiqué les moyens les plus propres, à son avis, pour le comprimer plus rapidement qu'on ne l'avait fait en juin, citant à l'appui de son opinion le système qui lui avait réussi le 16 avril.

Invité le 16 août, par le conseil des ministres, à lui exposer ses prévisions, Changarnier lui rendit compte de ses informations et développa plus complètement les mesures qu'il était décidé à appliquer le cas échéant; le jour même il rendait publique l'instruction qu'il avait préparée pour le cas d'une insurrection. Cette instruction visait particulièrement la transmission des ordres et les précautions à prendre afin d'éviter toute surprise ou toute ingérence des autorités municipales et des représentants du peuple. Sa fermeté releva le courage de la garde nationale, qui, cette fois, se sentait commandée et n'était pas insensible à l'honneur d'être traitée comme une véritable troupe.

Sur ces entrefaites, un incident très imprévu survenait; il posait pour la première fois devant le gouvernement une question qui devait tenir tant de place dans les préoccupations de la France. Le comte Alphonse de La Marmora, chef d'état-major de l'armée piémontaise, arrivait à Paris le 26 août; le même jour il se présentait au général Cavaignac pour solliciter une intervention en faveur de la Sardaigne, dans sa lutte contre l'Autriche; il réclamait le concours d'un corps français dont le commandant aurait sous ses ordres la vaillante armée piémontaise. Serviteur zélé du Roi et de la cause de l'indépendance, La Marmora défendit avec chaleur l'objet de sa mission, soutenant que l'honneur et l'intérêt de la France s'accordaient pour lui prescrire la protection de sa frontière des Alpes contre la domination autrichienne.

« Si vous ne nous donnez pas une armée, disait-il, envoyez-nous du moins un des généraux d'Afrique. » Et il mettait sous les yeux du chef du pouvoir exécutif la liste qu'avait lui-même tracée de sa petite écriture fine et serrée le roi Charles-Albert : « Le général Changarnier, le maréchal Bugeaud, le général Bedeau, le général de Lamoricière. »

Cavaignac pressa Changarnier d'accepter. « Oui, répondait Changarnier, mais avec une armée française et le drapeau de mon pays à la main! »

Lamoricière, consulté, déclina nettement; il expliqua que, dans les conditions actuelles de l'Europe, un tel exemple risquerait de provoquer une conflagration générale, et que les embarras intérieurs ne permettaient pas de s'engager dans une campagne au dehors. Il énumérait les raisons politiques qui motivaient son opinion, lorsque M. Bastide, ministre des affaires étrangères, l'interrompit pour dire « que la République ne pouvait pas soutenir un Roi ». Ce chef étonnant de la diplomatie française se borna à cette affirmation jetée d'une voix grave; il resta persuadé qu'il avait d'un mot imposé la solution.

Bedeau hésita quelques jours et finit par se décider à une réponse négative. Le maréchal Bugeaud déclina tout aussi formellement la proposition lorsqu'elle lui fut apportée, malgré les instances dont elle était accompagnée par la légation de Sardaigne. En vain le comte d'Antioche, ministre du Roi à Paris, le pressa de prêter à son souverain le concours de sa haute expérience et de sa grande renommée militaire; le maréchal se déroba à ses offres et ne voulut pas assumer la responsabilité d'une initiative personnelle.

Quant à Changarnier, il avait d'autres bonnes raisons de mettre pour conditions précises à son acceptation l'envoi par delà les Alpes d'un corps d'armée français. S'il faisait avec justice grand cas de la valeur et de la bravoure des troupes piémontaises, il connaissait bien les côtés faibles qui avaient été cause de leurs revers.

« Il ressort, écrivait-il, de l'ensemble des opérations de Radetzky, la preuve évidente que toutes ses combinaisons ont eu pour but d'attirer l'armée piémontaise sur la rive gauche du Mincio, de la maintenir dans cette position en lui facilitant quelques légers succès, et de gagner du temps jusqu'à ce que l'arrivée à Vérone de ses garnisons et des renforts venant de la basse Autriche par le Frioul lui permît de l'écraser en quelques jours.

« Les combats de Goito, de Monzabano et de Borghetto n'ont servi qu'à attirer les Piémontais sur la rive gauche du Mincio. Dans les premières opérations, le roi de Sardaigne avait trop étendu son front : de Goito à Peschiera, on compte environ douze lieues, développement trop considérable pour une armée de cinquante-cinq à soixante mille hommes, dont les têtes de colonne venaient se heurter inutilement contre des positions telles que Vérone et Mantoue.

« En passant sur la rive gauche du Mincio, l'armée piémontaise tombait dans le terrain de manœuvres expérimenté depuis vingt ans par l'armée autrichienne.

« Sur la rive droite, dans la position de Monzabano, le roi de Sardaigne aurait pu forcer l'insurrection des Lombards, obtenir une solution précise concernant leurs dispositions militantes et prendre un parti décisif pour la retraite vers le Piémont, sans user ses troupes dans des combats qui ne pouvaient rien produire. Charles-Albert s'était enferré entre le

Mincio et les forteresses de Vérone et de Mantoue. Le siège et la prise de Peschiera n'ont été qu'un passe-temps. Ce petit succès fut un malheur.

« Les Autrichiens abandonnent au roi de Sardaigne les hauteurs fortifiées de Rivoli, et il se croit maître du haut Adige et assez fort pour faire tête aux corps autrichiens marchant sur Vérone. Il se met en mouvement pour se porter à la rencontre du maréchal Wendel, qui attaquait dans Vicence les douze mille soldats du Pape, commandés par Durando. Heureusement cette garnison met bas les armes avant que le Roi ait pu commencer son mouvement, car Radetzky l'eût infailliblement pris en flanc, tandis qu'il aurait été attaqué en tête par les vingt-cinq mille hommes de Wendel.

« Dès le début de la campagne, l'armée a accordé aux démonstrations italiennes, surgies sur différents points du territoire, plus de solidité qu'elles n'en méritaient; à côté de cette erreur morale, elle en commettait une autre en ne devinant pas le jeu joué par le vieux maréchal. D'autre part, dès que le roi Charles-Albert faisait une halte d'un jour, le parti révolutionnaire poussait des clameurs furieuses.

« Enfin, Charles-Albert se méprenait sur les chances de la campagne, bien qu'il ne se dissimulât pas ses difficultés. « On « doit être fort étonné, disait-il, de voir un petit État comme « le Piémont lutter seul contre le grand empire d'Autriche, « mais l'Italie nous a appelés, nous sommes Italiens et nous « avons répondu. L'Église a commandé, nous sommes catho- « liques et nous avons obéi : j'espère que, Dieu aidant, nous « arriverons à bonne fin. »

« L'armée sarde était dans une fausse position, sa retraite ne pouvait s'effectuer que sous le feu de l'ennemi. Tout était péril, et cependant, dans l'état-major général, on s'entêtait à ne voir que succès. On bloquait Mantoue, on préparait le siège de Vérone. C'était une entreprise folle. L'armée manquait de tout. L'armement exigeait de grandes réparations, et les malades étaient au nombre de douze à quinze mille. C'est au milieu de cette fâcheuse situation que le vieux maréchal déboucha de Vérone sur le centre de l'armée piémontaise et

15

la rejeta en six jours sur le Tessin. L'objectif des Autrichiens était de rentrer dans Milan. Le maréchal jeta son pont de bateaux au moulin de Saliunzo, tandis qu'on croyait le passage impossible, à cause de la proximité de Peschiera. En choisissant ce point, les Autrichiens prenaient à revers la majeure partie de l'armée piémontaise et devenaient maîtres des routes conduisant à Milan, en arrière de Monzabono. Le 21 août, en prenant ses cantonnements sur le Tessin, depuis Alexandrie jusqu'à Novarre, l'armée sarde était désabusée sur l'opinion qu'elle s'était faite de ses forces. La brigade de Savoie, la meilleure de toutes, déclarait hautement que les moyens d'action étaient insuffisants pour lutter avec succès. »

Quelles que fussent ses sympathies pour la cause engagée, son désir de faire campagne sur le continent, Changarnier s'était rendu un compte trop exact de la situation militaire pour ne pas s'attacher d'une manière irrévocable aux conditions qu'il avait mises à son concours; il est intéressant de connaître son jugement sur les opérations qui venaient de se terminer, et il n'était pas inutile de nous arrêter sur cet incident, d'un grand intérêt militaire.

Pendant que les discussions de la Constituante se poursuivaient, l'élection de Louis-Napoléon Bonaparte dans l'Yonne était validée le 26 septembre, et le prince occupait son siège au milieu de ses nouveaux collègues. Le même jour, comme Changarnier traversait la salle des Pas-Perdus, il rencontra M. Vieillard, qui accompagnait le prince. « Voici, mon général, lui dit-il, notre nouveau collègue, qui a le plus vif désir de vous connaître. »

Puis il s'éloigna pour laisser s'engager la conversation; celle-ci se borna à des formalités polies, non sans un embarras évident pour éviter tout sujet relatif à la politique. Le mouvement général qui suivit la séance mit fin à cet entretien, qu'on commençait déjà à observer curieusement.

Le 4 novembre, après une discussion de plus de deux mois, l'Assemblée vota à une immense majorité la Constitution. Au milieu des acclamations générales et des cris répétés de « Vive la République! » Changarnier, seul sur les bancs de la Montagne, et quatre ou cinq représentants dans les rangs de la droite gardèrent le silence. « Vous nous livrez à l'anarchie ou au despotisme, disait le général à un de ses collègues. J'ai voté la Constitution pour ne pas vous affaiblir par ma destitution, mais je sais ce qu'elle vaut. »

Quelques jours plus tard, le 12 novembre, la nouvelle Constitution était solennellement proclamée dans une cérémonie officielle, que terminèrent le chant du *Te Deum* et un défilé général des troupes et de la garde nationale. Sur la place de la Concorde, en face du pont tournant, de vastes estrades étaient réservées aux membres de l'Assemblée, autour desquels se groupaient les corps de l'État et un nombreux clergé. Le ciel était gris et sombre, le temps froid et pénétrant, six heures étaient déjà écoulées que le défilé s'achevait à peine. Changarnier s'était placé en face des tribunes. Énervé par une longue attente et saisi par le froid, son cheval se prit tout à coup d'impatience et vint en caracolant se jeter presque au milieu des élèves du grand séminaire de Saint-Sulpice et du clergé :

« Ne craignez rien, Messieurs, leur cria le général, c'est moi qui vous sers aujourd'hui de maître des cérémonies! »

Il exprimait mieux le fond de sa pensée lorsqu'il répondait le lendemain à ceux de ses collègues qui le plaignaient du froid rigoureux qu'il avait enduré :

« Le peu que j'ai souffert ne me semble pas une expiation suffisante du vote que vous m'avez imposé. »

Mais les événements se succédaient rapidement, et peu de temps après, le prince Louis-Napoléon était élu Président de la République.

En lui donnant leurs voix, les masses avaient subi l'entraînement créé par le culte de la légende impériale, culte regardé sans péril alors par les plus avisés, qui l'envisageaient comme un hommage à des gloires françaises; beaucoup pensaient y trouver une garantie pour l'ordre matériel, en face des revendications et des audaces des partis avancés, sans être obligé de retourner aux partis vaincus. Il y avait là comme une sorte de transaction qui séduisait un grand nombre; ceux-ci y voyaient un expédient pour ne pas désavouer leurs préférences, ils croyaient réserver leurs espérances et se préparer ainsi dans l'avenir des conditions plus favorables. Ils pensaient imposer des conditions et ne se doutaient pas qu'ils en subissaient, qu'ils se désarmaient, qu'ils se préparaient tout autre chose qu'un auxiliaire. Voter pour Bonaparte, disaient-ils, ce n'est pas être bonapartiste, c'est constituer l'état intermédiaire nécessaire pour attendre une occasion favorable, c'est jeter un pont sur les difficultés, c'est mettre sa popularité au service de notre politique et de nos combinaisons, c'est acquérir un instrument puissant. Le silence du prince, les déclarations de circonstance auxquelles il se bornait leur paraissaient autant de symptômes parfaitement satisfaisants. On le trouvait gauche, timide, mal entouré, sans esprit politique; que pouvait-on craindre de l'homme des tentatives absurdes de Strasbourg et de Boulogne? Rien n'était donc plus indiqué que de constituer à côté de lui un gouvernement qui deviendrait le maître véritable, quitte à se débarrasser de ce chef nominal quand le moment en serait venu, s'il imaginait de contrarier le mouvement au lieu de le seconder.

Tel était le plan simple autant qu'ingénieux dont on s'étonne de rencontrer plus tard de nouveaux exemples. En politique comme sur le champ de bataille, la plus grande de toutes les fautes est de ne pas connaître l'état exact et la nature des forces auxquelles on a affaire, d'où elles viennent, quel est leur objectif nécessaire, quelles ruses masquent leur marche, quels appuis les soutiennent, quelles chances favorables les poussent. Plus d'un désastre est survenu, pour avoir ignoré ou n'avoir pas su reconnaître le terrain, pour s'être trompé sur les intentions d'alliés supposés, pour avoir oublié que les intérêts seuls réunissent les hommes quand ils traitent d'affaires, et que, tabler ses calculs en dehors de cette seule certitude, c'est se nourrir de chimères et préparer la déroute.

Telle était alors l'illusion d'un grand nombre d'esprits distingués; elle était aussi celle de Changarnier, et il en résumait lui-même la formule au général Cavaignac lorsque, appelé à assister au conseil des ministres, le 14 décembre, pour donner son avis sur les moyens propres à empêcher toute tentative de proclamation de l'Empire, à l'occasion de la cérémonie anniversaire de la translation des cendres de l'empereur Napoléon ou de la proclamation du Président de République, il dit d'une voix ferme : « J'ai donné ma voix à Louis-Napoléon Bonaparte pour en faire un Président de la République, non pas pour en faire un Empereur. Comptez que force restera à la loi et qu'il ne tentera pas d'occuper les Tuileries, où vous avez établi mon quartier général. » Puis il expliqua les précautions à prendre ; le conseil en décida sur-le-champ l'application, et M. Dufaure en prit note sous sa dictée.

D'un autre côté, les groupes de l'Assemblée se préoccupaient de la composition du ministère ; les membres de la droite se réunissaient fréquemment pour en conférer. Changarnier, en sa qualité de représentant, activement associé à ces délibérations, fut chargé de déterminer l'acceptation de M. de Falloux, qu'on sollicitait d'accepter le portefeuille de l'instruction publique et des cultes. Le jeune député déclinait le poste ; il objectait son insuffisance, son origine légitimiste, ses liaisons de parti et, malgré la confiance que lui inspiraient les instances du général, une crainte très vive de n'être pas en état de répondre aux difficultés de la situation. Le vénérable abbé Desgenettes accepta la mission, dont le fit prier Changarnier, de vaincre ses dernières résistances ; ses efforts et ses désirs se trouvèrent en plein accord avec ceux des principaux rédacteurs des journaux légitimistes, que M. de Falloux avait, de son coté, confidentiellement consultés, et la presse entama une campagne très active en faveur de M. de Falloux.

Changarnier fit en même temps désigner le colonel Rebillot pour la préfecture de police, et contribua activement aux choix qui furent arrêtés pour les différents portefeuilles.

Le 18 décembre, Louis-Napoléon réunit chez son ami M. Clary, 36, rue d'Anjou, où il était descendu, son futur cabinet [1]. Le commandant en chef des gardes nationales de la Seine, qui devait joindre à ce commandement celui de la garde

---

[1] MM. Odilon Barrot, président du conseil, ministre de la justice ; Drouyn de Lhuys, affaires étrangères ; général Rulhières, guerre ; de Tracy, marine ;

mobile et de l'armée de Paris, assistait à cette réunion. Le Président prenait la plume pour signer le décret d'organisation de ce commandement, lorsque Changarnier exprima le désir d'en connaître auparavant le texte. Quelle ne fut pas sa surprise de voir que les dispositions en étaient tellement contraires aux conventions entendues, qu'il allait se trouver dans une dépendance absolue du ministre et dans l'impossibilité de prendre l'initiative d'une mesure quelconque, tous les droits du commandement se trouvant réunis dans les mains du ministre de la guerre ! Ineptie ou intrigue des bureaux, il se refusa à accepter cette situation et, après en avoir successivement expliqué les raisons d'ordre purement militaire, annonça son intention de se retirer.

« Cela s'arrangera, cela s'arrangera », dit M. Odilon Barrot, et de l'avis unanime du conseil, le général Rulhières déclara qu'il apporterait le lendemain un projet de décret conforme aux stipulations fixées le 19 décembre; il fut donc signé par le Président, en même temps que la nomination du maréchal Bugeaud au commandement de l'armée des Alpes. Changarnier avait insisté avec une grande vivacité pour faire décider ce choix, que le prince combattait, dans la crainte peu fondée de l'attachement qu'il supposait au maréchal pour la maison d'Orléans.

Les mesures étaient ainsi prises ou résolues en vue de l'installation du Président de la République; M. Armand Marrast proclama son élection dans la séance du 20 décembre, après la lecture par M. Waldeck-Rousseau du rapport sur les votes du 10 décembre suivie de la démission du général Cavaignac. Le prince Louis-Napoléon monta alors à la tribune pour prêter le serment constitutionnel, auquel il ajouta un assez long discours. Avant de quitter l'Assemblée, il s'arrêta devant le général Cavaignac pour lui tendre la main, mais celui-ci retira la sienne et resta dans une attitude de dépit.

Entouré du président et du bureau de l'Assemblée, le nouveau chef de l'État se rend à sa voiture; puis Changarnier

de Malleville, intérieur; Léon Faucher, travaux publics; de Falloux, instruction publique et cultes; Passy, finances; Bixio, agriculture et commerce.

monte à cheval et l'accompagne à travers la place de la Concorde, la rue Royale et la rue du Faubourg-Saint-Honoré. Les troupes formées en haie rendent les honneurs jusqu'à l'Élysée, où le prince Jérôme attend son neveu pour le recevoir. Étrange revanche de la destinée, c'est de ce palais même que l'Empereur était parti trente-trois ans auparavant, pour défendre contre l'Europe coalisée la couronne qu'il venait de ressaisir et qui allait lui échapper encore après de nouveaux désastres.

Le 24 décembre le prince se présenta aux troupes et à la garde nationale; il en passa la revue au milieu des cris de « Vive la République! » poussés par la garde nationale seule, tandis que les régiments restaient silencieux, suivant les prescriptions réglementaires que Changarnier avait pris soin de rappeler expressément. Un incident comique égaya le défilé. Un aigle en papier sous forme de cerf-volant vint planer au-dessus de la tête du Président; cet emblème bizarre divertit les assistants, auxquels l'attitude gauche et maladroite du prince laissa une impression peu favorable. Mais ce n'était là qu'un masque d'emprunt dont, pareil à Sixte-Quint, il devait se débarrasser quand en viendrait le moment. En attendant, tout le monde y était pris.

Les inquiétudes de la gauche de l'Assemblée se portaient sur l'étendue des pouvoirs réunis dans la main de Changarnier, et M. Ledru-Rollin interpella, dès le 26 décembre, le ministère sur les conditions inconstitutionnelles de son commandement. C'était assurément se tromper sur le défaut de la cuirasse. Ledru-Rollin s'efforça, il est vrai, d'exclure de ce débat tout caractère personnel, de maintenir son attaque sur le terrain des principes, en basant son argumentation sur l'art. 67 de la loi de 1831 :

« Aucun officier exerçant un emploi actif dans les armées de terre ou de mer ne pourra être nommé ni officier, ni commandant supérieur de la garde nationale. »

Il critiquait l'imprudence des dispositions du décret organique, la réunion sous un seul commandement de près de quatre cent cinquante mille hommes, la faculté pour le général en chef de prescrire « tous les mouvements de troupes et de matériel, toutes les distributions de vivres et de munitions qu'il jugera nécessaires, à condition que ces déplacements ne se prolongeront pas au delà de vingt-quatre heures et qu'il en sera rendu compte au ministre de la guerre. »

Il signalait le danger d'une telle latitude, qui suspendait en quelque sorte l'autorité du ministre de la guerre et créait une indépendance apparente en faveur de Changarnier. M. Odilon Barrot défendit la nomination en disant que l'organisation visée par l'interpellation ne concernait que « les temps ordinaires ». Il déclara que les pouvoirs étaient « temporaires ». M. de Malleville rappela à M. Ledru-Rollin qu'il avait, lui aussi, rassemblé entre les mains du général Courtais plusieurs commandements. « Je suis heureux, ajouta-t-il ironiquement, de voir un des anciens ministres du gouvernement provisoire se préoccuper de la légalité; je le félicite de ce progrès personnel. »

Après une assez longue discussion, l'ordre du jour pur et simple fut adopté. Mais le langage énergique du ministre de l'intérieur ne lui assura pas longtemps la confiance du Président de la République. Celui-ci lui ayant demandé, le 26 décembre, de lui remettre les dossiers relatifs aux affaires de Strasbourg et de Boulogne, M. de Malleville en refusa la communication. Sa démission ne tarda pas à suivre; le prince appela au ministère de l'intérieur M. Léon Faucher, remplaça M. Bixio par M. Buffet à l'agriculture et confia les travaux publics à M. Lacrosse. Les journaux plaisantèrent M. Odilon Barrot sur ce remaniement ministériel, dont la cause ne fut pas divulguée, et traitèrent le président du conseil de « Jupiter constitutionnel ».

Le commandement dévolu à Changarnier était né de la nécessité de prévenir le désordre en remettant dans les mêmes mains la direction des troupes et de la garde nationale. Le général se préoccupa de procéder sans retard aux mesures urgentes. Dès qu'il eut pris possession de la 1re division militaire, — qui comprenait onze départements et quatre-vingt-seize mille hommes, — son premier soin fut de s'enquérir des dispositions et des instructions ordonnées par ses prédécesseurs en cas de troubles. Il fut consterné en apprenant que rien n'était concerté d'avance et que tout restait abandonné à l'improvisation du moment. Esprit pratique, il ne perdit pas un instant afin de combler cette grave lacune, sachant par une longue expérience que le premier devoir du commandement est de s'appliquer à reprendre au hasard tout ce qu'on peut lui arracher. Il rédigea une première instruction pour fixer les positions à défendre et les mesures à prendre à la première alerte. Lui-même vint reconnaître, avec chacun des officiers généraux auxquels il l'avait assigné, le point qu'il devait défendre; il leur désigna, dans un rayon de cinq à six cents mètres, les maisons situées aux angles des rues; l'entresol et le premier étage de chacune d'elles devaient être occupés par les troupes, dont les patrouilles resteraient en communication permanente avec les maisons et les brigades voisines, de manière à protéger les mouvements des régiments et à empêcher l'établissement des barricades. Dans le but de prévenir l'enlèvement des postes isolés, il décida que ceux-ci rentreraient immédiatement au quartier. Enfin, il s'attacha à rendre au soldat la confiance, le respect de soi-même, par une discipline fermement maintenue, et ce n'était pas là la partie la moins difficile de sa tâche, au lendemain de la guerre civile si péniblement comprimée. Peu à peu, tous les ferments de désordre disparurent sous l'action d'une autorité active et vigilante, l'esprit militaire reprit sa vie. Les journaux firent grand bruit des actes de sévérité qu'ils se plurent à prêter à Changarnier. En réalité, ceux-ci se bornèrent à l'envoi de trente-cinq hommes dans les compagnies de discipline en Algérie, en punition de leur insubordination et de leur obstination à s'associer aux intrigues des clubs et des sociétés révolutionnaires.

Mais il restait à Changarnier à régler toutes les questions relatives à la garde mobile, où le désordre existait à l'état de principe. Deux méthodes s'offraient au choix du gouvernement : le licenciement, ou une réorganisation sur des bases nouvelles. Le général exposa, le 5 janvier, au conseil des ministres, les dangers de maintenir une force aussi impressionnable et indisciplinée à la merci de l'émeute, il proposa de procéder par voie de réforme générale. Le conseil adopta son avis, et il fut arrêté en principe qu'avant un mois toutes les décisions seraient arrêtées, les vingt-cinq bataillons réduits à douze, et ceux-ci répartis dans les départements compris dans la circonscription de la première division militaire.

L'affaire fut conduite dans le plus grand secret, et le 25 janvier le *Moniteur* publiait le décret, signé la veille, portant réorganisation complète de la garde mobile.

La nouvelle exaspéra les groupes avancés de la Constituante; leur mécontentement se traduisit dès le 26 janvier, contre le gouvernement, dans une discussion sur un projet de décret prononçant la fermeture des clubs; la proposition fut repoussée, le lendemain 27, par 418 voix contre 342, conformément aux conclusions du rapport de M. Senart. Enhardi par ce succès, Ledru-Rollin ajouta à l'agitation de l'Assemblée en déposant une demande d'accusation contre le ministère. En même temps, les symptômes d'un prochain soulèvement se manifestaient dans les faubourgs, et tout donnait à croire que la lutte allait recommencer dans les rues. C'était un pauvre début de gouvernement; l'imminence du péril n'était pas sans causer de sérieuses inquiétudes au Président, que le général trouva absorbé par l'anxiété, lorsqu'il se présenta à l'Élysée, après l'orageuse séance de la Chambre. Comme il s'efforçait de le rassurer, l'entretien fut interrompu par M. Laity, un des officiers d'ordonnance du prince, qui lui dit quelques mots à voix basse.

« Avez-vous entendu Laity? dit le président.

— Non, répondit le général, je m'étais éloigné.

— Il m'avertit, dit le prince, que deux ou trois cents mobiles sont dans le vestibule et demandent à me parler.

— Mais comment le capitaine de garde a-t-il eu l'ineptie de les laisser passer? s'écria Changarnier.

— Je l'ai fait inviter à les laisser entrer, répliqua Louis-Napoléon; que dois-je leur dire?

— Je vous conseille, dit Changarnier, de ne pas vous

compromettre avec ces petits vauriens. Allez-vous céder à leurs exigences, ou saurez-vous leur notifier en face votre refus? »

Et comme le Président demeurait silencieux et embarrassé :
« Je vais les voir et les renvoyer », reprit le général.

Sur ces mots, il sort et envoie M. Laity porter l'ordre au capitaine de garde de faire charger les armes aux deux compagnies rangées en bataille dans la cour. Au moment où Changarnier parut, les mobiles remplissaient le vestibule et couvraient le vaste perron du palais. Le silence se fit immédiatement. Se plaçant au milieu d'eux, il leur dit :

« Le gouvernement n'oublie pas vos services dans les journées de Juin ; sa reconnaissance n'est pas refroidie, mais son devoir est de vous donner une organisation plus capable d'employer utilement votre patriotisme en diminuant des cadres trop nombreux pour votre effectif. Vous êtes libres de rester dans les nouveaux bataillons ou de reprendre les professions que vous exerciez avant Février. La bienveillance du gouvernement vous y suivra, si vous demeurez sourds aux perfides conseils des anarchistes.

— Nous voulons rester tels que nous sommes, crièrent plusieurs voix, en même temps que de tous côtés s'élevaient des réclamations irritées.

— Silence! » dit Changarnier.

Puis il ajouta :

« Mes paroles ont été assez claires pour être comprises, je ne les répéterai pas. Demeurez persuadés que nous avons les moyens et la volonté de faire respecter l'ordre et les lois. »

S'avançant alors sur le bord du perron :

« Capitaine, faites ouvrir la grande porte et permettez à ces messieurs de se retirer. »

Et la députation turbulente, sentant qu'il n'y avait rien à faire, défila en silence. Quand la grande grille du faubourg Saint-Honoré se referma, le général vint raconter au Président comment il l'avait débarrassé de cette insolente visite; puis, remontant à cheval, il regagna au grand trot, suivi d'un seul cavalier, les Tuileries. Pendant ce temps, les mobiles soulageaient leur colère et leur humiliation en descendant le faubourg Saint-Honoré, la rue Castiglione et la rue de Rivoli, aux cris de : « Mort à Changarnier! A bas le Président! Vive la République démocratique et sociale! »

Un faible détachement, sorti des Tuileries, eut raison de leur mauvaise humeur et acheva promptement leur dispersion. Ce n'était là qu'un prélude, car il s'agissait au fond d'un projet plus sérieux. Changarnier fut en effet averti par le préfet de police que, le lendemain, il serait l'objet d'une tentative d'assassinat pendant qu'il recevrait les vingt-cinq chefs de bataillon de la garde mobile, résolus à renverser le Président de la République à la faveur du désordre qui s'ensuivrait. Changarnier se décida avec peine, et pour satisfaire aux sollicitations qui accompagnaient cette communication, à faire placer un poste de vingt gendarmes dans une pièce voisine. Le lendemain, 28 janvier, il recevait à dix heures du matin les vingt-cinq chefs de bataillon, que lui présentèrent le général de brigade Cussy, commandant la garde mobile, et le colonel Lafond de Villiers, commandant en second. Changarnier était entouré de ses aides de camp, MM. Pourcet, de Carcy, de Valazé, et de M. Bazien, sous-chef d'état-major de la garde nationale. « Général, dit-il en s'adressant au général Cussy, faites-moi connaître les réclamations de ces messieurs. »

Le commandant de la garde mobile essayait de préparer dans une forme vague, à travers une évidente hésitation, la demande de ses subordonnés, lorsqu'il fut tout à coup interrompu :

« Nous venons, cria le chef de bataillon Aladenise, ancien officier complice de Louis-Napoléon à Boulogne, demander compte du décret du 25!

— Prenez patience, monsieur Aladenise, répliqua d'une voix ferme Changarnier, j'écouterai vos observations respectueuses quand j'aurai expliqué les intentions du gouvernement. Ces intentions sont équitables et bienveillantes. A l'approche du jour où l'engagement annuel des volontaires va expirer, il est urgent de donner à la garde mobile une organisation plus militaire, plus solide. Beaucoup d'officiers seront conservés dans les nouveaux cadres et y recevront des grades proportionnés à leurs services et à leurs capacités. Plusieurs d'entre vous seront placés à la tête des nouveaux bataillons. Ceux qui auront à chercher dans la vie civile une nouvelle carrière ou à reprendre celle qu'ils suivaient avant Février, pourront compter sur la bienveillance et la protection du gouvernement, s'ils se conduisent en bons citoyens. Maintenant, monsieur Aladenise, je suis prêt à vous écouter. »

Celui-ci commença par déclarer que ce n'était point comme militaire, mais comme citoyen, qu'il entendait parler; puis, l'exaltation s'étant emparée de lui, il tutoya le général, l'appela traître, lui déclara qu'il aurait affaire à lui, que par ses écrits il le signalerait au Président et au public; il alla jusqu'à mettre le sabre à la main pour donner le signal convenu, gesticulant furieusement avec son arme et criant les injures les plus grossières.

D'un ton impassible, le général donna l'ordre d'introduire les gendarmes, et leur fit sur-le-champ remettre M. Aladenise pour le conduire à la prison militaire de l'Abbaye.

« Quant à vous, dit-il aux chefs de bataillon, vous pouvez vous retirer, souvenez-vous de mes recommandations. »

Le général Cussy et le colonel Lafond de Villiers rendirent alors compte au général de tous les détails du complot qui venait d'échouer : pendant qu'Aladenise et ses complices assassineraient Changarnier, toute la garde mobile, divisée en petits groupes de quinze à vingt hommes, devait être répandue dans les Champs-Élysées et aux abords de l'Élysée; à un signal donné, les bataillons devaient se masser soudainement, entourer le Président lorsqu'il sortirait à l'heure accoutumée de sa promenade, le sommer de rétablir la garde nationale mobile sur ses anciennes bases et, si sa réponse n'était pas satisfaisante, le conduire à l'Assemblée nationale.

Après avoir donné l'ordre au préfet de police de faire arrêter les six conjurés qui venaient de lui être désignés, Changarnier reprocha à MM. Cussy et Lafond de Villiers de ne l'avoir pas plus tôt renseigné, puis il se rendit auprès du ministre de l'intérieur pour le mettre au courant de ce qui venait de se passer; il s'abstenait toutefois de mentionner l'incident du sabre, pour éviter l'intervention d'un conseil de guerre. En même temps, il essayait de réveiller les sentiments généreux de la garde mobile.

« Officiers, sous-officiers et volontaires de la garde nationale mobile, disait l'ordre du jour qu'il leur adressa immédiatement, si j'en croyais vos calomniateurs, vous vous laisseriez aller à des conseils pernicieux et intéressés, vous seriez prêts à troubler l'ordre que, jusqu'à présent, vous aviez si intrépidement défendu, à attaquer la République, les institutions placées sous votre sauvegarde et la société enorgueillie de vos succès, qui vous appelle ses héroïques enfants. Au nom de la Patrie, que nous saurons défendre contre tous ses ennemis, écoutez ma voix et repoussez ces fauteurs d'anarchie qui, en vous entraînant à votre perte, voudraient se venger de votre glorieux passé. »

Mais, bien que brisée dans son premier effort et privée du concours des hommes les plus ardents, la journée du lendemain s'annonçait comme périlleuse. Ledru-Rollin avait réuni à onze heures du soir les représentants de la Montagne, les meneurs des clubs et des sociétés secrètes, auxquels deux cents officiers, sous-officiers et soldats de la garde mobile étaient venus offrir leurs services. Les Montagnards les avaient acceptés en leur recommandant de ne se soumettre à aucune réduction, de se soulever tous, et leur avaient promis qu'une insurrection générale éclaterait en même temps dans Paris.

Informé dès une heure du matin de ces préparatifs, Changarnier fit donner l'ordre d'arrêter tous les mobiles qui seraient rencontrés dans les rues. Au même instant, il faisait expédier aux généraux commandant à Rouen, à Orléans, à Blois et à Versailles, les dépêches télégraphiques préparées à l'avance, leur prescrivant de faire embarquer pour Paris leurs troupes disponibles. Quelques moments après, les généraux de division, les ministres de la guerre et de l'intérieur, l'intendance étaient avertis des mouvements de troupes ordonnés, et à huit heures du matin un aide de camp de Changarnier allait informer le Président de la République de la situation et des mesures prises pour y parer. Le prince Louis-Napoléon ne paraissait pas éprouver une confiance sans limite dans l'efficacité de ces précautions; pour toute réponse, il se borna à faire recommander au général de ne pas manquer de se rendre à dix heures au conseil des ministres. L'inquiétude avait d'ailleurs atteint de telles proportions, que le ministre de l'intérieur, se croyant destiné à subir un siège, écrivit dans la matinée au général pour le prier de joindre « deux ou trois batteries d'artillerie » au détachement qui gardait l'hôtel du ministère.

Le conseil se réunit à dix heures. A la surprise générale, on entendit Louis-Napoléon déclarer que la Constitution était impraticable et que la dictature s'imposait au salut de la société. En prononçant ses paroles, il gesticulait vivement, tenant à la main la proclamation dont il voulait donner lecture aux ministres. M. Passy l'interrompit pour démontrer sommairement qu'en suivant le Président, le premier résultat acquis serait la banqueroute générale.

« On m'oppose, reprit le prince, des difficultés financières quand je joue ma tête !

— Mais vous ne jouez pas seulement la vôtre », répliqua le général Rulhières.

M. Odilon Barrot tira de cet incident des arguments décisifs pour la prompte séparation de la Constituante, l'élection d'une Assemblée législative, et le Président remit dans sa poche, sans en avoir pu donner lecture, le papier qui contenait sa proclamation. Pendant qu'il parlait, on remit à Changarnier une lettre du président de l'Assemblée, l'invitant à venir lui expliquer le déploiement des troupes autour du Palais-Bourbon. Les ministres prièrent le général de ne pas se rendre à cette injonction ; il se borna donc à faire connaître par lettre, à M. Armand Marrast, les motifs de ses résolutions.

Dès l'ouverture de la séance, le président du conseil exposa à l'Assemblée la situation de la capitale, les agitations qui la menaçaient et la nécessité des précautions militaires.

« Le gouvernement, dit-il en terminant, a mieux aimé prévenir que de réprimer », et il affirma que les mesures avaient été décidées sur les indications mêmes du président de l'Assemblée. M. Dégonsée répondit en se plaignant du « manque d'égards énorme » commis par le général Changarnier, qui n'avait pas obéi à l'invitation de M. Armand Marrast. Celui-ci mit fin à l'incident en déclarant « qu'il avait à donner des explications parfaitement rassurantes, qu'il avait été prévenu pendant la nuit, mais qu'on n'avait pas voulu troubler son sommeil ».

« C'est pour cette raison que je ne savais rien, ajouta-t-il ; immédiatement la défense a été remise entre mes mains et j'ai désigné notre collègue, M. le général Lebreton, pour commander les forces. »

Rassurée par ce langage, qui souleva une bruyante hilarité dans les rangs de la gauche, l'Assemblée aborda la discussion des propositions qui avaient pour objet la date de sa séparation et la fixation des limites de ses pouvoirs. La droite, par l'organe de M. Fresneau, soutint que le terme en était essentiellement limité. M. Jules Favre s'efforça, au contraire, de prouver que son mandat n'était pas limité, qu'elle ne devait pas se séparer, et M. Victor Hugo essaya de démontrer que ce mandat n'était ni limité, ni illimité.

Pendant que la discussion continuait au milieu d'une grande agitation, Changarnier apprenait que le peintre Forestier, colonel de la 6ᵉ légion, cherchait à provoquer le soulèvement dans son quartier et allait, de son initiative, y faire battre le rappel. Cette tentative avorta par l'arrestation immédiate de son auteur.

Fidèle à son système de n'entamer nulle part la lutte, Changarnier se refusa à reprendre par la force le fort de la Briche, qu'un bataillon de la garde mobile occupait et qu'il prétendait garder « pour le compte de la République démocratique et sociale ». Il informa le ministre de l'intérieur qu'il saurait en faire sortir les mutins sans leur tirer un coup de fusil, et il se borna à donner l'ordre qu'on les laissât entrer et sortir du fort, pourvu qu'ils fussent sans armes.

Au milieu de la journée, le Président de la République était sorti à cheval. Revêtu de l'uniforme de général de la garde nationale et accompagné de quelques officiers, il descendit les Champs-Élysées, traversa la place de la Concorde et gagna par les boulevards la place Vendôme, pour rentrer à l'Élysée en suivant la rue de Rivoli. Sur son passage de nombreux cris éclatèrent de « Vive la République ! vive l'amnistie ! à bas le ministère ! à bas Changarnier ! »

Le Président, très pâle, marchait au trot, sans s'arrêter devant le front des troupes, et répondait par de fréquents saluts aux cris de la foule.

Grâce à son énergie et à la rapidité de son action, Changarnier avait préservé une fois encore Paris de la guerre civile ; le coup était manqué et, dès quatre heures du soir, l'ordre était donné aux régiments de rentrer dans leurs quartiers.

L'humiliation des anarchistes fut grande : elle se traduisit par les invectives les plus violentes contre les hommes au pouvoir ; dans ce concert d'injures, il faut remarquer celles qu'adressait à M. Armand Marrast « la langue de vipère, *chronique des petitesses de nos grands hommes* », qui le raillait de ce qu'elle appelait sa couardise en face de Changarnier. La presse avancée annonçait que la défaite n'était pas définitive, que la revanche viendrait à son heure, que les événements aussi bien que les hommes ne lui inspiraient que du mépris. Mais partout l'effet moral de l'échec fut décisif, il raffermit l'autorité du général Changarnier, et le désigna comme le véritable soutien de l'ordre.

« Je ne puis résister, lui écrivait Olanier, ancien volontaire de 1792, au désir de vous témoigner mon admiration pour le déploiement considérable, si habilement combiné, des forces qui, d'après vos ordres, se sont trouvées comme par enchantement réunies dans la matinée du 29 janvier. Tous les bons citoyens vous applaudissent et pensent que, tant que vous aurez le commandement, ils n'auront rien à redouter de ces ennemis éternels de la société et du repos public. »

« L'éloignement du général Changarnier du commandement de l'armée serait, disait le *Times*, le plus grand acte de folie qu'ait jamais commis un gouvernement. Le nom de Changarnier par lui-même est plus qu'une armée. Quels étranges revirements! Qui eût imaginé que la société regarderait comme sa sauvegarde et s'attacherait comme à ses protecteurs des généraux qui s'étaient formés dans leur art au milieu des atrocités du désert et qui étaient regardés comme ayant perdu tout souvenir de la civilisation! Du moment qu'un peuple secoue l'obéissance volontaire due à la loi, il ne reste plus que l'obéissance forcée imposée par les armes. »

CHAPITRE VIII

1849. Les acclamations à la revue du 19 février. — Le traitement de Changarnier supprimé par l'Assemblée (3 avril). — Il refuse la souscription ouverte pour remplacer son traitement. — Les menées socialistes dans l'armée. — Changarnier refuse la présidence du conseil (mai). Le maréchal Bugeaud appelé à Paris en vue de la formation d'un ministère. — Le président de l'Assemblée se plaint d'être trop bien gardé. — La lettre du prince Louis-Napoléon au général Oudinot. — Débats à ce sujet à l'Assemblée.
Élections de l'Assemblée législative (18 mai). — Changarnier remplacé dans le commandement des gardes nationales par le général Perrot. — La revue du 21 mai. — Accusation contre Changarnier (séance du 25 mai).
Réunion de l'Assemblée législative (28 mai). — Ses premières séances. — Changarnier investi de nouveau du commandement en chef des gardes nationales de la Seine, la journée du 13 juin. — Refus du Président de la République de donner à Changarnier le commandement du corps expéditionnaire de Rome. — Changarnier refuse le bâton de maréchal de France. — Propos du général sur le Président. — L'épée d'honneur de Montluçon et de Commentry. — Adresses. — Voyages en province. — Expression de la confiance publique. — Épée d'honneur offerte par souscription publique.
1850. Propositions indirectes du Président à Changarnier. — M. de Persigny, ministre de France à Berlin. — Ses démarches auprès de Changarnier. — Vexations contre Changarnier. — Sa réplique. — Explications. — Le vote des frais de représentation du Président. — Banquet militaire du 7 août à l'Élysée. — La Société du Dix-Décembre. — La mort du roi Louis-Philippe. — Ses pronostics d'avenir. — Impressions des cours étrangères sur le rétablissement de l'Empire. — L'empereur Nicolas. — Le prince Schwarzenberg. — L'empereur François-Joseph. — Le général de Radovitz. — Changarnier fait célébrer aux Tuileries un service à la mémoire du roi Louis-Philippe.

Les félicitations et les expressions de confiance se multipliaient sous les formes les plus diverses.

« N'est-ce pas en République surtout, écrivait au général un vieux soldat pour lui offrir ses services, que le rat peut aider au lion! »

La gravité de la situation décida le conseil à autoriser le renouvellement dans son entier de la composition en cadres et en hommes de la garde républicaine et du bataillon des sapeurs-pompiers ; elle exerça sur l'Assemblée une influence si vive qu'elle votait, le 14 février, les propositions qu'elle avait rejetées quinze jours auparavant : élection à bref délai d'une Assemblée législative, fermeture des clubs, refus d'enquête parlementaire sur les faits relatifs au 29 janvier et de mise en accusation des ministres. La personnalité du Président recueillait inévitablement le bénéfice de ces succès ; elle était à la fois servie par l'impopularité de l'Assemblée et par le commandement vigoureux de Changarnier. « Nous avons pris un chemin de traverse pour arriver à la route royale », disait un partisan de la monarchie satisfait de la tournure des événements.

« Le chemin de traverse ne sera qu'un casse-cou », lui répliquait un diplomate étranger plus clairvoyant.

M. Odilon Barrot n'apercevait lui-même aucun inconvénient à favoriser, tout au moins à tolérer, les manifestations en faveur du Président, même par les troupes sous les armes. Le 18 février, prévoyant que Louis-Napoléon serait acclamé à la revue du lendemain, le chef du ministère entraîna le général à l'issue du conseil dans le jardin de l'Élysée ; il le pria instamment de ne pas s'opposer à ces démonstrations qu'il jugeait anodines ; le ministre de la guerre vint à son tour appuyer cette thèse ; tous deux firent valoir les précédents sous les gouvernements antérieurs, la nécessité de laisser au prince cette satisfaction qu'ils jugeaient sans conséquence : ils finirent par déclarer que ce n'était là qu'une petite question, et que leur opinion était celle de tous les amis du général. Changarnier eut beau leur représenter la folie d'une atteinte si dangereuse pour la discipline, le péril de se mettre à la merci des manifestations les plus opposées, d'autoriser des exemples dont on ne maîtriserait pas les conséquences, ses deux interlocuteurs réitérèrent leurs instances avec tant d'opiniâtreté que le général se résigna, non sans de vifs regrets, à ne pas renouveler les punitions qu'il avait infligées après la revue du 24 décembre. Le lendemain, les cris furent plus nombreux que la première fois, et le Président rentra à l'Élysée visiblement satisfait. Son enchantement grandit encore lorsqu'il vit accourir au bal qu'il donna le 26 février un très grand nombre de personnes appartenant à la société; il lui semblait déjà recueillir, comme son oncle, des adhésions dans tous les rangs, et ce sentiment flattait sa confiance dans sa prédestination et la mission à laquelle il se croyait appelé.

Cependant les tumultes législatifs, le tapage et le désordre ordinaires au Palais-Bourbon le rappelaient à la réalité. Quand la loi de finances vint en discussion, les députés saisirent cette occasion pour satisfaire leur goût d'ingérence universelle et leur prétention d'atteindre par voie de suppression budgétaire tout service qui leur déplaisait, car c'est ainsi qu'on arrive quelquefois à trancher une question dont le principe, s'il était débattu, ne serait assurément pas condamné. Il fut donc décidé qu'on ferait l'essai de cette tactique mesquine sur le traitement du commandant en chef, et, afin d'en mieux préparer les voies, il fut convenu qu'on en demanderait la réduction de 50,000 à 30,000 francs. C'était sans aucun doute frapper Changarnier au point le moins vulnérable. Informé de ce projet de taquinerie, il exprima à ses amis son désir absolu qu'aucun d'eux ne formulât d'objection à la tribune, et le 3 avril, au moment où le chapitre des gardes nationales arrivait en discussion, il quitta la Chambre, entraînant avec lui son ami M. Jules de Lasteyrie, pour aller passer une heure chez la comtesse de Hatzfeldt. Comme ils en sortaient, ils rencontrèrent M. de Tocqueville.

« Ignoriez-vous, s'écria-t-il, que votre traitement…

— Est diminué de 20,000 francs, continua Changarnier. Je m'y attendais et j'en étais consolé d'avance.

— Il est supprimé tout entier.

— C'est plus fâcheux, reprit le général, mais je prendrai patience.

— Même sous la monarchie, observa Tocqueville, aucun ministère ne pourrait continuer votre commandement après un tel vote.

— Oui, dit Changarnier, sous la monarchie, mais en temps de désordre et de danger, le Président, persuadé qu'il s'agit de son pouvoir, peut-être de sa vie, me conservera mon commandement. »

Puis, gagnant la Chambre, il vint reprendre sa place habituelle sur les hauteurs de la gauche, dont les membres souriaient de l'air de gens qui viennent de réussir une bonne farce.

« Eh bien! général, lui dit M. Brives, l'un d'eux, vous vérifiez le proverbe : qui va à la chasse perd sa place. En votre absence nous avons supprimé votre commandement.

— Mon traitement, riposta en riant Changarnier, non mon commandement, et pour vous étriller gratis, je ne vous étrillerai pas moins bien. »

Le vote parut un acte d'ingratitude à tous les esprits sensés, une manifestation de défiance aussi injurieuse que mal fondée envers un soldat trop attaché à sa patrie pour songer à autre chose qu'à la préserver de la guerre civile, pour essayer de la violenter; mais en temps de révolution ceux-là sont toujours les premières victimes. Divers journaux annoncèrent l'ouverture d'une souscription pour remplacer les 50,000 francs supprimés; Changarnier n'était pas homme à les recevoir, et il écrivit une lettre rendue aussitôt publique pour exprimer son désir qu'il ne fût pas donné suite à ce projet et son intention arrêtée de ne pas accepter les sommes souscrites. Il se contenta donc de sa solde fixe de 18,000 francs.

La tranquillité n'était pas définitivement rétablie, les intrigues se poursuivaient pour préparer de nouveaux soulèvements, recruter des forces au parti révolutionnaire. Un comité de propagande socialiste dans l'armée se forma, cherchant par mille moyens à arracher les adhésions, à ébranler la discipline, flattant les ambitions naïves en offrant de faire nommer députés quelques sous-officiers ou même de simples soldats. Deux régiments furent particulièrement travaillés, le 7ᵉ d'infanterie légère et le 21ᵉ de ligne. Boichot, sergent-major au 7ᵉ, se fit l'apôtre ardent de ses nouveaux coreligionnaires politiques ; sa chambre même devint un lieu de réunion où il excitait leur zèle par des discours dont l'éloge de ses officiers ne faisait pas le sujet. Averti d'avoir à cesser cette conduite, il répondit avec insolence à ses chefs, auxquels il se croyait déjà en droit de commander. Changarnier n'hésita pas à le faire arrêter et à décider l'envoi immédiat du 7e léger en province. Le départ eut lieu le 2 mai, à deux heures du matin, afin de ne pas laisser infliger à la troupe l'humiliation d'être accompagnée et acclamée par les hommes des comités. La campagne avait été d'ailleurs ouvertement annoncée par les journaux avancés, tels que *la Vraie République*, qui avaient mis au défi, dès le 7 avril, le général Changarnier et M. Faucher « de s'opposer au libre exercice du droit électoral dans l'armée ». La répression ne manqua pas à ces tentatives de provocation à l'indiscipline, constatées par les lettres mêmes de ceux qui y avaient cédé; la presse socialiste les publiait souvent et fournissait ainsi elle-même une preuve indéniable de la nécessité des mesures ordonnées par le commandement. Toutes les prévisions admettaient d'ailleurs l'éventualité prochaine d'une nouvelle insurrection.

« Si vous voulez être président du conseil, dit un jour M. Thiers au général en sortant de l'Assemblée, nous vous proposerons au prince, qui vous acceptera avec plaisir. »

Changarnier ayant décliné sans hésitation cette ouverture :

« Vous avez raison, reprit M. Thiers; alors nous allons faire venir Bugeaud. »

Le maréchal, appelé à Paris, fut, sur ces entrefaites, autorisé par le Président de la République à s'occuper officieusement de la composition d'un ministère. Les menées socialistes prenaient chaque jour un caractère plus alarmant; elles étaient encouragées par les attaques exaltées, les menaces, les exemples, les encouragements qui partaient de la tribune même, ravivant toutes les audaces; les discussions répétées sur les affaires d'Italie et l'expédition romaine servaient de texte aux excitations, et le Président, bien que très inquiet, annonçait nettement sa résolution de ne pas se laisser renverser par les manœuvres parlementaires.

« Laissez, disait-il le 7 mai à Changarnier, après l'orageux débat du même jour à l'Assemblée sur la campagne de Rome, laissez les ministres bavarder avec cette Chambre. Quand ils seront déconsidérés, nous en prendrons d'autres. Vous êtes seul indispensable. Réservez-vous pour le moment où nous devrons *faire notre affaire ensemble.* »

Afin de ne pas apporter de nouvelles et inutiles complications dans un état de choses qui mettait en péril tous les plus grands intérêts de la France, le général feignit ne pas comprendre cette singulière ouverture; il résolut de s'enfermer plus que jamais dans le rôle de son commandement, et à maintenir son système pour la défense et la sécurité de l'Assemblée. Celle-ci se plaignait quelquefois d'être trop bien gardée, elle prenait ombrage de la moindre augmentation de déploiement militaire; c'est au général Forey, commandant la brigade de l'esplanade des Invalides, que s'adressaient le plus souvent les réclamations du lieutenant-colonel Cauvin, commandant militaire du Palais-Bourbon, et de M. Armand Marrast, président de l'Assemblée. Mais Changarnier était décidé à ne pas entrer avec eux dans la discussion de ses ordres.

« Si le lieutenant-colonel Cauvin renouvelle sa demande, écrivait-il le 9 mai à Forey, répondez-lui sèchement : « Je ne « suis pas sourd, je vous ai déjà entendu » ; puis, faites une pirouette sur le talon.

« Une demi-heure après la fin de la séance, vous vous rendrez chez M. Armand Marrast, vous le saluerez très poliment et vous lui direz textuellement : « Vous m'avez fait « inviter à me rendre chez vous, me voilà! »

« Quoi qu'il vous dise ou qu'il vous lise, vous répondrez toujours très poliment et du ton le plus doux, mais textuellement : « J'ai entendu, monsieur, et je rendrai compte à mes « supérieurs de ce que vous me faites l'honneur de me dire. » De quelque manière qu'il tourne ou retourne son discours, tenez-vous en strictement à la formule ci-dessus. Quand vous en aurez assez, vous saluerez très poliment ce petit drôle et vous vous retirerez. »

Décidé à ne pas se départir de cette attitude, il en formulait nettement les motifs, lorsqu'il écrivait le 11 mai au général Guillabert :

« Les chefs de corps reconnaîtront mon intention persévérante de maintenir avec une inflexible rigueur les principes vrais de la discipline dans une armée bien constituée. Les officiers doivent ne laisser aucun doute sur leur loyauté dans les temps de crise politique. »

La nouvelle d'un échec subi par le corps expéditionnaire devant Rome, une lettre adressée par le Président au général Oudinot pour lui annoncer l'envoi de nouveaux renforts et lui dire qu'il s'associait aux travaux de nos soldats, l'initiative que prit Changarnier de faire connaître les termes de cette lettre à l'armée de Paris, tels étaient les nouveaux griefs que M. Ledru-Rollin développa devant l'Assemblée, en les signalant comme des actes aussi inconstitutionnels que contraires au programme annoncé par le ministère lors de l'organisation de l'armée de la Méditerranée.

« Faites, écrivait Changarnier aux généraux sous ses ordres, que la lettre du Président soit connue dans les rangs de l'armée à tous les degrés de la hiérarchie militaire ; elle doit fortifier l'attachement de l'armée au chef de l'État, et elle contraste heureusement avec le langage de ces hommes qui, pour tout encouragement à notre armée, ne voudraient lui envoyer qu'un désaveu. »

« Citoyens, s'exclama l'orateur en terminant cette citation, si vous êtes des hommes, répondez à cet outrage par un acte d'accusation. Je vous dirai : Lavez-vous, car vous avez l'opprobre au front ! »

Puis, il fit l'apologie de ses sentiments d'affection pour l'armée, affirmant qu'il avait le premier, après Février, appelé les troupes dans Paris : « J'avais, disait-il, le sentiment qu'en l'immergeant dans la population, l'armée deviendrait républicaine et démocratique. Et qui donc a vu dans le Champ de Mars ses mains mouillées de larmes par les invalides ? Moi ! »

M. Odilon Barrot répondit en assurant que la dépêche du chef de l'État n'avait que le caractère d'une marque de sympathie exprimée à des soldats « placés dans une situation non dangereuse, mais où ils peuvent avoir besoin d'encouragements ». Et il termina en disant, en ce qui touchait à la publication ordonnée par le général Changarnier : « Cette publication ne s'éloigne pas par elle-même du caractère d'encouragement donné aux hommes qui sont sous le drapeau; ce qui me paraît plus grave et avoir besoin d'explications, c'est une phrase de cet ordre du jour qui semble donner à la lettre une portée politique qu'elle n'avait pas. »

L'ordre du jour pur et simple termina cette discussion, quant à la question même de l'expédition, et l'Assemblée rejeta, malgré les diatribes passionnées de MM. Ledru-Rollin et Jules Favre, la proposition déposée par M. Babaud-Laribière de requérir des poursuites contre Changarnier, et de décréter la mise en accusation du Président et des ministres.

Restait à régler les explications à fournir par Changarnier sur la phrase qu'avait indiquée le président du conseil. M. Marrast insistait pour qu'un désaveu formel fût inséré au *Moniteur*, et M. Odilon Barrot était d'accord avec lui pour donner cette satisfaction aux partis extrêmes. Le général, appuyé d'ailleurs par tous les autres membres du cabinet, se refusait à l'admettre. Il tint ferme, et devant les inconvénients d'une crise ministérielle à la veille des élections, le chef du ministère consentit à ce que l'incident fût clos par la note suivante, qui fut insérée, après deux jours de négociations, au *Moniteur* du 14 mai :

« M. le président du conseil ayant annoncé à la tribune qu'il demanderait des explications sur l'ordre du jour attribué à M. le général Changarnier, l'honorable général s'est empressé de lui déclarer qu'il n'y avait pas eu dans l'armée d'ordre du jour à l'occasion de la lettre écrite par M. le Président de la République. En sa qualité de commandant en chef des forces réunies dans la première division militaire, il s'est borné à porter à la connaissance des chefs de corps cette expression de la sympathie du Président de la République pour nos braves soldats. Il l'a fait avant les débats auxquels cette lettre a donné lieu dans l'Assemblée, et le jour même où les journaux la signalaient à l'attention publique. L'honorable général a ajouté qu'il ne comprenait pas que l'on eût pu voir dans la lettre d'envoi une offense à l'Assemblée nationale, dont il respecte les droits et les prérogatives comme étant ceux d'un des grands pouvoirs de l'État, et à laquelle il a l'honneur d'appartenir lui-même. »

La solution ne fut pas entièrement du goût de ceux qui avaient soulevé l'incident; ils s'en consolèrent en exprimant l'espoir que les élections à l'Assemblée législative les vengeraient le 18 mai de cette assez pauvre réparation. Trente-huit départements avaient offert la candidature à Changarnier, il ne fut élu que dans trois : les Bouches-du-Rhône, Seine-et-Oise et la Somme. Il opta pour la Somme, n'ayant pas pu être porté dans la Seine, où l'exercice de son commandement le rendait inéligible, aux termes de la loi. En revanche, le sergent-major Boichot était élu député de Paris; il fut, à cette occasion, tiré de la petite chapelle gothique de Vincennes et conduit au quartier général des Tuileries. Changarnier y reçut son nouveau collègue et ne fut pas sans s'amuser de son embarras et de la singularité de cette rencontre. Boichot, mis en liberté, ne tarda pas à tomber dans l'oubli.

Une nouvelle occasion s'offrit à l'Assemblée nationale de manifester sur le nom de Changarnier ses petites rancunes. Afin de pouvoir maintenir dans les mains du général le double commandement de la garde nationale et de l'armée, dont M. Odilon Barrot avait reconnu dès le début le caractère temporaire, un projet de loi fut présenté. Mais, sous la pression des élections de Paris et pour apaiser les hommes de désordre enivrés de ce succès, l'Assemblée rejeta la proposition du gouvernement, suivant l'avis exprimé par M. Clément Thomas, qui soutint à la tribune la nécessité de remplacer le commandant en chef des gardes nationales, « le vote qui avait supprimé son traitement lui ayant enlevé toute force morale et physique ». Ce magnifique argument ne nuisit pas au vote; en conséquence, un décret remit le commandement des gardes nationales au général de brigade Perrot, qui en était chef d'état-major; mais en le signant, le prince ne manqua pas de signaler le provisoire de cette décision, et il fut entendu que l'organisation précédente serait rétablie dès la réunion de la Législative.

Cette modification ne fut pas sans être interprétée par la Montagne comme une défaite du pouvoir ; elle se flattait d'avoir fait un pas décisif dans la campagne dont la destitution de Changarnier était le but; elle affirmait que le Président avait subi un échec décisif et se plaisait à dire : « Le tombeau du parti bonapartiste n'est plus aux Invalides, il est à l'Élysée ! » Elle ne devait pas tarder à perdre ses illusions. La revue du 21 mai au Champ de Mars n'offrit pas aux partis avancés le spectacle qu'ils avaient espéré; s'il est assez probable que les acclamations poussées par les groupes qui suivaient la marche du prince et de son état-major n'étaient pas spontanées, qu'elles étaient préparées à l'avance, il n'est pas moins certain que les régiments n'obéissaient pas à des ordres reçus en poussant les cris répétés de : Vive Napoléon ! Vive la République ! Quelles qu'aient été à cet égard les accusations de la presse démagogique, Changarnier n'avait donné aucune instruction dans ce sens ; ce n'est certes pas faire une supposition gratuite que d'admettre qu'il comptait peut-être que ces vivats s'adresseraient plus volontiers à lui-même, au commandant véritable de l'armée, au héros africain, au général patriote qui avait tant de fois déjà maintenu ou rétabli la paix dans Paris sans qu'il en coûtât une goutte de sang français, plutôt qu'au chef de l'État, dont la personnalité ne recevait d'autre éclat que celui qu'elle empruntait aux gloires impériales. Comme il arrive souvent, beaucoup de bons esprits se trompaient sur la force de l'inexplicable courant d'opinion qui entraînait le pays, sur la valeur de ses manifestations ; M. Odilon Barrot insistait donc toujours sur la nécessité de ne pas créer de difficultés au ministère dans ses rapports avec le Président, en interdisant formellement les cris sous les armes. Il s'obstinait à dire que c'étaient là seulement des enfantillages, une sorte de hochet de vanité, et qu'il n'y avait nul inconvénient à laisser le prince Louis-Napoléon jouir de cet inoffensif plaisir. Changarnier persistait à n'en pas juger ainsi, et, afin de dégager sa responsabilité de toute solidarité, il fit démentir officiellement qu'aucun ordre eût été donné de crier : Vive Napoléon !

La Montagne trouvait l'occasion doublement favorable de renouveler ses attaques contre le commandant de l'armée de Paris. M. Victor Considérant dénonça, dans la *Démocratie pacifique* du 24 mai, le complot prétendu, dont la prochaine nomination du maréchal Bugeaud à la présidence du conseil ne pouvait être que le pivot ; un coup d'État devait suivre la bataille dans Paris, c'était le prix de la reconnaissance par la Russie de la République française. La revue de la veille n'était, disait l'article, que pour « donner du cœur au ventre à l'élu du 10 décembre ». L'émotion fut grande à l'Assemblée, à laquelle M. Crémieux infligea la lecture de l'acte d'accusation, rédigé par son collègue Considérant. M. Ledru-Rollin se déclara en état de fournir une preuve péremptoire de l'existence de la conspiration, en annonçant que le général Changarnier avait prescrit à tous les commandants de troupes de n'obéir qu'aux ordres émanés de lui. Au milieu d'une prodigieuse agitation, Ledru-Rollin développa son argumentation, demandant qu'on sacrifiât l'officier qui avait désobéi, réclamant une enquête militaire pour constater l'existence de l'ordre incriminé. Le général Bedeau essaya de faire tomber les soupçons en se portant garant de l'armée :

« La foi de l'armée à l'intérieur, c'est la loi ; à l'extérieur, c'est son drapeau », s'écria-t-il avec force.

A la vérité, on cherchait bien mal les symptômes de l'événement qu'on voulait prévenir, on se trompait sur les complices, et pendant que les uns disaient comme M. Thiers : *l'Empire est fait*, d'autres regardaient que c'était *une archifolie* ; ils répétaient avec le général de Lamoricière : *l'Empire est un canard*.

M. Odilon Barrot, dont la tactique la plus habituelle était la temporisation, calma l'orage en demandant le renvoi de la discussion au lendemain, pour lui laisser le temps de rechercher les preuves du fait dénoncé. Changarnier ayant reconnu la parfaite exactitude des mesures qui lui étaient attribuées, le président du conseil apporta à la tribune les déclarations qu'il avait reçues du général; il ajouta que de tels ordres n'étaient d'ailleurs que la reproduction de ceux qui avaient été réitérés toutes les fois qu'on avait pu craindre des troubles dans la capitale ; que Changarnier avait hautement protesté contre l'intention d'avoir voulu en rien entraver le pouvoir de l'Assemblée, et que l'ordre du jour adopté naguère pour affirmer le devoir de tous d'obtempérer à ses réquisitions était affiché dans les casernes. Mais cela ne faisait plus le compte des interpellants. M. Considérant compliqua le débat en citant à la tribune la conversation qu'il avait eue avec le chef du ministère, qui lui avait parlé « des passions détestables qui s'agitaient autour du Président, dont il croyait d'ailleurs les intentions bonnes et loyales ». Ledru-Rollin renouvela ses accusations en mettant directement en cause le chef d'État : il invoqua son passé pour dénoncer ses projets de conspiration. M. de Falloux répliqua que de telles craintes étaient mal fondées, que nulle analogie n'existait dans les situations; il répéta que l'anarchie appelle le despotisme :

« Je vous renvoie, s'écria-t-il, comme des enseignements, les avertissements de l'histoire. La France ne veut ni des hommes qui ne sont capables de rien, ni des hommes qui sont capables de tout ! »

Et après avoir écouté cette tumultueuse discussion, l'Assemblée s'aperçut qu'elle n'avait conclu à rien ; il fut alors décidé qu'elle continuerait le lendemain le débat sur la même demande d'enquête au sujet des faits reprochés à Changarnier.

Si les deux séances que nous venons de raconter ne mettent pas en lumière la perspicacité de tous ceux qui y prirent part, elles caractérisent nettement l'état des esprits, le désordre des idées, l'incertitude des prévisions, la folie des illusions. Elles nous montrent en même temps les partis avancés intervenant à tout propos sous prétexte de défendre la Constitution, frêle rempart élevé sur un sol tant de fois déchiré par les révolutions, et favorisant, d'un autre côté, toutes les attaques contre les pouvoirs institués par elle.

La Constituante arriva au terme de ses travaux au milieu de cette incroyable confusion, léguant à l'Assemblée législative la tâche difficile, sinon impossible, de rendre aux principes d'ordre, qui sont la condition vitale de tout gouvernement, un peu de force et d'autorité. Attendue avec une égale impatience par tous les partis, la réunion de la nouvelle Assemblée se préparait en présence des excitations populaires.

« Général, écrivait dès le 28 mai à Changarnier M. de Kératry, président d'âge de la Législative, des bruits alarmants sur la nature de la foule qui doit se porter aux environs de la Chambre législative sont parvenus jusqu'à moi. Je vous invite, Monsieur le général, à continuer votre active surveillance et à protéger la liberté de nos délibérations, à laquelle s'attache la sûreté publique. »

Tous les abords du Palais-Bourbon étaient en effet déjà occupés par de nombreux groupes; quinze à seize mille hommes réunis guettaient une occasion favorable pour faire sentir à l'Assemblée législative la puissance révolutionnaire et lui rappeler qu'elle devait compter avec elle. Changarnier donna sans retard aux généraux commandant les brigades de réserve et de cavalerie l'ordre de se former en petites colonnes pour disperser, en suivant des itinéraires prescrits, les attroupements séditieux. Mais pendant que la tranquillité paraissait rétablie au dehors, l'orage éclatait au sein de l'Assemblée à l'occasion de changements faits dans le personnel des officiers préposés à sa garde. M. Chavoix se plaignit violemment que le lieutenant-colonel Cauvin eût été remplacé dans le commandement du palais par le lieutenant-colonel Foltz, et le général Lebreton, questeur, par le général Forey ; il signala Changarnier comme l'auteur de ces mesures ; il l'accusa d'avoir procédé par révocation pure et simple. Le général Lebreton répondit qu'il s'était retiré dès que le président d'âge avait signé une nomination à laquelle il s'était opposé, « pour ne pas laisser, disait-il, le commandement s'avilir entre ses mains ».

Une telle déclaration ne pouvait pas manquer de soulever un vif débat, et l'agitation fut portée à son comble lorsque

Ledru-Rollin parut à la tribune; il termina son discours en demandant à l'Assemblée « si elle voulait de cette manière s'exposer encore à voir violer l'entrée de cette enceinte »!

« Ce sont vos amis, ce sont les vôtres qui ont violé cette enceinte! » répliqua le président.

« Je proteste au nom de tous mes amis contre cette accusation », riposta Ledru-Rollin, qui descendit de la tribune après s'être écrié que le président avait manqué à tous ses devoirs et que la tribune n'était pas libre. Plusieurs membres du bureau provisoire quittent alors leur place, le tumulte va grandissant; il se prolongeait encore longtemps après que M. de Kératry eut annoncé qu'il retirait les paroles qui avaient soulevé cet orage. L'intervention inattendue du maréchal Bugeaud calma la tourmente et fit comprendre à l'Assemblée le danger auquel elle courait en s'engageant dans cette voie; l'ordre du jour pur et simple mit fin à ce pitoyable incident, et l'impression qu'il causa ne fut pas pour rendre aux esprits le calme et la confiance.

L'émeute se tenait prête à renouveler ses assauts et à engager directement le combat; la police signalait ses préparatifs, les agissements des chefs accoutumés des soulèvements populaires. Changarnier, toujours préoccupé de prévenir la guerre civile, prit toutes les dispositions qui lui avaient déjà tant de fois réussi. Dès le 10 juin, il répéta aux généraux sous ses ordres les instructions précédentes et se tint prêt à parer à la moindre alerte. Les discussions orageuses de l'Assemblée apportaient de dangereux encouragements aux hommes de désordre; elles étaient en même temps le triste reflet d'une situation irrémédiablement troublée. L'expédition de Rome servit encore une fois de prétexte aux attaques de Ledru-Rollin.

« Le gouvernement a violé la Constitution, nous la défendrons par tous les moyens, même par les armes », s'écriat-il. Et la Montagne entière d'applaudir furieusement à ces paroles qu'elle répétait avec enthousiasme. C'était la déclaration de guerre, et Changarnier ne se méprit pas sur la signification de ce signal. La discussion reprit le lendemain au milieu des mêmes injures; peu s'en fallut que la mêlée ne s'engageât dans l'enceinte législative, tant les passions étaient surexcitées. « Amis des Cosaques! » avait dit Ledru-Rollin : « Alliés des insurgés de juin 1848! » avait riposté M. Thiers. Mais si la victoire parlementaire ne lui était pas acquise, la Montagne comptait pour la conquérir sur le soulèvement de la rue; elle ne doutait pas de son triomphe et se flattait de balayer le gouvernement, qu'elle avait solennellement dénoncé à la vindicte de l'insurrection [1].

Quand vint l'assaut du 13 juin, il trouva les mesures de répression parfaitement achevées. Moins de vingt-quatre heures avaient suffi à Changarnier pour occuper les barrières de l'octroi, assurer l'entrée des régiments appelés d'Orléans, d'Évreux et de Fontainebleau, des escadrons casernés à Versailles, Saint-Germain, Melun et Rambouillet. Pendant que ces forces venaient grossir celles déjà stationnées à Paris, la cavalerie venue de Meaux et de Fontainebleau recevait l'ordre de s'arrêter à Bondy, Villejuif et Vitry, afin de contenir les habitants de la banlieue qui auraient été tentés de se joindre aux émeutiers de Paris. Ces mouvements se combinaient avec ceux accomplis à l'intérieur de la capitale, qui se trouvait ainsi entièrement investie, suivant un système qui assurait, dans l'opinion du commandant en chef, la répression immédiate de toute insurrection, quelque formidable qu'elle pût être.

L'événement ne trompa pas son attente; avant la fin de la journée il pouvait adresser à ses troupes l'ordre du jour suivant, où il retraçait les péripéties de la lutte :

« GARDES NATIONAUX ET SOLDATS!

« Par un décret rendu aujourd'hui à onze heures du matin en conseil des ministres, M. le Président de la République m'a investi du commandement en chef des gardes nationales de la

---

[1] Remaniement ministériel du 3 juin : MM. Dufaure, de Tocqueville, Lanjuinais remplacent MM. Faucher, Drouyn de Lhuys et Buffet à l'intérieur, aux affaires étrangères et au commerce.

Seine et des troupes de la première division militaire. Les relations que ce décret établit entre nous ne sont pas nouvelles, et déjà nous avons pu montrer ce qu'on doit attendre des sentiments de confiance réciproque qui nous lient. Informé à midi qu'un rassemblement nombreux, composé de ces misérables qui ont juré la ruine de la société, s'était formé près du Château-d'Eau et, partant de ce point, s'avançait en colonnes profondes le long des boulevards dans la direction de l'Elysée et du palais de l'Assemblée législative, je me suis mis à la tête de quatre bataillons et de huit escadrons, et je suis arrivé à une heure au débouché de la rue de la Paix, sur le flanc gauche des factieux, dont une moitié était déjà dans la direction de la Madeleine et l'autre sur le boulevard, en arrière de la rue de la Paix. Quatre commissaires de police ayant fait les sommations prescrites par la loi, j'ai fait charger à gauche et à droite le long des boulevards. Renversés au premier choc, les factieux se sont dispersés dans toutes les directions, après avoir tiré quelques coups de pistolet qui n'ont blessé personne. La colonne de droite a rencontré trois barricades, l'une à la hauteur du Café de Paris, la seconde devant le passage de l'Opéra, la troisième à l'entrée du faubourg Poissonnière, d'où quelques coups de fusil ont été tirés contre nous. Ces barricades sans consistance ne pouvaient ralentir notre marche, qui s'est arrêtée d'un côté à la Madeleine, de l'autre à la porte Saint-Denis, où les attroupements étaient complétement dispersés. L'ardeur des troupes et des gardes nationaux qui se sont joints à elles sur leur route est indicible. Elle ne peut être égalée que par l'enthousiasme reconnaissant de la population honnête, qui attend de vous, gardes nationaux et soldats, son salut et l'espoir de vivre encore sous des lois dignes d'un peuple civilisé. Je ne sais si les anarchistes oseront encore essayer de donner une suite plus sérieuse à leurs funestes projets; mais, quoi qu'ils fassent, j'ai la confiance que la sainte cause de l'ordre a en vous des défenseurs intrépides et invincibles. Au quartier général des Tuileries, le 13 juin 1849, à trois heures et demie du soir. Le général en chef, *signé :* CHANGARNIER. »

Informé par le chef d'escadron d'état-major Pourcet, aide de camp du commandant en chef, que celui-ci se disposait a se rendre à la place de la Bastille, le prince Louis-Napoléon lui fit savoir qu'il le rejoindrait sur les boulevards. Les cris de « Vive Changarnier! Vive le Président! » accueillirent d'abord leur passage ; à la porte Saint-Denis, les dispositions de la foule paraissaient moins bienveillantes, et son attitude devenait visiblement hostile à mesure que le cortège s'avançait par le boulevard du Temple vers la place de la Bastille, puis longeait les quais au milieu d'un silence général. Néanmoins, l'effet moral était considérable, et le mouvement définitivement comprimé. Pendant les quatre longues heures que dura cette reconnaissance, le Président n'adressa pas une seule fois la parole au général ; en le quittant à l'Élysée, il se borna à lui tendre la main, sans ajouter un remerciement, assez mérité d'ailleurs, pour le service qu'il venait de rendre à la France et au pouvoir même dont il avait le dépôt.

Changarnier eut le lendemain l'explication de cette mauvaise humeur. Lorsque le commandant de Valazé vint à l'Élysée, à huit heures et demie, communiquer à Louis-Napoléon les rapports qui annonçaient le rétablissement complet de l'ordre, le Président écouta en silence, puis il dit avec le ton de flegme insouciant qui lui était habituel :

« Votre général m'a fait tourner bien court hier en passant devant les Tuileries!..... »

Une heure plus tard, comme il venait assister au conseil, le prince, sans faire aucune allusion à la journée de la veille et à la plainte qui lui était échappée, entretint Changarnier du mécontentement qu'il éprouvait des nouvelles du corps expéditionnaire de Rome, qui ne remportait aucun avantage; il lui parla de la nécessité de remplacer le général Oudinot, afin de donner aux opérations une direction plus vigoureuse et de leur assurer de prompts résultats. Le général lui offrit de partir lui-même. Sûr désormais d'un acquiescement qui lui paraissait démontrer la sincérité des intentions de Changarnier, Louis-Napoléon le pria de lui laisser le temps de la réflexion et de garder le secret jusqu'à nouvel ordre. Mais la perspective de faire campagne et de s'éloigner du théâtre des luttes intérieures du pays était bien faite pour plaire à ce cœur droit et généreux, qui avait la passion et l'ambition du devoir; il chargea donc, dans le courant de la journée, le commandant de Valazé de profiter du moment où il verrait le Président pour des affaires de service, afin de l'entretenir du vif désir de son général de partir le soir même pour l'Italie. Le prince répondit que la chose était impossible, et que le ministère jugeait l'éloignement de Changarnier dangereuse dans les conditions actuelles. Le cabinet estimait en effet que l'autorité du général, la loyauté et le désintéressement de ses sentiments, sa vigueur dans le commandement, constituaient ses plus précieuses garanties contre les attaques aux lois, d'où qu'elles pussent venir, et il n'entendait pas se séparer de cet auxiliaire nécessaire. Ce n'était pas qu'il admît l'éventualité par le Président d'un abus d'autorité : il faisait trop peu de cas de son audace et de sa valeur pour le redouter, et s'il se plaignait de son détestable entourage, de son affectation à célébrer le souvenir des gloires impériales, il regardait ce culte de famille comme un jeu innocent, dont la pratique devait à la longue tendre à le déconsidérer. Dans l'histoire des peuples, le chapitre des surprises a toujours des pages nouvelles dont la série ne sera pas dès longtemps épuisée.

L'échec du 13 juin marqua la déroute définitive de la révolution et son impuissance à s'emparer du pouvoir par la force; le général Changarnier l'avait obtenu sans verser une goutte de sang, par la seule application d'une méthode raisonnée qui étouffait le mouvement dès le principe. C'était rendre au pays, on peut le dire sans emphase, un service d'un prix inestimable que de lui épargner à la fois la douleur d'une lutte fratricide et le malheur de la défaite des lois.

Le 15 juin, l'Assemblée se fit l'interprète de la reconnaissance de la France en votant « ses remerciements à la garde nationale, à l'armée et au général Changarnier, commandant en chef, qui ont prêté leur concours à la défense de la Constitution et du gouvernement de la République ». La lettre que Changarnier adressa au président de l'Assemblée pour répondre à la motion du 13, et que celui-ci lut à la séance du 19 juin, fut l'occasion d'un mouvement de patriotisme enthousiaste ; les applaudissements éclatèrent sur tous les bancs, et ce ne fut pas sans étonnement qu'on entendit M. Bixio s'écrier : « Pas un mot de la République! » On pensait à mieux en ce moment, et, quant à Changarnier, il attachait trop de prix à cette démonstration pour désirer une meilleure récompense. Peu de jours après, et contre toute prévision, il eut une occasion d'affirmer ouvertement ses sentiments.

Comme il se rendait aux funérailles de madame Cavaignac, mère du général, il fut rejoint par le commandant de Valazé :

« Vous serez maréchal de France ce soir, lui dit-il à voix basse. M. Odilon Barrot, d'accord avec le cabinet tout entier, va porter au conseil le décret tout préparé, et il ne reste plus qu'à y mettre la signature du Président.

— Courez à l'Élysée immédiatement, répondit sur-le-champ Changarnier, répétez au Président ce que vous venez de me faire connaître et priez-le en mon nom de ne pas me donner une récompense dont je sais toute la valeur, mais que je ne voudrais pas recevoir au lendemain d'une victoire dans la guerre civile. »

Valazé insista en vain pour vaincre cet honorable scrupule; il déclara que tel était le vœu de la population et de l'armée.

« J'ai pour refuser, reprit Changarnier, d'autres raisons qu'il faut taire. Si, un jour, le prince me demande un service que ma conscience réprouve, je serai plus à l'aise pour dire *non*, si je ne lui dois rien. Précédez donc à tout prix l'arrivée des ministres à l'Élysée. »

Introduit auprès du Président de la République, le commandant de Valazé lui rendit compte de la mission dont il était chargé. Dès les premiers mots, le visage d'ordinaire impassible du prince trahit sa vive contrariété, qui ne tarda pas à faire place à une évidente satisfaction quand l'aide de camp en arriva à lui faire connaître le refus formel du général. Lorsque, quelques instants plus tard, le conseil fut réuni et que M. Odilon Barrot présenta le projet de décret par lequel le général de division Changarnier était élevé à la dignité de maréchal de France, il répondit avec assurance :

« Je connais les sentiments du général sur la résolution que vous me proposez. Il me les a fait adopter. Nous croyons, lui et moi, que, dans son intérêt même, il convient d'attendre que nous soyons plus éloignés des derniers événements de la guerre civile. »

La proposition fut dès lors abandonnée, et le prince put penser qu'il s'était ménagé un résultat utile à ses vues personnelles en maintenant Changarnier dans une situation qu'aucun témoignage du pouvoir ne paraissait agrandir. Dans son opinion, le général se trouverait un jour forcé par les circonstances, par l'ambition qu'il lui supposait, soit de servir ses desseins, soit de laisser user sa popularité et son ascendant par une attitude qui établirait nettement son impuissance à s'opposer aux projets de l'avenir. Le calcul était évident, mais il paraissait puéril aux yeux de tant d'esprits distingués, qui n'admettaient pas même la possibilité des chances dynastiques du prince Louis-Napoléon. N'est-ce pas souvent en politique une source fréquente d'erreurs que d'argumenter exclusivement sur la raison pure, de compter sur le goût légitime des solutions justes et généreuses, d'oublier qu'à côté des intérêts, des passions, des préventions, il existe les chances inexpliquées de la témérité, certaines forces secrètes dont l'expansion subite déjoue les combinaisons en apparence les mieux fondées, qu'il n'est pas de plus sûr auxiliaire pour renverser un gouvernement que la lassitude qu'il inspire, que le pouvoir est destiné à une chute prochaine lorsqu'il cesse d'être l'incarnation d'une idée chère au pays, d'où qu'elle provienne, tradition, adoption ou engouement?

Tel a été le malheur d'un grand nombre de serviteurs dévoués de la France : n'osant rien risquer, ils se sont épuisés dans l'attente d'événements improbables, essayant en vain de couvrir par une stérile agitation leur inaction réelle. Ainsi concouraient, dès ce moment, toutes les circonstances à préparer la situation dont le Président guettait le moment favorable. Restant insensible à des manifestations quelquefois déplaisantes, il n'y paraissait pas prendre garde, il gardait un silence qui semblait aux yeux de tous l'aveu formel de son extrême médiocrité.

Un jour que Changarnier s'était rendu à l'Élysée, il trouva le prince en compagnie de M. Drouyn de Lhuys [1], qui venait de quitter le portefeuille des affaires étrangères pour aller représenter la France à Londres, en qualité d'ambassadeur extraordinaire en mission temporaire.

« Il est bien entendu, disait notre ambassadeur au chef de l'État, il est bien entendu que je ne remplis qu'une mission temporaire, et que, les six mois écoulés, je reviendrai occuper à l'Assemblée législative mon siège, auquel je suis résolu à donner la préférence sur ma situation diplomatique. »

Et comme M. Drouyn de Lhuys insistait à plusieurs reprises sur sa résolution, le général, debout, sanglé dans son uniforme, écoutait en souriant, il secouait la tête avec une expression visiblement dédaigneuse.

« Eh! ne vous préoccupez donc pas de ce qui se passera dans six mois, s'écria-t-il en éclatant tout à fait de rire, vous êtes trop bon de nous en parler! Dans six mois... tout cela n'existera plus et vous verrez bien autre chose! »

Et il haussa les épaules d'un geste significatif. Le Président resta silencieux. L'ambassadeur, un peu décontenancé par cette brusque sortie, se retira, et Changarnier entama aussitôt, sans le moindre embarras, la conversation sur des questions d'affaires. Ce fait était accompagné de beaucoup d'autres qui avaient pour témoins habituels les convives et les invités du déjeuner quotidien du général aux Tuileries. Recherchant toutes les occasions de plaisanter sur la triste mine du Président, sur la pauvreté de son esprit, sur la nullité de son rôle, il prenait plaisir à le présenter comme son protégé, son pupille, à se vanter « de le faire coffrer à la première incartade, de le faire conduire à Vincennes ». Il tournait en ridicule ses prétentions à représenter et à faire revivre les temps glorieux de l'Empire, il disait tout haut que le jour où l'armée

---

[1] M. Drouyn de Lhuys fut nommé à trois intervalles successifs à ces hautes fonctions, le **5 juillet 1849**, le **2 février 1850** et le **29 juin 1850**.

aurait à choisir entre le général sorti de ses rangs, parvenu par la constance et l'éclat de ses services de guerre à l'honneur de la commander, et « ce coureur d'aventures et de complots ridicules », il n'était pas un soldat, fût-il conscrit de la veille, qui hésiterait une seule seconde, qu'à la première apparence il ferait un acte de vigueur et saurait bien faire respecter la Constitution et les lois; qu'il ne tolérerait aucune entreprise illégale.

Ces propos[1] causaient, il faut le dire, les impressions les plus différentes; si quelques-uns sortaient avec la conviction que le Président ne tarderait pas à aller reprendre dans quelque prison d'État sa détention de Ham, beaucoup les envisageaient comme tout à fait inutiles, quand ils n'étaient pas dangereux. Rapportés au prince, ils venaient aggraver sa défiance et fortifier sa résolution de s'enfermer dans une attitude calculée pour déjouer tous les soupçons. Il se rappelait que les actes sont la plus forte expression de la pensée, et il raillait intérieurement la faute commise par le commandant en chef, qui prenait si imprudemment position contre lui. Nous verrons, toutefois, qu'il ne le regardait pas comme définitivement impossible à gagner. Si l'impartialité de l'histoire oblige à signaler l'erreur d'appréciation dans laquelle Changarnier persista, elle ne fait pas moins un devoir de signaler toutes les causes qui décidèrent son attitude. Les témoignages de la reconnaissance de toutes les classes de la société affluaient de tous les points de la France; ils exprimaient la confiance générale dans des termes bien faits pour autoriser, tout au moins pour excuser, ce langage, qui n'était peut-être pas assez exempt de superbe.

[1] M. Granier de Cassagnac a écrit, dans son *Histoire de la chute du roi Louis-Philippe, de la République de 1848 et du rétablissement de l'Empire* (Paris, Plon, 1857, in-8°, t. II, p. 50) : « Le général Changarnier disait souvent à cette époque qu'il lui serait aussi facile de rétablir l'Empire que de faire un cornet de bonbons. » Le général a écrit en marge de son exemplaire de cet ouvrage : « Je n'ai jamais prononcé cette parole de confiseur. Tous mes aides de camp de cette époque vivent encore. Aucun d'eux ne l'a entendue. Comment a-t-elle pu arriver aux oreilles de M. Granier de Cassagnac, qui ne m'a approché de sa vie? » Cette note marginale paraît datée de 1857.

« Les habitants d'Abbeville, disait une des adresses de la Somme, fiers d'avoir pour représentant l'un des plus courageux défenseurs de l'ordre et de la vraie liberté, vous remercient particulièrement de l'énergique dévouement dont vous ne cessez pas de faire preuve pour maintenir la tranquillité publique. »

« Général, écrivait le maire de la ville de Montluçon, au nom de mon conseil municipal, j'ai l'honneur de vous faire parvenir une adresse à la garde nationale et à l'armée ; elle est l'expression bien incomplète de tous nos sentiments.

« Quant à vous, général, votre nom n'y est pas même prononcé, mais ce silence est volontaire de notre part, car quelles expressions pourraient rendre les sentiments de reconnaissance et d'orgueil dont la France est pénétrée pour vous ! »

« C'est une belle journée pour l'Europe entière que celle du 13, mandait à Changarnier un diplomate étranger, et l'on n'y pensera jamais sans rendre grâce au Ciel que votre vie si précieuse à la France ait été préservée de l'arme d'un lâche assassin. Vos soldats ont été ce qu'ils devaient être sous un tel général. Tout était préparé pour un soulèvement ; ils sont bien abattus de la défaite de leurs amis et surtout fort indignés de la conduite de Ledru-Rollin. »

« La France pourra dire que vous avez été son sauveur ; quelle superbe mission est la vôtre ! » écrivait un des ministres.

En même temps que lui parvenaient de nombreuses adresses des gardes nationales et des conseils municipaux des départements, Changarnier recevait un autre témoignage de reconnaissance et d'admiration qui l'émut profondément. Une députation des ouvriers de Montluçon et de Commentry lui offrit une épée, œuvre de Froment-Meurice, pour laquelle avaient spontanément souscrit les travailleurs de ces importants centres industriels.

Quelle que fût la légitime satisfaction qu'il éprouvait de ces manifestations, il était trop homme de bon goût pour ne pas être l'ennemi du bruit ; sa fierté était de celles qui s'alarment des compliments ; sa conscience était presque froissée par l'éloge ; il ne voyait dans les services rendus que le devoir accompli, et autant ce devoir avait à ses yeux de grandeur, d'élévation dans les services de guerre, autant il emportait d'amertumes, de regrets et de secrètes humiliations dans ces luttes intérieures contre les enfants du même pays et sur le sol même de la patrie. Tels étaient les sentiments qui agitaient son âme lorsque Changarnier se disposait à refuser son autorisation à un projet de souscription publique destinée à lui offrir une nouvelle épée d'honneur. Il ne fallut rien moins que les instances de tous les généraux sous ses ordres, interprètes de leurs troupes, les démarches réitérées de personnes appartenant aux degrés les plus élevés comme les plus infimes de la hiérarchie sociale, pour faire taire ses scrupules et déterminer son acquiescement.

« Au milieu du concert de louanges qui s'élève pour célébrer à juste titre votre courage et votre patriotisme, lui écrivait le 24 juin un officier général, voulez-vous permettre à un soldat comme vous, moins illustre il est vrai, de faire entendre sa voix ? On veut vous offrir une épée comme témoignage de la reconnaissance publique, et votre modestie vous porterait, dit-on, à refuser cet honneur. Acceptez-la, cette épée, général, vous l'avez légitimement acquise, et il ne sied pas à un homme public de se soustraire à ces démonstrations par lesquelles un pays prouve que les nobles sentiments de la reconnaissance et de l'enthousiasme ne se sont pas retirés de lui. Acceptez-la donc, mais à une condition toutefois : c'est qu'elle vous sera offerte par tous les rangs de cette société que vous avez sauvée ; qu'il ressorte de cette offrande un fait éclatant, c'est que l'homme qui attend son existence du labeur de sa journée, aussi bien que celui à qui ses pères ont transmis leur domaine héréditaire, se regarde comme tenu envers vous par les liens de la gratitude. Or, cette preuve éclatante, il n'y a qu'un moyen de la mettre en relief, c'est la modicité et l'égalité du chiffre de la souscription : dix centimes, rien de plus. Tous iront à l'envi déposer leur offrande. Alors, il sera parfaitement évident que tous vous ont reconnu et proclamé le sauveur de la patrie, et que cette épée remise entre vos mains est bien l'épée de la France. »

Les termes de cette lettre font trop bien connaître la nature et l'intensité du mouvement de l'opinion, pour qu'il ne fût pas nécessaire de la placer tout entière sous les yeux du lecteur. Les sentiments qu'elle exprime, et dont nous retrouvons l'expression également forte et sincère dans tous les documents de la même nature, expliquent l'attitude de Changarnier, qui ne fut pas, comme on s'est plu quelquefois à le dire, le simple épanouissement d'un orgueil prodigieux. Si le prince Louis-Napoléon eût été le vaincu, il ne se serait pas trouvé une voix pour nier que les propos tenus par le général étaient l'utile et légitime affirmation de sa puissance; que son dédain, ses menaces étaient de sages avertissements à l'adresse des projets de l'Élysée; qu'un homme, surtout un soldat, sûr de son pouvoir, confiant dans son génie, doit marcher à son but et tenir tel langage qu'il croit propre à la réalisation de ses desseins; on eût considéré comme enfantin tout reproche relatif à ces manifestations répétées, et l'on eût regardé comme une puérilité la préférence accordée à une révolution préparée et conduite en silence sur un événement annoncé avec bruit.

Les démonstrations de la province n'étaient pas faites davantage pour modifier cet état d'esprit chez le général; l'accueil chaleureux qu'il reçut à Amiens, l'enthousiasme avec lequel il fut acclamé à Rouen, le 12 août, lorsqu'il accompagna le Président de la République, causèrent au prince peu de satisfaction; désormais, il n'insista plus pour associer Changarnier à ses voyages. Cette exclusion discourtoise n'empêchait pas la confiance générale d'acclamer constamment le nom de Changarnier.

« Ma nomination au grade de commandeur de la Légion d'honneur, lui écrivait le général Forey, m'est d'autant plus précieuse qu'elle vient de vous seul et qu'elle ajoute encore, s'il est possible, à tous les titres qui, depuis vingt ans, m'attachent à vous. »

L'Assemblée législative, en constituant avant de se séparer sa commission de permanence, élut le général parmi les vingt-cinq membres qui devaient la composer, voulant marquer nettement la sécurité que lui inspiraient son énergie et son caractère. Le duc de Sotomayor, ambassadeur de la reine d'Espagne à Paris, lui transmettait peu après, au nom de son gouvernement, les insignes de chevalier grand'croix de l'ordre de Charles III, « que Sa Majesté a voulu vous conférer, écrivait l'ambassadeur, en témoignage de son estime particulière des nobles et énergiques procédés de Votre Excellence pour le maintien de la cause de l'ordre public, si intimement liée de nos jours chez les peuples de l'Europe ».

« Je quitte aujourd'hui le commandement de l'armée de la Méditerranée, lui écrivait le 24 août de Rome le général Oudinot. Je sais que votre bienveillance ne lui a jamais fait défaut et que vous avez apprécié les difficultés et les obstacles que nous avons eus à traverser : merci de cette justice rendue de haut. Il y avait entre nos deux armées une solidarité bien naturelle. J'aimerai à vous réitérer de vive voix l'expression d'un attachement qui prend sa source dans un sentiment de haute estime et de confiance absolue. »

« Les hommes de résolution sont rares, mandait d'Oran à Changarnier, le 25 octobre, le général Pélissier, et nous aimons à vous considérer ici comme un palladium de tranquillité pour notre malheureux pays. »

Le général était donc bien aux yeux de tous la personnification de la défense des droits de la société ; quoi qu'on en pût dire, il était décidé à ne concourir qu'aux entreprises légales, et si le gouvernement de la République n'était pas celui de ses vœux, il était résolu à le servir sans réserve et sans arrière-pensée.

« Souvent en butte aux attaques des journaux anarchistes, écrivait-il au général de Lauriston, chef de la 10e légion de la garde nationale, je n'y ai jamais opposé que le silence du dédain, et la dignité de mon caractère et de ma position n'y a rien perdu.

« Mes paroles et les vôtres ne décideront pas tous vos collègues à renoncer à un projet de souscription qui a pris des proportions dont je suis aujourd'hui d'autant plus flatté et reconnaissant que, par des scrupules que vous connaissez, j'en avais plusieurs fois décliné l'honneur. »

Sur les instances unanimement réitérées qui lui parvenaient, Changarnier s'était décidé à accepter l'épée d'honneur. La commission fixa à 0 fr. 50 le maximum de la souscription; elle accepta la proposition du comte de Neuwerkerke de dessiner le modèle de l'épée, et, afin de calmer les susceptibilités du prince Louis-Napoléon, qui ne voyait pas sans en prendre ombrage cette manifestation, elle appela à sa présidence le colonel Murat.

La commission remit le 31 décembre à Changarnier l'épée d'honneur. M. Jules de Wailly, vice-président, la présenta au général en l'absence du colonel Murat, ministre de France à Turin. Au discours qu'il lui adressa pour rappeler les services dont cet hommage était destiné à perpétuer le souvenir, il répondit :

« Messieurs, si dans les grandes circonstances que votre honorable interprète vient de rappeler avec tant de bienveillance pour moi, j'ai pu rendre des services dont cette épée est destinée à conserver le souvenir, c'est que la foi dans la sainteté de notre cause s'unissait en mon cœur à la confiance dans l'énergie de ses défenseurs et à la ferme volonté de ne pas survivre à la ruine de la France, conséquence fatale, immédiate du triomphe de nos ennemis. Vous avez raison de n'en pas douter, tant que tous, gardes nationaux, riches, pauvres, ouvriers, commerçants, vous serez unis à notre loyale armée dans un commun dévouement à l'ordre, vous comprimerez facilement les convoitises de ces hommes pervers qui, ne sachant pas se créer par le travail et l'économie une existence honorable, veulent s'élever sur les débris de la société. Après avoir refusé quatre fois, vous le savez, un insigne honneur qui ne me semblait pas devoir être uniquement réservé à un des soldats de la cause que vous avez tous servie, j'ai dû céder à une si imposante manifestation de la sympathie publique. Cette épée ne sera, je l'espère, pour moi qu'un gage précieux de votre affectueuse estime, mais si l'anarchie osait encore lever la tête, si les frontières de la France étaient menacées, mon dévouement, dont mes adversaires eux-mêmes ne contestent pas la sincérité, ne laisserait pas cette arme oisive au fond du fourreau. »

Aux agitations violentes des deux dernières années avait succédé un calme réparateur, les assauts de la démagogie socialiste avaient été maîtrisés, ses passions découragées étaient tenues en respect, mais les espérances des partis se préparaient à se faire jour. En attendant l'heure du rendez-vous général pour la lutte, qu'indiquait la date du renouvellement de l'élection présidentielle, les deux pouvoirs de l'État travaillaient séparément à leur triomphe respectif. Pour être plus silencieux, le Président n'était pas le moins actif; sans s'expliquer sur les moyens qui devaient dans sa pensée déterminer son succès, il ne négligeait aucune occasion d'annoncer sa victoire. Par un aveuglement singulier, l'Assemblée était à peu près unanime à regarder comme une absurdité l'hypothèse que le prince pût avoir le dernier mot; le commandement confié aux mains de Changarnier demeurait à ses yeux la plus solide garantie de ses droits. Louis-Napoléon estimait, de son côté, que son entreprise serait singulièrement facilitée s'il pouvait gagner le général à sa cause. Il revint donc avec une complaisance voulue, dans ses conversations avec le général, sur les projets qu'il réaliserait *lorsqu'ils auraient fait leur affaire ensemble.* « Il était décidé, disait-il, à rétablir alors les dignités de l'Empire, et il réservait celle de connétable au général Changarnier. »

A ces ouvertures le commandant en chef répondait par le silence, ou bien, feignant de n'avoir pas compris, il parlait d'autre chose. Mais le prince ne se tenait pas pour battu; il pensait que l'épée de connétable ne se refuse pas, il ne doutait pas qu'à un moment donné cette tentation agirait d'une manière décisive sur l'esprit du général. De temps à autre, il revenait à la charge et ne se décourageait pas. Peu à peu, il introduisait dans les fonctions publiques ses amis et ses partisans. Une circonstance imprévue l'aida à préparer ainsi la carrière de son plus intime confident. M. de Persigny arrivait de Berlin, où le Président l'avait envoyé avec la mission tout à fait personnelle et privée de s'introduire dans les cercles politiques, de le renseigner sur les dispositions des cours à son égard et de préconiser en toute occasion les hautes destinées du prince Louis-Napoléon. Apôtre aussi ardent que convaincu, M. de Persigny avait fait un séjour de plus de trois mois à Berlin; il y avait rempli son office avec zèle, mais aussi avec prudence. La rondeur de ses formes, son attitude déférente, la franchise de son langage lui avaient fait plus d'un ami; il avait laissé dans la capitale de la Prusse le souvenir de relations agréables et faciles.

Lorsque le poste de ministre de France à Berlin vint à vaquer, le Président, désireux de faire un choix agréable au gouvernement du roi Frédéric-Guillaume IV, fit savoir au ministre des affaires étrangères, le baron de Schleinitz, qu'il lui enverrait le diplomate qu'il lui désignerait. L'embarras du ministre fut grand, et il s'en ouvrit au ministre de Sardaigne, lui demandant une indication, que les bouleversements récents de la carrière diplomatique en France, le renouvellement de ses agents rendaient difficile à ses yeux.

« Mais demandez Persigny! lui répondit le comte d'Antioche, vous serez sûr de n'avoir pas d'embarras avec lui, vous l'avez vu ici pendant trois mois, vous savez ce qu'il est, et vous n'aurez pas de surprises! »

La proposition ne tarda pas à être acceptée, et la réponse communiquée peu après au Président. Lorsque celui-ci soumit la nomination au conseil, ce fut un cri général; on trouva l'idée presque bouffonne; l'étonnement fut plus grand encore quand le prince déclara que le gouvernement prussien avait exprimé le désir que M. de Persigny fût accrédité auprès du Roi; il fallut, pour les convaincre, placer le document officiel sous les yeux des ministres; Persigny passa du coup pour un agent des plus habiles. Il convient d'ajouter, qu'en très honnête homme qu'il était, il ne se fit pas illusion sur ses propres mérites diplomatiques, et qu'il ne cessa jamais, même aux heures de sa plus grande puissance, d'exprimer sa reconnaissance à l'intermédiaire bien avisé « à qui il devait, comme il se plaisait à le répéter, sa carrière ». Ce succès fortuit lui valut de nouvelles confidences du Président, qui regarda comme bien à propos d'essayer sur Changarnier un talent qui avait été si persuasif à Berlin.

Avant de se mettre en route, Persigny se rendit aux Tuileries pour prendre congé du commandant en chef, mais ses moyens d'action ressemblaient trop à ceux de son maître, et il n'eut aucun succès lorsqu'il se prit à dire :

« Le prince a dépensé sans compter durant toute sa vie ; il n'a aucune idée du traitement qui vous sera nécessaire pour habiter l'Élysée ; il vous faudra cinq ou six cent mille francs, peut-être même un million ! »

« Il m'est facile de vivre avec beaucoup moins d'argent ailleurs que dans un palais », répondit en souriant Changarnier, qui rompit rapidement les chiens en parlant des affaires d'Allemagne.

Mais Persigny voulait en avoir le cœur net. En quittant le général, il entra chez le commandant de Valazé et l'entretint des gros émoluments indispensables à la haute situation que Changarnier allait occuper.

Valazé fut moins prudent que son général, dont il brûla assez maladroitement les vaisseaux.

« Ah ! vous croyez gagner le général par vos offres d'argent ? Vous lui soulevez le cœur ! » répondait-il.

Persigny se retira, persuadé que le Président n'avait rien de mieux à faire que de se débarrasser d'un homme qui n'était pas à gagner, il n'eut pas de peine à lui faire partager cette conviction.

L'éloignement du commandant en chef fut donc résolu, et le prince combina toutes les mesures propres à l'acheminer. Il commença par renvoyer en province tous les régiments qui appartenaient depuis plus de six mois à la garnison de Paris, espérant affaiblir l'autorité du général et la confiance des troupes. Scrupuleux observateur des règlements, Changarnier accepta sans objection les décisions qui étaient de la compétence directe du ministre de la guerre, le général d'Hautpoul. Mais il n'en fut pas de même lorsque le Président et le ministre décernèrent dans l'armée de Paris des grades et des décorations en dehors des propositions de la voie hiérarchique et de l'approbation du général en chef.

Celui-ci se cabra devant une telle dérogation aux prescriptions du règlement.

« Mais, cher général, l'avancement au tour du choix et les décorations sont à ma discrétion.

— Pas tout à fait, monsieur le Président, répliqua Changarnier; les lois et les ordonnances en vigueur prescrivent l'intervention des inspecteurs généraux, des commandants d'armée et du ministre. Donner des décorations ou de l'avancement dans une armée en dehors des propositions de son chef, ce n'est pas seulement une inconvenance, c'est un désordre. »

Le Président fit semblant de croire que le général avait raison, et l'explication en demeura là. Mais le système d'attaques indirectes contre Changarnier ne cessa pas. Le ministre de la guerre y apportait sa part d'action en s'étendant avec complaisance sur les mesures qu'il avait décidées, les ordres qu'il avait préparés en cas d'une insurrection. Ce langage ne tarda pas à causer quelque émotion, notamment parmi les généraux de l'armée de Paris; mais leur chef n'admettait pas facilement la menace d'une intervention, et il saisit l'occasion de déclarer tout haut ses droits et les devoirs de chacun. A la réunion hebdomadaire des officiers généraux au quartier général, et les affaires de service terminées, Changarnier leur adressa ces paroles :

« Le décret qui m'a placé à la tête de l'armée de Paris et a défini mes attributions n'est pas modifié. Si une insurrection venait à éclater, le commandement ne serait ni affaibli dans mes mains, ni partagé, n'ayez aucune inquiétude à cet égard. Quels que soient les propos que vous ayez pu recueillir, demeurez persuadés que tant que je serai votre chef, personne, pas même le ministre de la guerre, n'empiètera sur mon droit de conduire seul le combat où la responsabilité pèse sur moi seul. Votre plus grand crime serait d'obéir à des ordres émanés d'un autre que moi. »

Décidé à maintenir les droits de son commandement, Changarnier se rendit sur-le-champ à l'Élysée, où il répéta au Président et au ministre de la guerre la brève allocution qu'il avait, quelques instants auparavant, tenue aux généraux de l'armée de Paris. Le général d'Hautpoul se défendit d'abord d'assez mauvaise humeur; mais sa thèse n'étant pas soutenable, il abandonna la discussion pour exprimer ses sentiments d'attachement envers le commandant en chef et, à la grande surprise de ce dernier, il se jeta tout à coup dans ses bras. Suivant sa coutume favorite, Louis-Napoléon était demeuré silencieux, s'efforçant de ne pas prendre part à un différend qu'il voulait faire descendre à un simple conflit d'attributions. Changarnier sentait trop bien que la portée en était plus significative; il ne manqua pas de le bien faire entendre au Président en provoquant une explication catégorique en présence du comte Molé. Le prince ne se gêna pas pour protester de son intention de s'appuyer sur le général.

Un incident ranima tout à coup ses premières hésitations à évincer Changarnier. Les frais de représentation du Président avaient été fixés à six cent mille francs, il résolut de les faire porter à trois millions, et déclara que, s'ils lui étaient refusés, une souscription serait organisée et recommandée à l'armée. Lorsque le projet vint en discussion à l'Assemblée, le 24 juin, Changarnier monta à la tribune et, par son intervention, il prévint cette fâcheuse souscription, si contraire aux intérêts de la discipline. Son discours décida du vote; il prouva au chef de l'État que l'heure des ménagements n'était pas encore passée, que la combinaison la plus préférable était encore de gagner le général à ses projets. Il reprit donc son attitude cordiale et confiante, l'invita à Compiègne, et s'employa à le combler de mille prévenances.

Bien que sa position fût minée sourdement par les intrigues que nous venons de raconter, Changarnier apparaissait encore comme le véritable arbitre de la situation. Son ascendant sur l'Assemblée, son autorité le désignaient pour ce rôle, et c'est de lui qu'était attendue l'impulsion décisive à donner aux événements.

« Les paroles ont été aussi simples que l'acte a été décisif, écrivait à la princesse de Lieven M. Guizot, le 25 juin, à propos de la séance de la veille. J'aime les actions parfaites, fond et forme; elles conviennent au général Changarnier, et je suis charmé de lui voir si bien saisir les occasions de grandir. J'ai la confiance qu'il ne se servira de sa propre grandeur que pour faire quelque chose de grand. »

Que manqua-t-il au général pour réaliser ce pronostic, ou qu'elle fut la cause qui le condamna à échouer? Faut-il la trouver dans la rigidité de sa droiture, dans son amour de la légalité, dans le goût que lui reconnaissait avec raison M. Guizot pour les actions grandes? N'est-on pas en droit de se demander comment un esprit dont les qualités les plus essentielles à la guerre étaient la promptitude et la netteté dans la conception, la rapidité et la décision dans l'exécution, a pu se nourrir d'illusions sur l'issue des événements, se méprendre sur la nature des courants populaires, sur les conséquences des résultats nécessaires après l'élection du 10 décembre, sur les fautes commises par les partis et par leurs chefs? Mais son erreur était celle du plus grand nombre. On comprenait mal encore comment, dans un pays déchiré par tant de révolutions, de compétitions, de bouleversements de toute nature, lorsque tout le monde a perdu la partie, il faut bien que quelqu'un en recueille l'enjeu, et que celui-ci tombe alors naturellement entre les mains les plus osées. Si l'on déplorait la rivalité persistante de l'Assemblée et du Président, on n'imaginait pas que le dernier mot pût rester à celui-ci, dès lors que Changarnier était décidé à défendre les droits de la majorité, et l'on regardait comme une absurdité qu'un homme sans gloire pût seul avoir raison de tous les pouvoirs publics. « Le doux entêté », comme l'appelait la reine Hortense, devait bien faire voir le contraire.

Sans se décourager, le prince continuait son système de cajoleries envers l'armée, ne manquant pas une occasion de passer des revues, de distribuer des croix et de favoriser les cris de « Vive Napoléon! » dont la résonance était particulièrement agréable à ses oreilles. Le 7 août, après avoir passé en revue dans le carré de Marigny les deux bataillons de gendarmerie mobile, la garde républicaine à pied et à cheval, il invita à sa table, pour le même soir, Changarnier et les trois généraux qui l'accompagnaient. Quand il arriva à l'Élysée, il ne fut pas peu surpris d'être introduit dans le cabinet du Président, qu'il trouva en compagnie du ministre de la guerre. Après l'échange de quelques paroles insignifiantes, le prince se leva en disant :

« On nous attend, allons nous mettre à table. Général Changarnier, je désire que vous veuilliez bien vous asseoir en face de moi, et vous, général d'Hautpoul, à ma droite. »

Précédant ses hôtes, il les conduisit dans le jardin, où s'étendaient sous les fenêtres du rez-de-chaussée et devant le perron une série de tables de dix à vingt couverts; il vint s'asseoir au centre de la table placée au pied du perron, où il fit placer à sa gauche un sous-officier de gendarmerie. Le général de division Neumayer, assis à droite de Changarnier, le général de brigade Dulac à sa gauche; le général de brigade Rebillot, un colonel, un lieutenant-colonel, un chef de bataillon, un capitaine, un lieutenant et six sous-officiers, dont les couverts alternaient avec ceux des officiers, prirent place aux côtés du Président, tandis que les autres tables recevaient dans un mélange semblable tous les officiers et sous-officiers des troupes qui avaient pris part à la revue. L'intention était évidente, mais Changarnier garda le silence et parut accepter de bonne grâce une aventure dont la signification blessait à si juste titre ses sentiments. Le repas se passa sans incident; tout à coup, au dessert, d'une table présidée par le commandant Fleury partit le cri de « Vive Napoléon! » auquel succédèrent ceux de « Vive le Président » et de « Vive le général Changarnier! » qui éclatèrent sur tous les bancs. Lorsque le prince, toujours impassible, se leva, il alla d'abord allumer son cigare à celui d'un sous-officier, puis, prenant avec un abandon affectueux le bras de Changarnier, il l'entraîna, tout en causant, près de la musique placée au centre de la pelouse. Il ne tarda pas à être entouré par les sous-officiers, dont un bon dîner avait tout à fait effacé la timidité du premier moment. L'un d'eux, s'approchant du Président, se mit à célébrer avec emphase ses propres services, en se plaignant qu'ils n'eussent pas été récompensés par la croix. Changarnier lui dit alors d'un ton ironique que réclamer soi-même la décoration en dehors de ses chefs ne passe pas pour la meilleure démonstration des droits à l'obtenir. Le prince, qui n'avait pas les mêmes raisons de se sentir choqué par l'inconvenance de cette démarche, répondit au contraire qu'il tiendrait compte de sa réclamation, et bientôt les sollicitations se produisirent sans retenue. Cette explosion mit le comble au dégoût que la réunion avait inspiré au général; il quitta doucement le bras du Président, qui n'avait pas cessé de s'appuyer avec complaisance sur le sien, et sortit du palais. Son départ rendit toute liberté aux manifestations encouragées par l'entourage et les amis du prince, et la réunion s'acheva au milieu des cris des sous-officiers qui répétaient : « Vive Napoléon! vive l'Empereur! vive le Désiré! aux Tuileries! aux Tuileries! »

Louis-Napoléon, ravi du succès de la soirée, fit annoncer le lendemain par le *Constitutionnel* son intention de recevoir tour à tour et par brigade tous les officiers et sous-officiers de l'armée de Paris. Afin de jouir sans mélange de la satisfaction de la veille, il évita de rencontrer Changarnier et tarda jusqu'au lendemain à le recevoir. L'explication fut des plus vives; le général représenta en termes respectueux, mais formels, que de telles réunions présidées par le chef de l'État constituaient l'atteinte la plus grave autant à la discipline qu'à la dignité de l'armée, que c'était semer dans ses rangs les germes de la division, ouvrir la porte à toutes les révoltes, décourager tous ceux qui avaient dans le cœur le culte du devoir, du sacrifice et de l'abnégation, répandre le goût de l'intrigue, abaisser le niveau moral qui fait la plus grande force de l'armée; il finit même par déclarer que de telles pratiques étaient celles « du socialisme le plus dangereux ». Sans paraître témoigner d'impatience, le Président répondit que telles ne pouvaient pas être et que telles n'étaient pas ses intentions; il se borna à pérorer sur cette donnée, et les dîners continuèrent leur cours, bien que Changarnier eût annoncé qu'il n'y assisterait plus.

Au dehors, la société du *Dix-Décembre* cherchait à recruter des adhérents et à exciter l'enthousiasme en faveur du Président. Lorsqu'il revint, le 20 août, d'un long voyage pendant lequel il avait successivement visité Dijon, Mâcon, Lyon, Besançon, Strasbourg, Nancy, Metz et Châlons-sur-Marne, la turbulente association voulut lui préparer un véritable triomphe ; ses délégués vinrent à la gare même solliciter de Changarnier l'autorisation pour les ouvriers de dételer la voiture du « *Père du peuple* » pour la traîner eux-mêmes.

Le général refusa, alléguant qu'il ne pouvait pas permettre des démonstrations dangereuses et capables de compromettre la sécurité du Président de la République, dont il était responsable.

En réalité, Louis-Napoléon n'avait pas rencontré d'enthousiasme ; en Alsace notamment, l'accueil avait été celui de la curiosité, et, dans l'armée, on avait ressenti plus d'un froissement à l'occasion de la répartition des récompenses, que le prince distribuait plus volontiers aux régiments les moins bien notés au point de vue de la discipline. La confiance des officiers se manifestait alors encore sur le nom du général :
« S'il le savait, disaient-ils, la réparation ne se ferait pas attendre ! »

« Votre nom est aujourd'hui en France le symbole de l'honneur militaire, du courage civil et la sauvegarde de la civilisation », écrivait à cette date M. de Piré à Changarnier.

C'est précisément cette prédominance que le Président cherchait à miner, dès lors qu'il ne pouvait pas la faire passer au service de ses desseins personnels. Au fond, les vœux du général étaient pour le rétablissement de la monarchie par les voies légales. Il fut probablement du nombre de ceux qui crurent voir dans la mort du roi Louis-Philippe une chance meilleure de rapprochement entre les deux branches de la Maison de France.

« Voilà donc, lui écrivait le comte Molé le 28 août, voilà donc ce prince, dont le nom tiendra tant de place dans l'histoire, descendu au tombeau! Son bon sens, son expérience, sa rare intelligence, l'autorité si légitime qu'il exerçait sur sa famille, et même sur ses amis, font de sa mort un événement politique d'une grande portée! »

Peu de jours avant de mourir, le Roi avait causé longuement avec une personne de son intimité, qui résumait dans une lettre, dont nous empruntons quelques passages essentiels, les appréciations et les prévisions qu'elle avait entendues de sa bouche :

« Le Roi, moins que ses fils encore, ne conserve d'espoir. Il croit notre pauvre pays irrévocablement lancé dans la décadence. Il saluerait avec bonheur l'avènement de Henri V, qui rendrait à ses enfants une patrie, mais il ne croit pas cet avènement possible. Comme M. Guizot, il croit le retour de Henri V impossible, parce que la France n'en veut pas; mais tous deux pensent que, si ce miracle se faisait, il y aurait là la seule chance de stabilité, tandis qu'ils pensent qu'une circonstance fortuite peut ramener le prince de Joinville et son neveu, mais que cela aurait moins de chances encore de durée que la monarchie de 1830. En attendant, le mot du Roi, que je répète textuellement, est de ne rien faire pour aider le Président à son ascension; sur toutes choses, de n'accorder aucune prolongation de pouvoir, point de lois qui ajoutent à son influence dans les campagnes, enfin un *statu quo* complet pour laisser venir les chances de 1852, en aidant seulement le gouvernement dans toutes les choses où il s'agit simplement de défendre l'ordre contre le socialisme. On ne nourrit à Claremont aucun sentiment malveillant ni pour le Comte de Chambord, ni pour son parti; on verrait leur triomphe avec satisfaction, sinon du cœur intime, au moins de l'esprit; s'il était possible, on y contribuerait même, mais on n'y croit pas. On est aussi parfaitement décidé à ne faire aucune démarche de toutes celles qui ont été inventées, parce que l'on voit, dans toutes, l'abandon de la dignité sans nul profit, et même avec une diminution d'influence dans l'intérieur du pays, et que d'ailleurs on est décidé à revenir sans lui, si l'on était rappelé sans lui. »

Telles étaient les véritables dispositions dans lesquelles la disparition du roi Louis-Philippe laissa la famille royale; les tendances personnelles de la duchesse d'Orléans n'agissaient pas dans le sens d'une action commune, pour réunir en un seul faisceau des forces différentes dont la cohésion aurait, si ce n'est détourné certainement, du moins affaibli les chances du Président, en offrant au pays un but déterminé et pratique. C'est donc avec raison qu'on envisageait au dehors la restauration de l'Empire comme l'événement le plus probable, et l'on s'en préoccupait d'autant plus que les cours ne se faisaient pas illusion sur les profonds bouleversements dont elle menaçait l'Europe. On savait qu'il aurait pour point de départ une politique dont la formule serait la destruction des traités de 1815 et d'un état de choses qui avait maintenu une paix de plus de trente années. Déjà, pendant la mission qu'il avait remplie à Saint-Pétersbourg, l'empereur Nicolas avait dit au général de Lamoricière :

« Si vous voulez détruire les traités de 1815, du moins déchirons-les ensemble. »

Telle était aussi la préoccupation du cabinet autrichien.

« Que demande l'Autriche? disait le prince Schwarzenberg à M. de Heeckeren. Rien, si ce n'est le respect des traités de 1815. Elle n'est que l'interprète fidèle du sentiment de la majorité des parties contractantes, qui cependant reconnaissent comme elle que les événements survenus depuis trois années en Allemagne obligent à des changements auxquels on ne refuse point un concours sincère; mais il faut que ces modifications se fassent au bénéfice de tous les alliés, et non au profit de la Prusse, qui cherche à exploiter avec un machiavélisme déplorable pour le repos de l'Europe la révolution allemande. Il s'agit pour le cabinet impérial d'empêcher à Berlin qu'on ne trouble l'eau afin d'y pouvoir pêcher tout à l'aise. »

Et comme son interlocuteur lui assurait que son attitude rencontrait de vives sympathies parmi tous les hommes d'État qui avaient continué à avoir une action dans les affaires de la France, et surtout sur les résolutions de l'Assemblée législative, que tels étaient le langage et l'opinion du général Changarnier, du comte Molé et de M. Thiers, le prince, tout en paraissant agréablement impressionné par cette approbation, ajouta :

« Les hommes éminents que vous venez de me nommer n'ont qu'une part très petite dans la direction de la politique extérieure; l'ambassadeur d'Angleterre est tout-puissant. De plus, dans la question allemande, le Président de la République suit une politique personnelle, qui lui est sans doute inspirée par M. de Persigny. Ce personnage peut être un ami dévoué, mais je suis moins certain qu'il soit un diplomate aussi utile aux véritables intérêts de son pays, et cela, malgré sa présomption, car il a dit à Berlin qu'il préparait à la France une politique pleine d'avenir. »

« Je ne comprends pas, poursuivait le prince Schwarzenberg, comment la France peut hésiter dans sa politique vis-à-vis de nous; car si la guerre devait résulter du mauvais vouloir de la Prusse dans l'arrangement de nos affaires, il n'y a pour elle que deux politiques à suivre, c'est d'être ouvertement pour ou contre nous; dans le premier cas, elle peut nous faire beaucoup de mal, et je suis certain que le Piémont ne lui ferait pas défaut. Mais cette conduite serait sans profit pour elle, car, en ravivant les passions démagogiques au dehors, elle fournira un nouvel élément à celles qui sont encore si ardentes chez elle, malgré les efforts faits pour les combattre. »

Le cabinet autrichien apercevait donc nettement de quels projets s'inspiraient déjà les visées extérieures du Président; la conversation que nous venons de relater indique assez clairement son peu de confiance dans les chances qui n'étaient pas celles du prince Louis-Napoléon; il n'est pas moins vrai de dire qu'on envisageait, sans y croire cependant, la possibilité du succès d'une action directe de Changarnier.

« Le général Changarnier, dit à la même époque l'empereur François-Joseph à M. de Heeckeren, le général Changarnier, qui jouit d'une si grande influence sur l'armée, ne l'a jamais commandée avant tous ces événements !

— C'est vrai, Sire, répondit Heeckeren, mais nous vivons à une époque où l'énergie est de toutes les vertus gouvernementales la plus nécessaire, et la France, qui a soif de pouvoir, a trouvé dans la résolution du général Changarnier, dans sa réputation militaire, l'homme qui convenait le mieux à sa situation. Votre Majesté peut juger du caractère de l'homme par la nature des instructions qu'il a données alors qu'on a pu croire que la démagogie tenterait une nouvelle bataille dans la rue. « Vous venez d'entendre mes ordres, a-t-il dit alors ; je « vous déclare de plus que tous ceux qui les dépasseront en « sévérité seront couverts par ma propre responsabilité ; par « contre, j'abandonnerai tous ceux qui resteront en deçà. »

— Je comprends ce langage du général Changarnier, dit l'Empereur, c'est celui d'un noble et brave militaire. »

En achevant sa lettre M. de Heeckeren ajoutait :

« Le général de Radowitz m'a dit hier : « Il ne faut pas nous confondre avec les autres nations. Le peuple allemand est avant tout un peuple de formalistes, il aime la discussion, et c'est seulement quand tous les moyens que donne la discussion sont épuisés qu'il consent à en appeler aux mesures violentes. La Prusse sait ce qu'elle veut, elle ne reculera pas d'une ligne lorsque le moment sera venu de soutenir son droit autrement que par des paroles. »

Ces dispositions étaient, on ne l'ignorait pas à Vienne, entretenues sans mesure à Berlin par Persigny, dont le langage, les assurances bruyantes contribuaient à faire accorder au pouvoir du Président une force et des chances bien différentes de celles qu'on admettait généralement en France, où la plupart des chefs importants de l'Assemblée eux-mêmes persistaient dans leurs illusions. C'était ce que le prince de Talleyrand appelait « manquer d'avenir dans l'esprit ».

Changarnier partageait, quand il ne les inspirait pas, les mêmes erreurs ; celles-ci trouvaient chez lui leur source dans ses sentiments plus encore que dans des appréciations rigoureusement déduites, et la faute était plus grave encore dans un pays où la tradition tient une place trop infime dans l'opinion des masses. « Il y a longtemps, disait M. de Chateaubriand à la mémorable séance de la Chambre des pairs en août 1830, il y a longtemps que la monarchie n'est plus une religion en France! »

C'était déjà l'erreur de ses partisans de ne pas la présenter pour ce qu'elle avait le devoir d'être, une solution sur le terrain strict des affaires, et de ne pas s'attacher à suivre la voie pratique tracée par cette nécessité. La mort du roi Louis-Philippe ne changea donc rien en réalité à la situation des partis, à leur tactique, et ils continuèrent à s'épuiser dans d'honorables et stériles abstractions. A quel mobile obéit en cette circonstance Changarnier en faisant célébrer, dans la chapelle des Tuileries, dès le 4 septembre, une messe pour le repos de l'âme du roi Louis-Philippe? Assurément la reconnaissance tint une grande place dans sa résolution, mais elle eût conservé tous ses droits si la cérémonie avait été effectuée dans un lieu moins officiel. Le général a-t-il voulu affirmer ses espérances monarchiques, causer quelque étonnement par l'audace même de cette démonstration dans le palais de la royauté? Il serait permis de le croire, s'il n'avait pas tenu à ce que la cérémonie fût ignorée au dehors et donné des ordres sévères pour que les principaux employés du château s'abstinssent de faire des communications aux journaux. Il s'y rendit avec tous les officiers de son état-major, dont l'officier de service était seul en tenue. Avertis à l'insu du général, MM. Guizot, Duchâtel, Dumon et Jayr arrivèrent au moment où l'office allait commencer; il s'acheva au milieu de l'émotion générale des assistants.

« Que de réflexions sur le néant des grandeurs de ce monde! écrivait la reine Marie-Amélie. J'ai été hier pleurer et prier auprès de ce cher tombeau si calme, si modeste, si paisible, pour le repos de cette âme si chère, qui a si chrétiennement et si bien terminé sa noble vie! »

Une telle manifestation n'était pas faite pour être du goût du Président, et ce fut probablement sous l'empire d'une irritation mal dominée que, le 14 septembre, à son retour d'un voyage à Cherbourg, il apostropha vivement Changarnier dans son cabinet à l'Élysée.

« Pourquoi, général, ne m'avez-vous pas attendu cette nuit à la gare?

— Vous vous étiez annoncé pour huit heures du soir, répliqua sèchement Changarnier, je vous ai attendu jusqu'à dix. Mon devoir, tel que je le comprends, est de garantir votre sécurité, et non pas de faire le pied de grue dans une gare de chemin de fer, où des précautions plus que suffisantes étaient prises. »

L'entretien s'engageait mal, mais le prince se contint, et, après quelques moments de silence, il reprit la conversation de ce ton nonchalant et doux qui lui était habituel, pour s'étendre avec complaisance sur les satisfactions de son voyage.

CHAPITRE IX

1850. — Le camp de Satory. — Inquiétudes de la commission de permanence de l'Assemblée. — La revue du 10 octobre. — Destitution du général Neumayer. — La réunion de l'Assemblée. — Machinations pour préparer la révocation de Changarnier. — La reine mère des Pays-Bas. — La gravure de la smalah. — Confiance de l'armée de Paris dans son chef. 1851. — La réception du 1er janvier à l'Élysée. — Remaniement ministériel du 9 janvier. — Révocation de Changarnier, 9 janvier. — Entrevue de Changarnier et de Persigny, 22 avril. — La revision constitutionnelle. — Dernières phases de la lutte entre le Président et l'Assemblée. — Arrestation de Changarnier, 2 décembre. — Mazas, Ham, Bruxelles, Malines.

La lutte, jusque-là sourde, allait trouver d'autres occasions de se développer et de déterminer des chocs plus sérieux. Malgré le refus de l'Assemblée de voter les fonds nécessaires à l'établissement d'un camp d'instruction aux environs de Versailles, le ministre de la guerre décida que des manœuvres seraient exécutées sous le commandement du général Changarnier au plateau de Satory, et le prince Louis-Napoléon fit annoncer son intention d'y assister chaque jour, sous le prétexte d'en tirer profit au point de vue de ses connaissances militaires. En réalité, il voulait se mettre en contact journalier avec les troupes, chercher à s'attirer leurs sympathies dans le but de les désaffectionner du général Changarnier et substituer sa propre autorité à celle du commandant en chef. A cet effet, il poursuivit son système de banquets, de repas en plein air, de propos familiers avec les sous-officiers et les soldats. Chaque jour, quand la manœuvre était terminée, de nombreuses tables étaient dressées, ployant sous le faix des bouteilles de vin de Champagne et de comestibles de toutes sortes; pendant qu'elles étaient entourées, le Président se promenait le verre à la main, le choquant contre tous ceux qu'il rencontrait, excitant l'enthousiasme et s'efforçant de préparer pour le lendemain des manifestations et des cris plus ardents encore que ceux de la veille. L'absence de Changarnier à ces agapes favorisait le désordre; pour bien marquer, en effet, sa désapprobation, le général en chef se retirait toujours après le défilé. Le blâme était évident, mais la liberté qui résultait de ce départ quotidien était peut-être regrettable, et il est certain que la présence de Changarnier eût été un obstacle sérieux dont il eut le tort de débarrasser le Président. Il est vrai que c'eût été engager directement un conflit, dont la solution immédiate aurait été sa propre révocation, et se prêter à la suppression d'une entrave capable de gêner au moins les intrigues du prince. Les amis politiques du général, les groupes de l'Assemblée ne lui venaient d'autre part en aide que par l'expression de plaintes et d'inquiétudes, dont le ministre de la guerre s'efforçait de démontrer l'inanité.

Dès le 7 octobre, la commission de permanence de l'Assemblée demanda au ministre de la guerre, le général Schramm, des explications formelles sur les incidents qui avaient accompagné ou suivi les revues passées par le Président. Le ministre, après avoir reconnu la réalité des faits quant aux différentes distributions de vivres et d'argent, répondit que l'usage en autorisait la pratique soit par l'attribution de doubles rations les jours de fête, de prises d'armes ou de manœuvres, soit par une allocation d'argent, que celles-ci s'appelaient, en terme militaire, « graisser la marmite ». En ce qui concernait les cris, il prétendit qu'ils n'avaient pas été poussés avec ensemble, mais seulement isolément; il conclut enfin en se disant « personnellement d'avis que les troupes ne doivent pas pousser d'acclamations sous les armes, mais qu'il ne connaît pas de moyen d'empêcher des cris isolés ». Puis, s'adressant à Changarnier, il lui demanda ce qu'il répondrait si l'on réclamait de lui une répression de ces clameurs ou une enquête.

« Si M. le ministre de la guerre, répliqua Changarnier, me pose cette question dans ses rapports de ministre avec le général en chef, je saurai ce que j'ai à lui répondre. On empêchera les cris quand on le voudra. C'est contrairement à mon avis, malgré mes conseils, que ces acclamations ont été non seulement encouragées, mais provoquées. Si je n'ai pas pris de mesures répressives, c'est que, dans une revue à laquelle assistent M. le Président de la République et le ministre de la guerre, leur responsabilité couvre la mienne. »

Le général Schramm, pressé par le président de la commission d'adresser aux troupes un ordre du jour pour leur rappeler que les acclamations de toute nature sont interdites sous les armes et dans les rangs, répondit « qu'il prendrait en grande considération les observations de la commission, mais qu'il ne pouvait pas s'engager formellement à cet égard, sa dignité ne lui permettant pas d'être plus explicite ».

Un tel langage laissait la question dans le même état. On le vit bien à la revue du 10 octobre, pendant laquelle les cris se renouvelèrent de plus belle. En tête du défilé marchait la division d'infanterie du général Neumayer, qui garda le silence; mais quand vint le tour de la cavalerie, la scène changea. Les deux régiments de carabiniers qui se présentèrent les premiers crièrent, après en avoir reçu le signal de leurs officiers : « Vive le Président! Vive Napoléon! Vive l'Empereur! » Le régiment de cuirassiers qui suivit répéta les mêmes cris, à l'exemple des officiers qui le commandaient; le deuxième régiment de la même arme, n'ayant reçu aucun signal, défila en silence. À l'exception d'un ou deux régiments, les dragons, les lanciers, les hussards et les chasseurs, se conformant à l'invitation qu'ils recevaient de leurs chefs, se livrèrent aux mêmes acclamations.

Il était manifeste que l'enthousiasme du soldat n'avait rien de spontané, qu'il se conformait à des ordres reçus. Les spectateurs de la revue en furent plus frappés encore au moment où, la première division d'un régiment de lanciers ayant passé devant le chef de l'État, la deuxième division, en arrivant à sa hauteur, le salua du cri de : Vive Napoléon! Au même moment, le chef d'escadrons qui la commandait se retourna vers sa troupe et, brandissant son sabre, cria d'une voix retentissante : « Vive l'Empereur! » et ses cavaliers répétèrent d'une seule voix la salutation impériale.

Le ministre de la guerre était à cheval à côté du Président, et cette manifestation séditieuse ne fut pas même relevée par lui. Elle ne recueillit d'autre blâme que celui de la commission de permanence, qui consigna dans le procès-verbal de sa séance du lendemain, 11 octobre, le mécontentement qu'elle en éprouvait.

Le Président pensa qu'il n'y avait pas à s'en émouvoir et poursuivit, sans se laisser détourner, le programme qu'il s'était tracé.

Plus de quinze jours après, le 26 octobre, le général Neumayer vint annoncer à Changarnier qu'il venait d'être averti par le général Schramm de l'intention du Président de lui donner un autre commandement. Profondément irrité, le commandant en chef se hâta de faire connaître au ministre sa désapprobation, dont il exposa successivement les raisons au général de la Hitte, ministre des affaires étrangères, puis à MM. Fould et Baroche. Saisissant l'occasion qui lui en était offerte, il n'hésita pas à formuler énergiquement son opinion sur les manœuvres du Président, sur ses visées et le sentiment que lui inspirait un système qui ne prenait presque plus la peine de se dissimuler. L'émotion des ministres fut vive, mais lorsqu'ils se réunirent, le soir même, ils persistèrent à ne voir dans cet incident qu'un conflit de personnes, non point un conflit de pouvoirs et une manifestation de la lutte engagée entre deux politiques. Ils exprimèrent ensuite à Changarnier, dans des entretiens privés, leur désir que l'affaire se terminât par un biais.

Le général vint le lendemain matin de bonne heure, accompagné de Neumayer, chez le ministre de la guerre, lui représenter la nécessité de ne pas prêter son concours à l'accomplissement d'un acte tout à fait inique. Le général Schramm se rejeta sur la certitude qu'une compensation serait accordée à Neumayer, mais celui-ci la déclina tout net; à bout d'arguments, et Neumayer s'étant retiré, il exprima à Changarnier toute sa bonne volonté pour l'aider à arranger l'affaire à sa satisfaction et l'engagea à intervenir directement auprès du Président.

A l'Élysée, Changarnier tint un langage aussi ferme que

courtois ; puis, faisant appel aux sentiments de justice du prince, il le pria de recevoir Neumayer, conduit soit par lui, Changarnier, soit par le ministre de la guerre. En vain le général pressa Louis-Napoléon : celui-ci ne cessa pas de se dérober et de se refuser à aucune assurance, à plus forte raison à un engagement ; Changarnier alla même jusqu'à dire qu'il valait mieux ne pas recevoir Neumayer, si ce n'était pas pour lui conserver son commandement : le Président demeura inexorable.

« Envoyez-le ici, dit-il au général, le ministre de la guerre me le présentera avant le conseil. »

Lorsque, vers midi, Neumayer rendit compte à Changarnier de l'entretien qu'il venait d'avoir avec le prince, il lui raconta que le Président lui avait déclaré que, sans haine pour lui, il croyait devoir user à son égard du droit de disposer des commandements, qu'il le dédommagerait d'ailleurs plus tard. Neumayer eut beau repousser toute compensation, l'entretien en demeura là ; il était définitivement sacrifié. On se représente sans peine la colère de Changarnier ; elle en était encore à sa première explosion lorsque, peu d'instants après le départ de Neumayer, il vit le ministre de la guerre entrer chez lui. Il le reçut debout et n'hésita pas à apprécier dans les termes les plus sévères la conduite qu'il avait tenue. Il l'accusa d'avoir abandonné un officier général contre lequel on n'avait à arguer que l'observation des règlements. Le général Schramm se déroba en exprimant à Changarnier le désir du Président qu'il revînt en causer avec lui. A l'Élysée, le général ne craignit pas d'accentuer encore son ressentiment ; saluant froidement, il ne prit pas même la main que lui tendait le prince. Le débat fut long, orageux même. Louis-Napoléon répétait qu'il ne lui avait pas été possible de revenir sur sa détermination ; enfin, pour atténuer un peu son inflexibilité, il déclara à Changarnier que le successeur de Neumayer ne serait choisi qu'avec son assentiment.

« Cette affaire a été commencée sans moi, reprit le commandant en chef, elle s'achèvera sans moi ! »

Et comme le Président exprimait son regret de lui voir prendre si mal la chose :

« Je la prends aussi mal que possible, ajouta-t-il, je me tiens pour outragé ! » Et, sur ces mots, il sortit brusquement.

La commission de permanence de l'Assemblée, émue de ces incidents, invita, à sa séance du 30 octobre, le général à lui faire connaître les circonstances qui avaient accompagné la destitution de Neumayer. Changarnier en fit alors un exposé précis. « L'unique grief articulé par le ministre de la guerre contre Neumayer, dit-il, est que celui-ci, consulté par le colonel du 10ᵉ régiment d'infanterie légère, lui a répondu que le silence sous les armes lui paraissait l'attitude la plus conforme aux règlements militaires. »

A la suite de cette explication, la commission, par l'organe de plusieurs de ses membres, constata « que cette affaire était de la plus haute gravité, qu'elle constituait évidemment une des parties d'un plan concerté et suivi avec une fatale persévérance, et que la lutte éclatait entre les droits du gouvernement représentatif et les prétentions du gouvernement personnel, prétentions qui se montrent aujourd'hui plus ardentes et plus exclusives que jamais. »

C'étaient bien là, en effet, les termes vrais de la question, telle qu'elle se posait devant le pays ; malgré l'évidence de ses droits, l'honnêteté de ses intentions, l'Assemblée était discréditée, usée ; elle se débattait dans de stériles efforts, la France se détachait d'elle. Après tant de luttes violentes, de querelles qui avaient brouillé toutes les questions, elle était lassée du bruit des discussions, elle aspirait au repos et souhaitait l'action d'un gouvernement qui fît cesser d'énervantes incertitudes. Elle était naturellement entraînée à la solution la plus voisine, la plus facile en apparence à accomplir. L'Assemblée était donc condamnée, parce qu'elle avait laissé passer l'heure favorable ; désormais, elle était gagnée de vitesse.

Changarnier le sentait bien, et il ne se dissimulait pas que sa perte était déjà parfaitement décidée ; il subissait les conséquences des fautes auxquelles il s'était inévitablement associé le jour où il avait partagé les erreurs et les illusions de ses collègues. Mais s'il regardait la partie comme perdue pour lui, il était homme à tomber, du moins, avec honneur et en soldat. Il n'hésita donc pas à maintenir ses résistances et à se joindre ouvertement aux membres de la commission de permanence qui voulaient faire décider la convocation immédiate de l'Assemblée. Le Président, averti de ces dispositions, chercha à donner le change à l'opinion, et le général Neumayer fut appelé à un grand commandement créé pour lui dans les départements de l'Ouest. De cette façon, tous les torts seraient, aux yeux du public, du côté de l'Assemblée et des exigences de Changarnier.

Lorsque s'ouvrit la séance de la commission de permanence, le 31 octobre, son président interrogea le ministre de l'intérieur sur les agissements de la Société du Dix-Décembre, sur les réunions dans lesquelles ses membres avaient articulé des menaces ouvertes contre l'Assemblée et la personne même de plusieurs députés; il lui montra que, sous le faux prétexte de bienfaisance, elle était une véritable association politique; il plaça sous ses yeux les rapports reçus à cet égard par la commission. Le ministre taxa ces rapports d'exagération, et ajouta que ses propres informations ne l'autorisaient pas à croire à l'existence des menaces dénoncées. M. Léon Faucher, qui présidait la séance en l'absence de M. Dupin, insistant alors avec plus de force, réclama de M. Baroche la dissolution de la Société; celui-ci se contenta de répondre que la Société était sous le coup d'une instruction judiciaire, à la suite des désordres que plusieurs de ses membres avaient provoqués dans la rue du Havre, et que, pour lui assigner son véritable caractère, il convenait d'attendre le résultat de l'instruction. Pressé de nouveau de faire connaître la cause du renvoi de Neumayer, le ministre insista sur sa résolution d'user du droit du gouvernement de ne pas s'expliquer à l'égard de ce fait, et déclara que la commission dépasserait les limites de ses pouvoirs en appréciant les motifs d'un acte de la compétence exclusive du Président et de ses ministres. Ce défi fut accompagné d'assurances réitérées sur le respect des institutions, sur « l'intention du gouvernement de laisser l'armée à sa noble mission ». Lorsque la commission se réunit de nouveau le 2 novembre, cette fois sous la présidence de M. Dupin, elle admit que les déclarations formelles du ministre rendaient inutile la convocation de l'Assemblée avant la date du 11 novembre, fixée pour la reprise de ses travaux.

Il y avait à peine une demi-heure que la commission s'était séparée, que Changarnier faisait porter aux troupes l'ordre du jour suivant :

« *Au quartier général des Tuileries*, ce 2 novembre 1850.

« Aux termes de la loi, l'armée ne délibère pas; aux termes des règlements militaires, elle doit s'abstenir de toute manifestation et ne proférer aucun cri sous les armes. Le général en chef rappelle ces dispositions aux troupes placées sous son commandement. »

Ce coup droit ne fit qu'irriter profondément le Président, mais il se garda bien d'en laisser rien paraître. Comme d'habitude il se tut, et son silence donna à croire qu'il ne nourrissait aucun projet personnel. La commission de permanence fut également dupe de cette nouvelle manœuvre; le 7 novembre, à sa dernière séance, elle ne crut pas devoir s'émouvoir des lettres de menaces reçues par le président de l'Assemblée et par le général Changarnier, ni du complot concerté contre leur vie et dénoncé par le rapport d'un commissaire de police. Elle parut adhérer sans réserves aux appréciations de M. Dupin, lorsque celui-ci, résumant les travaux de la commission, annonça qu'elle avait reçu toute satisfaction, d'une part, par la dissolution de la Société du Dix-Décembre et, de l'autre, par l'ordre du jour du général Changarnier, « ordre du jour que le gouvernement s'était approprié par son acquiescement ».

« Une crise plus délicate a menacé d'éclater dans ces derniers temps, dit-il en terminant. La commission en a suivi avec anxiété toutes les phases, mais elle s'est tenue dans la plus grande réserve, laissant agir la voie de la prudence, des négociations et des sages conseils. Ils ont été entendus, et la crise, dans tout ce qu'elle présentait de redoutable, a été évitée. »

On ne peut pas se défendre de penser au malin plaisir que dut éprouver le Président à la lecture de ce document. Il sentait le moment favorable, et il ne se trompait pas. Malgré les bruits les plus alarmants, malgré les articles de la presse, l'Assemblée n'osait pas engager la lutte; elle n'était pas de force à avoir le dessus et ne se méprenait pas sur la désapprobation que lui donnerait le pays; dès le premier jour de sa réunion, le 11 novembre, ses dispositions se manifestèrent clairement. Elle reprenait ses travaux avec indifférence, car cent soixante-sept de ses membres manquaient à ce premier appel, et la plupart des autres ne rapportaient de leurs provinces que le désir de ne pas détruire tout à fait l'autorité déjà très diminuée de l'Assemblée par la provocation à des luttes ouvertes entre les pouvoirs de l'État. Ils s'en consolaient en déplorant l'insouciance du pays, son imprévoyance.

Aux yeux de la France, Louis-Napoléon garantissait le présent; la monarchie, telle qu'il était souhaitable de la rétablir, garantissait l'avenir, assurait une stabilité féconde en développements heureux; le régime existant laissait, d'autre part, toutes les questions ouvertes, toutes les menaces pendantes pour le présent et pour l'avenir. On allait donc à Louis-Napoléon, parce qu'il paraît au plus pressé. C'était le fait brutal, indéniable; c'était aussi la conséquence des erreurs suivies, des illusions obstinées. Chacun sentait dès lors que tout ce qui pourrait attiser davantage le différend entre l'Assemblée et le Président hâterait les affaires de celui-ci; on ne comptait plus que sur l'imprévu, sur le temps gagné, sur les ressources ordinaires des pouvoirs aux abois.

Dans de telles conjonctures, le prince trouva le terrain bien préparé pour son message, dont M. Baroche donna lecture à l'Assemblée le 12 novembre.

L'affaire importante, c'était toujours, pour le Président, la révocation de Changarnier, décidée en principe; mais l'embarras était de trouver le ministre qui consentît à contresigner le décret. Le général Schramm s'y était refusé, il avait résisté aux instances répétées pendant plusieurs jours par Louis-Napoléon. Le prince s'enquit donc ailleurs et finit par obtenir le concours du général Regnault de Saint-Jean d'Angely. Celui-ci revenait de Claremont, où il avait été porter aux princes ses hommages. Lorsqu'il reçut les propositions du Président, il crut pouvoir y adhérer, et la question se borna à trouver l'occasion de provoquer la retraite du général Schramm. Elle devait se faire attendre quelque temps encore. Bien qu'ils ne se fissent aucune illusion sur leurs sentiments respectifs, le Président et le général continuèrent leurs rapports ordinaires, mais en les bornant à des affaires de service, — tous les deux en apparence indifférents, courtois, dégagés de toute préoccupation, et comme s'ils s'étaient réciproquement piqués à ce jeu, rivalisant d'assurance. Le spectacle était singulier pour les observateurs au courant de l'état des choses; mais quelle douleur était renfermée dans le cœur de Changarnier! quelles souffrances il endura, quelles patriotiques inquiétudes il refoula! Nous n'essayerons pas de les retracer; les généreuses fiertés de cette âme vraiment française font assez connaître les craintes que lui inspirait le double spectacle de l'impuissance de l'Assemblée et des machinations du Président.

Le mot d'ordre de l'Élysée était d'attaquer Changarnier dans les réunions des groupes de l'Assemblée.

« Piscatory a parlé trois quarts d'heure pour recommander la modération à des gens éreintés, écrivait, après une de ces séances, un de ses collègues au général. Personne ne comprenait rien à ce que disait son voisin : il n'y aurait eu qu'un échange de sottises sans l'incident que voici : Lariboisière, afin de montrer sa reconnaissance pour son nouveau grade dans la Légion d'honneur, a dit qu'il fallait que la réunion déclarât qu'elle voulait affranchir le pouvoir exécutif et l'Assemblée de la domination du troisième pouvoir. « Que vou-
« lez-vous dire? interrompit M. de Lasteyrie. Osez nommer
« qui vous attaquez, osez avouer qu'on est jaloux du général
« Changarnier à cause des services qu'il a rendus! »

« Sainte-Beuve répondit quelques mots sensés en commençant et termina par une profession de foi républicaine. Le

général Lebreton se leva et dit : « J'aurai le courage de nom-
« mer le troisième pouvoir : c'est le général Changarnier.
« D'autres ont rendu aussi de grands services et dans des temps
« plus difficiles. »

« La France n'est ingrate envers personne, riposta M. de
« Lasteyrie; nous sentons toute la reconnaissance que mé-
« ritent les immenses services rendus dans les temps les plus
« difficiles par M. le général Lebreton, et il doit nous permettre
« de reconnaître en même temps ce qu'a pu faire de bien, avec
« moins d'éclat, M. le général Changarnier. » Les rires de la
réunion interrompirent l'orateur, et M. de Rancé lui demanda
alors s'il reconnaissait au pouvoir exécutif le droit de destituer
le général Changarnier. Presque toute la réunion s'est levée
pour l'interrompre, et la majorité n'a pas permis que vous
fussiez discuté. »

A l'étranger comme dans le pays, les yeux demeuraient
toujours fixés sur Changarnier; on n'envisageait pas que son
rôle fût près de finir :

« La Reine mère, écrivait au général, de la Haye, le 31 décembre, M. Dubois de Saligny, ministre de France auprès de la
cour des Pays-Bas, est de tout point la digne sœur de l'empereur Nicolas. Elle vient de revenir à la Haye après une absence
de dix-huit mois. Je suis le premier ministre étranger qu'elle
ait reçu. J'avais avec moi toute ma légation, et Sa Majesté a
été pour moi d'une bonté et d'une grâce parfaites. Encore
un peu, et elle oubliait de me parler du Président; mais, en
revanche, elle me touchait au cœur par ses éloges d'un général de votre connaissance intime. « Nous lui devons beaucoup,
« m'a-t-elle dit à plusieurs reprises, il nous a rendu à tous les
« plus grands services, et je suis heureuse de vous exprimer
« la haute estime que m'inspire son caractère. »

« Je n'attends, ajoutait en terminant le diplomate français,
rien de définitif des conférences de Dresde. L'Autriche et la
Prusse s'entendront sur certains points secondaires; mais la
lutte qui divise ces deux puissances est une lutte de suprématie,
elle n'en subsistera donc pas moins. Et, tôt ou tard, quand
l'ordre européen sera mieux affermi, cette lutte amènera iné-

vitablement une guerre. Dieu veuille qu'alors nous soyons prêts et que nous sachions en profiter. »

Les événements devaient longtemps après justifier ces prévisions, dont la réalisation allait être aidée par le programme de la destruction des traités de 1815, qui résumait, dans la pensée du Président, toute l'œuvre de sa politique extérieure.

A la même date, le général recevait une lettre dont le témoignage, bien que se rapportant à une autre époque et à d'autres faits, ne mérite pas moins d'être signalé au lecteur :

« On vient de terminer, lui écrivait M. le duc d'Aumale, en date du 28 décembre, la gravure de la Smalah. Comme le combat fut livré par les troupes aux ordres du général Changarnier, et que tout dans l'entreprise fut réglé et calculé par ses instructions, le général permettra à son ancien brigadier de Médéah de lui offrir une épreuve de cette gravure et de saisir cette occasion pour l'assurer de sa vieille et constante amitié. »

De tels souvenirs étaient de ceux qui allaient droit au cœur de Changarnier, où le sentiment militaire occupait la première place ; il n'était pas moins ému et fier de l'expression de la confiance et du dévouement des officiers généraux de l'armée de Paris.

« Depuis déjà bien des années, lui écrivait, le 1er janvier 1851, le général Canrobert, vous avez patronné ma carrière ; je ne l'ai jamais oublié, pas plus que ces nombreux exemples d'héroïsme que vous nous avez donnés, à nous soldats de guerre, qui avons eu le bonheur de combattre sous vos ordres, et pour qui votre estime sera toujours une des plus nobles et des plus ambitionnées récompenses. »

« L'approbation du chef de l'armée de Paris, lui mandait à la même date le général Renault, qui donne en outre l'exemple d'un dévouement sans bornes au pays, est un puissant motif d'émulation pour nous, et, avec lui, il n'est pas de choses qu'on ne puisse achever glorieusement. »

Ce jour-là même, 1er janvier, alors que lui parvenaient ces démonstrations bien faites pour lui donner quelque orgueil, Changarnier était, de la part du Président, l'objet d'une manifestation dont la brutalité contrastait avec ses habitudes de politesse ordinaire. Lorsque le commandant en chef pénétra dans le salon de l'Élysée pour prendre part aux réceptions du jour de l'an, le prince le salua sèchement, sans même lui tendre la main ; à ce moment, leurs regards se croisèrent, et chacun y put lire leur pensée intime. Cette scène muette dura l'instant d'un éclair ; les yeux du prince se dirigèrent ailleurs, et Changarnier, sans modifier son attitude un peu hautaine, vint se placer entre le chef de l'État et le ministre des affaires étrangères. Il assista ainsi, et tout en causant avec le général de La Hitte, au défilé des officiers de la garde nationale et de l'armée ; quand celui-ci eut pris fin, il se retira, résolu à suspendre jusqu'à nouvel ordre ses relations avec le Président.

La lutte entrait visiblement dans sa période aiguë, elle s'ouvrait dans les conditions les plus défavorables pour le général, dont la situation n'était défendue que par des idées toutes morales, par des fictions constitutionnelles et parlementaires ; elle était à la merci d'un coup d'autorité parfaitement irréprochable en fait, au point de vue militaire, de la part du pouvoir exécutif. Changarnier était le représentant incontestable des droits de l'Assemblée, et, dès lors que l'influence de celle-ci s'effaçait peu à peu au profit du Président, il devait partager une défaite qu'elle n'avait pas su prévenir. Malgré l'évidence des faits, le coup qui avait frappé le général Neumayer, la mollesse des dispositions de l'Assemblée, l'impossibilité pratique d'avoir le dernier mot, les pressentiments qu'il n'avoua que beaucoup plus tard, il conservait quelques illusions, et la séance du 3 janvier à l'Assemblée contribua encore à les augmenter.

Le soir même du 3 janvier, le Président s'ouvrit directement encore une fois au général Schramm de ses projets et réclama de nouveau son concours. Mais le refus du ministre fut positif ; il déclara que devant les manifestations de l'Assemblée, qui venait d'affirmer avec tant d'énergie sa confiance et sa volonté sur le nom de Changarnier, il ne contresignerait pas sa révocation. Le prince garda le silence et reprit sans retard ses négociations avec le général dont il avait déjà utilement sollicité la complicité. Le bruit de cet événement prochain et des entrevues réitérées du Président avec Regnault de Saint-Jean d'Angely ne tarda pas à se répandre parmi les députés. Interrogé directement par un grand nombre de ses collègues sur ce qu'il savait des intentions du prince à son égard, Changarnier leur répondit : « Il a depuis longtemps le vif désir de me destituer, et il va le satisfaire, si la crainte d'un conflit avec le pouvoir législatif ne le fait pas reculer. »

C'était poser la question dans ses termes vrais, et l'Assemblée eût accepté certainement le conflit, si elle avait su comment le terminer à son avantage ; mais elle se sentait trop peu de solide autorité pour s'engager dans une voie où elle aurait trouvé sans aucun doute une prompte défaite. Mille projets furent débattus, tous plus ou moins stériles ; on s'arrêta à celui de demander à M. Dupin de requérir pour la défense de l'Assemblée, à l'instant même où le décret de révocation serait connu, un corps de troupes dont il donnerait le commandement à Changarnier. Le président de l'Assemblée écouta ces ouvertures, mais il ne consentit pas à prendre l'engagement qu'on lui proposait. Sans entrer dans une discussion dont les conclusions eussent trop mis en lumière la situation fâcheuse où en était arrivée l'Assemblée, il affirma son énergie, sa résolution pour défendre les droits de la Chambre, « *quand le moment en serait venu* », et le projet en demeura là.

Certain que le problème constitutionnel ne pouvait se résoudre qu'à son profit, le prince n'hésita pas à entrer personnellement en rapport avec l'Assemblée sur le fond même de la question. Le 8 janvier, il réunit dans son cabinet MM. Barrot, Berryer, de Broglie, Daru, Dupin, Molé, de Montalembert et Thiers. Il débuta par protester de son respect pour l'Assemblée, de son intention de ne porter aucune atteinte, fût-elle la plus éloignée et la plus indirecte, aux prérogatives qu'elle tenait de la Constitution et de la pratique sincère du régime parlementaire ; il annonça ensuite son intention arrêtée de faire usage du droit formel du pouvoir exécutif pour modifier le commandement extraordinaire créé à l'heure du péril, mais devenu inutile dès lors que la tranquillité était rétablie et les socialistes définitivement vaincus. Il développa longuement cette thèse, l'appuyant de toutes les preuves que lui fournissait l'état présent de la capitale, et se garda d'abord de prononcer, même une seule fois, le nom de Changarnier. Les assistants demeurèrent dans la même réserve, et MM. Thiers, Odilon Barrot et Berryer insistèrent avec force sur les inquiétudes qu'exciterait dans la Chambre et dans le pays une mesure aussi grave, au moment où les bruits de coup d'État circulaient déjà de toutes parts. M. Dupin se prononça catégoriquement dans le même sens. A l'expression de ces craintes, le prince répondit que, si grand était son désir de se conformer aux vœux de la majorité, qu'il était décidé à accepter sur-le-champ tel cabinet que ses interlocuteurs désigneraient eux-mêmes, qu'il s'engageait à en respecter tous les noms, à la seule condition que ce ministère décomposerait immédiatement le commandement de l'armée de Paris, — et il articula cette fois le nom, — que celui-ci serait retiré au général Changarnier.

Comme il l'avait bien prévu, il se heurta à un refus absolu, et l'entretien fut rompu. Le seul résultat avait été d'établir plus nettement encore, s'il était possible, l'impuissance de l'Assemblée à faire prévaloir ses vues. La nouvelle se répandit rapidement à la Chambre, où elle excita la plus vive agitation ; c'était d'ailleurs tout ce qui en pouvait découler.

Dès le surlendemain, le *Moniteur* publia la nomination des nouveaux ministres, en même temps que les décrets qui abrogeaient la faculté de déplacer les troupes de la 1re division militaire. Le général Baraguey d'Hilliers en était nommé commandant, et le général Perrot placé à la tête des gardes nationales de la Seine. A six heures du matin, le commandant Fleury, aide de camp du Président de la République, se faisait annoncer chez le général ; il lui remettait aussitôt la lettre suivante :

« Élysée national, le 9 janvier 1851

« Général,

« Ce n'est pas sans de vifs regrets que je me vois forcé de vous annoncer ma détermination de supprimer le commandement dont vous êtes investi. La gravité des motifs qui me décident n'affaiblira en rien le souvenir de vos services passés, et, malgré notre séparation, je continuerai à compter sur votre concours, si jamais la patrie était en danger, de même que vous pourrez compter sur les sentiments que je vous ai voués.

« *Signé :* Louis-Napoléon Bonaparte. »

« Je n'ai pas de réponse à faire, dit Changarnier au commandant, après avoir terminé la lecture de ce billet; si vous désirez un reçu, je vais vous le donner.

— Je ne crois pas en avoir besoin, répondit l'officier. Avez-vous, mon général, quelques ordres à me donner?

— Non, je vous remercie », repartit simplement le général, et sur ces mots, le commandant Fleury, visiblement ému, se retira.

Le même jour, et dès avant midi, Changarnier quitta le quartier général des Tuileries et accepta l'hospitalité d'un officier d'état-major de la garde nationale, en attendant qu'il pût occuper de nouveau le même appartement du n° 3 de la rue du Faubourg-Saint-Honoré, où il avait passé les hivers qui avaient suivi son départ d'Afrique, après sa rupture avec le maréchal Bugeaud. Cet asile ordinaire de ses disgrâces devait être, moins d'un an plus tard, le théâtre de la plus grande épreuve de sa vie.

Le retentissement d'un événement de si grande importance fut également profond, à Paris et en province ; de tous les rangs de la société parvenaient au général l'expression très vive de regrets touchants. Dans l'armée, il y eut un mouvement de véritable indignation, et Changarnier dut à plusieurs reprises user de son autorité sur quelques officiers pour empêcher leurs démissions; mais ses efforts échouèrent auprès du général Julien, que son dégoût décida à demander sa mise à la retraite et à renoncer ainsi aux chances d'une carrière déjà brillante.

L'odieux de cette soudaine révocation blessait incontestablement le sentiment public.

« Encore un triste exemple d'ingratitude envers ceux qui

ont rendu d'immenses et glorieux services, alors que le danger paraît éloigné, écrivait ce même jour, 10 janvier, un des chefs de la majorité, au général, mais vous l'avez dit avec raison : « Ils m'ont brisé, mais les morceaux sont bons ! — Espérons. »

« Je ne sais pas très bien pourquoi vous cessez de commander l'armée de Paris, lui mandait le procureur général près la cour de Rennes, mais ce que je sais bien, c'est que je suis triste, c'est qu'on est triste, autour de moi, de voir l'homme qui a découragé le génie de l'émeute éloigné d'un poste que nul ne saura mieux garder. La reconnaissance du pays vous reste avec l'affection de vos amis : pour un cœur comme le vôtre ce serait une consolation suffisante. »

« Votre destitution vous honore, écrivait un membre du corps diplomatique français; elle vous grandit encore dans l'esprit de ceux qui portent un cœur noble et un esprit élevé. C'est la France, c'est l'esprit d'ordre qui est frappé ! »

« On a dit il y a longtemps, et ce sera, je crois, toujours vrai, que la politique des femmes n'était qu'une affaire de noms propres, mandait la comtesse de G***. Ne vous étonnez donc pas si l'espèce d'indolence dans laquelle me laissent les discussions sur les questions d'État s'est changée en une vive indignation à la nouvelle de l'injure qui vous est faite. Que le Président se sente assez prince pour être ingrat, cela est tout simple, mais qu'il ait trouvé des ministres et que ceux-ci espèrent trouver à leur tour la majorité dans cette Assemblée qui vous doit tant, cela me révolte. Peut-être, au reste, la punition suivra-t-elle de près la faute, et vous serez bien vengé le jour où Paris aura encore peur ! »

« Je croyais au chef de l'État des sentiments d'équité mieux appropriés à la haute position que vous avez si puissamment contribué à lui faire, mais la reconnaissance chez lui paraît être un fardeau qu'il ne sait pas porter », écrivait un officier général.

« Votre disgrâce n'est pas sans compensation, écrivait le colonel de la 1re légion de la banlieue de Paris, la haute confiance que vous avez si légitimement inspirée aux hommes de cœur ne sera pas altérée. L'estime, l'affection, les vœux, les sympathies de tous ceux qui ont eu l'honneur de servir sous vos ordres vous suivront dans la bonne comme dans la mauvaise fortune. »

« Le général Changarnier n'est pas perdu pour le pays, disait la lettre d'un autre officier général ; s'il est forcé de remettre l'épée dans le fourreau, elle en ressortira pour défendre les lois, la constitution et l'ordre, dès qu'ils seront menacés. »

Du fond de sa retraite, à Soult-Berg, le maréchal Soult écrivait à Changarnier :

« J'ai appris avec douleur les vicissitudes qui vous ont été suscitées. Votre noble caractère vous les a fait toutes surmonter. Il convient, en effet, d'opposer une impassibilité froide à toutes les attaques qu'on a dirigées contre vous. J'éprouverai un grand bonheur, si votre belle carrière n'est interrompue par aucun contretemps. Vous êtes notre ancre de salut. »

Comme d'ordinaire en France, les regrets visaient surtout la portée morale de l'acte qui venait de s'accomplir, et ceux-ci ne déterminaient pas de résolutions pratiques ; si l'on admettait, du moins en partie, sa véritable signification politique, on conservait encore des doutes, des hésitations et de chimériques espérances. C'est à ce jour, en effet, qu'il convient de faire remonter la défaite définitive de l'Assemblée ; désormais la victoire appartenait au Président, et, pour l'achever, ce n'était plus qu'affaire de temps et de procédés.

Il ne s'en fallait pas de beaucoup que la clairvoyance des groupes de la Chambre ne fût pas meilleure que celle du vulgaire ; un défi si audacieux excitait violemment leurs colères, mais ne suffisait pas pour faire tomber leurs illusions. Cette situation ressortit avec évidence lorsque, le même jour, Changarnier vint occuper sa place accoutumée parmi ses collègues.

A deux heures, la salle Casimir Périer était encombrée par les députés qui discutaient avec vivacité ; la séance s'ouvrit au milieu d'une grande effervescence.

Les discours qui se succédèrent ne suffirent pas à dissiper tous les doutes.

Après la séance du 16 janvier, où Berryer revendiqua, avec toute l'ardeur de sa chaude éloquence, les droits de la légitimité, la discussion reprit le lendemain. M. Baroche, ministre de l'intérieur, avoua tout haut les raisons politiques qui avaient déterminé la révocation de Changarnier.

« Par l'importance exceptionnelle, exorbitante, de son commandement, qui en avait fait un troisième pouvoir, M. le général Changarnier était devenu, sans qu'il le sût, malgré lui peut-être, l'espérance des différents partis. Ceux qui considèrent notre état actuel comme transitoire pensèrent que son grand commandement pèserait puissamment, lourdement, dans la balance. »

Et, après avoir insisté sur les conséquences de cette situation, il ajouta :

« Nous avons voulu que le jour où le pays serait appelé à cette grande délibération nationale le terrain fût déblayé, et que la volonté nationale pût se faire jour sans entraves. »

Puis, abordant la question des voyages accomplis, tant à Wiesbaden qu'à Claremont, par un grand nombre de députés et des manifestations inconstitutionnelles dont ils avaient été l'occasion, il blâma avec plus d'énergie celles qui s'étaient adressées à M. le Comte de Chambord, et termina son discours en disant :

« Nous ne voulons ni d'une restauration orléaniste, ni d'une restauration légitimiste ; il y a une troisième chose dont nous ne voulons pas : c'est d'une restauration impériale.

« Ce que nous voulons, c'est la consolidation du gouvernement actuel, du gouvernement républicain, dont on a dit justement que c'était le gouvernement qui nous divise le moins. »

Cette déclaration de prétendue équité ne manqua pas d'amener Changarnier à la tribune :

« Lorsque le gouvernement qui a précédé celui de M. le Président de la République, dit-il, a établi mon quartier général aux Tuileries, cinq partis divisaient, comme ils divisent encore, la France : les républicains modérés, les amis de la monarchie des traditions, les amis de la monarchie constitutionnelle, les démagogues qui se déguisent sous d'autres noms, enfin les hommes qui veulent la dictature impériale, même sans la gloire, même sans le génie dont l'univers s'entretient encore.

« Je n'ai voulu être, je n'ai été l'instrument d'aucun de ces partis. J'ai voulu ce que voulaient tous les hommes honnêtes ; j'ai voulu l'exécution des lois, le maintien de l'ordre, la reprise des transactions commerciales, la sécurité de la France entière, et j'ai l'orgueilleuse satisfaction d'avoir... un peu... contribué à nous donner ces biens.

« Malgré d'odieuses insinuations dictées par l'ingratitude, je n'ai favorisé aucune faction, aucune conspiration, aucun conspirateur. Et les deux partis que je vous signalais les derniers m'ont voué des haines bien méritées, et qui, pour mon honneur, survivent à ma chute.

« J'aurais pu devancer cette chute par ma démission, qui eût été bien accueillie ; mais ceux qui ont cru que je devais la donner sont-ils bien sûrs que ma présence aux Tuileries ne leur ait pas été utile?

« Mon épée est condamnée à un repos au moins momentané, mais elle n'est pas brisée; et si un jour le pays en a besoin, il la trouvera toujours dévouée et n'obéissant qu'aux inspirations d'un cœur patriotique et d'un esprit ferme, très dédaigneux des oripeaux d'une fausse grandeur. »

Les applaudissements réitérés de l'Assemblée accueillirent ces franches et énergiques paroles. La séance fut suspendue pendant un quart d'heure pour donner à l'émotion générale le temps de se calmer.

Lorsque M. Thiers monta à la tribune, il déclara qu'il se séparait du gouvernement. Il accusa formellement les amis du Président d'avoir les premiers rompu le pacte, provoqué la division et dispersé les éléments d'union qui existaient entre les pouvoirs; il dit que ce parti avait ainsi « sacrifié ses devoirs au salut de la Patrie ». Après avoir rappelé les conditions desquelles était née l'élection du 10 décembre, la part que ses amis politiques avaient eue à son succès : « Nous avons, dit-il, pris l'engagement de l'aider et de le soutenir comme pouvoir soumis aux lois, à la Constitution, et de nous opposer à toute tentative qui nous semblerait en opposition avec ses devoirs et les nôtres. » Il exposa en même temps les motifs des conseils qu'il avait donnés, près de deux ans auparavant, au Président :

« Ne laissez pas les esprits se tourner vers la guerre, on croirait que vous voulez suivre la politique impériale. Il se fait, en Europe, un travail heureux pour nous. Ce travail tend à rendre aux peuples leur liberté; si vous faites la guerre, vous verrez bientôt se reformer contre nous une coalition qui se dissout naturellement.

« La politique que nous avons conseillée, c'est la paix enfin, dans l'intérêt de l'humanité. Faites renaître la sécurité au dehors, et vous verrez se développer une prospérité qui vous étonnera.

« La sécurité est revenue du jour où ils ont eu la preuve qu'ils devaient désarmer, c'est-à-dire ne devaient plus attaquer la société par les armes.

« La politique que nous avons conseillée a porté ses fruits.

« Les bienfaits dont je parle ont été produits par la conduite de la majorité. Pourquoi donc est-elle attaquée avec tant de persistance par les organes du pouvoir? Nous avons pris des engagements vis-à-vis du pouvoir, nous les avons tenus sans réserve.

« Un jour M. le Président de la République, trouvant que cette politique ne portait pas assez promptement ses fruits, change de ministère et nous envoie le message du 31 octobre.

« J'en ai été affligé par trois raisons. »

Et après avoir rendu hommage aux ministres renvoyés dans ces circonstances, exprimé les craintes inspirées par les choix nouveaux, constaté que les descendants des Napoléons n'étaient pas familiarisés avec les idées du gouvernement représentatif, et rappelé le concours persistant de la majorité :

« Pendant que nous agissions de la sorte, s'écria l'orateur, comment nous récompensait-on? Par les attaques de cette presse dont je parlais tout à l'heure.

« Les attaques personnelles, nous y sommes habitués. Ce

n'est pas là ce qui nous étonne. Mais c'est la première fois que depuis vingt années nous avons entendu, sous la République, soutenir que les Assemblées font le mal du pays; c'est la première fois que nous avons entendu ces diatribes violentes contre le gouvernement parlementaire.

« Et cependant, mes amis, comme moi, nous sommes restés des ministériels dévoués. Mais le pays s'en est ému. Le parti démocratique est bien puissant à Paris. Cependant il est convenu qu'il avait reçu un appoint d'autres opinions.

« Cet appoint, qui le lui a donné? Ce sont les mécontentements qu'avait soulevés la politique du gouvernement.

« La France s'est émue du danger électoral. »

Et plus loin :

« Je dois rendre cette justice à tout le monde : ni M. le Président de la République, ni nous, n'avons songé, pour faire face au danger, à d'autres moyens qu'à des moyens légaux. Le mal était dans les élections, nous avons fait une loi électorale. »

M. Thiers, après avoir rappelé comment cette loi fut concertée, ajoute alors :

« Cette loi a eu un effet : c'est de ce jour que date le rétablissement de la sécurité publique. Une opinion s'était établie que, peut-être, à la production de cette loi, une attaque par les armes aurait lieu. Cette attaque n'a pas eu lieu, j'en fais honneur à deux causes.

« Les hommes qui pouvaient songer à faire un mouvement ne l'ont pas fait, parce qu'ils ont craint de nuire à leur opinion; mais il est une autre cause qui n'a pas peu influé sur là manière dont cette loi a été reçue, c'est l'intrépide attitude du commandant en chef de l'armée de Paris.

« On avait tenté d'introduire dans l'armée l'esprit politique : le général Changarnier a rappelé les deux sentiments qui doivent y prédominer : le dévouement à la loi au dedans; au dehors, le dévouement à la Patrie.

« Toute autre politique que ces deux idées : dévouement à la loi! dévouement à la Patrie! est la mort de l'armée. Eh bien! voilà ce qui a été obtenu par l'honorable général Changarnier.

« Il a étouffé l'esprit politique en relevant l'esprit militaire. Et l'esprit de faction comprit qu'il ne pouvait pas prendre les armes devant cette vigilance si assurée. A partir de ce jour, la sécurité publique a été rétablie. La société n'a pas craint d'être enlevée de vive force chaque jour. La prospérité publique a reparu, non pas telle que nous l'avons vue, mais telle qu'elle peut être après avoir été si longtemps perdue. »

L'orateur explique ensuite les motifs du vote de la dotation :

« Pourquoi avons-nous fait ainsi? Pour la paix publique, parce que nous savions qu'un refus serait une rupture avec le pouvoir exécutif, et que nous ne devions pas diviser les pouvoirs par une rupture qui ne serait pas fondée sur des motifs d'une haute importance. »

Il retrace l'historique des faits qui s'étaient produits pendant la prorogation de l'Assemblée et des manifestations inconstitutionnelles qui avaient si vivement ému l'opinion, les cris de : « Vive l'Empereur ! » poussés à Satory et dans les voyages du Président dans les départements, il s'écrie : « Nous tous, hommes d'ordre, nous avons été profondément affligés, je dirai presque indignés. C'était quelque chose de plus que des cris poussés contre la légalité, c'était l'ère des Césars préparée, celle où les légions proclament les empereurs.

« Je le dis donc, dans l'état de nos institutions, avec la revision de nos institutions en perspective, dans l'état actuel des esprits, que signifie le cri de : Vive l'Empereur! si ce n'est qu'on veut rétablir l'Empire?

« Comment voulez-vous faire croire dans cette Assemblée que le cri de : Vive l'Empereur! veut dire : Vive la gloire de Napoléon! — Moi aussi, j'aime la gloire de Napoléon, qui fait partie de celle de mon pays; moi aussi, permettez-moi de vous le dire, j'ai contribué un peu, pour ma faible part, à la faire partager; mais je n'ai jamais crié et je ne crierai jamais : Vive l'Empereur !

« Soyons francs : oui, le cri de : Vive l'Empereur! est un vœu formulé, et ce cri dans l'armée, c'est l'excitation au gouvernement des prétoriens, c'est-à-dire au gouvernement imposé par les armées aux nations. . . . .

« Est-il vrai, oui ou non, que le général Neumayer, pour ne les avoir pas encouragés, a perdu son commandement? Je supplie messieurs les ministres pour le pouvoir, et par expérience, de ne pas le cacher. Il a été destitué pour avoir dit cela : « Je n'ai pas d'ordres à donner. Pour moi, je ne crierai « pas sous les armes! »

Passant enfin à la révocation du général Changarnier :

« M. le général Changarnier a été, pendant plusieurs semaines, sous le coup d'une destitution, et il n'avait fait que demander, que maintenir le respect des lois; devant les insinuations, devant les provocations, M. le général Changarnier restait calme.

« Une certaine presse disait tous les jours, en parlant de M. le général Changarnier : « Mais le sphinx ne parle pas! » — Le sphinx avait raison, son devoir était d'agir. Mais vint un jour où le sphinx devait parler, et il parla. Le général Changarnier fit son ordre du jour. De ce moment, il avait signé sa destitution.

« Quand vous dites, monsieur le ministre, que la destitution du général Changarnier était arrêtée avant le vote de la séance du 3 janvier, il y a là une partie de la vérité. La destitution était arrêtée du jour de la publication de l'ordre du jour lui-même. Le vote n'a fait que le précipiter. Cette presse qui, tous les jours, insulte l'Assemblée, récompense par des attaques directes les services rendus par l'honorable général.

. . . .

« L'Assemblée s'émut et demanda des explications. Tout cela était si peu prévu que moi, et quelques-uns de mes amis, nous avons voté le renvoi à six mois, et nous avons provoqué les rires de l'Assemblée; mais, ce jour-là, la goutte d'eau a fait déborder le vase, et le général Changarnier a été destitué...

« Vous nous dites que vous étiez offusqués par un troisième pouvoir? Est-ce que le général Changarnier a quelquefois désobéi? Oh! je conviens que si les souvenirs impériaux sont aujourd'hui la poésie à laquelle nous apportons toutes nos idées, si l'Empereur, et c'était un grand général, s'il pouvait vous dire quels ménagements il avait pour le général Masséna, pour le maréchal Lannes, vous seriez étonnés et vous sauriez de quels ménagements cet homme d'énergie usait envers les hommes d'énergie.

« Je sais bien ce que vous reprochez à M. le général Changarnier, qu'il ne s'offense pas du mot, c'est son mauvais caractère.

« Nous tenions beaucoup à ce que l'ordre non seulement ne fût pas attaqué, mais qu'il fût même inattaquable, et M. le général Changarnier pouvait atteindre ce but.

« On disait aussi dans le public que, tant que le général Changarnier aurait le commandement supérieur, l'Assemblée, outre son inviolabilité de droit, aurait aussi son inviolabilité de fait, qui n'est pas à dédaigner.

« Le général Changarnier avait donc cet avantage qu'il inspirait de la confiance à tous les hommes d'ordre et à l'Assemblée elle-même. Mais vous dites que son commandement était une anomalie. Le mot est-il bien sérieux, et ne comprenez-vous pas à quoi vous vous exposez par ce langage?

« Ne peut-on vous demander : N'y a-t-il donc que cette anomalie dans la République? je vous le demande; n'y en a-t-il pas une autre? L'attitude du Président est-elle bien celle d'un Président de République?.....

« Oui, nous tenions au général Changarnier, parce que nous voulions sécurité sous le rapport de l'ordre, sécurité sous le rapport de notre indépendance.

« Eh bien, je dirai qu'un pouvoir qui, quand on lui a tant accordé, ne sait pas accorder aux autres ce qui dérive des circonstances, n'agit pas sagement !

« Ce double acte de la destitution d'un général de division et du commandant en chef avec les cris de : Vive l'Empereur! ce double acte constitue un manquement à cet engagement réciproque que nous avions pris les uns envers les autres en acceptant la République. »

Et après avoir longuement expliqué les circonstances qui avaient rendu nécessaire l'acceptation de la République et le désintéressement de tant d'adhésions, il conclut en définissant ainsi la situation des partis :

« Le parti bonapartiste est au pouvoir, et, quelles que soient ses protestations, je ne puis effacer de ma mémoire une instruction qui fut si longue à acquérir, les notions de l'histoire, et malgré les déclarations aujourd'hui sincères, je dis que le parti au pouvoir est celui qu'il faut surveiller avec la plus grande attention ; il a toutes les faveurs à distribuer, et, malgré le progrès des idées libérales, la faculté de donner des places, des décorations, tout cela n'a pas perdu de son empire.

« Le pays, quand il est soulevé, est terrible; quand il est soumis, il trouve tout bon, tout excusable; il accepte ce qui, dans d'autres circonstances, aurait soulevé des orages. Mais alors il rapporte tout au pouvoir et rien aux Assemblées.

« Tout le bien qui se fait, on l'attribue au pouvoir; l'ordre établi par cette majorité, c'est l'œuvre du pouvoir. La Constitution a fait quelque chose d'étrange : à côté d'une Assemblée souveraine, elle a placé un pouvoir qui n'est pas souverain, et qu'avec la Constitution j'appellerai subordonné. Eh bien! s'il y a quelque chose à craindre pour la souveraineté de tous, c'est de la part de ce pouvoir-là, car il dispose de la force publique.

« Que nous devait-on, à nous qui avions consenti dans la Constituante à ce que les formes de la République changeassent si rapidement? On nous devait de nous rassurer ! Que fait-on? On destitue l'homme le plus important de la situation pour avoir empêché les cris de : Vive l'Empereur !

« Il y a deux pouvoirs dans l'État, dit M. Thiers en terminant.

« Si l'Assemblée cède aujourd'hui, il n'y aura plus qu'un seul pouvoir, la forme du gouvernement sera changée. Les formes viendront quand elles voudront, cela importe peu; le mot viendra quand il voudra, l'Empire est fait ! »

C'était un magnifique et lumineux exposé de la situation politique; il constatait les faits, mais il se taisait sur les causes et sur les fautes qui avaient déterminé une défaite qu'on n'avait su ni prévoir, ni prévenir. L'Assemblée n'était plus d'ailleurs en état de résister, de se ressaisir elle-même, d'imposer sa propre politique; nulle part elle n'avait de point d'appui, elle était condamnée fatalement aux gémissements honorables, mais stériles. Elle ne disposait d'aucun moyen d'action, elle avait fatigué la France par ses divisions, ses orageuses discussions, elle avait perdu son ascendant moral. Le pays était lassé, il était irrésistiblement entraîné à mettre fin à une situation qui ne comportait que des incertitudes et des mécontentements; le Président personnifiait la solution la plus immédiate, il détenait le pouvoir, sa propre victoire était inévitable.

Autant par goût que par calcul, Louis-Napoléon était disposé à entrer en accommodement ; il voulut faire une nouvelle tentative auprès de Changarnier, et il en chargea encore M. de Persigny, son confident préféré. Le général fixa l'entrevue demandée au 22 avril, à midi. Les premiers moments de la conversation ne furent pas sans quelque gêne. M. de Persigny ne parut pas y prendre garde : souple, insinuant, bon enfant, affectant toujours de n'avoir rien à cacher ou à atténuer, il s'étendit avec emphase sur les sentiments d'attachement et de confiance qu'il n'avait jamais cessé d'éprouver pour Changarnier; il ajouta que les circonstances avaient été telles qu'il avait dû conseiller lui-même au prince sa révocation, mais que la situation s'étant modifiée, il était animé du plus vif désir de préparer un rapprochement assis sur une bonne et solide base.

« Ma démarche est entièrement personnelle », ajouta-t-il afin de se ménager une ligne de retraite.

Et comme Changarnier gardait le silence, son interlocuteur reprit :

« Cependant je ne la laisserai pas ignorer au Président, quand elle devra hâter le moment où vous pourrez rendre de nouveaux services au pays et retrouver une position digne de vous. »

C'était remettre ouvertement la conclusion entre les mains du général. Malgré son désir d'en arriver à des formules pratiques, M. de Persigny ne parvint pas à le faire sortir des appréciations générales et des allusions : ses efforts échouèrent devant la résolution très décidée de Changarnier de ne pas se laisser entamer ; sa réponse se résuma dans ces mots répétés avec insistance :

« Jamais les passions politiques ou l'intérêt personnel n'étoufferont la voix de ma conscience. »

Spontanément le général autorisa M. de Persigny à faire connaître au Président de la République les dispositions dans lesquelles il l'avait trouvé, et les deux interlocuteurs se séparèrent assez peu satisfaits l'un de l'autre.

Cette démarche ne fut pas la dernière ; le prince renouvela ses propositions, son thème était la nécessité de la revision de la Constitution. Sur ce terrain, comme sur celui des questions de personnes, l'échec fut complet et les déclarations de Changarnier tout aussi catégoriques.

Le général eût-il pu espérer, en répondant à ces ouvertures, trouver le succès de la cause à laquelle il s'attachait avec tant de fermeté? Il serait, à l'heure qu'il est, difficile d'en admettre la probabilité. Mais la véritable raison pour laquelle il ne se laissa pas entraîner était la persistance de ses illusions. Il n'avait pas cessé de croire que la partie réservât encore des chances aux solutions constitutionnelles, il prévoyait toujours la victoire de l'Assemblée sur le Président, il avait foi dans les fictions parlementaires et dans la protection dont la couvrait, dans sa pensée, son propre ascendant sur l'armée.

Aussi, lorsqu'au retour d'un voyage du Président à Dijon, l'Assemblée, dans sa séance du 3 juin, s'émut des paroles de défi qu'il avait fait entendre, Changarnier crut pouvoir la rassurer en déclarant solennellement que les prétentions de coup d'État ne méritaient pas même d'être relevées ; il soutint que c'était une chimère de croire au concours de l'armée dans une entreprise coupable, et il termina par cette apostrophe célèbre :

« Mandataires de la France, délibérez en paix ! »

Ses prévisions et ses sentiments étaient donc pleinement d'accord, ils ne le poussaient pas à surmonter sa répugnance pour les longues négociations, son éloignement à s'engager dans le système de manœuvres savantes, de feintes, de fausses retraites, de ruses, de stratégie politique enfin pour tromper l'ennemi et préparer sa défaite. Sa nature aimait l'action, dont l'avait cependant éloigné le triste hasard des événements. Il avait un tempérament exclusivement militaire, et les circonstances lui avaient imposé une carrière politique ; s'il fut appelé à y rendre des services incontestables, il se trouva enfermé de telle façon qu'il ne lui fut pas possible de rentrer dans sa véritable voie.

Mais en notant ses erreurs sur les faits, l'histoire lui doit du moins cette justice, qu'en se trompant, il ne cessa pas de penser à la France et aux grands intérêts de la Patrie, que pas un seul instant il ne songea à lui-même, que s'il rencontra dans le dévouement de rares rivaux, il ne trouva pas de vainqueurs.

Aux yeux de l'Assemblée, le général résumait donc toutes ses espérances, d'autant mieux raffermies que lui-même exprimait avec plus de confiance sa certitude du succès définitif. A défaut de tirer leurs preuves des faits, les députés les empruntaient à des théories toutes morales, mais non politiques ; on rappelait les classiques et l'opinion des anciens sur le caractère des Corses, on citait Sénèque et le mot historique :

« *Lex prima ulcisci, lex altera vivere rapto, tertia mentiri, quarta negare deos.* »

En faisant circuler cette sévère appréciation, on croyait déjà savourer le doux plaisir de la vengeance, flétrir les causes de la déroute de l'ennemi, et par ces satisfactions platoniques alimenter la patience nécessaire pour atteindre la date légale de 1852.

La proposition de revision, déposée par le duc de Broglie, fut rejetée le 19 juillet, après six jours de discussions.

La minorité légalement suffisante pour entraîner le refus de la proposition se composait de deux cent vingt républicains, de quarante-deux orléanistes et de seize légitimistes. Quatre cent quarante-six voix avaient voté *oui*, mais dans ce nombre les bonapartistes avérés ne constituaient qu'un groupe peu important, tandis que les hésitants, les trompeurs et les trompés en formaient presque entièrement la masse.

Pendant l'appel nominal, on vit les votes blancs s'entasser en majorité dans les bocaux de verre disposés sur la tribune, et e résultat s'annonça clairement. L'émotion se propagea.

« C'est une débâcle, dirent en s'approchant de Changarnier MM. Thiers et de Rémusat; nous allons rester seuls avec les montagnards; n'en êtes-vous pas ébranlé?

— Je vous rends votre parole, répliqua le général, et je ne vous en voudrai pas du tout si vous vous ralliez au gros des conservateurs. Mais, mon cher Thiers, votre prédiction se réalise, en ce moment on fait l'Empire. Quand je devrais rester seul avec MM. Miot et Greppo, il ne sera pas dit que j'aurai pris part à cette besogne.

— Ni nous, ripostèrent ses interlocuteurs; à côté de vous, nous ne passerons pas pour des jacobins. »

La journée emportait avec elle de graves significations; déjà, pendant la durée des débats, le marquis de Mornay l'avait spirituellement qualifiée :

« Dans notre histoire, nous connaissions déjà la journée des Dupes, nous aurons maintenant la journée des Masques. »

Le trait portait juste; au fond, personne n'avait cru au vote de la revision; ce qu'on avait voulu, c'était se compter et départir les deux fractions qui divisaient l'Assemblée. Si la proposition avait été rejetée légalement, elle n'en avait pas moins réuni une majorité numérique des deux tiers. C'en était donc bien fait de la résistance du pouvoir législatif contre les empiétements du pouvoir exécutif. Le sens du vote apparut plus évident encore, s'il est possible, à la transformation qui s'opéra dès le surlendemain, 21 juillet, dans la physionomie de la Chambre. Tandis que les bonapartistes étalaient leur joyeuse impertinence, il était facile de deviner la sournoise satisfaction de leurs auxiliaires de l'avant-veille.

En province comme à Paris, le vote eut un profond retentissement, dont les conséquences dépassèrent de beaucoup les espérances du Président de la République. Les conseils d'arrondissement, les conseils généraux, ceux-là même qui n'avaient dans leurs rangs qu'une infime minorité bonapartiste, émirent en masse des vœux et des délibérations favorables au Président. Le mouvement était général. On devine sans peine l'affliction qu'en ressentit Changarnier; afin de s'éloigner de ce triste spectacle, il hâta son départ, et, dès le 25 juillet, il regagna Autun. Instruit par les exemples de l'année précédente, il voulait surtout éviter de faire partie de la commission de permanence, que l'Assemblée allait nommer avant de se séparer; il était décidé à n'avoir aucune chance de responsabilité à encourir, pour le cas où elle devrait assister à quelque coup de force du pouvoir durant les vacances parlementaires.

Cependant les groupes de la minorité de l'Assemblée débattaient la conduite à tenir.

« Le moment est venu, disaient les uns, de prendre un parti net et décisif qui fasse pressentir la solution à laquelle la France devra demander son salut dans quelques mois d'ici. Il faut nécessairement qu'avant la grande épreuve de 1852 les hommes monarchiques du pays connaissent le drapeau qui devra les rallier. »

« Ce drapeau, ce ne peut être que vous, écrivait le 5 août M. Chapot à Changarnier. Nous allons tous partir pour nos départements, on va nous interroger, et l'on s'attend à voir sortir de notre bouche des paroles rassurantes et fermes qui n'indiquent pas l'hésitation et la débandade dans lesquelles nous avons eu le malheur de marcher jusqu'ici. Nous ne serions pas dignes de diriger les populations qui nous ont confié leur mandat, si nous ne savions pas leur donner l'assurance que nous aurons en face des candidatures inconstitutionnelles un candidat de la légalité, et pour cette candidature, quel nom meilleur et plus populaire que celui qui pendant longtemps a personnifié la force active et résistante de la majorité? Quel homme plus rassurant et plus acceptable pour tous que celui qui a si bien protégé la sécurité, l'honneur et l'indépendance du pays et dont les mains ont tenu cette noble épée de l'ordre, qui a eu le privilège d'effrayer la démagogie et d'exciter les outrages des prétentions élyséennes? »

Mais on en était arrivé à l'heure où le pays répugne aux abstractions même les plus élevées et les plus généreuses :

l'ordre était un mot déjà sans prestige, on voulait une formule précise, nette, quelque osée qu'elle fût, et le Président était seul en état de la personnifier. En jetant sa propre formule dans le pays, il répondait à une véritable disposition des esprits, et il avait d'autant meilleure chance de succès que, sur ce terrain, il se trouvait sans compétiteurs réels. Pour avoir raison des courants qui emportaient vers lui les masses, on persistait à compter sur la grande et décisive bataille de 1852; la préparer était la préoccupation exclusive des hommes qui croyaient barrer la route au Président. Les uns regardaient qu'il était de bonne guerre de ne désigner encore aucun candidat à la Présidence; ils envisageaient comme impossible, avant de savoir officiellement si la Constitution serait revisée ou si elle ne le serait pas, d'avoir, à huit ou neuf mois de distance, à produire une candidature qu'on serait peut-être exposé à abandonner.

A ces idées de temporisation d'autres légitimistes offraient un terrain de transaction.

« Tout cela ne doit pas empêcher, écrivait M. Chapot au général, que dès aujourd'hui le parti légitimiste proclame très hautement que, quels que soient les événements, si, en 1852, il n'a pas un Roi, il aura un candidat. Il faut à tout prix que nous parvenions à représenter en France le parti de la légalité. Vous poussez chaque jour de plus profondes racines dans l'estime, la confiance et l'affection de vos amis.

« Le banquet de l'Hôtel de ville, auquel j'ai assisté, a été fort beau. Le berger du lieu voulut porter (pour la forme sans doute) un toast au Président de la République, qui ne rencontra pas d'écho. Puis on en vint aux toasts de politesse, et, à l'exception du discours de lord Granville, il ne s'y débita que de la prose la plus fade; ce qui fit dire à un malin que, s'il se fût agi dans ce moment d'une exposition de discours, même en français, nous n'aurions pas eu la médaille. »

Les divisions, les projets, les mouvements qui se produisaient en sens contraires favorisaient parfaitement les vues de l'Élysée, qui voyait avec satisfaction s'éparpiller les forces de ses adversaires. Il n'ignorait pas davantage les hésitations de Changarnier, les réponses énigmatiques qu'il faisait aux sollicitations, son opinion sur l'impossibilité où il croyait le Président de réaliser un coup d'État. Au fond de la retraite qu'il était allé chercher en Bourgogne, le général recevait des lettres pressantes pour le décider à prendre une attitude formelle; les amis des princes d'Orléans le regardaient comme bien acquis à eux, mais les légitimistes conservaient quelques doutes.

« Les allures du messager de l'Assemblée, lui écrivait le 6 août M. Chapot, les tendances de ce qu'on appelle la coterie qui le dirige et votre réserve dans les explications que vous avez eues jusqu'ici avec nos chefs de file excitent des scrupules qui, à mon avis, ne peuvent manquer de se dissiper bientôt, mais qui existent et dont il faut prendre son parti. Le jour où par quelque chose de net et sans réplique vous pourrez fermer la porte à ces appréhensions d'un parti très loyal, mais un peu susceptible, vous nous aurez rendu le service le plus grand que vous puissiez nous rendre en ce moment. Votre candidature est au fond de la pensée de nous tous et de chacun sans exception, elle est la seule qui ait de l'avenir et de véritables chances, mais le sort en est surtout dans vos mains. »

Le reproche toucha Changarnier au vif; il répondit d'assez mauvaise humeur à son correspondant qu'il ne voyait pas les choses tellement en noir, qu'il n'y avait pas à ses yeux d'urgence à prendre ouvertement position, et que d'ailleurs le Président n'oserait pas tenter la voie des aventures.

« La lettre de Roger (du Nord), riposta M. Chapot, et la candidature du prince de Joinville font beaucoup de bruit et préoccupent les esprits dans tous les partis. L'Élysée en est fort alarmé et pourrait bien ne pas être aussi éloigné des aventures que vous semblez le croire!... A ce point de vue, la partie se présente à lui si belle, si engageante, qu'en vérité je me prends souvent à redouter qu'il ne s'y engage. Votre présence ici est nécessaire, car, à elle seule, elle est une forteresse. Si la campagne des conseils généraux n'est pas ce qu'on attend, si elle n'a pas un vrai parfum de prolongation des pouvoirs, si la chanson révisionniste est chantée sur des airs très variés, j'ai la conviction profonde que le Président fera ses efforts pour empêcher le retour de l'Assemblée, et Dieu sait quelles sont mes craintes sur le succès de son entreprise !

« Il n'y a pas un homme en France qui, comptant sur ses doigts les futures candidatures à la Présidence, ne vous fasse pas figurer en bon rang dans cette nomenclature, et cela suffit pour qu'un nom se popularise et arrive à ces hauteurs privilégiées où tous les yeux l'aperçoivent dans les moments décisifs. »

M. de Saint-Priest signalait de son côté avec énergie la débandade dont se plaignait avec tant de raison M. Chapot.

« Nous sommes en présence, écrivait-il le 15 août au général, de candidatures socialistes, élyséennes, orléanistes, et nous ne déclarons pas formellement que, ne pouvant adopter aucune de ces candidatures, nous aurons un candidat choisi parmi les défenseurs de l'ordre et digne de nos sympathies. Nous laissons nos représentants partir pour leurs départements sans leur donner aucune instruction, et lorsqu'un journal, dans sa courageuse loyauté, appelle cela un suicide, on le met au ban de l'opinion et on le signale à la France entière comme prêchant la division. On a entraîné nos amis dans une voie dont ils n'aperçoivent pas l'issue fatale. »

Lorsqu'un grand courant s'empare d'une nation et l'emporte irrésistiblement, il détermine un désarroi général de toutes les idées, le vertige frappe les partis, leur politique devient hésitante, contradictoire, et leurs fautes accumulées viennent en aide à la conjuration inconsciente et mystérieuse qui s'établit de toutes parts. La France était impatiente d'attendre ; elle était déjà arrivée à la veille de cette crise presque régulièrement périodique où sombrent toujours tant de généreuses espérances et qui marque l'échec d'efforts patiemment combinés. Tous les renseignements qui parvenaient à Changarnier l'avertissaient des progrès de cet état nouveau, inexplicable, ils dénonçaient le développement inattendu d'une sorte de parti pris en faveur du Président. Il se hâta donc de se rendre dès le 20 août à Paris pour essayer d'enrayer un mal qu'il s'obstinait à regarder comme passager ; mais, bien qu'il se rendît compte des embarras réels de la situation, il ne crut pas à leur durée ; il soutint qu'on se trouvait en présence d'un incident, et non pas d'une transformation politique, que c'était à dessein, et pour mieux masquer leur véritable faiblesse, que les partisans de l'Élysée chantaient déjà victoire, qu'on le verrait bien à la date du renouvellement légal, que le jour où le pays aurait à prendre la parole, il prononcerait hautement son verdict contre tout essai d'aventure, que le Président n'oserait pas risquer un coup d'État, qu'il n'en avait pas en main les éléments. Il affirmait enfin que ce désordre prendrait fin le jour où les partis seraient engagés dans la bataille électorale et forcés de prendre position. Durant plus d'un mois, il fit entendre ce langage et répéta ces assurances, qu'il essayait de justifier par les considérations les plus pressantes ; il n'arriva pas à reconstituer ce noyau de solide résistance qu'il aurait voulu établir pour en faire le centre du ralliement général.

Rappelé à Autun à la fin de septembre par la maladie et la mort de sa sœur aînée, Changarnier s'était rendu à la campagne pour prendre quelques jours de repos, lorsque, dans la soirée du 9 octobre, il vit un hôte inattendu se présenter à lui. C'était M. de Pontalba qui venait lui porter de graves nouvelles ; le 2 octobre, il avait été prévenu par M. Carlier que le projet de coup d'État, depuis longtemps médité par le Président, était à la veille d'être exécuté. Le général se mit en route sur l'heure, et le lendemain matin il arrivait à Paris.

Il débarquait plein d'espérance dans l'issue de la lutte ; comme il le raconta plus tard, il se sentait en proie « à un de ces vifs mouvements de joie qu'il avait tant de fois éprouvés en mettant le pied à l'étrier en présence de l'ennemi ». Il ne tarda pas à être entouré par tous les députés hostiles au Président présents à Paris ; ceux-ci firent une démarche collective auprès du général Bedeau, vice-président de l'Assemblée, pour obtenir de lui l'engagement de requérir le général Changarnier pour la défense de la Chambre, si elle était manifestement menacée, en l'absence du président Dupin. Bedeau promit faiblement, mais on répandit le bruit qu'il avait donné un acquiescement formel. D'un autre côté, plusieurs officiers de la garde nationale se déclarèrent prêts à faire battre le rappel sur un avis des questeurs ou du général. Changarnier prévoyait-il ainsi la possibilité de réussir en faveur de l'Assemblée, et, cette fois, contre le Président, une nouvelle journée « *du* 16 *avril* »? Quels qu'aient été les moyens ou les chances sur lesquels il a compté à ce moment, nous ne les distinguons aujourd'hui que fort confusément, tant nous apparait certaine l'impossibilité matérielle d'avoir raison du plan médité par l'Élysée; si la voix de l'histoire avait pu à ce moment se faire entendre, elle eût sans doute répété le mot célèbre : « *Il est trop tard !* »

Cependant le bruit de ces velléités de résistance ne tarda pas à être connu à l'Élysée, et l'exécution du coup d'État fut ajournée. Plusieurs projets avaient été débattus, notamment celui de convoquer l'Assemblée, pour obtenir d'elle le vote de la revision constitutionnelle; mais le Président se décida à attendre la date de la réunion légale et à régler ses résolutions sur les circonstances et les dispositions des députés. Diverses mesures préparatoires furent toutefois prises auparavant; le général Baraguey d'Hilliers ayant refusé son concours au prince Louis-Napoléon, celui-ci le remplaça, à la tête de la 1re division militaire, par le général Magnan. Un nouveau remaniement ministériel ouvrit, le 27 octobre, le cabinet à des partisans dévoués : le général de Saint-Arnaud reçut le portefeuille de la guerre, le comte de Morny celui de l'intérieur, et M. de Maupas fut appelé à la préfecture de police. Les préparatifs se poursuivaient rapidement, presque au grand jour; les journaux dévoués au Président, et en tête de ceux-ci le *Constitutionnel*, annonçaient ouvertement que la dernière heure de la Chambre était proche; quelques députés, amis personnels du prince, colportaient en riant, dès le 26 novembre, la même nouvelle dans les couloirs de l'Assemblée. Changarnier fut même prévenu que M. de Morny avait parlé tout haut de l'intention où était le Président de le faire arrêter. Mais quelle que fût la raison qui décida le ministre à commettre cette indiscrétion voulue, le général ne consentit pas à tenir compte de son avertissement; il attendit simplement, sans rien changer à ses habitudes, résolu à succomber fièrement, et à ne pas épargner à son adversaire l'odieux de faire arrêter comme un malfaiteur un officier général dont les services seuls avaient fait la renommée.

Le 1er décembre, après avoir fait quelques visites d'amis, Changarnier alla passer la soirée au Théâtre-Français, où l'on donnait *Mademoiselle de la Seiglière;* peu après minuit, il était couché et s'endormait d'un profond sommeil. Tout à coup, à cinq heures et demie du matin, il fut réveillé par un grand tapage; son appartement était envahi par une bande nombreuse. Au moment où elle pénétrait dans sa chambre, le général s'élançait hors de son lit, et, saisissant ses pistolets, il les dirigeait sur l'homme qui était en tête de la troupe.

C'était un commissaire de police nommé Leraz, qui avait été employé aux Tuileries pendant les journées du 29 janvier et du 13 juin. Reculant, les bras étendus : « Ah! mon général, s'écria-t-il, ne me reconnaissez-vous pas! A quoi vous servirait de tuer un père de famille?

— Si vous n'étiez que quatre, répondit froidement Changarnier, ce serait déjà fait de vous! » Replaçant sur une table ses pistolets, le général commença à s'habiller. Pendant que son valet de chambre mettait à la hâte un peu de linge dans une serviette, il choisissait sept ou huit volumes dans sa bibliothèque. Leraz lui avait dit qu'on le conduisait chez le préfet de police. Mais on était décidé à le traiter sans forme de procès; Changarnier monta en voiture, et avec lui le commissaire, un lieutenant de la garde municipale et un agent vêtu en bourgeois; sur le siège le domestique du général, qui avait demandé à ne pas quitter son maître.

« A Mazas », dit Leraz.

Un quart d'heure plus tard, la voiture pénétrait dans la cour de la prison; plusieurs groupes la remplissaient déjà. Comme il descendait de voiture, Changarnier se trouva en face d'un vieil officier qui cherchait à cacher son visage derrière les plis d'un vaste manteau rejeté sur l'épaule; c'était un ancien officier de l'armée d'Afrique; en le reconnaissant, le général ne put pas se défendre d'une émotion pénible; mais la refoulant aussitôt, il entra d'un pas rapide dans la salle du greffe, où il rencontra les généraux Bedeau, Cavaignac, Le Flô, et M. Beaume, député montagnard.

On procéda aux formalités de l'écrou; le général exigea qu'on inscrivît :

« Changarnier, général de division, député, ancien commandant en chef de l'armée de Paris, ancien gouverneur général de l'Algérie, grand-officier de la Légion d'honneur. »

Puis, après avoir jeté ce court résumé de ses états de service à la tête de ses geôliers, fort embarrassés de leur rôle, sa pensée se reportant à sa famille, il demanda une plume, et il écrivit à sa sœur :

« Mazas, le 2 décembre, à sept heures du matin.

« Ne t'inquiète pas, ma chère enfant; tu sais mieux que personne que je n'aurai rien à craindre des investigations les plus sévères. On me traite avec beaucoup d'égards, et on me dit que ma détention ne sera pas de longue durée. Rassure mes amis. Je t'embrasse tendrement. »

Un incident avait failli faire manquer l'événement. Un officier d'un des régiments qui reçurent, dans la nuit du 1er au 2 décembre, l'ordre de prendre les armes à quatre heures et demie du matin, comprit ce dont il s'agissait; il courut en hâte au numéro 5 de la rue du Faubourg-Saint-Honoré. A grand'peine, il réveilla le concierge en demandant à parler au général. Introduit dans une antichambre : « Qui dois-je annoncer au général Lafontaine ? dit le portier.

— Comment, le général Lafontaine?

— Mais, oui, monsieur, vous êtes chez le général Lafontaine !

— N'y a-t-il pas un autre général dans la maison ?

— Eh ! non, monsieur ! »

Fort interloqué de sa méprise, n'osant peut-être pas prononcer le nom de Changarnier, l'officier se retira et se rendit à sa caserne.

S'il n'avait pas confondu les numéros 3 et 5, le général

aurait eu le temps de se rendre au Palais-Bourbon, de prendre le commandement des troupes qui s'y trouvaient et d'engager la résistance. Il se flattait, plus tard, qu'à sa voix l'armée entière serait venue se ranger sous ses ordres, qu'aucun régiment n'eût consenti à combattre contre ceux à la tête desquels il eût marché ; il ne doutait pas que le prisonnier n'aurait pas été lui, mais Louis-Napoléon lui-même. Encore une fois il aurait sauvé la légalité !

Si ce changement de décor n'était pas tout à fait impossible, il était du moins très peu probable. Par une ironie familière de la destinée, Changarnier devait, le premier, porter la peine des fautes qu'il n'avait pas commises, mais auxquelles il s'était associé.

Dans le cas où le succès eût suivi la lutte, il est peu douteux que les applaudissements de la France lui eussent manqué. Ce que la France voulait, c'était une solution qui mît fin aux stériles bavardages de la Chambre, à cette situation de perpétuelles querelles et de constantes incertitudes ; elle voulait être gouvernée sans phrases. Caprice ou réflexion, il y avait là une aspiration générale, un état d'esprit irréductible, une sorte de poussée dont, faute d'autres, Louis-Napoléon devint l'instrument.

On a souvent comparé les nations aux individus, et les phases qu'elles traversent à celles de l'existence humaine. On connaît l'exaspération qui naît d'une longue attente. A mesure que celle-ci se prolonge, une lente excitation grandit, elle arrive jusqu'à une sorte de crise de fureur, il semble que tout s'efface en peu de temps dans l'ombre, et que la lumière soit tout entière concentrée sur l'objet désiré ; à celui-ci l'illusion donne alors un éclat incomparable, elle lui prête tous les charmes, il semble qu'il doive être la source de toutes les satisfactions, de toutes les prospérités ; quelle que soit la main qui en procure la possession, elle est pressée avec reconnaissance. La joie dure juste le temps d'une nouvelle expérience, elle fait place à une autre passion, et ainsi, de fantaisie en fantaisie, les erreurs succèdent aux déceptions, et les heures douloureuses aux attentes impatientes.

Telles étaient la situation de la France et les destinées qu'elle se préparait.

La première journée de captivité s'écoula pour le général dans une solitude complète ; seul un gardien l'interrompit pendant quelques courts instants pour apporter « l'ordinaire du prisonnier ».

A dix heures du soir, un brigadier de la prison réveilla le général pour le prévenir d'avoir à se tenir prêt à partir sur-le-champ ; plusieurs heures se passèrent sans que personne parût, Changarnier finit par se jeter tout habillé sur son lit. Au point du jour, un employé du greffe de Mazas pénétra dans la cellule du général ; c'était un parent du colonel Lemaire, qui avait autrefois servi comme lieutenant au 1er régiment de la garde royale en même temps que Changarnier ; il lui apportait des vivres et lui donnait des nouvelles très inexactes sur les suites du coup d'État. La journée du 3 se passa sans qu'il fût question du départ. Vers le soir, on le prévint de se préparer à se mettre en route ; il dut attendre jusqu'à trois heures du matin avant qu'on vînt le chercher. On le fit descendre dans la cour, où stationnaient deux voitures cellulaires ; à peine quelques lanternes jetaient-elles un peu de lumière dans l'obscurité ; des détachements de gendarmerie et de troupes à pied et à cheval étaient rangés autour des voitures, le spectacle était lugubre, tous les visages mornes et abattus. Comme il passait à côté d'un jeune lieutenant d'infanterie, le général vit l'officier détourner son visage, comme pour ne pas être reconnu. A ce moment, le commissaire de police Leraz, s'avançant vers Changarnier, l'invita à monter dans une des voitures cellulaires. Celles-ci se mettent en marche et, en peu de temps, elles arrivent à la gare du Nord, où elles sont placées sur des trucs. Le train part ; après quelque silence, des voix s'élèvent, les prisonniers cherchent à se reconnaitre. Changarnier, Lamoricière, Cavaignac et Baze, réunis dans la même voiture, parviennent à engager la conversation à travers les parois de leurs cellules, à force de crier. On arrive ainsi à Noyon, où les deux voitures sont débarquées et conduites à Ham. A la nuit tombante, les prisonniers atteignaient le but de leur voyage, et de la seconde voiture descendaient Bedeau, Le Flô, Charras et Roger du Nord.

A peine arrivé dans la chambre humide et malsaine qui lui fut assignée, Changarnier écrivit à sa sœur :

« Ma santé est parfaite, et je suis en pleine possession de toute la sérénité d'esprit que vous pouvez me souhaiter. Mille tendres amitiés.

« Jeudi 4 décembre, à quatre heures du soir. »

Les prisonniers étaient au régime du secret le plus absolu ; défense leur était faite d'écrire, et on ne laissait entre leurs mains ni plumes, ni encre, ni papier. Cependant, grâce à la connivence des factionnaires, le général parvint à se procurer un crayon et une feuille de papier. Il y traça à la hâte ces mots à l'adresse de sa sœur :

« Ham, 11 décembre, à midi.

« Le ministre m'a fait parvenir aussi promptement que possible ton excellente lettre. Elle m'a fait un plaisir indicible. Ma santé est parfaite et l'état de mon esprit ne l'est pas moins. Remercie tous mes amis de leur souvenir si fidèle. Le courageux Jean (son valet de chambre) se porte à merveille. Ne viens pas ici avant que je t'en prie. Je ne puis que te souhaiter autant de calme et de patience que j'en ai moi-même. Donne de mes nouvelles à Charles (le marquis de Ganay). Mille bien tendres amitiés. »

Le surlendemain, Changarnier trouvait le moyen de faire parvenir ce message au marquis de Ganay :

« Ham, samedi 13 décembre 1851, à huit heures du soir.

« Le ministre de l'intérieur ne pouvant être aussi pressé que moi de vous faire lire mon billet au crayon, que le commandant m'a promis tout à l'heure de le prier de vous transmettre, je veux essayer de vous faire parvenir en fraude quelques lignes écrites à l'encre, bien qu'elle me soit interdite.

« A trois heures la situation s'est améliorée : j'ai vu partir Roger, et j'ai été informé que mes parents pourront désormais me voir sans témoin. Je n'hésite pas, cher ami, à vous prier de demander au ministre de l'intérieur un *laissez-passer* en vous donnant pour mon parent. Je n'en ai pas un seul à Paris, et quel parent peut jamais valoir un ami tel que vous? Je ne veux pas qu'Antoinette se dérange, au moins maintenant; écrivez-le-lui, je vous en prie, en lui disant que je ne me suis jamais mieux porté. »

Le 19 décembre seulement, le général put écrire librement à sa sœur :

« Ham, vendredi 19 décembre 1851.

« Les prisonniers de Ham, réduits à sept depuis le départ du comte Roger, et qui ne seront plus que six demain, puisque le général Cavaignac va être mis en liberté, se promènent ensemble de dix heures et demie à midi sur une des courtines du fort, longue de soixante-cinq pas, dînent et restent ensemble de cinq à neuf heures du soir, reçoivent et écrivent des lettres. Charles de Ganay et trois autres de mes amis ont obtenu successivement du ministère la permission de me visiter. Ce régime, après seize jours du secret le plus strict, me semble doux et presque agréable. Le public s'attend à notre mise en liberté tout de suite après l'élection, mais je t'engage à ne pas prendre pour une certitude, ou même un espoir fondé, ce qui n'est qu'une simple conjecture. Ma patience est loin d'être épuisée. Ma santé continue à être excellente. Je t'embrasse tendrement. »

En leur notifiant la levée du secret, on remit aux captifs un grand nombre de lettres décachetées et, le lendemain, on leur permit de recevoir leurs parents et leurs amis. Plusieurs de leurs anciens collègues accoururent, notamment MM. Dufaure, Vivier, de Larcy, de Tocqueville, de Corcelles, de Dampierre. M. de Rémusat, empêché de se joindre à eux, écrivit à Changarnier.

Il semble qu'en lisant sa lettre et la réponse du général, on entende la conversation du prisonnier et des visiteurs venus pour lui apporter le témoignage de leur sympathie.

« 2 janvier 1852.

« La douleur et l'indignation s'affaiblissent à s'exprimer... Y a-t-il encore une armée française, y a-t-il une France, là où de telles choses sont possibles? Nous ne passons pas un moment sans penser à vous et aux nobles compagnons de votre captivité, sans chercher les moyens de l'abréger, de savoir du moins quel en sera le terme. Mais tout, autour de nous, est impuissance, ignorance!... Nous nous agitons vainement dans la nuit profonde. En vérité, nous sommes captifs comme vous!.....

« Vous savez que l'ingratitude des hommes est assurée à qui les a servis, et que la persécution n'a jamais manqué à la gloire! Voilà toute la consolation que je puis vous adresser! »

Changarnier lui répondit :

« Ham, le 5 janvier 1852.

« Votre lettre, dont je n'avais pas besoin pour deviner votre généreuse indignation, ni pour compter sur votre sympathie, est douce à mon affection et me donne un vif mouvement de joie dans ma solitude, dont il ne faut pas vous exagérer la tristesse. Sachant me préserver du découragement et d'espérances prématurées, résigné à tout, même à l'oubli, j'attends, sans folle ardeur, mais avec quelque confiance, l'occasion d'être encore utile à mon pays, n'importe dans quel rang. Si j'ai jamais ce bonheur immense, je n'aurai point à satisfaire alors les passions méchantes que je n'éprouve pas aujourd'hui. N'existent-elles pas au fond de mon cœur? Sont-elles éteintes ou seulement contenues par une raison qui ne veut pas se laisser troubler?... C'est le secret de Dieu, qui nous fait rarement tout bons ou tout mauvais. Je lui rends grâce de me permettre de considérer avec calme Louis Bonaparte, parcourant la partie ascendante de la parabole qu'il est condamné à décrire. Il en atteindra le sommet et n'y restera pas longtemps, dès qu'il aura épuisé sa triste fécondité d'organisation. Le peuple, hébété d'égoïsme et de peur, approuvera tout en ce moment, même la sotte Constitution qui va apparaître. Attendez-en la pratique. On a fait de telles choses qu'on ne pourra survivre à l'exercice de la moindre liberté. On ne peut ni se passer de la guerre, ni la faire..... Vous verrez ce que deviendra la meilleure partie de sa clientèle, ces hommes dont les opinions, pour parler leur patois odieux, l'escomptent fin de mois! Si pourtant la guerre éclate, je demanderai à la France une place sur un champ de bataille. »

Le 6 janvier, les amis du général lui apprirent que M. de Morny racontait qu'il avait, à travers beaucoup de résistances, obtenu du Président sa mise en liberté. La pensée de séparer son sort de celui de ses compagnons et d'être l'objet d'une sorte de faveur personnelle parut au général contraire autant à son devoir qu'à sa dignité. Il écrivit donc au ministre de l'intérieur pour le prier de ne rien demander pour lui. Cette information était-elle inexacte? Le refus de Changarnier ne fut-il pas accueilli, ou bien la décision était-elle déjà prise lorsque sa lettre parvint? Toujours est-il que le surlendemain, 8 janvier, à deux heures du matin, le commandant du fort réveilla soudainement le général, pour lui annoncer qu'un délégué du ministre de l'intérieur venait d'arriver, apportant des ordres qui le concernaient. Quelques instants plus tard, il introduisait M. Lehon.

« Je suis chargé, mon général, lui dit-il, de vous faire connaître votre envoi en exil pour un temps probablement court et de vous proposer le choix entre l'Angleterre et la Belgique. »

Changarnier répondit qu'il préférait la Belgique, et ajouta

qu'il demandait à être compris dans le premier départ; l'entretien, qui n'avait pas cessé d'être parfaitement courtois, ne se prolongea pas davantage.

Après de courts préparatifs, le général monta en voiture à trois heures et demie, escorté de deux employés de la police, auxquels M. Lehon donna très haut l'ordre de témoigner à leur prisonnier les égards les plus respectueux.

A Valenciennes, on réclama les passeports. L'officier de paix qui accompagnait le général déplia celui qu'il avait reçu du ministère des affaires étrangères. Changarnier y était mentionné sous un nom d'emprunt, comme appartenant à la suite de cet employé de police. Le train allait se remettre en marche, lorsqu'un voyageur s'écria : « Voilà le général Changarnier ! » Aussitôt grande émotion : le commissaire spécial de police accourt, donne l'ordre de retarder le départ, examine de nouveau les papiers, fait prévenir le sous-préfet et, finalement, déclare qu'il ne consentira pas à laisser passer le général sans de nouvelles instructions.

On conduit alors l'exilé, avec M. Charras, dans le salon du chef de gare, où il ne tarde pas à être entouré par le général Brunet, commandant la subdivision de Valenciennes, et par les officiers d'un régiment de cuirassiers réunis pour des essais d'embarquement de cavalerie. Leur empressement était unanime, spontané, autant que leur attitude de respectueuse sympathie; Changarnier les pria de s'éloigner pour ne pas attirer sur eux le courroux du pouvoir. Il leur serra la main et les congédia. De longues années devaient s'écouler avant qu'il pût encore se retrouver au milieu de ses anciens compagnons d'armes.

Il était plus de minuit, lorsque les ordres du ministre arrivèrent, et ce ne fut qu'après deux heures du matin que le général put continuer sa route. Les agents de la police ne le quittèrent qu'à Mons. Il s'arrêta peu d'heures seulement à Bruxelles, où il retrouva, à l'hôtel Bellevue, M. et madame Thiers, qui y étaient descendus avec madame et mademoiselle Dosne.

Le même jour, à cinq heures du soir, il s'établissait à Malines, où il occupait un modeste appartement dans un pavillon de l'*Hôtel de la Grue*.

Le récit détaillé de ses campagnes, ses judicieuses critiques de plusieurs des grandes guerres modernes, le suffrage de ses pairs et de ses subordonnés feront, nous l'espérons, bien juger le soldat.

Pourquoi sa stratégie politique n'a-t-elle pas été à l'égal de sa haute capacité militaire? Pourquoi, victorieux sur le champ de bataille, a-t-il été vaincu par les événements?

L'entente de la guerre est une science exacte, mathématique; elle obéit à des calculs précis, rigoureux. La politique est au contraire une science variable : elle exige la souplesse de l'esprit; elle ne permet pas de marcher toujours droit au but, elle impose la pratique des ménagements, des feintes, des surprises. Pour déterminer la cohésion des concours, il faut agir suivant les intérêts divers de ceux que l'on veut entraîner, il faut les discipliner par habileté, il faut les amener à plier sous une nécessité inéluctable.

Au contraire, Changarnier, à l'heure où il était au faîte de la puissance, a parlé constamment comme dans une sorte d'ordre du jour. Nul calcul, nul mystère, mais des déclarations solennelles, une association éclatante à la conduite des groupes parlementaires, eux-mêmes incertains, mal dirigés, souvent aveugles et obstinés.

Quand il vit nettement l'Assemblée législative, sourde aux conseils, aux avertissements, marcher à la défaite, il eût été mieux inspiré de la menacer de l'abandonner, de risquer au besoin une rupture. C'eût été peut-être le seul moyen de rouvrir les intelligences, de ranimer les énergies et de prévenir la déroute. Au lieu de suivre, il eût été suivi.

Mais la ruse répugnait à son caractère et à sa loyauté. Nature ardente, généreuse, d'une rigide droiture, il croyait à la puissance victorieuse du bien. Il avait une confiance invincible dans l'ascendant des inspirations patriotiques, il ne doutait pas que l'intérêt du pays ne dût, à un moment donné, triompher des divisions, des défaillances et des faux calculs.

On l'a traité de sphinx ! Singulière méprise ! Rien de moins porté à la dissimulation que cet esprit franc, net, qui ne savait pas cacher.

Qu'il avait donc raison quand il écrivait : « Les circonstances ont fait malheureusement de moi un personnage politique. » La destinée eût dû le maintenir dans un rôle exclusivement militaire ; sa gloire de soldat en eût été accrue, et des heures douloureuses peut-être épargnées à la Patrie !

En signalant ses fautes, le jugement impartial de l'histoire doit du moins à Changarnier cette justice de reconnaître qu'aux jours où il s'est trompé il ne pensait qu'à la France.

CHAPITRE X

1852. — Le décret de bannissement. — Lettre du duc de Lévis, 15 janvier. Découragement de la Reine Marie-Amélie. — Les décrets du 22 janvier. — Instances pour déterminer la réconciliation de la famille royale. — Échanges de vues. — Correspondances. — Refus de serment. — Échec de la fusion. — Changarnier explique sa conduite politique; lettre à la marquise de Ganay, 6 septembre. — L'exil illimité.
1853. — L'Empire. — Divergence des deux branches de la famille royale. — Lettre au comte Paul de Périgord, 4 janvier. — Le Comte de Chambord à Changarnier, 10 juillet. — Réponse. — Symptômes de rapprochement.
1854. — Le duc de Nemours et le duc de Montpensier à Frohsdorf. — Conseils de Changarnier. — La guerre d'Orient. — Proposition de M. Drouyn de Lhuys de rappeler les généraux exilés. Refus de l'Empereur.
1855. — Douleur du général. — Entrevue avec la Reine Marie-Amélie. — Rencontre de M. Thiers et du prince Jérôme. — Prise de Sébastopol. — Le colonel de la Tour du Pin.
1856. — Le major S... et M. Mocquart. — L'amnistie.
1857. — Rupture de la fusion. — Changarnier accusé d'avoir été partisan d'une restauration impériale; sa réplique. — Les visites à Malines. — Refus de M. Thiers d'accepter la candidature législative à Rouen. — Lettre de M. Doudan. — Le général Le Flô autorisé spécialement à rentrer en France.
1858. — Écrit de Changarnier pour expliquer sa conduite politique. — Note du *Moniteur* au sujet des généraux exilés. Riposte de Changarnier.

Le *Moniteur* du 10 janvier contenait un décret rendu par le Président au nom du peuple français, ainsi conçu :

« Article premier. — Sont momentanément éloignés du territoire français et de celui de l'Algérie, pour cause de sûreté générale, les anciens représentants à l'Assemblée législative dont les noms suivent :

« Duvergier de Hauranne. — Creton. — Baze. — Général de Lamoricière. — Général Changarnier. — Général Le Flô.

— Général Bedeau. — Thiers. — Chambolle. — De Rémusat.
— Jules de Lasteyrie. — Em. de Girardin. — Général Leydet.
— P. Duprat. — Edg. Quinet. — Ant. Thouret. — Chauffon-Versigny.

« Art. II. — Ils ne pourront rentrer en France ou en Algérie qu'en vertu d'une autorisation spéciale du Président de la République.

« Fait au palais des Tuileries, le conseil des ministres entendu, le 9 janvier 1852.

« *Signé :* Morny.   *Signé :* L. Napoléon. »

Peu de jours après, Changarnier recevait du ministre de la guerre la communication suivante :

« Paris le 17 janvier 1852.

« *Le ministre de la guerre au général Changarnier.*

« Je vous annonce que, par exception aux dispositions de l'ordonnance du 25 décembre 1837, le Président de la République a décidé, le 14 de ce mois, que vous recevriez, à compter du 2 décembre dernier et pendant tout le temps que vous serez éloigné du territoire français, le traitement de disponibilité de votre grade dans le pays où sera établi votre résidence.

« Le payement de ce traitement s'effectuera entre les mains d'un fondé de pouvoir que vous devrez à cet effet constituer en France. »

Lorsque ces documents parvinrent à Changarnier, il avait déjà repris ses habitudes de travail quotidien.

A la nouvelle de son arrivée en Belgique, le baron de L. R..., qui habitait Liège, avait imaginé d'écrire à M. de Morny pour lui demander l'autorisation de recevoir chez lui le général. La réponse du ministre ne pouvait qu'être affirmative et gracieuse. Le baron de L. R... se crut particulièrement bien inspiré en joignant à sa lettre à Changarnier celle de M. de Morny, persuadé que l'autorisation officielle devait emporter le consentement du général. Cette naïve proposition était embellie par des considérations d'une délicieuse simplicité.

« Vous êtes grand, même dans l'estime de vos adversaires politiques. C'est là une consolation qui doit vous rendre votre position moins pénible à supporter... — Vous jouirez chez moi de la même liberté que là où vous êtes, et nous pourrons de temps en temps faire ensemble dans la province quelques excursions ; cela apportera une diversion utile à vos ennuis et à vos préoccupations d'esprit. — Les Liégeois ont, par leur caractère, beaucoup de rapports avec les Français ; ils sont hospitaliers, expansifs et dévoués, et lorsque vous aurez habité quelque temps parmi eux, vous garderez de leur accueil, j'en suis convaincu, un souvenir des plus agréables. »

A cette ouverture, Changarnier répondit le 3 février, d'assez bonne encre :

« Les habitants de Liège ont, sans doute, toutes les bonnes qualités déduites dans votre lettre, mais ils sont fort mal placés pour apprécier les événements de la France, les hommes qui y ont pris part, leur caractère et leurs positions relatives. Vous me l'avez prouvé en m'offrant des consolations dont je n'ai pas tant besoin que vous le supposez et qui résulteraient de l'opinion qu'ont de moi des adversaires que je n'estime pas. La démarche irréfléchie que vous avez cru devoir faire, sans me consulter, devait nécessairement me contrarier. Elle a eu ce résultat à un si haut degré que, tout en rendant justice, dès le premier jour comme en ce moment, à vos excellentes intentions, j'ai longtemps préféré le silence à l'expression de mon juste mécontentement. »

Les visites et les lettres affluaient.

Ce n'était pas le signal d'espérances plus solides, mais du moins l'occasion de retremper ses forces, d'échanger des encouragements, de se soutenir par de mutuels exemples : la douleur, quelque cruelle qu'elle soit, paraît toujours moins lourde lorsqu'on la sait partagée.

« Monsieur le Comte de Chambord, lui écrivait de Paris, le 15 janvier, le duc de Lévis, veut que je vous parle de son indignation et de son chagrin en apprenant les injustes persécutions auxquelles vous êtes en butte. La France ne peut souffrir longtemps que l'on repousse de son sein ses plus nobles enfants, ceux qui, comme vous, ont si souvent prodigué leur vie pour sa défense et sa gloire.

« La France effrayée, surprise et trompée, a cru, encore une fois, ne pouvoir trouver d'autre refuge contre le désordre et l'anarchie que dans le despotisme et l'arbitraire. Elle verra bientôt à quels périls, à quels malheurs l'exposent des desseins ambitieux et tout personnels.

« Notre malheureuse Patrie ne pourra jamais retrouver son repos, ses libertés, qu'à l'ombre de ce principe tutélaire qui, pendant tant de siècles, a si glorieusement présidé à ses destinées.

« Le Comte de Chambord compte plus que jamais sur vous. »

La confiance dans l'avenir, dont ces lignes contenaient l'expression répétée, n'était pas partagée par les autres membres de la famille royale :

« J'en suis arrivée, écrivait de Claremont, le 19 janvier, la Reine Marie-Amélie, au point de n'oser plus former un désir, de m'en remettre entièrement à ce que la Providence décidera pour les miens et pour moi. — G... vous dira mieux que moi quels sont mes sentiments, quelle est notre position, tout ce que j'ai souffert et tout ce que je souffre, perdant une illusion après l'autre, tiraillée de tous les côtés, souvent mal jugée des uns ou des autres, craignant par la moindre parole, par la moindre action, de compromettre ceux qui nous conservent encore quelque affection, ou, au moins, de servir de prétexte pour les persécuter. Au 2 décembre, mes enfants étaient malades, dans l'impossibilité de bouger; les événements se sont passés avec une rapidité effrayante, et lorsqu'ils pouvaient se *tenir seulement debout*, tout le monde a crié que c'était trop tard, qu'ils exposeraient la France à une guerre civile et eux-mêmes ou au ridicule de Boulogne et de Strasbourg, ou, ce qui est pis encore, à voir renouveler l'horreur du duc d'Enghien. Mes pauvres enfants étaient les plus malheureux des êtres, et à présent on les tourmente en disant que ce qui se passe est leur faute, qu'ils ont manqué l'occasion, qu'ils ont compromis leurs amis, etc. Pour moi, obligée par devoir et par affection de sacrifier la seule consolation de venir passer quelques jours où vous êtes, inquiète aussi pour le sort de ces enfants et de ce pays qui me sont si chers, et ayant toujours sur la tête l'épée de Damoclès, de voir mes enfants dépouillés de tout le patrimoine de leurs pères!... Si ce n'était que pour moi, j'ai déjà un pied dans la tombe, je souffrirais moins, mais c'est l'avenir de mes enfants et de mes petits-enfants qui me déchire le cœur! »

La Reine connaissait-elle déjà les menaces à la veille de se réaliser par les décrets spoliateurs du 22 janvier? Ou bien son instinct de mère l'avait-il avertie? Il n'est que trop certain qu'elle ne s'était pas trompée, et que trois jours plus tard l'acte de spoliation était un fait accompli. Les injures qui l'accompagnaient à l'adresse de la mémoire du Roi Louis-Philippe décidèrent les princes, le 29 janvier, à faire entendre une protestation. Elle se terminait par ces mots :

« Nous sommes heureux de constater que ces honteux décrets n'ont osé se produire que sous le régime de l'état de siège. »

L'iniquité que consacraient les décrets rencontra dans le pays une répulsion à peu près générale, elle blessa le sentiment de l'honnêteté nationale, elle constitua la première faute dans cette série d'actes inutiles ou inexplicables commis durant le règne qui commençait. « L'ivresse du pouvoir » n'est pas une vaine métaphore.

Dans le cœur de la Reine la tendresse maternelle se révoltait avec une indignation excitée par toutes les alarmes de l'avenir.

« Nous sommes bien profondément tristes, mais calmes et

résignés, écrivait-elle le 11 février. Pour moi, j'ai fait le sacrifice de tout. Je suis trop vieille pour voir de meilleurs jours; mais, lorsque je regarde mes braves enfants, dignes d'un meilleur sort, et mes pauvres petits-enfants, qui n'auront ni Patrie, ni existence, mon cœur se brise! Je me tourne vers Dieu, je mets à ses pieds tout ce qui m'est si cher. Il n'abandonne jamais ceux qui mettent leur confiance en lui! Au milieu de nos peines, nous recevons de tous les côtés et de toutes les classes, des témoignages touchants d'affection et d'intérêt, cela fait du bien ; la conduite de plusieurs évêques qui refusent nos dépouilles pour leurs diocèses, ainsi que le refus de places de certains personnages à la suite des décrets du 22... Enfin, Dieu ménage des consolations au milieu des peines, et la plus grande pour nous, que la malveillance ne peut nous ravir, c'est d'avoir une conscience pure et une conduite honorable... Mais rien ne fera reculer l'auteur des décrets! »

Elle ajoutait, le 17 février :

« La pauvre Hélène, éprouvée par tant d'agitations et de tourments et par la perte journalière de bien des illusions, a eu la nuit dernière une forte fièvre. Les autres santés sont bonnes. Dieu nous donne des forces pour supporter nos peines! »

L'impression était encore plus vive à Paris.

« Nous continuons, écrivait à Changarnier le 18 février une grande dame, à vivre dans l'irritation de tous les moments. On n'a pas même la consolation de donner un libre cours à la bile qui déborde, mais chut!.... M. de Maupas est derrière la porte. Qui sait s'il ne regarde pas par-dessus mon épaule ! Le monde existe à l'état de souvenir, on ne danse pas, on se voit peu et, lorsqu'on est à trois, on ne dit plus rien. »

C'était un profond affaissement moral. Dans une lettre adressée à Changarnier, M. Guizot en retraçait à la même date les principales déchéances, et il concluait par ce bel et juste éloge :

« Vous êtes de ceux qui traversent, sans y rien perdre, les années et les épreuves ! »

En face d'une situation si troublée, le général estimait que, s'il était dans l'avenir une chance possible pour la monarchie, elle ne pouvait être préparée que par l'union complète et définitive entre les deux branches de la famille royale. Tous ses efforts se concentrèrent donc dans ce but, dont il proclama la nécessité avec sa franchise ordinaire.

« Il est indispensable, répétait-il aussi bien à Claremont qu'à Frohsdorf, que la fusion se fasse entière et sans réserve, qu'elle s'affirme publiquement, afin qu'un jour venant, la France trouve la monarchie depuis longtemps prête. Si on attend les événements pour s'entendre, le pays ne verra dans la réconciliation qu'un expédient de parti, au lieu d'une solution de gouvernement. »

Tel était le sens des vues et des appréciations que M. de Rémusat avait, au nom du général, présentées aux princes d'Orléans.

« Je vous jure, lui écrivait-il de Londres le 14 mars, en lui dépeignant les dispositions de la famille royale, je vous jure que je ne trouve partout qu'une grande confiance en vous, un regret sincère de ne vous point voir et la ferme conviction que rien n'est possible que d'accord avec vous. J'ai gardé un profond souvenir de nos entretiens, et je pense souvent au noble spectacle que vous m'avez donné dans la dignité et dans la simplicité de votre retraite. »

Des assurances si positives décidaient Changarnier à tenir un langage plus pressant. Dès le 18 mars, il mandait à madame de Rémusat :

« Tout ce qu'avec tant de force et de grâce vous me dites, Madame, du lieu d'où vous venez, me comble de reconnaissance pour l'estime accordée à mon patriotisme et d'espérance pour mon pays.

« Les cœurs qui se sont ouverts à vous n'ont que de nobles pensées, ils sont capables de tous les dévouements et des sentiments les plus héroïques et les plus désintéressés. Mais, croyez-en une sentinelle vigilante qui, dans sa solitude, où beaucoup de renseignements aboutissent, a l'oreille aux écoutes et l'œil aux aguets, pour ne pas faire attendre la fortune de la France, le moment est venu de sortir du vague des bonnes dispositions. Si, comme vous le dites avec raison, tout ce qui pense est à la conciliation, le vulgaire, qui pense moins, et moins juste surtout, s'inquiète, s'irrite et, voyant la grande réconciliation sans cesse annoncée et ajournée, lui trouve des inconvénients qui, le lendemain du jour où ce grand acte serait accompli, disparaîtraient devant ses immenses et éclatants avantages. Les noms que nous aimons et respectons sont parfois prononcés avec colère, et de subalternes défections vont à un triste pouvoir que rien ne s'offre à remplacer.

« Non, sans doute, l'esprit public n'est pas encore disposé à l'action, et cependant la santé et les folies du Président peuvent fournir brusquement, dès demain peut-être, l'occasion de n'avoir rien de prêt à montrer à la nation.

« L'armée soutiendra Louis Bonaparte tant qu'elle ne saura pas où prendre un gouvernement honorable et durable. Si une maladie, une chute de cheval, faisait disparaître le Président, les divisions, les incertitudes, les hésitations de nos soldats donneraient des chances à l'anarchie, ou à je ne sais quel fétiche décoré de ce nom aussi merveilleux que ridiculement compromis par un misérable parodiste; il n'a pas encore perdu son prestige sur les masses.

« Notre chère méchante France a bien des travers, mais elle a deux facultés charmantes : celles d'admirer et d'aimer ; ne la laissons pas trop longtemps dans l'impossibilité d'en faire usage. »

Changarnier n'était pas moins explicite avec les amis les plus autorisés de M. le Comte de Chambord.

« Pendant que le bon général de Saint-Priest que j'aime tant, écrivait-il le 6 mars au duc de Lévis, me reprochait de n'avoir pas fait la faute d'aller à Frohsdorf, on me faisait à Claremont un reproche analogue. Mais les princes d'Orléans ne peuvent oublier longtemps ni mon dévouement éprouvé, ni mon abnégation dans la lutte où j'aurais sauvegardé l'avenir de la France contre Louis Bonaparte, si j'avais été mieux soutenu par l'Assemblée. Ils savent aussi que ma conduite n'est jamais dirigée par des sentiments égoïstes.

« J'ai acquis la certitude que le Roi Léopold est partisan actif de la fusion, unanimement acceptée à Claremont, et que S. A. R. madame la duchesse d'Orléans la désire maintenant avec toute l'énergie de son caractère. Les princes, ses beaux-frères, qui n'ont pas été les derniers à accueillir cette idée, sont peut-être plus embarrassés pour trouver le moyen de la réaliser. Avec la volonté de s'occuper beaucoup plus de l'avenir que du passé, avec le désir d'éviter des récriminations plus qu'inutiles, on doit parvenir à trouver ce moyen; il importe de le trouver bientôt. Si les deux branches de la maison de Bourbon ne se réconcilient pas, L. B. se consolidera, ou ses fautes feront subir à la France le sort de la Pologne.

« Sur une lettre du personnage qui est le plus avant dans la confiance de madame la duchesse d'Orléans et qui constatait les excellentes dispositions de la princesse, le bruit s'est répandu il y a six jours, à Paris, que la réconciliation était accomplie. La joie a été à peu près universelle.

« Si cette fusion, qu'on a crue consommée, se faisait beaucoup attendre, nous aurions la douleur de voir les préventions et les haines se raviver.

« Si j'avais l'honneur d'approcher Mgr le Comte de Chambord, je lui dirais : Agissez et traitez avec les princes. — Comment la fusion pourrait-elle être un piège préparé par eux et par leurs amis?... pour s'y prendre eux-mêmes apparemment!

« Le parti républicain, aujourd'hui abattu, se relèvera et deviendra formidable, si on lui laisse longtemps le droit de dire à la France : Comment refaire la royauté sans famille royale ? — Quand les deux branches sont divisées, elles se neutralisent l'une l'autre.

« Je me suis efforcé il y a quelques jours de faire comprendre à mon vieil ami Eugène de Chabannes la nécessité d'une réconciliation prochaine, en évitant, en vue de l'union, le plus possible de revenir sur le passé ; aujourd'hui je ne puis m'empêcher de vous dire :

« Allons au but dès que la route s'ouvrira devant nous et franchissons rapidement les petits obstacles dont il ne faut pas laisser s'embarrasser notre marche.

« Exprimez, je vous en prie, à Mgr le Comte de Chambord ma gratitude la plus respectueuse et la plus profonde pour les paroles de bienveillante confiance dont il a daigné charger pour moi le marquis de Chabannes. »

Mais les difficultés s'amoncelaient sur le chemin des négociateurs.

« Il est bien difficile, dans une affaire importante, de mettre plusieurs têtes d'accord, écrivait de Claremont, le 2 avril, la Reine Marie-Amélie. Lorsque vous en tenez deux ou trois, une autre vous échappe. D'après ce qui se passe dans notre pauvre pays, je commence à craindre que nous ayons manqué le moment et que ce soit déjà trop tard. Je ne veux pourtant pas me désespérer encore, car cela m'affligerait trop, ayant la conviction qu'il n'y a que ce seul moyen de salut pour l'avenir de ma famille. »

« Je suis bien triste, répétait-elle quelques jours plus tard, dans une autre lettre, car j'ai l'entière conviction de ce qui est nécessaire pour le bien de la France et de ma famille, et il est si difficile d'en convaincre les autres et de mettre quatre têtes d'accord! Les flatteurs et les conseillers nous font bien du mal. »

Quel que fût le mystère des négociations qui se traitaient, elles avaient été signalées par une police toujours aux aguets pour surprendre les démarches des victimes du pouvoir nouveau. Le Président en éprouva un mécontentement profond, et Changarnier fut averti que de cruelles rigueurs le menaçaient.

« Un décret prêt à paraître, dit-on, écrivait-il le 8 mai à sa sœur, imposera aux militaires de tous les grades, absents de France pour une cause quelconque, l'obligation de prêter serment. Je refuserai sans hésitation, comme tu dois bien t'en douter. Les lois les plus claires, les plus positives, me garantissent ma retraite, mais, en ce temps-ci, peut-on compter sur la force des lois? Il n'est pas probable, mais il n'est pas impossible que je sois réduit à ce que je possède au Petit-Marié[1] et

---

[1] Propriété du général près de Millay, dans la Nièvre.

à mes petites économies. Il y a bien assez là pour assurer ton existence et la mienne, mais il ne nous resterait rien à donner après notre mort. Parfaitement tranquille sur toi, ma chère Antoinette, dont tous mes arrangements garantiront la position, quoi qu'il arrive, je ne reculerai pas d'une semelle, sois-en sûre, mais ne le dis à personne et ne parle pas de ce projet de décret. Il augmente le désir que je t'ai souvent exprimé de vendre ma petite terre pour liquider et accroître mon revenu. Je t'embrasse de bon cœur. »

Les informations de Changarnier n'étaient que trop fondées. Le 10 mai, il apprenait par le *Journal des Débats* le décret relatif au serment exigé des militaires.

Aussitôt après en avoir achevé la lecture, il écrivit au ministre de la guerre :

« Malines, le 10 mai 1852, à dix heures du matin.

« Monsieur le ministre,

« Pendant trente-six ans j'ai servi la France avec un dévouement qu'on peut égaler, mais qu'on ne surpassera pas.

« Sous la Restauration, j'ai eu dans l'armée un grade proportionné à l'obscurité de mes services d'alors.

« Sous le gouvernement de Juillet, les chances de la guerre m'élevèrent rapidement au grade de lieutenant général.

« Peu de jours après la proclamation de la République, lorsque Mgr le duc d'Aumale, — que je venais de reconduire à bord du *Solon*, en le faisant saluer par l'artillerie de la place et de la marine, comme si le Roi Louis-Philippe eût encore habité les Tuileries, — m'eut laissé le gouvernement par intérim de l'Algérie, j'écrivis au ministre de la guerre que je n'avais pas souhaité l'avènement de la République, mais qu'il ne me semblait pas changer mes devoirs envers mon pays. Le gouvernement provisoire ne brisa pas mon épée, et le 16 avril il ne regretta pas d'en pouvoir disposer.

« Peu de temps après cette journée, je fus nommé au gouvernement général de l'Algérie. Je quittai bientôt cette haute position, où tout m'était facile, pour répondre à la confiance des électeurs de Paris, qui m'avait appelé à l'Assemblée constituante. Le général Cavaignac, chargé du pouvoir exécutif à la suite des journées de juin 1848, auxquelles je n'ai pas assisté, me nomma, le 30 juin, commandant en chef des gardes nationales de la Seine.

« Le 14 décembre de la même année, le général Cavaignac m'ayant fait prier de me rendre à l'hôtel qu'il occupait rue de Varenne, me dit, en présence de tous les ministres, que la police croyait à un mouvement bonapartiste, préparé pour profiter de la cérémonie anniversaire de la translation des restes de l'Empereur aux Invalides, échauffer l'enthousiasme populaire, conduire Louis-Napoléon Bonaparte aux Tuileries et le proclamer Empereur. Le général Cavaignac termina en me demandant mon avis sur les mesures à prendre. Je le lui donnai et finis en disant : « Mon cher général, j'ai donné ma voix à
« Louis-Napoléon Bonaparte pour en faire un Président, non
« un Empereur. Dans peu de jours, il sera Président de la
« République, mais vous pouvez compter qu'il n'entrera pas
« demain aux Tuileries, où vous avez établi mon quartier
« général. »

« Ces paroles exprimaient brièvement, mais exactement, mon inébranlable résolution de rester ce que j'ai été toute ma vie, l'homme de l'ordre et de la loi. Louis-Napoléon Bonaparte a tenté bien souvent de me faire dévier de la ligne droite que je m'étais tracée. Pour me déterminer à servir son ambition, il m'a souvent, bien souvent, offert et fait offrir, non seulement la dignité de maréchal, que la France m'aurait vu porter sans la croire déchue, mais une autre dignité militaire qui, depuis la chute de l'Empire, a cessé de dominer notre hiérarchie. Il voulait y attacher des avantages pécuniaires énormes que, grâce à la simplicité de mes habitudes, je n'ai eu aucun mérite à dédaigner.

« S'apercevant bien tard que l'intérêt personnel n'avait aucune influence sur ma conduite, il a essayé d'agir sur moi en se disant résolu à préparer le triomphe de la cause monarchique, à laquelle il supposait mes prédilections acquises.

« Tous les genres de séduction ont été impuissants. Je n'ai

pas cessé d'être, dans le commandement de l'armée de Paris et dans l'Assemblée, prêt, ainsi que je l'ai dit dans une séance de la commission de permanence à la suite des revues de Satory, à défendre énergiquement le pouvoir légal de Louis-Napoléon Bonaparte et à m'opposer à la prolongation illégale de ce pouvoir.

« Ce n'est pas à vous qu'il est besoin d'apprendre comment ce pouvoir s'est établi sous sa nouvelle forme et quels actes iniques, violents, ont accompagné son installation.

« La persécution n'a pas refroidi mon patriotisme; l'exil, que je subis dans la retraite et dans un silence qu'aujourd'hui vous me contraignez à rompre, n'a pas changé à mes yeux mes devoirs envers la France! Si elle était attaquée, je solliciterais avec ardeur l'honneur de combattre pour sa défense.

« Le seul journal français qui passe ici sous mes yeux m'a fait connaître tout à l'heure l'arrêté qui règle le mode de prestation du serment exigé de tous les militaires. Un paragraphe, évidemment rédigé pour être appliqué aux généraux proscrits, leur donne un délai de quatre mois. Je n'ai pas besoin de délibérer si longtemps sur une question de devoir et d'honneur.

« Le serment que le parjure, qui n'a pu me corrompre, prétend exiger de moi, je le refuse.

« *Signé :* CHANGARNIER. »

En même temps qu'il adressait cette fière réponse au ministre de la guerre, le général en remettait deux copies à un ami qui les emportait sur-le-champ à Paris, où la lettre se répandit avec une incroyable rapidité. La crainte était si générale que, pour beaucoup, c'était faire acte d'audace que de rendre, dans le silence d'une lecture privée, hommage à ce langage indépendant et énergique. L'entraînement d'une généreuse indignation décida les amis politiques du général à ouvrir une souscription dont le produit devait lui être offert; dès le 13 mai, elle arrivait au chiffre de 480,000 francs, qui se serait accru encore, si Changarnier n'avait aussitôt informé le prince Albert de Broglie et le général de Saint-Priest qu'il était résolu à ne pas accepter les sommes souscrites, quelle que fût sa reconnaissance d'un témoignage aussi spontané.

« Cher prince, écrivait-il au prince de Broglie, de Malines, le 18 mai, Maurice de Ganay m'ayant appris qu'avec son père et le général de Saint-Priest vous avez mis le plus cordial empressement à vous charger de recueillir les signatures pour une souscription en faveur des généraux exilés, je vous prie d'agréer l'expression de ma reconnaissance la plus sincère et la plus vivement sentie.

« Quoi qu'on ait dit de l'abaissement des caractères, beaucoup de nobles cœurs ont profité de ce moyen de protester contre l'humiliante tyrannie qui pèse sur la France. Je me réjouis de ce résultat et n'en accepterai, en ce qui me concerne, aucun autre. »

La lettre de refus de serment était en peu de jours si universellement répandue, que le gouvernement crut devoir ne pas en empêcher la publication. La presse officielle eut le mauvais goût de couvrir d'injures et de calomnies le proscrit, dont l'honneur ne s'en trouva pas atteint. Cette vigoureuse parole avait eu partout un profond retentissement.

« C'est avec l'émotion sincère d'un ami, mon cher général, écrivait le duc d'Aumale à Changarnier, que j'ai lu votre belle lettre; j'y ai reconnu ce cœur fier et généreux, et aussi ce style noble et mâle que j'ai pu apprécier depuis longtemps. Je n'en ai pas été surpris, mais je suis heureux de vous retrouver toujours le même, la plume ou l'épée à la main. On écrit comme on agit : avec le cœur.

« La duchesse d'Orléans et mes frères sentent comme moi, et me chargent de vous le dire. Pour moi, je pense encore à nos bonnes conversations d'Aix-la-Chapelle, dont je n'ai rien oublié et que je voudrais tant voir se renouveler plus souvent. Peut-être pourrons-nous, un jour, en des temps plus heureux, vivre plus près les uns des autres!

« En attendant, vous savez que vous n'avez pas d'ami plus sincère que votre bien affectionné.

« *Signé :* H. D'ORLÉANS. »

« J'ai lu avec un vif sentiment de plaisir et d'admiration, lui mandait le comte d'Haussonville, votre lettre de refus de serment. Puisse ce coup vigoureux réveiller un peu l'opinion publique, jusqu'à présent si déplorablement endormie. Vous couvrez par votre excès d'honneur et de générosité la platitude générale. C'est un devoir de vous en remercier. »

« Votre lettre est venue nous rafraîchir et nous fortifier après tant de breuvages dégoûtants qu'il nous faut chaque jour avaler, disait M. de Rémusat. Elle est très belle et elle serait bien utile, s'il y avait moyen de lui faire percer la nuit qui enveloppe la France. »

« Mon cœur a bondi de joie et d'orgueil quand j'ai lu votre lettre, écrivait M. de Lasteyrie. Elle est *vous tout entier.* Son effet a été très grand sur le public anglais. Elle a rappelé tout ce que vous êtes, tout ce qu'est votre ennemi. »

« Votre noble et magnifique lettre, disait un autre proscrit, M. Antony Thouret, produit un enthousiasme qui venge l'honneur de la France. Puisse ce sentiment d'admiration, exprimé par un ancien voisin de l'Assemblée et par un adversaire politique loyal, vous donner la mesure du retentissement que votre protestation toute romaine aura en Europe. »

« C'est un sentiment de reconnaissance que nous vous adressons de France, lui mandait la marquise de la Tour du Pin. Vos paroles nous relèvent et nous vengent. On ne foule pas impunément aux pieds un pays où vous êtes né ! »

Pendant que Changarnier s'enfermait dans une solitude qui grandissait la dignité de sa vie, ses amis restaient réduits à une vaine et impuissante fronderie de salon. Si le nombre des refus de serment n'était pas grand, il était général parmi les hommes de distinction, de cœur et d'intelligence dans tous les partis, mais le découragement était profond. M. de Rémusat n'était pas des moins atteints par ce sentiment lorsqu'il laissait échapper cet aveu :

« Plus je vieillis, moins je crois aux projets politiques des habiles de mon temps, qui ne sont que des gens de conversation, incapables d'empêcher ou de déterminer un événement. »

« L'Europe, disait d'autre part M. de Lasteyrie, a passé de l'engouement pour le destructeur de la liberté, à la défiance et au mépris pour le personnage. Votre lettre n'aura pas peu contribué à fortifier ce sentiment. Ce que nous craignons le plus, et ce qui est le plus probable, c'est que cela finira par une guerre malheureuse conduite par de tels hommes. Un gouvernement tel que celui-ci ne peut être renversé que par un mouvement populaire ou un mouvement militaire. C'est la crainte du socialisme qui est, à cette heure, la principale force de Louis Bonaparte. Cette crainte est pour les uns une cause, pour les autres un prétexte de lâcheté. A moins d'imprévu, nous sommes loin du but ! »

On en était loin, en effet, et l'on restait tout aussi éloigné de l'entente nécessaire pour préparer à la France le gouvernement de la tradition nationale. Malgré les efforts persévérants des hommes les plus éminents, les divergences de vues avaient persisté, et l'union tant désirée n'arrivait pas à conclusion.

Cependant la Reine Marie-Amélie exerçait, en faveur des idées de rapprochement, toute son influence.

« J'ai éprouvé une vive satisfaction, écrivait-elle le 23 juin, en voyant le bon effet produit par les sentiments, la conviction et l'éloquence de nos amis sur la voyageuse (la duchesse d'Orléans). Pour moi, je m'inspire de l'amour de la Patrie, du désir de ne rien négliger pour lui rendre la prospérité et lui assurer un avenir stable et tranquille.

« Écoutant les conseils de bien des amis, les quatre frères se sont décidés, même au risque de se brouiller avec leur sœur, à s'assurer des dispositions de leur parent avec une loyauté et un désintéressement admirables ; hélas ! ils ont acquis la triste conviction qu'on exigeait d'eux ce qui était incompatible avec leur honneur et leur devoir ; dès lors, il ne leur reste plus qu'à rentrer dans leur ligne d'abstention complète. »

Les raisons qui avaient fait échouer le projet étaient formellement indiquées par M. de Rémusat dans la lettre qu'il adressait, à la même date, à Changarnier :

« Quant au rapprochement que vous désirez, tout le possible a été fait, puisque les princes ont fait connaître que, pour délivrer la France du gouvernement qui la souille, ils étaient prêts à renoncer à toute compétition de famille, et qu'au moindre signe du vœu national, ils coopéreraient franchement au rétablissement de la monarchie nettement constitutionnelle, avec l'aîné de leur Maison pour Roi et les couleurs tricolores pour drapeau. En ce moment, les légitimistes ont d'autres idées : ils sont en espérance; ils s'attachent à Saint-Arnaud. Ils courent au-devant d'une leçon que Bonaparte leur donnera un de ces jours. »

On essayait, en effet, de profiter de certaines dissensions qui avaient surgi entre le Président et Saint-Arnaud; celui-ci parlait de publier deux lettres, écrites par le prince le 2 décembre; le ministre les avait déposées en Angleterre, et, grâce à cette menace, le prince cédait, n'osant ni le renvoyer, ni lui donner un commandement en Algérie. Une telle voie offrait bien peu de chances de succès; en s'y obstinant, on préparait peut-être le triomphe du principe, mais non le succès de la cause. Quelques-uns en restaient aux récriminations, ils s'en prenaient aux négociateurs de l'échec survenu, et accusaient directement Changarnier de n'avoir pas travaillé franchement à la réconciliation de la famille royale.

Un tel reproche était immérité, car nul ne déplorait plus que lui l'imprévoyance qui fermait, à ses yeux, l'avenir à la monarchie.

« Au compte de ceux qui attendent tout du hasard, écrivait-il à M. de Lasteyrie le 2 septembre, c'était donc un blâme et non un magnifique éloge que l'orateur adressait à la mémoire d'un grand homme en disant : « Il n'abandonne rien
« à la fortune de ce que le conseil pouvait lui donner. »

« Je demeure persuadé que, si la vague populaire passe jamais sur le gouvernement actuel, elle ne s'arrêtera pas à un nom monarchique, ni même au général Cavaignac, qui n'est pas le seul à conserver des illusions regrettables. »

Les critiques dont il avait été l'objet l'avaient piqué au vif, il voulut s'en disculper. C'est à la marquise de Ganay qu'il adressait d'Aix-la-Chapelle, le 6 septembre, cette justification :

« Peu d'heures avant l'arrivée de votre lettre, où éclatent à toutes les lignes votre sincérité, votre amitié, mais aussi une très injuste appréciation de ma conduite politique, j'avais reçu de votre cousin Rémusat quelques-unes de ces pages charmantes dont il a le secret. Après m'avoir fait un tableau piquant de la soumission, de la résignation, de l'air penaud de la France, il ajoute que ce qui y domine, c'est l'ignorance de ce qui s'est passé. Il termine en disant que je suis un grand sot d'aimer la gloire. Je suis tout à fait de son avis. Je puis donc me résigner à me rapprocher tout doucement du cimetière de Malines, sans être apprécié du stupide vulgaire; mais il me semble dur d'être mal apprécié de mes amis.

« A Trouville, on m'a accusé près de vous d'être un *sphinx*, un ambitieux, parce que Frohsdorf n'a pas été compris dans mon itinéraire, et vous, toujours si disposée à croire ma conduite dirigée par les motifs les plus honorables, vous paraissez avoir été fort embarrassée de la défendre en cette occasion. Un rapide retour vers le passé, un court exposé de la situation présente vont vous fournir, pour l'avenir, les armes dont vous regrettez d'avoir manqué.

« Quand je commandais l'armée de Paris et la garde nationale, je devais être sobre de paroles et ne pas manifester des inclinations, des préférences incompatibles avec l'impartialité de l'homme de l'ordre et de la loi. Mais, après ma révocation, j'ai pu, devant l'Assemblée, — dont la plupart des membres pour qui je me suis sacrifié m'ont successivement abandonné, — j'ai pu déclarer hautement, sans que personne ait osé me contredire, qu'indépendant de tous les partis, je n'avais voulu être et je n'avais été l'instrument d'aucun d'eux.

« Que voulais-je, tant que cette Assemblée a été debout? Sauvegarder avec elle l'honneur et l'avenir de mon pays et procéder régulièrement aux modifications indispensables à notre organisation politique. Nous y serions parvenus, si on eût suivi les conseils que j'ai cent fois donnés et que vous m'avez entendu développer chez votre tante madame de L..., en face de MM. Berryer et de Salvandy. Ma patriotique indignation vous sembla-t-elle alors ménager ma position personnelle vis-à-vis d'hommes qui n'étaient pas sans influence? Ai-je été ce jour-là un sphinx ou un prophète? C'était plus de deux mois avant la funeste campagne de la revision ; j'ai prédit les résultats de la détestable conduite que l'éloquent orateur, trop d'accord avec M. de Falloux, dictait à son parti dans cette circonstance décisive, et j'ai analysé d'avance, avec une merveilleuse précision, la conclusion du mémorable discours qu'il devait prononcer et qui n'était pas encore composé. Les fautes d'aucun autre parti ne m'ont trouvé ni plus aveugle, ni plus indulgent.

« Depuis qu'une série d'erreurs, dont je ne suis à aucun degré responsable, car je les ai toutes combattues, a perdu l'Assemblée et m'a conduit en exil, la situation ne m'est pas apparue moins claire et ma conduite n'a pas été moins nette qu'avant la chute du gouvernement représentatif. Sans prodiguer des conseils qui ont leur valeur, je n'ai pas dû les refuser au duc de..., qui me les a demandés dans la ville d'où je vous écris, ni à madame la duchesse d'Orléans, qui m'a fait inviter à me trouver sur son passage en Belgique, ni à M. le Comte de Chambord, qui a bien voulu se mettre en rapport avec moi par les intermédiaires les plus autorisés. Je n'ai pas écrit une lettre, je n'ai pas adressé une parole à l'un des deux partis que j'aie eu le désir de cacher à l'autre.

« Voici le résumé de ce que j'ai dit à tous les deux :

« En présence d'un insolent despotisme, les républicains, s'il en est d'assez bonne foi pour reconnaître que leur utopie est odieuse à la France, et les royalistes de toutes les nuances devraient se rallier pour montrer à notre pays l'espérance d'un gouvernement régulier, libre et fort, que la monarchie représentée par M. le Comte de Chambord, entouré et secondé par ses cousins, peut seule lui donner. Le Comte de Chambord ne surmonterait pas seul les préventions du vieux libéralisme, les d'Orléans conserveraient sans doute, dans leur isolement, quelques chances ; mais, le lendemain d'un succès précaire, ils seraient dans une situation plus mauvaise que n'est celle de Napoléon Bonaparte, car ils auraient contre eux les républicains, les bonapartistes, les légitimistes exaspérés et le clergé. Pas plus que Louis Bonaparte, ils ne pourraient supporter ce régime nettement constitutionnel dont ils se disent les premiers champions. Les deux branches de la Maison de Bourbon devraient donc déjà être réconciliées, mais la réconciliation que j'ai souhaitée, et que je souhaite encore, n'est ni le triomphe d'un parti, ni l'humiliation de l'autre. Les d'Orléans, qui ont servi la France dans ses diverses fortunes, même dans ses erreurs, sont la personnification de l'esprit moderne ; ils apporteraient des garanties dont, en face de certaines classes défiantes, le Comte de Chambord ne peut pas se passer. Ce prince ne serait pas non plus sans dot ; il apporterait l'hérédité et reconstituerait la famille royale. Si la réconciliation était consommée et connue, la France, qui possède abondamment de quoi mépriser, aurait quelque chose à désirer, à espérer. La haine qu'elle fait taire deviendrait plus active, et L. B., au lieu de l'engourdir dans la jouissance de sa dotation, dont il franchit sans gêne les larges limites, n'aurait pas encore suspendu le cours de ses mesures acerbes, dont on se lasserait bien vite.

« Il était évident que cette réconciliation, bien utile à l'avenir de notre pays, ne se ferait pas si les articles en étaient préalablement et minutieusement discutés par-devant notaire. C'est ce qu'a bien compris une certaine coterie ; d'après ses conseils, des propositions, des conditions inconvenantes ont été mystérieusement présentées au Comte de Chambord au nom des princes. Le Comte de Chambord a eu le tort grave de repousser brusquement ces propositions. Il a oublié que, lorsque deux puissances sont en guerre, celle qui demande la paix n'arrive jamais du premier bond au point où l'autre veut la conduire ; celle-ci devient responsable, aux yeux des peuples et de l'histoire, de la continuation des hostilités.

« Si le Comte de Chambord, à qui j'avais indiqué d'avance l'éventualité d'une démarche de ses cousins et l'accueil qu'il convenait d'y faire, avait montré une vive joie, une grande reconnaissance, s'il avait écrit immédiatement à la Reine, sa tante, pour exprimer sa satisfaction, la réconciliation eût été scellée et définitive. Pour ne pas engager l'avenir et se lier les mains, il aurait suffi au Comte de Chambord de dire, dans sa réponse, qu'avec l'aide et les conseils de ses cousins, il espérait pourvoir avec succès aux difficultés de cet avenir, mais que ses cousins étaient trop habiles pour ne pas reconnaître que la France n'aimerait pas qu'on disposât d'elle sans son consentement. Le Comte de Chambord a préféré répondre par un refus net et exiger une soumission pure et simple. Cette attitude peut plaire à des vieillards vaniteux et vindicatifs, mais je la tiens pour malhabile et regrettable. Les princes d'Orléans sont rentrés dans leur abstention avec une satisfaction que je suis loin de partager.

« L. B. jouit donc encore du consolant spectacle de ses adversaires commodes récriminant les uns contre les autres, au lieu de s'unir contre l'ennemi commun, tandis que la nation et l'armée ne savent où chercher un gouvernement honorable et viable.

« Si une des deux branches n'était, par aucune faute, responsable de cette déplorable situation, si elle pouvait, à elle seule, sauver notre pays, je serais déjà dans son camp.

« Entre un homme d'esprit et un sot, on peut choisir suivant la mesure de son intelligence, mais entre les gens qui comprennent si mal leurs intérêts et les nôtres, permettez-moi de m'abstenir. Si M. le Comte de Chambord eût traversé la Belgique et m'eût fait l'honneur de m'y assigner un rendez-vous, je me serais empressé d'y courir, comme je suis allé à Liège sur l'invitation de madame la duchesse d'Orléans; mais je ne suis allé ni à Frohsdorf, ni à Claremont. Dans ces deux résidences, on a bien le droit de ne pas suivre les conseils qu'on n'a pas demandés, mais on ne doit pas s'étonner de me voir éviter une solidarité apparente avec des politiques qui, dans leur désaccord, sont uniquement bonnes aux intérêts de

L. B. et de la République rouge, son héritière présomptive, tant que nous sommes divisés.

« Ne laissez pas prendre mon impartialité pour de l'égoïsme, et quand on accusera d'ambition l'homme qui, dans la politique, n'a pas plus tenu compte de sa personnalité que dans la guerre en face de l'ennemi, répondez qu'il a assurément l'ambition de ne pas partager la responsabilité des fautes qu'il a combattues.

« Ne me croyez pas abattu, ni découragé; je ne désire rien tant que l'occasion de dévouer à la France une ardeur que rien n'a pu lasser. Mais, aussi longtemps que la Providence abandonnera le gouvernement de mon pays au caprice de la force, j'entends, au risque de passer encore pour un *sphinx*, ne relever que de Dieu et de ma conscience. »

Cette sorte de confession se passe assurément de commentaires, et la conclusion qui s'en dégage est sans nul doute la preuve de la sincérité et de la droiture de Changarnier. Associé malgré lui à une politique néfaste, il ne cessait pas d'en porter la peine, d'en être directement responsable devant l'opinion publique, et ce n'était pas là une des moindres souffrances de son exil. Comme toutes les autres, il les endurait en silence, et s'il éleva la voix dans de rares circonstances, ce ne fut jamais que pour éclairer les appréciations de quelques amis, non pas pour jeter le blâme sur les chefs politiques et pour augmenter leurs divisions.

Aux observations qu'il signalait, il convient peut-être d'en ajouter une autre que les événements postérieurs n'ont certes pas démentie : dans un pays où le droit de suffrage appartient à tout homme éclairé ou non, de bonne ou de mauvaise foi, factieux ou patriote, égoïste ou dévoué, calculateur ou désintéressé, apte aux affaires ou incapable, instruit par l'expérience ou en proie aux illusions, comment pouvait-on construire un plan politique sans mettre en première ligne ce facteur essentiel et déterminant, sans se préoccuper de trouver une formule en rapport avec les intérêts immenses et les forces de toute nature qu'elle devait satisfaire ?

Les négociations dont nous venons d'esquisser les traits

principaux n'abordèrent pas ce point important et le laissèrent dans un regrettable ajournement. Si les hommes distingués qui y furent mêlés, abandonnant le terrain des contestations qui ne devaient jamais aboutir, s'étaient mis résolument à la recherche d'une formule qui résumât les intérêts de la France dans les questions dont l'opinion était occupée, si l'on s'était ainsi solidement établi sur un terrain pratique, on eût fondé les moyens de résistance d'abord, de groupement ensuite, qu'on a cherchés vainement ailleurs. Le succès définitif eût-il couronné de tels efforts? S'il serait hardi de l'affirmer catégoriquement, il est du moins sensé de l'espérer et d'admettre qu'il y avait peut-être là un moyen de ne pas subir une défaite dont l'honneur sortait intact, comme à Pavie, et de se préserver d'une captivité entre des mains moins généreuses que celles de Charles-Quint.

Un homme d'esprit avait dit, en 1851 : « Louis-Napoléon a huit millions de suffrages, mais il lui manque les voix de cinquante hommes connus, c'est beaucoup! »

En regard de la réalité des faits, on peut dire même de leur brutalité, le propos était plus piquant que vrai; il constate l'erreur que nous venons de signaler. Pour vaincre, il ne suffit pas que les états-majors soient unis et résolus, mais il faut que les troupes auxquelles ils commandent leur donnent confiance et obéissance. Ce lien nécessaire, on persistait à ne pas rechercher les moyens de le constituer, et le temps s'épuisait en vaines discussions.

Nous verrons encore se développer le même thème, les mêmes chocs, les mêmes froissements se répéter de part et d'autre, les mêmes objections réitérées, les mêmes réponses échangées et les occasions favorables se succéder sans que la question nécessaire franchît à temps le pas décisif.

La police ne manqua pas d'informer le Président que les exilés ne se préparaient pas à cesser leur opposition; aussi, lorsque vint la proclamation du régime impérial, leur fit-on durement sentir le mécontentement.

« La clémence, écrivait Changarnier, le 4 décembre, à la marquise de Ganay, étant généralement considérée comme l'accompagnement obligé du triomphe de Trajan, on s'attendait à voir ouvrir les portes de la France aux généraux exilés ; on s'est arrêté à un parti net : les quatre généraux et le pauvre Baze restent en exil. »

Cette sentence fut même aggravée, car on fit savoir aux proscrits qu'on les autoriserait à rentrer, à la condition de faire acte de soumission au gouvernement.

« C'est donc l'exil ou l'humiliation, dont l'alternative nous est laissée, disait le général Le Flô ; le choix ne saurait être douteux un instant : c'est l'exil illimité. »

Telles étaient les conditions dans lesquelles s'acheva l'année 1852. Elles n'étaient pas de nature à ranimer les espérances ; aussi le général écrivait-il le 28 décembre :

« L'année 1852, dont je ne veux pas beaucoup parler, ayant peu de bien à en dire, s'éteint au milieu des brouillards qui voilent l'aurore et les destinées de son héritière. Parmi les observateurs attentifs et bien informés, en est-il qui croient que la France jouira longtemps du repos sans dignité dont elle semble se contenter aujourd'hui ? »

Dans le nouveau régime, en effet, c'était bien, et avant tout, le repos que la France avait cherché ; elle l'eût accepté d'autres mains, s'il s'en était trouvé de capables de le lui procurer. Aussi les exilés remarquaient-ils avec satisfaction la lenteur des adhésions du dehors, le sentiment de défiance qui restait général ; ils notaient l'incrédulité avouée à l'égard de ces découvertes nouvelles dans la science politique, le peu de solidité accordé au trône qui s'était élevé comme un décor de ballet. L'Europe craignait, en effet, que l'idée grandiose d'un empire puissant ne se réduisit aux vieilles inventions d'un despotisme vulgaire, et lorsqu'elle apprit la nouvelle de la cérémonie célébrée à Notre-Dame de Paris, le 1er janvier, pour réunir en une seule solennité le commencement de la nouvelle année et l'inauguration du nouveau règne, on plaisanta sur la magnificence déployée en cette occasion par les tapissiers de la capitale, et l'on se plaignit en même temps que la juste sanction des grandes actions de la société et des gouvernements eût servi à donner une sorte de consécration à des faits contraires à la loi et à la justice; on faisait remarquer en même temps que l'Empereur, en s'asseyant dans la cathédrale, n'y était entouré que par des dignitaires de sa propre création.

Ces symptômes n'étaient pas pour déplaire à Changarnier; ils révélaient, selon lui, le signe de l'instabilité probable du nouvel Empire.

« Quand la ridicule terreur sous laquelle on s'est courbé après le 2 décembre sera calmée, écrivait-il, vous verrez ce qu'est la force de ce gouvernement méprisable, qui prétend s'appuyer sur le prêtre, le soldat et l'ouvrier. »

Pour cette heure, qu'il prévoyait à tort très prochaine, le général ne cessait pas de travailler au rapprochement des deux branches de la famille royale, qui était à ses yeux la base même de toute organisation politique durable. Ses efforts tendaient surtout à obtenir à Frohsdorf une adhésion formelle à la démarche qu'il pressait les princes d'Orléans d'accomplir. Mais on partait de deux points de vue différents : l'un abstrait, théorique, rigoureusement absolu; l'autre pratique, net et s'inspirant avant tout des affaires et des circonstances. Le comte Paul de Périgord posait d'ailleurs avec précision les principes de cette divergence lorsqu'il écrivait à Changarnier:

« Nous différons sur plusieurs points, et je crains bien que nous ne rendions pas le même hommage à la légitimité. Vous, vous êtes légitimiste, parce que vous reconnaissez qu'il y a une nécessité; moi, je le suis de conviction, de sentiment. Cette différence fait que vous croyez que l'on peut aller trouver M. le Comte de Chambord et lui demander : « Si on « vous offre telle chose, ferez-vous telle autre? » Moi, je trouve le contraire. M. le Comte de Chambord, étant un principe, se doit à lui-même, doit au principe qu'il représente de n'accepter aucune condition, sous quelque forme qu'elle soit présentée.

« Les princes d'Orléans obtiendront ce qu'ils peuvent souhaiter dans des limites raisonnables; mais ils ne peuvent arriver là que par une reconnaissance écrite ou verbale commençant par *Sire*. »

A ces reproches, le général répliqua avec une franchise sans réserves, le 4 janvier :

« Je n'ai refusé mes conseils ni à Frohsdorf, ni à Claremont, mais on se lasse de tout, même de parler à des sourds, et ce n'est pas la prudence, comme vous le croyez, qui, depuis quelque temps, me fait reposer dans un silence que votre amitié me contraint de rompre aujourd'hui.

« Vous constatez que je ne suis pas un légitimiste pur : c'est incontestable, puisque, depuis 1830, je n'ai pas végété, comme capitaine démissionnaire, dans un coin où personne ne serait venu s'enquérir de ma pureté. A mon tour, je vous accuse, mon cher ami, et j'accuse M. le Comte de Chambord lui-même, de méconnaitre le caractère indestructible et inaliénable du principe dont ce prince est le représentant. Fût-il un chenapan, eût-il été acteur aux Variétés, le Comte de Chambord n'en serait pas moins, pour les orthodoxes, l'héritier légitime de nos Rois.

« On ne niera pas davantage que, si les légitimistes purs n'ont pas encore ramené le Comte de Chambord aux Tuileries, c'est qu'ils ne l'ont pas pu.

« De la combinaison de ces deux vérités : l'inaliénabilité du principe et l'impossibilité de le faire triompher par les orthodoxes seuls, je conclus que le Comte de Chambord, au lieu de vivre dans la crainte constante de compromettre son principe, au lieu de répéter sans cesse : Je suis le représentant du principe, — ce que personne n'ignore, pas même ceux qui, à mon très grand regret, ont fait la Révolution de 1830, — devrait tâcher de gagner de nouveaux partisans, sans leur faire subir un interrogatoire rigoureux sur leur catéchisme politique.

« La lettre de Venise a été un premier pas très habile dans cette politique d'attraction, que le mauvais accueil fait à la démarche des princes d'Orléans a, bien malheureusement, interrompue et même démentie. Cette démarche a-t-elle été telle que je l'aurais souhaitée ? — Non.

« Une certaine lettre, vieille de plusieurs mois, qui a passé sous vos yeux, et dont vous paraissez n'avoir conservé qu'un souvenir très imparfait, a caractérisé sans faiblesse les conditions et propositions présentées par ces princes. Elles étaient de deux espèces :

« Les unes destinées à sauvegarder le passé de leur père, les autres relatives au mode de gouvernement. Ces dernières étaient inacceptables ; mais il eût été facile, très facile au Comte de Chambord de les écarter en acceptant les premières franchement, avec la grâce dont tous ceux qui ont eu l'honneur d'approcher ce prince le disent doué.

« Vous ne me persuaderez jamais que, quand des concurrents, dont la présence à Frohsdorf eût anéanti la compétition, se sont présentés à la porte, le Comte de Chambord a eu raison de refuser de l'ouvrir, avant qu'ils eussent récité leur *Confiteor*.

« Comment ne s'est-il pas hâté de répondre : Venez vite et causons ? — C'est une faute lamentable !

« Mais, me direz-vous, le principe ?...

« Je vous ai prouvé que le principe est indestructible et inaliénable... Est-ce que vous comptez baser votre gouvernement sur l'éternelle discussion de vaines subtilités ? Je ne serai jamai le partisan de cette politique byzantine.

« Henri IV, victorieux dans cent combats, acheta, à beaux deniers comptants, Paris de M. de Brissac, Rouen de M. de Villars, la Bretagne du duc de Mercœur.

« Certes, je n'approuve pas ces vieux coquins d'avoir vendu au Roi légitime ce qui ne leur appartenait pas ; mais je constate que cette dérogation *au principe* n'a pas empêché ce grand Roi d'être, peu de temps après, le maître dans son royaume.

« De Frohsdorf, où j'avais fait parvenir cette observation, mon ex-collègue Chapot m'a apporté cette réponse :

« Henri IV avait une armée, et le Comte de Chambord
« n'en a pas. »

« A quoi j'ai répliqué : Quand on n'a pas d'armée, il faut tâcher de se concilier ceux qui peuvent aider à en former une.

« Mais les princes d'Orléans ne possèdent pas la France !... Non, sans doute ; mais ils y ont des sympathies, une influence nécessaire à votre succès, auquel leur rivalité présenterait un obstacle formidable. Maintenant que vous les avez blessés en mettant du côté de Frohsdorf l'apparence des derniers torts, il vous semble tout simple de leur dire :

« Votre démarche a été mal faite, il faut la recommencer.

« Je ne me charge pas d'une telle commission, et je demeure persuadé que le Comte de Chambord saura trouver une formule plus engageante.

« Mais la dignité?.....

« L'Empereur d'Autriche, en allant chez l'électeur de Brandebourg, Roi d'hier, a-t-il compromis sa dignité? Non, il a grandi dans l'opinion de l'Europe.

« Mais la différence d'âge entre les deux Souverains rendait la démarche facile!...

« L'âge de la Reine Marie-Amélie et sa qualité de tante rendaient certaines choses plus faciles.

« Comment donc donner le titre de Reine à cette princesse, quand la Comtesse de Chambord n'a qu'un titre d'incognito?...

« Dieu ne s'est pas réservé le pouvoir de changer le passé, et vous vous étonnez que la Reine, qui a habité les Tuileries pendant dix-huit années que la France ne compte pas au nombre des moins heureuses de son histoire, soit et demeure la *Reine* pour l'immense majorité des Français, notamment pour ceux qui ont servi leur pays durant cette période?

« Quoi qu'on vous en ait dit, je me refuse absolument à croire que le Comte et la Comtesse de Chambord se préoccupent de certaines puérilités. Avec ou sans le titre qu'on a tort de lui marchander, la vénérable et sainte Reine Marie-Amélie ne prétend pas à gouverner la France.

« Dans vos deux dernières lettres, vous exprimez le regret que je ne sois pas allé à Frohsdorf. Vous devez cependant croire qu'avant de faire une démarche importante, avant d'y renoncer ou de l'ajourner, je prends la peine de l'examiner sous toutes les faces. En voici une que je recommande à votre clairvoyance et à votre impartialité :

« Si une crise éclatait en France, serait-il bon que, pour payer de ma personne dans l'intérêt des honnêtes gens, j'arrivasse de Frohsdorf non réconcilié avec Claremont?

« La désinvolture de cette lettre vous prouvera qu'elle est

l'expression de l'opinion isolée d'un homme indépendant. »

Les difficultés d'une situation si délicate à résoudre à la satisfaction des deux parties décourageaient profondément la Reine Marie-Amélie :

« Je suis trop vieille pour les temps actuels, disait-elle, j'ai été élevée avec d'autres idées, et il m'est difficile de m'habituer aux présentes ; mais je suis résignée à tout ce que Dieu veut et voudra de nous. » Et elle ajoutait judicieusement, faisant allusion à des appréciations qui ne lui paraissaient pas méritées : « En jugeant, il faut se mettre dans la position de la personne qu'on juge. »

Ce sentiment de tristesse était si profond dans le cœur de la Reine, qu'il venait assombrir les consolations de famille, qui demeuraient cependant sa seule joie.

« J'ai été bien touchée, écrivait-elle peu après, du sentiment unanime d'affection et de dévouement de la fidèle Belgique à l'occasion de la majorité de Léopold, lequel, du reste, s'est fort bien tiré de toutes ses fonctions; mais tout cela m'a fait faire de bien tristes retours sur nous-mêmes ! »

Son inépuisable tendresse maternelle lui faisait dire peu après, au moment du mariage de son petit-fils :

« Le Roi a bien mené ses affaires, je comprends les motifs qui lui ont fait désirer de marier Léopold si jeune. On dit la jeune personne jolie, aimable, spirituelle, bien élevée, parlant plusieurs langues. J'espère que le bon air de piété dont elle sera entourée en Belgique lui inspirera les sentiments religieux qui sont notre force et notre consolation dans toutes les positions de la vie, qu'elle sera bien entourée et qu'elle pourra prendre une bonne influence sur Léopold.

« Je suis bien triste du départ de mon bon Nemours. C'est un vide immense pour moi ; il est mon guide, mon ami, mon conseil; quand on le connait bien, on ne saurait assez l'apprécier. »

Pour Changarnier, du moins, l'exil n'entrainait pas les douloureuses préoccupations sur le sort d'une famille nombreuse; il en supportait les amertumes avec une constante impassibilité.

« Si Dieu ôte aux malheureux la moitié de leur esprit, disait-il, il daigne, dans sa clémence, me continuer le calme et la sérénité dont je suis en pleine possession. L'impatience et les illusions ne m'envahissent pas ; j'observe les événements d'un œil fort calme, à demi clos en apparence, fort attentif en réalité. Ce que Shakespeare fait dire à Édouard de son fils, je le dis de la France : « J'aimerais mieux voir couler son sang « que son honneur. » Tant qu'elle se complaira dans la servitude, je la regarderai dormir sans troubler son sommeil ; mais dès qu'elle sera disposée à faire ou à laisser faire quelque chose pour sa délivrance, elle doit me trouver au premier rang de ses soldats. »

Peu de jours après, Changarnier put croire que ses conseils avaient été entendus et que les événements se préparaient à combler son attente. Le Comte de Chambord, prenant l'initiative, lui écrivait, à la date du 10 juillet :

« J'ai reçu de vous et de vos deux amis, mon cher général, tant d'assurances et de preuves de dévouement, que je ne veux pas différer plus longtemps à vous en témoigner moi-même toute ma gratitude. Je vous remercie particulièrement du zèle que vous avez montré dans une affaire importante pour la cause que nous servons. Vous le savez, il n'a tenu ni à vous, ni à moi, que le succès n'eût mieux répondu à nos efforts et à nos espérances. Secondé par vous, j'ai fait, pour amener le résultat désiré, tout ce qui était compatible avec le bien de la France, avec les principes tutélaires dont le dépôt m'est confié. Bien que mes avances soient jusqu'ici demeurées infructueuses, mes sentiments n'ont pas changé. Le jour où les princes d'Orléans comprendront ce que leur prescrivent tout à la fois et leur devoir et leur intérêt bien entendu, autant que celui du pays, ils me trouveront prêt à leur tendre la main, ne leur demandant que leur loyal concours pour le grand œuvre de régénération auquel est attaché tout notre avenir. Mais, quoi qu'il arrive, le moment venu, je ferai ce que je dois ; vous pouvez compter sur moi, comme je compte sur vous, et je serai aussi heureux que fier de me présenter à la France entouré de ceux dont l'épée a si noblement soutenu l'honneur de ses armes. Soyez mon interprète auprès des généraux Bedeau et Lamoricière, et croyez, mon cher général, à ma bien sincère affection. »

A cette ouverture, bien faite pour le toucher, malgré le vague où elle laissait les plus importantes questions, Changarnier répondit sur-le-champ :

« MONSEIGNEUR,

« Le général de Lamoricière a connu, peu de minutes après moi, la lettre que vous m'avez fait l'insigne honneur de m'écrire et qui m'a profondément ému. Le général Bedeau aura bientôt le bonheur d'en prendre sa part, et elle le touchera, comme elle a touché ses camarades.

« En mettant en commun les méditations de l'exil, nous ne pouvions, vieux serviteurs du pays, méconnaître le meilleur, le vrai moyen de sauver son honneur, d'assurer son avenir et, dans les aspirations de nos consciences très scrupuleusement consultées, nous avons trouvé le courage d'exposer aux princes d'Orléans des vérités dont leur patriotisme n'a pas dû s'offenser. Quand sonnera l'heure du rendez-vous que Monseigneur nous fait espérer, je crois pouvoir répondre de l'exactitude des trois hommes en qui il a confiance. Cette heure, que j'appelle de tous mes vœux, trouvera en moi une ardeur que rien n'a pu lasser.

« Daignez agréer, Monseigneur, etc. »

Les espérances échangées dans les deux lettres que nous venons de citer avaient quelque fondement sérieux. La duchesse d'Orléans, dont l'opposition avait été d'abord nettement caractérisée, était entrée dans des vues plus conciliantes, son attitude devenait réservée; aussi M. Baze pouvait-il écrire, le 25 septembre, à Changarnier :

« La duchesse d'Orléans m'a dit qu'elle se tenait en dehors de tout ce qui se faisait, que ses frères agissaient pour leur propre compte; que, sans doute, elle n'y était pas indifférente, et qu'elle s'estimait heureuse de marcher d'accord avec eux; mais qu'elle avait d'autres devoirs à remplir; que son fils avançait rapidement vers sa majorité; qu'il était déjà fort raisonnable et habitué aux choses sérieuses, et qu'elle lui rendrait son entière liberté. »

Les dispositions dont cette lettre était le reflet ne tardèrent pas à porter leurs fruits, et, peu de temps après, M. le duc de Nemours et M. le duc de Montpensier étaient reçus à Frohsdorf par le chef de leur Maison. Cette première démarche, qui devait faire présager l'union complète de tous les membres de la famille royale, eut un immense retentissement en France ; madame Émile de Girardin, bien placée pour juger l'effet produit, écrivit à Victor Hugo « que la nouvelle de la fusion avait jeté la consternation dans la cour, qui séjournait, à ce moment, à Fontainebleau ».

Le Comte de Chambord avait chargé le marquis de La Ferté d'annoncer cette importante nouvelle à Changarnier, qui s'était empressé de lui adresser, par une lettre datée du 16 janvier, ses félicitations. Il s'excusait, en même temps, de ne pas lui en porter lui-même la respectueuse expression, invoquant la réserve imposée par les calomnies des journaux et de la presse anglaise, qui affirmaient que l'influence de la Russie avait seule rallié les princes autour de leur cousin. Le même jour, il mandait au duc de Lévis des informations sur l'accueil unanimement favorable fait en France à la fusion, les mécontentements suscités par les menaces de guerre, et il concluait en disant :

« Si Dieu daigne nous conserver la paix, je croirai qu'il prend en pitié notre pays. Cette charmante France est un fils de famille qui hante les tripots et fait cent sottises, mais qui conserve au fond du cœur de généreux sentiments, de nobles instincts que nous retrouverons. »

« Votre lettre, mon cher général, m'a fait le plus grand plaisir, lui écrivit le prince, en date de Prague, le 26 janvier 1854, et je m'empresse de vous en remercier. Personne n'a travaillé avec plus de zèle et de persévérance que vous et vos deux amis à préparer et à amener l'heureux événement dont se réjouissent tous les Français vraiment dévoués à leur pays. C'était donc pour moi un devoir comme un plaisir de vous associer des premiers à la satisfaction que m'a fait éprouver la visite de mon cousin le duc de Nemours. Je suis heureux d'apprendre, par ce que vous mandez au duc de Lévis, que vos renseignements sont conformes aux miens, et que l'on accueille partout en France la réconciliation de la famille royale comme une espérance et un gage de sécurité pour l'avenir de notre chère Patrie.

« Je comprends et j'approuve les motifs qui ne vous ont pas permis jusqu'ici de vous rapprocher de moi. Mais je n'en regrette pas moins de ne pouvoir pas m'entretenir de vive voix avec vous des grands intérêts qui font l'objet constant de mes plus sérieuses méditations. Espérons que ce moment ne se fera pas trop attendre! Puissions-nous surtout voir luire bientôt ce grand, cet heureux jour où, les circonstances me permettant d'appeler autour de moi les hommes de cœur qui, comme vous, ont si vaillamment, si loyalement servi leur pays, il me sera enfin donné de travailler avec eux à assurer à tout jamais le bonheur et la gloire de la France !

« Je suis heureux de ce que vous me dites du général Le Flô. Je connais et j'apprécie depuis longtemps son caractère, et je sais qu'on peut compter sur lui. Lorsque vous en trouverez l'occasion, ne manquez pas de lui parler des sentiments que j'ai pour lui.

« Je charge le porteur de cette lettre de vous faire de ma part quelques communications verbales. Il me rapportera votre réponse, et comme vous savez que l'on peut avoir toute confiance en lui, vous pourrez me transmettre aussi, même de vive voix, tout ce que vous croirez utile de me communiquer. »

M. de... avait effectivement mission de demander au général son opinion sur deux questions importantes : l'opportunité de la rédaction préalable et de la divulgation d'une Constitution et les bases d'une nouvelle organisation militaire. Sur ces deux points, l'avis de Changarnier était résolument négatif. Il rappela que les partis coalisés pour délivrer l'Angleterre du joug de Cromwell s'étaient bien gardés de faire un traité régulier avec Charles II et d'exiger de lui une Charte avant de lui rendre la couronne, afin de ne pas diviser le faisceau d'opinions diverses et d'intérêts divergents momentanément unis dans un but commun.

« En conservant son indépendance, disait-il, en s'abstenant de toute démarche rendue publique, Monseigneur pourrait consulter en secret un petit nombre d'hommes distingués par leur expérience, par leur talent, qui seraient flattés de ce haut témoignage de confiance, et s'aider d'eux afin d'arrêter un programme pour le jour où nous aurons à nous occuper d'autre chose que de la rédaction d'une Charte. En laissant une large marge à l'instabilité des caractères et des circonstances, il faut avoir un système politique tout prêt et une liste d'hommes aptes à en seconder l'application. Je connais à fond l'armée, ses grandes qualités, ses défauts ; je pense incessamment aux moyens de consolider les unes, de diminuer les autres. Mais, soustraire ce grand corps aux oscillations de l'opinion dans notre pays mobile, en faire une garantie inébranlable de sa dignité et de sa sécurité, ne sera pas l'affaire d'un jour.

« L'organisation militaire ne pouvant être indépendante du système politique tout entier, nous ne pourrons nous en occuper qu'en France. Pour y rentrer, il faudra rassurer l'armée et réveiller ses meilleurs sentiments, bien souvent froissés dans ces dernières années. »

Dans l'ensemble de ces vues et de ces appréciations on sent que la base d'une politique nouvelle et vraiment puissante faisait encore défaut. Pour l'inaugurer, il aurait fallu pouvoir annoncer à la France :

« Vos aspirations sont les miennes, tout est désormais confondu, j'adopte les couleurs auxquelles vous vous déclarez irrésistiblement attachée. Plus de symboles différents ; oublions tout et travaillons ! »

Mais cette aurore, que Changarnier appelait de tous ses vœux, ne devait pas se lever sur la France. Les épreuves se multipliaient pour son patriotisme, qui ressentit cruellement celle que de nouveaux événements lui infligeaient. La guerre d'Orient venait d'éclater, et pour la première fois les troupes françaises marchaient à l'ennemi sans lui.

L'exclusion dont il était frappé lui était d'autant plus douloureuse que certaines circonstances particulières étaient venues l'aggraver encore.

Au moment, en effet, de l'ouverture de la campagne, M. Drouyn de Lhuys, alors ministre des affaires étrangères, proposa à l'Empereur un décret, dont il avait lui-même rédigé le texte ; il prescrivait que les généraux exilés au moment du coup d'État étaient rappelés en France et rendus à la vie militaire.

Le principal considérant du projet développait cette généreuse pensée : Lorsque les événements politiques l'avaient obligé à frapper les généraux de bannissement, l'Empereur n'avait obéi qu'à une nécessité d'ordre intérieur ; maintenir une mesure de rigueur alors que le pays était en guerre était une augmentation de la peine qui avait atteint ces officiers et une injure à leur patriotisme. Pour rendre hommage à leur passé militaire, à leurs hautes capacités, pour rester fidèle à la pensée qui l'avait déterminé à leur interdire le territoire français, l'Empereur leur ouvrait les portes de la France et leur rendait la place qu'ils avaient occupée au milieu de l'armée.

En présentant ce décret à la signature de l'Empereur, M. Drouyn de Lhuys fit valoir toutes les raisons qui conseillaient à ses yeux la mesure dont il prenait auprès de lui l'initiative, mais ses instances furent inutiles ; les rancunes, les passions, les méfiances dominèrent encore Napoléon III, qui refusa.

On se représente sans peine la douleur du général dans une telle conjoncture, mais la fermeté de son âme ne resta pas au-dessous d'une telle adversité.

« Ma santé est parfaite, écrivait-il à la date du 2 mars au

marquis de Ganay, mon acte de naissance peut seul me rappeler les approches de la vieillesse, et jamais je ne me suis senti en possession plus complète de la vie et de mes forces. Ce n'est pas une raison pour qu'il me soit doux d'être condamné à l'inaction dans des circonstances plus grandes que les hommes appelés à les diriger.

« S'ils rendent à mon pays des services sérieux, je les apprécierai avec la plus nette impartialité. Le regret de ne pouvoir être utile, même dans les choses que j'entends le mieux, n'est pas accompagné d'amertume. Dans ma jeunesse, pendant la paix, ma carrière semblait limitée aux proportions les plus modestes. J'ai su alors trouver une existence assez douce dans l'étude, la lecture et la société. Je ne m'usai pas dans l'envie, et quand la guerre me dédommagea du défaut de fortune et de protection, elle me trouva plus jeune que mon âge, parce que les mauvaises et basses passions haineuses ne m'avaient pas fatigué.

« L'*Assemblée nationale* abandonne enfin les Russes. C'est bien tard, et elle a fait beaucoup de mal. Un parti ne peut pas commettre un plus grand crime, une plus grande faute, que d'avoir l'air de séparer ses intérêts de ceux de son pays. N'accueillons les mauvaises nouvelles qu'avec réserve et réjouissons-nous sincèrement des bonnes. Les hommes passent; la France et le devoir de lui être fidèle restent! »

Personne assurément ne refusera son admiration à de si nobles sentiments. Elle fut unanime parmi tous ceux qui eurent l'occasion de les apprécier, et elle ne diminua pas le regret de voir écarter du commandement le chef le plus capable d'entraîner la confiance des troupes. C'était là, en effet, une des qualités militaires dominantes de Changarnier; il savait établir entre le soldat et lui une communication si complète qu'il était en mesure de le conduire à des efforts surhumains.

« Nul, a dit un jour le maréchal de Mac Mahon, n'a possédé cet art à un degré aussi élevé, nul n'a jamais été, comme Changarnier, à ce point maître de ses troupes. Son nom seul déterminait une confiance sans réserve et sans limites, et il obtenait toujours par là des résultats qu'aucun autre n'aurait atteints. »

« Si je m'étais trouvé aux gorges de l'Oued-Fodda », racontait le général de Lamoricière, « j'y serais resté. Changarnier « seul pouvait en sortir, et en sortir victorieux. »

Un ascendant moral aussi entraînant était déjà une puissance ; elle était reconnue par tous, et nous avons le droit d'appliquer au général le mot de Tacite : « *Ejus adventu erectæ spes.* »

« Ceux qui, sans partager mes sentiments pour la personne, écrivait à Changarnier un officier supérieur, restent justes envers le général, font comme moi des vœux ardents pour vous voir placé à la tête de ces armées qui vont décider du sort d'un empire. »

La même appréciation de la nature particulière du talent de Changarnier avait inspiré à M. Drouyn de Lhuys, dans la classification des généraux les plus en vue de l'armée, ces épithètes :

« Les généraux *canon*, comme Changarnier, les généraux *épée*, comme Lamoricière. »

Mais ce n'était pas seulement dans l'hospitalière Belgique que l'exil pesait alors plus lourdement sur ceux qu'il avait frappés.

« Vous qui connaissez mes fils, écrivait la Reine Marie-Amélie, vous pouvez comprendre tout ce que leurs cœurs souffrent de ne pouvoir pas partager, comme autrefois, les fatigues, les dangers et la gloire de leurs anciens compagnons d'armes. On attend le journal, le matin et le soir, avec une anxiété fébrile ; collés sur les cartes, on suit tous les mouvements des armées alliées, et, avec des cœurs toujours français, on fait des vœux pour le succès de nos armes. Mais à quoi aboutira tout cela ? quelles seront les conséquences de cette terrible guerre ? Dieu seul le sait, mais j'ai le cœur oppressé et je vois l'avenir très en noir. »

« Combien nous pensons à vous en lisant les bulletins de Crimée ! écrivait le 30 octobre le duc d'Aumale au général. Si Changarnier était là ! — Si nous y étions avec lui ! — Nous sommes, après tout, plus soldats que princes, on nous l'a souvent reproché, peut-être avec raison. Toujours est-il que nous n'avons jamais ressenti comme aujourd'hui le contre-coup des révolutions. Se sentir inactif et inutile quand nos camarades battent l'ennemi!... Mon cœur, comme le vôtre, suit toujours le drapeau de la France, quelle que soit la main qui le tienne! »

« Dans ma voie douloureuse, répondait Changarnier le 1er novembre, véritable Chemin de la Croix depuis six semaines, ma pensée s'est souvent tournée vers de chers princes, dont le cœur patriotique souffre aussi des mêmes douleurs. J'aurais trouvé une grande consolation à parler avec eux de notre vaillante armée, si capable de se tirer avec gloire des circonstances les plus difficiles. Sa tâche eût été moins laborieuse, sans le flottement et l'indécision d'un commandement partagé! »

Cependant les amis du général Changarnier et les admirateurs de ses hautes capacités militaires ne prenaient pas leur parti de son éloignement. Après avoir échoué dans leurs tentatives pour modifier l'obstination de l'Empereur, ils cherchèrent à entraîner le général dans une attitude différente. Les uns lui demandaient : « Si vous étiez appelé, que répondriez-vous? » Certains ne craignaient pas d'ajouter : « Pourquoi ne feriez-vous pas le premier pas? »

A ces diverses insinuations, il répondait, le 29 janvier 1855 : « Une certaine différence dans les goûts, même dans les opinions sur des questions secondaires, n'est nullement incompatible avec une mutuelle et solide affection ; mais sur ce qui touche à la morale, au sentiment, au devoir, les vrais amis sont toujours d'accord. Oui, vous m'avez bien jugé ; si, quand notre armée semble entravée dans l'accomplissement d'une tâche difficile où l'honneur du drapeau de la France est engagé, on faisait appel à mon patriotisme, je répondrais sans hésiter: « Me voilà! »

« A ceux qui prétendent que j'aurais dû aller au-devant d'une telle proposition et offrir mes services, dites que, dans une guerre si éloignée de nos frontières, qui, Dieu soit loué, ne sont pas menacées, cette initiative eût été, aux yeux des uns, un acte de présomption, aux yeux des autres, une défection, aux yeux de tous, une déchéance morale et politique.

« Après une pareille démarche, si la fortune des armes m'eût été contraire, qui m'eût plaint? — Devais-je m'exposer à me faire répondre : « Les services de nos amis « nous suffisent. » — Entre le proscripteur et le proscrit, est-ce au dernier à faire des avances? Si mon pays voit sans regret condamner à l'inaction le plus actif et le plus dévoué de ses serviteurs, je puis en être attristé, je n'en suis pas aigri. Je sais que pour bien dormir et bien mourir, il ne faut être ni vindicatif, ni envieux.

« Je me suis élevé plus d'une fois contre la dureté avec laquelle on qualifie des généraux dont je regrette de ne pouvoir tout admirer, mais dont la constance et le dévouement imposent l'obligation de ne parler qu'avec égard.

« Mais nos chers, nos incomparables soldats, comment les louer assez? Ah! mon cœur est avec eux! Ils sont généreux et courtois, quoiqu'un peu railleurs avec leurs lourds alliés, compatissants avec les blessés ennemis, intrépides dans le combat, patients et gais dans la privation et la misère, intelligents toujours! Je reconnais mes Pappenheim[1]! »

Tout commentaire affaiblirait l'impression d'une telle lettre, où éclatent à chaque ligne, à chaque mot, des appréciations pleines de justesse, d'un sens si français. Nulle part le blâme, la critique, la jalousie ; on sent qu'en écrivant, Changarnier pensait tout haut et qu'il ouvrait vraiment son âme de soldat!

Par là, on peut mesurer tout ce que le pays a perdu à n'être pas servi par un dévouement aussi passionné, aussi éclairé, et nous avons le droit d'ajouter, aussi désintéressé.

Les mois s'écoulaient longs dans cette constante anxiété des événements, des alternatives et des lenteurs de la campagne. Pour trouver quelque diversion à ces intolérables tourments, Changarnier entreprit, pendant l'été de 1855, un voyage en Suisse.

---

[1] Exclamation tirée de la tragédie de Gœthe, qui l'a attribuée à Wallenstein. Elle est, depuis, passée en proverbe pour dire : « Je sais ce que valent les miens! »

« Dans ces belles montagnes, écrivait-il, je fais beaucoup d'exercice violent à pied et à cheval, qui convient encore si bien à ma jeune vieillesse. J'ai respiré à pleins poumons l'air le plus vivifiant. Mais je ne tourne pas à la bucolique. Jamais je n'ai été moins disposé à soupirer langoureusement. Non, de par tous les diables! je n'accepte pas encore les conseils des jeunes gens de La Fontaine ; non, je n'ai pas quitté le long espoir et les vastes pensées! »

A son retour, il saisit l'occasion du passage en Belgique de la Reine Marie-Amélie, accompagnée du duc et de la duchesse de Montpensier, pour leur présenter ses hommages.

Avec franchise il aborda différentes questions agitées auprès des Princes par quelques-uns de leurs amis. Certains, en effet, les engageaient à demander au suffrage universel la consécration de la Restauration, le jour où cette éventualité viendrait à se réaliser; d'autres insistaient pour que l'âge de la majorité du Comte de Paris fût reportée de dix-huit ans à vingt et un ans.

Il n'hésita pas à déclarer que ce serait, sur le premier point, s'exposer à des jongleries difficiles à prévenir, qu'il fallait certainement obtenir l'assentiment de la France, mais que celui-ci aurait, dans les événements ultérieurs, d'autres moyens de se manifester.

Il ne fut pas moins énergique sur la seconde proposition, dont l'adoption aurait, disait-il, pour effet direct de marquer une défiance inopportune vis-à-vis de M. le Comte de Chambord, d'introduire des causes de division là où il fallait appeler et maintenir l'union et l'entente.

Les instances à cet égard étaient d'autant plus à propos que la Reine revenait d'Allemagne, où des incidents secondaires avaient fait manquer sa rencontre avec son neveu.

« Monseigneur partage entièrement votre opinion si nettement exprimée sur la nécessité de cette entrevue, mandait à Changarnier une personne de l'entourage du prince ; il tient beaucoup à ce que vous sachiez que cette réunion, appelée des deux côtés par les mêmes vœux, sera hâtée par les mêmes efforts, sans aucune acception de priorité. On la croyait même en ces derniers temps très prochaine. Malheureusement l'apparition du choléra a tout à coup obligé madame la princesse de Cobourg à quitter l'Autriche avec ses enfants, et changé pour le moment les projets de voyage de la Reine.

« Monseigneur veut aussi que vous n'ignoriez pas combien il a été satisfait de la visite de M. le duc de Montpensier. En sortant de leur première entrevue, il serrait, très ému, la main de M. de Monti, qui accompagnait Monseigneur, en disant :

« Ah! Monsieur, quel homme et quelle figure! J'ai trouvé « la tête et le cœur de Henri IV! »

L'entretien des généraux avec la Reine avait eu lieu en wagon, à l'instant où le Roi Léopold en descendait, après avoir accompagné sa belle-mère pendant une partie de son trajet sur le territoire belge.

Le Roi engagea personnellement les généraux exilés à monter auprès de la Reine, voulant marquer le déplaisir qu'il avait éprouvé des représentations formulées dans une circonstance récente par le gouvernement français. Peu de temps auparavant, le duc de Nemours, traversant la Belgique, avait eu une entrevue avec les généraux de Lamoricière, Bedeau et d'Arbouville. M. Barrot, ministre de France, prétendit que la tolérance du cabinet belge constituait une violation des égards dus à son Souverain, et, sur des ordres reçus de Paris, il remit au ministre des affaires étrangères de Belgique une note résumant des observations assez vives.

En raison de cette circonstance, et pour ne pas risquer de trouver les portes fermées à leur retour, les généraux renoncèrent à faire en Angleterre un voyage auprès des princes. Chargarnier regretta d'autant plus cette nécessité, qu'il se croyait en mesure d'apporter quelques espérances fondées sur le côté factice, à ses yeux, de la consolidation du régime impérial en France.

« Sans prétendre au rôle de sorcier, ni de prophète, disait-il, je prévois qu'en 1857 Napoléon III pourra dire, comme Fontenelle à cent ans : « Je sens une certaine difficulté de « vivre! »

Comme en témoignent de nombreuses correspondances, les soins de ses amis, les preuves d'affection et de confiance qu'ils lui prodiguaient, étaient pour le général d'un incomparable secours. On recourait à son avis, à son intervention ; on se justifiait même auprès de lui, quand la malignité publique se plaisait à répandre de faux bruits et à dénaturer les faits.

Parmi les occasions de ce genre, il faut citer le cas où se trouva M. Thiers, dénoncé tout à coup pour être allé porter le douzième volume de l'*Histoire du Consulat et de l'Empire* au prince Jérôme. On allait même jusqu'à citer les termes de leur entretien. L'affaire fit grand tapage, à la suite d'un récit publié par l'*Indépendance belge ;* de là, force commentaires, que l'illustre historien ne savait comment arrêter. Il s'adressa tout de suite à Changarnier, et lui exposa dans une longue lettre le récit de ce qui s'était passé, en le priant d'obtenir une rectification.

« Je n'ai pas porté, écrivait-il, le 19 novembre, mon douzième volume au prince Jérôme, ni à aucun membre de sa famille. Je l'ai purement et simplement envoyé aux mêmes personnes auxquelles je l'envoyais autrefois, quand les relations avaient continué à rester celles de la politesse. Le prince Jérôme père ayant toujours été plein de bons procédés pour moi, je ne l'ai pas retranché de ma liste. Je n'ai attaché à cela aucun sens politique. Autrefois, j'envoyais au prince Louis. Je n'ai pas envoyé au prince Louis devenu empereur, parce que c'eût été une démarche politique. Voilà la limite à laquelle je me suis tenu.

« Quant à ma visite au prince Jérôme (le père), voici le fait : pendant que madame Thiers était malade, lui et son fils ont plusieurs fois envoyé un officier s'informer de l'état de sa santé. Cet officier a demandé à monter chez moi ou chez ces dames pour témoigner de vive voix l'intérêt qu'inspirait la santé de madame Thiers. J'ai fait alors ce qui était tout indiqué par la simple politesse, et je suis allé m'inscrire à la porte de ces deux princes.

« A la porte du père, que je croyais à Meudon, un personnage de sa maison, qui me connaissait, m'a dit : « Le prince vient d'arriver et reçoit ». Je n'ai pas hésité à entrer, car le contraire eût été une impolitesse. Je l'avais déjà rencontré chez lord et lady Holland; il avait été poli et affectueux, et je n'avais, pas plus que lui, attaché d'importance à cette rencontre. Je l'ai donc vu ; il a été très gracieux, très réservé, ainsi que moi, m'a parlé de mon livre, qu'il venait de trouver, m'a-t-il dit, dans les mains de l'Empereur.

« Sa Majesté verra, ai-je dit, que je reste dans les opinions « de toute ma vie, sans plus, ni moins. »

« Rien n'est plus naturel et plus honorable, m'a répondu « le prince. »

« Quelques mots, dont il me serait difficile de retracer la liaison avec le reste, ont amené cette phrase du prince :

« Le gouvernement est doux et modéré. »

« J'ai répondu : « Je serais tout prêt à en convenir, prince, « si je n'avais mes meilleurs amis exilés. »

« Là-dessus, le prince Jérôme m'a dit que c'était pour lui un vif sujet de regrets, que ces mesures n'étaient pas conformes à son cœur, etc.

« Elles coûtent beaucoup à Louis, m'a-t-il dit ; livré à lui-« même, il les aurait déjà rappelées ; mais cela viendra. »

« La conversation est tombée, je n'ai rien ajouté ; puis sont venus quelques mots sur la paix fort désirable........ Et je me suis retiré après un quart d'heure de conversation. »

Une rectification résumant rapidement les faits, moins toutefois la conversation, fut insérée dans les journaux par les soins de Changarnier, mais l'émotion des précédents commérages n'en fut cependant pas complètement apaisée.

La guerre se continuait au milieu des inquiétudes et des espérances qui accompagnaient la lutte engagée au loin. Changarnier la suivait avec passion. Si quelque chose pouvait adoucir un peu le déchirement profond qu'il ressentait de demeurer exclu de l'action militaire, c'était le souvenir accordé à son nom par tous à travers ces rudes péripéties.

« Quel malheur, dit la Reine d'Angleterre au duc d'Aumale, qui s'empressa de le mander à Changarnier, quel malheur que le général Changarnier ne puisse pas être placé à la tête de l'armée d'Orient! »

Malgré les prodigieuses difficultés qui retardèrent si longtemps son succès, l'armée alliée triompha enfin à Sébastopol, aux applaudissements du pays. Mais que de sacrifices coûta la victoire! Quel enivrement elle causa, quels rêves, trop réalisés par la suite, elle fit naître dans le cerveau impérial!

L'histoire ne comprendra jamais qu'arrivé en France et en Europe au faîte de la puissance politique, l'Empereur se soit laissé entraîner dans une série de remaniements dont la France porte encore la peine.

Si la fumée de la gloire cachait à presque tous les yeux les chances de l'avenir, quelques hommes politiques éprouvaient déjà des craintes sur l'usage que Napoléon III ferait de sa suprématie et sur les conséquences au moins possibles des événements.

« La chute de Sébastopol, écrivait un diplomate étranger, n'a converti personne à la cause occidentale. On a admiré la valeur héroïque des soldats français, mais ceux qui désiraient le plus le résultat obtenu se sont effrayés d'un succès qu'ils prévoient aujourd'hui pouvoir devenir le signal d'une conflagration générale : ils avaient la candeur de croire que la prise de Sébastopol c'était la paix; maintenant, le fait accompli, ils commencent à s'imaginer que la France pourrait bien ne pas se contenter de la gloire qu'elle a obtenue au prix de tant de sang et de tant d'argent. Ils s'effrayent de la blessure portée à l'orgueil anglais. L'Angleterre est descendue au second rang; cette position est intolérable pour elle. »

Le traité de Paris put, l'année suivante, régler toutes les conséquences immédiates de la guerre; mais il ne garantit pas l'avenir, qui devait apporter tant de déceptions et de mécomptes aux intérêts français.

Pour le moment, on en restait aux joies de la victoire et aux regrets de ceux qu'on avait perdus.

Dans le nombre se trouvaient plus d'un ami de Chargarnier, et parmi ceux-ci le vaillant colonel de La Tour du Pin, fils de la marquise de La Tour du Pin, née princesse de Monaco, dont le nom s'est retrouvé souvent dans ce volume.

Vétéran des guerres d'Afrique, il avait sollicité, sans l'obtenir, du ministre de la guerre, l'autorisation de marcher à la suite de l'armée expéditionnaire. Il demanda alors un congé de six mois et fut rejoindre l'état-major d'Omer-Pacha. Lorsque la flotte française quitta Varna, l'amiral Bruat lui offrit le passage à son bord, et le maréchal de Saint-Arnaud consentant à fermer les yeux sur l'irrégularité de sa situation, il prit part au débarquement d'Eupatoria. Après s'être tiré sain et sauf de la bataille de l'Alma, il chargea à Balaclava avec la cavalerie de lord Lucy Evans et eut un cheval tué sous lui [1]. A Inkermann, il recevait une balle, qui lui laissa une cicatrice à la joue droite.

Il parut ainsi à tous les combats de cette longue et mémorable campagne, passa l'hiver sous les murs de Sébastopol et assista en juin aux affaires du Mamelon Vert. Le 8 septembre, il entrait l'un des premiers, avec les grenadiers de la division Mac Mahon, dans la tour Malakoff, prise d'assaut. Là, une balle vint traverser, sans le toucher, les deux jambes de son pantalon ; mais, peu d'instants après, à deux heures de l'après-midi, un éclat d'obus, le frappant à la partie postérieure de la cuisse droite, au-dessus du jarret, le renversa en déchirant les muscles et lésant une artère.

Le maréchal Pélissier, qui connaissait de longue date cet admirable soldat, le fit entourer des soins les plus dévoués ; mais une dyssenterie violente, succédant à la gangrène, détermina les médecins à conseiller le retour en France. Le commandant en chef fit embarquer le vaillant blessé, le 18 octobre, sur le *Christophe-Colomb*, qui rapatriait les généraux Bosquet, Mellinet et Trochu.

La frégate mouilla le 30 octobre à Marseille. Trois fois, pendant le trajet du port à l'hôtel du Luxembourg, La Tour du Pin s'évanouit. Le mal se développant dès lors rapidement,

---

[1] Le marquis de La Tour du Pin était sourd et obligé de se servir d'un cornet. Cette particularité l'avait fait surnommer par les soldats « le colonel à la casserole ».

tous ses parents accoururent : c'étaient la vénérable marquise de La Tour du Pin, sa mère, le comte et la comtesse Jules de Chabrillan, son beau-frère et sa sœur, avec leurs fils, accompagnés du marquis de Bouillé. Dès le 3 novembre, ils étaient réunis au chevet du malade ; mais les efforts de la tendresse maternelle, les secours les plus éclairés des sommités médicales ne purent arracher à la mort cette nouvelle victime, et le 11 novembre, à quatre heures et demie du matin, le colonel rendait le dernier soupir dans les bras de sa mère, entouré de tous les siens, pendant que le curé de Saint-Charles achevait de lui administrer l'Extrême-Onction.

Le lendemain, 12 novembre, la garnison de Marseille lui rendait les derniers honneurs, et, le 17, il était enseveli dans le caveau de sa famille, à Fontaine-Française, au milieu de l'émotion de la population.

Une si noble fin couronnait dignement une belle carrière, toute faite d'ardeur militaire.

L'armée rendit un hommage unanime à la mémoire du colonel de La Tour du Pin, associé sans interruption à ses travaux et à ses dangers. Sa mort causa une vive affliction à Changarnier, qui l'avait eu pour aide de camp en Afrique ; leur solide et mutuelle amitié datait de cette époque, elle avait été le point de départ de l'intimité affectueuse qui s'était établie entre sa famille et le général. Il est facile d'apprécier, par tout ce que nous savons déjà de lui, l'intensité de son attachement pour ses amis et la part qu'il prenait à leurs chagrins.

Répondant à une lettre du major en retraite S..., Changarnier avait exprimé en termes ardents sa douleur de s'être trouvé, en pleine guerre, séparé de l'armée française ; ému de cette patriotique infortune, le major crut devoir spontanément transmettre à l'Empereur la lettre du général.

« Je laisse, Sire, à votre haute sagacité l'appréciation de ce qu'il serait possible de faire pour rendre à la France, et par le fait à l'Empereur, un de ses plus braves et plus loyaux serviteurs », disait le major S... en terminant.

La réponse de M. Mocquart, chef du cabinet de Napoléon III, après avoir accusé réception de la communication envoyée, concluait en ces termes :

« Sa Majesté a toujours été profondément affligée de l'attitude prise par le général, qui d'ailleurs connaît très bien sous quelle condition il lui est permis de revenir en France. Cette condition n'ayant rien de blessant pour son honneur, c'est à lui de décider quand il lui conviendra de l'accepter. »

Le major S... crut avoir fait un coup de maître; il fit parvenir les deux lettres au général, le pressant d'aller se présenter lui-même à l'Empereur.

« Il n'y a pas à hésiter, me dites-vous aujourd'hui, lui répondit Changarnier le 16 janvier 1856, quoique vous sachiez bien que l'hésitation n'est pas dans mes habitudes, ni dans mon caractère. Je n'en éprouve aucune à vous dire que, dans votre démarche, faite sans me consulter, je ne veux voir qu'une preuve nouvelle de votre excellent cœur et de votre attachement pour moi. »

L'incident ne servit qu'à compliquer une situation dont le général n'entendait pas sortir par un expédient ; les conséquences ne devaient pas d'ailleurs s'en faire longtemps attendre.

A la suite du traité de Paris, l'Empereur proclama une amnistie accompagnée de restrictions qui visaient spécialement les généraux proscrits.

Par un rapprochement que la passion politique avait seule pu inspirer, on mettait sur le même pied les insurgés de juin 1848, transportés par décret de l'Assemblée constituante, et les déportés du 2 décembre 1851 ; s'il eût été possible de conserver quelques illusions sur l'intention véritable du pouvoir, elles furent promptement dissipées par l'avertissement notifié par le ministre de l'intérieur à l'*Assemblée nationale*, sous le prétexte d'avoir blâmé un jugement de la Cour de cassation, en réalité pour avoir osé dire quelques mots en faveur de Changarnier.

L'histoire se trouve souvent en présence de l'inexplicable. Comment comprendre en effet que Napoléon III, dont le cœur était bon et généreux, le caractère facile et bienveillant, s'obstinât ave une telle opiniâtreté dans une persécution sans relâche contre un homme dont l'unique tort était de n'avoir pas voulu servir ses desseins?

Il l'avait exilé parce qu'il n'avait pas douté que le nom de Changarnier ne dût servir de drapeau à toutes les résistances, notamment dans l'armée, contre la restauration impériale. Il pouvait donc prétendre n'avoir obéi qu'à un motif politique.

Mais à l'heure de la toute-puissance, quand il dominait sans conteste non seulement la France, mais aussi l'Europe, alors que, par une mesure contraire aux lois et règlements militaires, il avait mis le général à la retraite, à quel sentiment, à quelle nécessité obéissait-il?

Croyait-il que son autorité pût encore s'élever à côté de la sienne et lui faire échec? Regardait-il le trône impérial comme si instable qu'il pût être menacé par un courant d'idées et d'opinion subitement réveillé? Cédait-il à la haine et aux rancunes?

Nous croyons qu'il eût plus sagement agi, mieux servi ses propres intérêts et ceux de la France, en brisant de sa main les tables de proscription, en rappelant purement et simplement Changarnier au milieu de l'armée, en lui imposant comme seule condition de sa rentrée l'acceptation d'un commandement.

Mais la politique est, dit-on, l'ennemie naturelle de ces œuvres de sagesse et de générosité.

L'amertume de cette nouvelle épreuve ne troubla pas la sérénité du général ; et cependant il ne se nourrissait pas de l'espoir d'une prochaine réparation. Il croyait, en effet, à une certaine durée de l'Empire et à la probabilité de plus d'une surprise, provoquée par cette politique inspirée d'une idéologie aussi chère au neveu qu'elle avait été détestée par l'oncle.

« Ma santé, écrivait-il le 26 décembre, demeure impertinente à l'égard de ceux à qui je puis déplaire, s'il en est comme on l'affirme, et ma patience, que Dieu daigne mesurer à ma situation, ne semble pas près de me faire défaut. C'est peut-être un signe que cette situation doit se prolonger.

« L'homme qui me l'a faite mène cependant les choses

d'un train difficile à soutenir : une guerre lointaine et glorieuse... pour nos soldats, que partout on nous envie; l'exposition des produits de l'industrie et la visite de deux ou trois Souverains; les emprunts successifs; la rentrée de la garde impériale; la levée de la totalité des jeunes gens valides de chaque classe, tout cela est très émouvant, et la France est assurément gouvernée par un très habile impresario. S'étant chargé d'amuser à lui seul son public, que va-t-il lui servir après de si chaudes représentations?.....

« Je le crois condamné à s'user dans une agitation immodérée. »

A ces pénibles mécomptes venaient bientôt s'en ajouter d'autres, d'autant plus sensibles à Changarnier, qu'ils affectaient ses espérances les plus françaises.

L'année 1857, en effet, vit rompre la réconciliation de la famille royale, si péniblement obtenue. L'éternelle question du drapeau fut la cause de la séparation. Sur ce sujet, le Comte de Chambord était demeuré constamment impénétrable; aux instances réitérées par les princes d'Orléans, et notamment à Nervi par le duc de Nemours, pour faire entendre une déclaration catégorique, le prince s'était refusé de se prononcer. Cette attitude entraîna d'abord un refroidissement marqué dans les rapports, et les Princes se crurent obligés de faire savoir au chef de leur Maison que « le doute seul sur cette question les plaçait dans l'impossibilité de rien faire pour lui; qu'une telle politique ne conduisait à rien moins qu'à la destruction de l'union qu'ils avaient voulu fonder pour réunir sous un même drapeau, et dans un même but, toutes les forces monarchiques et constitutionnelles de la France ».

Sous forme d'une lettre adressée à M. Berryer, le Comte de Chambord répliqua qu'il considérait la communication de ses cousins comme non avenue, et que ceux-ci étant liés à lui par des engagements irrévocables, il ne pouvait admettre de leur part aucune condition.

En présence de cette affirmation, les Princes crurent nécessaire de faire savoir au Comte de Chambord et de déclarer publiquement « qu'en l'absence de toute entente préalable, ils n'avaient pris ni pu prendre aucun engagement ». Ils ajoutaient que « les dernières paroles de M. le Comte de Chambord les obligeaient à mettre un terme à toute nouvelle tentative d'accord ».

Deux lettres furent donc adressées dans ce sens par le duc de Nemours, l'une à M. le Comte de Chambord, l'autre au duc de Broglie.

En même temps, le duc de Nemours écrivait, le 27 janvier, au général Changarnier, pour lui donner communication de la résolution prise et des motifs qui l'avaient dictée.

A cette nouvelle, Bedeau et Lamoricière éprouvèrent un étonnement que Changarnier ne partagea pas.

« La réputation proverbiale des avantages de l'union est trop bien établie, disait-il, et les inconvénients de la discorde renaissante vont se produire trop vite pour que j'aie le moindre désir de m'excuser auprès de personne d'avoir ardemment souhaité de voir tous les adversaires honorables de Louis-Napoléon former un seul parti monarchique et constitutionnel. J'ai même eu l'ineffable niaiserie de l'espérer un moment.

« La part de M. le Comte de Chambord n'aurait pas été mauvaise. Se présenter à la France comme l'héritier des monarchies de 1814 et de 1830, être tout à la fois Louis-Philippe II et Charles XI, n'eût pas été un rôle médiocre. Mais j'étais tombé dans une étrange erreur en croyant que M. le Comte de Chambord a un trône à conquérir. Il règne déjà, et règne si bien à la manière de Louis XIV, qu'il ne permet pas à ses cousins de lui demander, avant de se mettre à sa disposition, quelle sera la couleur de son drapeau. »

La lettre du duc de Nemours provoqua une réponse de M. le Comte de Chambord, pleine de dignité et de noblesse, mais elle ne sortait pas de ce ton de généralité qui laissait toujours les questions ouvertes, sans jamais faire un pas vers leur solution.

Ainsi échouèrent les efforts accumulés de tant de négociations et de conseils concertés depuis plus de cinq ans en vue de reconstituer l'union de la Maison de France.

Changarnier fut parmi ceux que ce triste résultat affligea le plus profondément.

« Si mon amitié cédait au désir de ne pas vous contrarier, écrivait-il le 19 avril au comte Paul de Périgord, qui insistait pour qu'il engageât les princes à reprendre leurs démarches auprès de leur cousin, il me semble que l'ombre du bien regrettable Chapot me rappellerait ma stupéfaction et mes prédictions sinistres lorsque, il y a quatre ans, il fut amené par les hasards d'un entretien non prémédité à me faire connaître la réserve inébranlable de M. le Comte de Chambord sur la question du drapeau. Quand le drapeau blanc est tombé, j'ai versé des larmes, et j'en conviens, au risque de passer pour un homme faible; mais je le tiens pour impossible désormais, et l'incertitude à cet égard pour impolitique.

« A votre invitation de conseiller aux princes de renouer des relations avec le chef de leur Maison, je fais la réponse des écoliers : « Je viens d'en prendre. »

« J'ai conseillé entre les légitimistes, les orléanistes et quelques républicains désabusés un rapprochement commandé par toutes les règles de la guerre et de la politique, qui sont un peu germaines. Mais chacun est resté fidèle à ses principes *invariables*, car les légitimistes ne sont pas les seuls à en avoir. La dernière Assemblée constituante a été ennuyée de lourdes harangues sur les droits *primordiaux* de la République, et les princes d'Orléans demeurent soumis à la *volonté nationale*, dont Napoléon III parle et se sert si bien.

« Je suis triste, non découragé, et j'espère trouver une occasion honorable de prouver que je tiens beaucoup plus à ma réputation d'homme sensé qu'à ma vieille peau, qui enveloppe un cœur chaud et des membres encore sains.

« J'apprécie très haut l'*Histoire de Henri IV* par M. Poirson. Cette saine lecture dispose à l'indulgence pour notre époque en rappelant les rudes conditions que ce grand Roi, cet immortel et adorable Gascon, la plus haute personnification de l'esprit français, dut subir pour sauver l'essentiel : la monarchie et l'unité de la France. »

Définissant, d'autre part, sa situation dans une lettre à la marquise de Ganay, Changarnier écrivait :

« Il est une chose incontestable, c'est que je ne suis l'obligé d'aucun des partis, ni condamné à en admirer les fautes, la charge serait trop lourde. »

En présence des faits qui déterminaient une dispersion complète des forces monarchiques, quelques défenseurs imprudents du gouvernement impérial crurent à propos d'écrire que Napoléon III s'était résigné à l'Empire longtemps après seulement qu'il lui avait été offert par les hommes les moins soupçonnés de sympathie pour ce régime. On alla jusqu'à citer Changarnier en tête des plus ardents à conseiller un coup d'État et des plus impatients à l'entreprendre au profit du Prince-président. A l'appui de cette assertion, on ajouta que, le 29 janvier 1849, le commandant en chef de l'armée de Paris avait inutilement pressé Louis-Napoléon de proclamer sa dictature, et qu'ayant échoué, il dit à ses officiers : « Le Président a manqué une belle occasion. Il a eu tort, car il ne s'en présentera peut-être plus de pareille ! »

Plusieurs journaux ayant ainsi dénaturé les faits, Changarnier envoya, le 2 juin, au journal *l'Étoile belge*, une lettre explicite afin de rétablir la vérité; dans un récit succinct, il fit connaître les détails de la séance du conseil des ministres, le 29 janvier 1849, et la tentative du Président pour obtenir l'appui du cabinet à la proclamation de sa dictature.

L'incident, qui fit grand bruit, donna lieu à une polémique violente. Cholat, réfugié socialiste, ancien commandant des Voraces de Lyon et ancien représentant, s'adressa à Changarnier pour l'accuser d'avoir voulu tenter au 29 janvier un nouveau 18 brumaire contre l'Assemblée.

« Il me fut dit, écrivit-il, qu'après avoir enlevé l'Assemblée vous deviez conduire le Président aux Tuileries et le proclamer Empereur et, de là, par une révolution de palais, l'emmener à Vincennes. La fusion était plus avancée qu'elle ne le semble aujourd'hui, et je croyais réellement à votre rôle de Monk. « Non, me dit alors Proudhon, le général Changarnier veut « être *lui*. » — Vous avez voulu vous servir de Bonaparte. »

Cette absurde imputation ne mériterait pas d'être citée si elle ne devait pas servir à montrer à quel point les passions peuvent troubler la vue des hommes mêlés de plus près aux événements, et à donner en même temps une preuve formelle de la confusion des esprits à la suite de la révolution de 1848. Le chaos des idées, les préventions, les calomnies, les faux bruits répandus, le désarroi général défient toute description, et cette situation ne fut pas un des éléments les moins favorables aux desseins personnels du Président.

Mais s'il était résolu à défendre les droits de la vérité historique, Changarnier n'eût pas été homme à se servir, contre le pouvoir qui l'avait jeté en exil, d'armes déloyales. Interrogé par M. Kinglake, qui écrivait une histoire de la guerre de Crimée, sur ses rapports personnels avec le prince Louis-Napoléon, il se refusa à aucune révélation à cet égard. Un point particulier excitait la curiosité de l'historien anglais.

« Le Président ne vous a-t-il jamais montré, dit-il au général, une lettre de lord Palmerston où celui-ci disait : — « Je « vous soutiendrai jusqu'à l'Empire inclusivement. » — Je suis persuadé que lord Palmerston était en relation avec le Président au moment du coup d'État. »

Les instances réitérées de M. Kinglake demeurèrent infructueuses, et le général se déroba en déclinant toute communication sur ses relations confidentielles avec le Président de la République. Les tristesses de l'exil ne lui faisaient donc oublier aucun devoir, et cependant l'éloignement de la France lui causait une incessante douleur. Incapable de découragement, il savait trouver pour ses amis des paroles qui ranimaient leurs espérances affaiblies.

« Les consolations que vous me donnez, lui écrivait Berryer, entrent dans un cœur qui partage chaque jour vos propres souffrances et qui vous est sincèrement attaché depuis longtemps par ses regrets, ses souvenirs, ses vœux, comme par l'admiration de votre caractère. Vous y ajoutez la reconnaissance que m'inspire ce secourable élan de votre honorable amitié. »

Malines restait le but de visites nombreuses. Elles étaient toujours pour Changarnier un adoucissement à la rude épreuve du bannissement, elles lui apportaient quelques rayons du soleil de France, loin duquel tout demeure pâle et sans vie.

Du nombre de ces fidèles était alors M. Thiers, qui vint à la fin du mois de juillet visiter le champ de bataille de Waterloo. Dans un de ses entretiens, il raconta que l'Empereur, voulant tirer profit de la bruyante rupture entre les deux branches de la famille royale, avait imaginé d'entraîner quelques-uns de leurs partisans. Dans ce but, il avait provoqué les démarches de plusieurs notables de Rouen auprès de M. Thiers pour le déterminer à accepter la candidature législative dans la Seine-Inférieure. Les délégués prirent garde de lui dire qu'ils ne lui proposaient pas une élection politique, mais qu'ils lui demandaient seulement d'accepter d'être le protecteur du travail national dans la Chambre.

« Ah! messieurs, leur répondit Thiers, vous voulez qu'on vous protège! Mais si vous savez où l'on peut s'adresser dans ce moment pour être protégé, faites-moi le plaisir de me le dire. Pour moi, je n'en sais rien.

« Quand il y a dans un pays une tribune, on a la protection de la parole et de la libre discussion. Quand il y a la liberté de la presse, on a la protection des journaux, où l'on peut écrire librement pour la défense de ses opinions. Quand il n'y a rien de tout cela, aucune protection n'est possible! »

Le refus en pareils termes irrita vivement l'Empereur; il avait sérieusement espéré attirer M. Thiers par la tentation de prendre part aux affaires, pour lesquelles il lui supposait un goût irrésistible.

Les vues échangées demeuraient forcément sans conclusion pratique; il fallait bien reconnaître que le régime impérial conservait toute sa force et que sa puissance était égale au dehors comme au dedans. On ne pouvait donc attendre son affaiblissement ou sa chute que de ses fautes et des événements. L'Empereur devait travailler d'ailleurs à sa ruine plus promptement et plus efficacement qu'on n'osait le conjecturer.

Au nombre de ceux qui étaient venus apporter à Changarnier leurs impressions était M. Doudan, qui a laissé dans les lettres un souvenir si regretté.

« J'ai passé quelques jours, écrivait-il à son retour, avec un vieux et héroïque soldat. Quand je dis vieux soldat, ce n'est pas qu'il ne soit encore très capable de couvrir avec un bataillon la retraite de Constantine. Il voit les choses humaines actuelles d'un regard ferme, sans vaines espérances, sans chimères d'émigré d'aucune sorte. Il suit avec curiosité toutes les guerres qui se déchaînent sur le monde depuis quelques années, et je crois bien que l'odeur de la poudre lui donne le genre d'impression qu'aurait eue le cheval de Job, si on l'avait tenu à l'écurie un jour de bataille. Il a la folie de croire que la force n'est pas tout en ce monde. Il voyage avec la simplicité d'un officier de l'armée du Rhin ou d'un camarade d'Épaminondas. Il faut qu'il ait quelque bizarrerie dans l'esprit, puisqu'il n'est point encore maréchal et qu'il ne fait point partie du Sénat. J'ai bien remarqué dans la conversation qu'il a des idées très particulières sur le point d'honneur. »

Les suffrages ne manquaient pas à Changarnier; ils lui venaient des hommes de tout rang, de toute condition.

« Il m'a suffi de tracer votre nom dans mon livre, lui écrivait M. Autran, pour qu'un rayon de gloire semblât descendre sur ses pages. »

Afin de trouver une diversion nécessaire à la monotonie de sa vie, Changarnier passa une partie de l'été d'abord à Ostende, « non pas, disait-il, pour y prendre les bains de mer, qui auraient pu faire circuler trop vite mon sang de brebis, mais pour humer la brise de mer et voir une très élégante foule de la meilleure compagnie ». En quittant les bords de la mer du Nord; il fit un rapide voyage en Suisse. Il était à peine de retour qu'il apprenait l'autorisation accordée au général Le Flô de rentrer en France.

Notre ancien ministre en Russie ayant quitté Jersey, où manquaient les ressources d'éducation nécessaires à ses enfants, traversait la Belgique pour se rendre en Italie, lorsqu'il pensa à se fixer à Bruxelles. Le gouvernement belge était disposé à lui accorder une autorisation de résidence, mais à la condition que la légation française n'y mettrait pas obstacle. Le Flô écrivit à M. Barrot, ministre de France en Belgique, pour lui rappeler que le décret d'exil n'imposait aux généraux proscrits aucune résidence fixe et exposa ses raisons de préférer Bruxelles à Jersey.

En réponse à sa lettre, M. Barrot envoya un passeport pour la France au général Le Flô. Cette pièce portait la mention suivante : « Délivré conformément à une décision spéciale de Sa Majesté l'Empereur, qui autorise le général Le Flô à rentrer en France. » L'absence de toute condition de serment laissait Le Flô entièrement libre, mais son immense joie n'était pas exempte du regret de séparer son sort de celui de ses anciens chefs.

« Je suis fâché, lui dit M. Barrot en lui remettant son autorisation spéciale, qu'elle ne s'étende pas aux lieutenants généraux. »

Malgré cet incident, rien n'indiquait que la bienveillance impériale dût se faire sentir bientôt aux autres exilés. Elle tarda quelque temps encore, jusqu'au moment où Napoléon III, tenté par l'état général de l'Europe, se jeta dans les grandes entreprises dont les conséquences devaient dépasser les prévisions les plus hardies.

En attendant, le refus de Changarnier de presser par de nouveaux conseils les deux branches de la Maison de France donnait lieu à mille suppositions, où l'esprit de parti trouvait l'occasion d'imputations souvent désobligeantes. On le représentait comme une sorte de sphinx, jaloux de cacher une énigme. Afin de dissiper ces bruits et de les réfuter par une démonstration catégorique, le général rédigea quelques pages sous le titre : « Note à l'usage de mes amis à qui on demande de quel parti est le général de Changarnier. »

Après avoir rappelé brièvement les circonstances dans lesquelles il avait prêté son concours au gouvernement provisoire en 1848, puis à celui établi par la Constitution de la République, il disait :

« Dans le double commandement que l'instabilité des institutions et la difficulté des circonstances avaient fait investir de pouvoirs inconnus dans les temps réguliers, tous les honnêtes gens, sans me demander si j'étais légitimiste, orléaniste, bonapartiste ou républicain, prodiguèrent à l'homme de l'ordre et de la loi les témoignages d'une confiance affectueuse, dons le souvenir suffit à me payer de bien des sacrifices. Je me serait cru coupable et, en effet, j'aurais été coupable d'ingratitude et de trahison, si alors j'avais servi les intérêts d'un parti au détriment des autres partis honorables. Le 29 janvier et le 13 juin, j'ai servi la France, la France seule, comme je n'avais servi qu'elle le 16 avril, en faisant crier : Vive le gouvernement provisoire ! que je n'aimais, ni estimais, mais qui, ce jour-là, pouvait seul rallier les défenseurs de la société contre ses ennemis. La démagogie étant abattue, le bonapartisme menaçant et moi révoqué, je n'ai été l'obligé d'aucun parti.

« Pendant la longue lutte de l'Assemblée et du Président de la République, aucun parti n'a tenu spécialement compte de mes conseils, trop justifiés par les événements. Sur la revision de la Constitution, où le vote de la majorité aida tant Louis-Napoléon et aurait pu tant lui nuire, seize légitimistes et une trentaine d'orléanistes votèrent avec moi. Le reste des opposants appartenait au tiers parti ou à la gauche, fractions de l'Assemblée sur lesquelles j'avais le moins d'influence.

« Après le coup d'État, j'ai conseillé la réunion des légitimistes, des orléanistes et des républicains désabusés en un grand parti monarchique, et la réconciliation des deux branches de la famille royale. Je ne puis pas m'en repentir en considérant les résultats de la politique de division.

« Réconciliés en 1855, le Comte de Chambord et les princes, alors majeurs de la maison d'Orléans, se sont de nouveau séparés en 1857. Cette rupture, que je n'ai pas désirée, me laisse libre de tout engagement et résolu à ne pas me compromettre dans de stériles agitations et, si j'avais l'insigne bonheur de pouvoir encore servir la France, à ne travailler qu'au bien général compatible avec les circonstances, sans me préoccuper des prétentions d'aucun parti. »

Cette déclaration parvint-elle par quelque accident jusqu'à l'Empereur? Il est permis de le supposer.

Le 17 février, assez tard dans la nuit, quelqu'un exprimait amicalement au général Espinasse, ministre de l'intérieur, l'opinion qu'on devait autoriser Changarnier à rentrer. Le ministre répondit que plus tard cela pourrait peut-être se faire, mais que pour le moment c'était complètement impossible. Quelques heures après, et par un de ces coups inattendus dont la surprise plaisait à Napoléon III, le *Moniteur* contenait, à l'insu du ministre, une note relative à l'exil des lieutenants généraux. Habilement rédigée, elle faisait connaître que les portes de la France étaient ouvertes aux généraux, à la condition qu'ils fissent acte de soumission au gouvernement établi.

Changarnier ne laissa pas cette attaque sans réplique. Dans une lettre rendue publique, il repoussa en termes vigoureux l'humiliation qu'on prétendait lui infliger, il ne craignit pas de déclarer qu'il ne rentrerait en France que le jour où il pourrait revenir sans condition. Eloigné arbitrairement de la Patrie, il était résolu à ne pas s'incliner comme un coupable devant ceux qui l'avaient frappé.

La lettre de Changarnier fit grand effet. Au premier abord les opinions furent partagées sur le mérite de sa décision. « Il est intraitable ! » disaient un grand nombre ; mais peu à peu on revint à rendre justice à la noble fierté qui avait dicté le refus du général, au sacrifice immense qu'elle lui coûtait ; on apprécia le parti qu'il avait pris en présence de la situation que lui créait une législation arbitraire et la juste énergie avec laquelle il l'avait caractérisée.

« Il s'est donc trouvé dans Paris, disait Changarnier, une douzaine d'hommes d'assez de cœur, de bon sens et d'esprit pour approuver ma lettre ! C'est six de plus que je ne l'espérais en l'écrivant ! »

Cette vigoureuse riposte, qui était incontestablement un échec désagréable pour l'Empereur, survenait dans un moment évidemment opportun.

CHAPITRE XI

1858. Le Comte de Chambord fait appel aux conseils de Changarnier, 25 juin. — Motifs du refus du général.
1859. La guerre d'Italie. — Conséquences, prévisions. — L'amnistie, le retour en France. — Visites. — État de l'opinion.
1860. M. Canofari et le comte de Torrecuso chargés par le Roi François II d'offrir le commandement de l'armée napolitaine à Changarnier. — Refus du général. — Échange de vues d'avenir entre Changarnier et Montalembert. — Réunion à Angerville chez Berryer. — Opinion de M. Thiers sur les dispositions des partis. — Les décrets du 24 novembre. — La *Lettre sur l'Histoire de France*. — La politique de l'Empereur en Italie d'après M. Thiers. — Éloge de Changarnier par M. de Montalembert.
1863. Mort de mademoiselle Antoinette Changarnier.
1864. Impression causée par les discours de M. Thiers. — Les pronostics d'avenir du Roi des Belges. — Soulèvement de la Pologne. — Guerre contre le Danemark. — La Convention du 15 septembre. — Mort des généraux Bedeau et Drolenvaux.
1865. Étude de M. Thiers sur le bon sens. — Napoléon III et M. de Bismarck.
1866. La campagne de Bohême. — La situation sans remède. — Les réformes militaires. — Isolement de la France. — Irrésolution de Napoléon III.
1867. La politique étrangère. — Article de Changarnier sur l'armée. — L'Exposition. — La mort de Maximilien. — L'entrevue de Salzbourg.
1868. Élection de M. Grévy. — Le monument de Lamoricière à Nantes. — Danger de l'avenir. — La Roche en Breny, Fontaine-Française, Fougerette, Autun. — Désintéressement patriotique de Changarnier. — Mort de M. Berryer, du baron de Rothschild.
1869. M. Rouher tout-puissant. — Changarnier acclamé à la séance de réception de M. Autran à l'Académie française. — Le mouvement libéral.
1870. Changarnier refuse le bâton de maréchal de France. — La déclaration de guerre.

On arrivait à ne plus croire au génie de celui qui gouvernait, Paris se transformait et ne se berçait plus dans la sécurité. La province ne semblait pas encore suivre ce mouvement très marqué dans la capitale. Le sentiment général pressentait de graves et prochains événements; indifférent à beaucoup d'autres questions, il jugeait que l'habileté commençait à faiblir, il redoutait les fautes.

La réflexion amena M. le Comte de Chambord à soupçonner que l'heure d'une dislocation des forces monarchiques était bien mal choisie. Il s'adressa donc personnellement à Changarnier, et il lui écrivit de Francfort, en date du 25 juin, une lettre pressante.

« Attentif à la marche des événements, disait-il, je vois de graves périls menacer de plus en plus notre chère Patrie, et je crois le moment venu d'accomplir, lorsqu'il en est temps encore, le projet que j'ai toujours formé d'entrer directement en relation avec vous et de demander à votre longue expérience et à votre patriotisme éclairé des conseils dont je connais tout le prix. »

Changarnier ne crut pas devoir se rendre à l'appel du prince ; il regardait le succès des négociations comme impossible, tant que le chef de la Maison de France ne se serait pas prononcé nettement sur l'acceptation du drapeau tricolore.

L'incident ne tarda pas à s'ébruiter et à provoquer les commentaires. Ceux-ci redoublèrent lorsque Changarnier se rendit auprès des princes d'Orléans à leur passage en Belgique. Afin de couper court aux malentendus et de répondre aux reproches qui se donnaient carrière, le général adressa au marquis de Laguiche les lignes suivantes :

« En refusant de faire à la France moderne la concession du drapeau qu'elle préfère, parce qu'il n'est pas celui de l'ancien régime, en se montrant offensé quand on donne à sa tante le titre de Reine, M. le Comte de Chambord a licencié les hommes qui ont souhaité la réconciliation, la coalition des royalistes de toutes les nuances, sans en excepter les républicains désabusés. Il demeure exclusivement le chef du pur légitimisme, et le général Changarnier ne veut pas faire acte d'adhésion à ce parti.

« La fermeté de caractère dont M. le Comte de Chambord a fait preuve n'est pas une qualité assez commune pour que le général Changarnier en parle légèrement ; il constate seulement l'effet que, ainsi employée, elle a produit.

« Les princes de la Maison d'Orléans ont été ses compagnons de guerre ; connaissant très bien l'indépendance de ses opinions, ils sont bienveillants pour lui, il les aime. Pourquoi donc se refuserait-il la satisfaction de les voir? »

Et, après l'avoir chargé de développer ce langage aux questionneurs satisfaits ou mécontents, il concluait en disant :

« Je me suis permis autrefois de donner aux deux grandes fractions du royalisme des conseils dont le désintéressement n'était pas contestable ; se réjouit-on d'avoir usé du droit également incontestable de ne pas les suivre ? Je l'ignore. — Je ne les renouvellerai pas, quoique je pense encore tout ce que je pensais en écrivant, il y a déjà bien des années, à mon ami Paul de Périgord une lettre qui a probablement passé sous vos yeux.

« Ma réserve n'est pas de l'indifférence, et elle n'est accompagnée d'aucune aigreur.

« Si une occasion honorable d'être utile à mon pays venait à se produire pendant que je suis encore en pleine possession de mes forces, elle ne me trouverait pas refroidi. »

Cette noble espérance de servir sa Patrie dans quelque occasion demeurait pour Changarnier le plus ferme soutien de son « cœur de chauvin, — car je suis et, avec la grâce de Dieu, écrivait-il à M. Duvergier de Hauranne, je serai jusqu'à ma dernière heure un de ceux que des gens spirituels, à ce qu'ils disent, appellent des chauvins, — espèce de philosophes spiritualistes, fort ridicules en effet, car, pour aimer la France, pour la servir avec dévouement, ils n'ont pas besoin d'avoir part à ses faveurs ».

Les sentiments d'un patriotisme si passionné laissent assez deviner quelle préoccupation causaient à Changarnier les événements qui se préparaient en Italie. Il les regardait avec raison comme le point de départ de transformations menaçantes pour la grandeur de son pays.

Malgré les illusions d'un certain nombre, et dès les premiers mois de l'année 1859, il ne douta pas que la guerre ne fût la conséquence inévitable de la situation provoquée par l'Empereur. Il apercevait nettement les rêves de rétablissement de l'Empire d'Allemagne au profit de la maison de Hohenzollern et le mouvement probable de l'opinion en Prusse et dans les

États secondaires. Il blâmait l'Angleterre d'avoir, aux dépens de ses intérêts, abandonné l'Autriche, et les puissances médiatrices de n'avoir osé qu'une action sans énergie.

« La guerre, écrivait-il le 17 mai, aboutira fatalement à un de ces deux termes que je n'ai pas cessé de signaler depuis qu'elle est en perspective : ou l'Europe sera révolutionnée, ou mon cher pays humilié et compromis. »

C'est l'une et l'autre de ces conséquences qui devaient sortir de la politique inaugurée par l'Empereur. Jusqu'à ce moment le bonheur plus que l'habileté avait servi ses entreprises. Il avait, en effet, eu surtout le rare avantage que, seul en Europe depuis presque huit ans, il avait constamment pris l'initiative ; ses adversaires secrets ou déclarés s'étaient bornés à parer plus ou moins maladroitement ses coups, sans jamais essayer de le déconcerter par quelque riposte foudroyante. En entrant dans le système des nationalités, il forgeait les armes des ennemis de la puissance française.

« Tous ceux dont il flatte ainsi les aspirations, disait Changarnier, l'empêcheront bien de s'arrêter dans cette voie. Ils lui crieront ce que, selon le grand orateur chrétien, l'habitude du péché et la nature crient au pécheur : Marche ! marche ! marche ! Et il marchera jusqu'à ce..... »

Ce n'était donc pas l'incertitude de la victoire, mais les conséquences politiques de la guerre qui causaient de justes appréhensions au général. Il ne doutait pas de la défaite des Autrichiens.

« A l'exception du prince Napoléon, écrivait-il le 17 mai, appelé à un commandement séparé... de l'ennemi par une grande distance, tous nos commandants de corps d'armée me semblent des Annibal et des Napoléon en comparaison du général Giulay. Selon toute probabilité, celui-ci sera bientôt refoulé dans le fameux quadrilatere de Peschiera, Mantoue, Vérone et Legnano, ou dans le triangle dont ces trois dernières places sont les sommets, s'il est vrai que les Autrichiens soient disposés à sacrifier promptement Peschiera. Leur armée formée par Radetzky, pleine de son souvenir, parfaitement disciplinée, organisée et pourvue, n'a rien su faire pendant que nos bataillons étaient en France, puis débarquaient lentement à Gênes ou descendaient le mont Cenis d'autant plus péniblement qu'on paraît avoir oublié que pour notre admirable infanterie la chaussure est le vêtement nécessaire. Tout le reste est du luxe en comparaison. Schocking! mais c'est ainsi. »

Puis il discutait un à un, en détail et avec une admirable connaissance du terrain, les différents projets probables des Autrichiens, désignait les champs de bataille où ils pouvaient tenter de nous attirer, admettait l'hypothèse où ils se décideraient à résister jusqu'aux portes de Vienne et citait le mot célèbre de Napoléon après Wagram : « Le plus fort n'est pas celui qui donne les coups, c'est celui qui les supporte. »

Et plus tard, lorsque les faits eurent donné raison à ses prévisions :

« Tout serait inexplicable si on méconnaissait que la guerre d'Italie et le traité de Villafranca sont le premier volume d'une œuvre à compléter. Pour danser sur la corde tendue de ses propres mains, Napoléon III tient un balancier qui a une bombe orsinienne à une de ses extrémités et, à l'autre, l'écritoire presque aussi redoutable de M. Louis Veuillot. »

Au lendemain de la rentrée de l'armée d'Italie à Paris, le *Moniteur* du 17 août annonça que l'Empereur accordait une amnistie pleine et entière ; les portes de la France s'ouvraient pour Changarnier sans conditions. Il pouvait donc, sans se déjuger et en restant fidèle à la règle imposée par lui à sa propre dignité, rentrer dans ce pays hors duquel il avait tant souffert.

En s'éloignant de la Belgique, il emportait le souvenir le plus reconnaissant de sa généreuse hospitalité et des témoignages qu'il avait reçus. Son affectueuse sympathie était acquise à ce noble pays, au souverain éminent qui le gouvernait. Pendant huit années, il avait suivi avec un intérêt incessant son développement ; il avait admiré sa sagesse, son respect des institutions et l'esprit intelligent qui savait associer, conformément à la devise nationale, les grandes traditions historiques du passé aux besoins et aux aspirations légitimes de la société moderne. Dans sa pensée, il souhaitait voir un jour s'établir en France une entente semblable et un régime analogue.

Mais, malgré tout, quelle joyeuse émotion de revoir la France, de fouler son sol, de sentir le contact de la Patrie, de serrer les mains amies ! Ces moments tant désirés causèrent à Changarnier les plus douces jouissances, car son cœur ne s'était pas réfugié dans la fiction chimérique de Louis Blanc : « *Ubi libertas, ibi patria.* »

L'âme a besoin d'un peu de solitude pour goûter une grande satisfaction; le général, fuyant donc la foule et le bruit de la capitale, se rendit sans retard à Autun, où il avait hâte de revoir son incomparable sœur, mademoiselle Antoinette Changarnier, sa famille, ses amis, ses souvenirs. Il acheva au milieu d'eux l'année et ne les quitta que pour aller passer quelques jours à la Roche en Breny, chez le comte de Montalembert, où l'attendaient Mgr Dupanloup, le comte de Falloux, le comte Daru et M. Augustin Cochin. Ce fut une vraie fête de l'amitié. Il en retrouva d'autres à son retour à Paris avec l'accueil chaleureux de ses amis, même de ceux qui avaient fait adhésion au gouvernement impérial.

Peu de jours après son retour, il rencontrait dans la rue de Rivoli le maréchal Pélissier, en uniforme et en grand équipage, sortant des Tuileries. A l'instant, le maréchal fait arrêter sa voiture, descend rapidement et court embrasser Changarnier avec toutes les démonstrations de l'amitié la plus sincère.

De tous côtés, et même de la part d'inconnus, le général reçut les témoignages les plus capables d'adoucir et de compenser les rudes épreuves qu'il venait de traverser. Il ressentait aussi un grand bonheur de revoir Paris, sa société habituelle, et de goûter le charme de cette conversation souvent intéressante, toujours gracieuse et animée, qui est l'apanage de la capitale.

Il pouvait constater aussi que, de toutes les villes, Paris est celle où se conserve le plus sûrement le souvenir des grands services rendus. Les considérations de clan et de personnes y sont en effet à peine connues ; on y pèse exactement le mérite des hommes, et le tourbillon constant des affaires n'y fait pas obstacle au classement équitable des grandes personnalités.

L'annexion de la Savoie et la reprise des frontières naturelles de la France sur les Alpes formaient à ce moment le thème favori des dissertations politiques. On discutait sur les avantages de cette cession ; les uns la rattachaient à un programme général d'extensions territoriales ; d'autres affirmaient qu'elle était une satisfaction recherchée dans le but d'offrir au pays un résultat à ses sacrifices en hommes et en argent ; quelques-uns assuraient que le but réel était de préparer la popularité d'une guerre prochaine ; les mieux informés disaient que l'Empereur avait jeté le congrès à la mer, sacrifié le Pape, les traditions françaises à l'égard de la protection du Saint-Siège, pour amener l'Angleterre à accepter l'annexion au milieu de ce conflit d'opinions.

On s'accordait surtout à dire que le régime impérial était un enfant du succès et qu'il ne pouvait vivre qu'à la condition de ne pas laisser s'interrompre la filiation. A ce point de vue, on observait avec anxiété les événements qui se déroulaient en Italie, couverts d'une part par les encouragements secrets ou tacites de l'Empereur, tandis que son langage officiel paraissait les blâmer. L'année entière se passa dans des alternatives qui flattaient tantôt les uns, tantôt les autres. Pour sa part, Changarnier regardait leur accomplissement comme inévitable, et il déplorait les coups portés à l'influence de la France.

Il était déjà depuis longtemps à Autun, lorsque, le 4 octobre, à neuf heures du matin, il reçut la visite du comte de Torrecuso, qu'il avait connu à Bruxelles à l'époque où il était premier secrétaire de la légation des Deux-Siciles.

A peine entré, il dit au général :

« Notre Roi vous demande de le sauver. Nous finirons par succomber, si vous ne venez prendre le commandement de notre armée. Elle vous accueillera avec enthousiasme et, avec vous, se croira assurée du succès.

— La cause de votre Roi est la cause du droit européen, mais j'ai toujours pensé, répondit Changarnier, et je pense encore que je ne dois servir que mon pays. »

Après quelques moments, le comte de Torrecuso alla

chercher à l'hôtel de la Poste M. Canofari, ministre des Deux-Siciles à Paris, et un aide de camp du Roi. Ils remirent au général une lettre de François II, dont la lecture le remua profondément, sans modifier sa résolution conforme aux principes de toute sa vie. M. Canofari offrit de demander à l'Empereur l'autorisation pour Changarnier de servir le Roi de Naples.

« Je pourrais, lui dit le général, vous donner ici la réponse de l'Empereur. Elle serait conçue dans des termes de sympathie respectueuse pour le Roi et d'estime pour moi-même. L'Empereur m'offrirait une autorisation pareille à celle dont Lamoricière s'est contenté pour servir le Pape. Elle ne me suffirait pas et ne changerait pas ma résolution de ne servir que la France, ou une puissance que mon pays m'ordonnerait de défendre. Ce refus me coûte. Mes regrets sont pourtant adoucis par la certitude de ne pouvoir rejoindre votre armée en temps opportun. Si avant huit jours le Roi n'est pas rentré victorieux dans Naples, l'annexion sera un fait accompli et Victor-Emmanuel prendra possession de ses nouveaux États. Si, au contraire, le Roi François II est bientôt maître de Naples, les envahisseurs seront aussitôt refoulés.

— Mais, général, même en supposant ce grand succès qui, sans vous, est peu probable, nous aurons besoin de vous comme ministre de la guerre pour tout réorganiser!

— Ne pensez plus aux services que je pourrais vous rendre. Le Roi ne doit compter que sur lui-même.

— S'il rentrait à Naples, dit l'aide de camp, il proclamerait une amnistie générale.

— Que Dieu daigne le protéger! Tous mes vœux l'accompagneront, mais je ne puis l'accompagner que de mes vœux. »

Changarnier refusa donc le concours que sollicitait de lui le Roi François II, comme il avait autrefois décliné les offres du Roi Charles-Albert. Il était encore sous le coup de l'émotion de cette entrevue, lorsque de pressantes instances de M. de Montalembert le décidèrent à accepter de nouveau son hospitalité toujours affectueuse à la Roche en Breny.

Un jour, pendant la promenade, M. de Montalembert exprimait son regret de la briéveté du siège d'Ancône, où il n'y avait eu ni assaut, ni sortie.

« Il fallait, dit-il, un succès ou une tragédie.

— Vous voudriez, répliqua Changarnier, pouvoir dire de Lamoricière comme Saint-Simon de Turenne : « La mort le « couronna d'un coup de canon! »

— Oui, certes, je le voudrais. J'ai cependant grande envie de le défendre contre les démocrates de tous les pays. Partout, en Allemagne comme chez nous, la démocratie est avec Napoléon III.

— Vous avez raison, répondit le général, les démocrates soutiennent partout la politique de Napoléon III et préparent à l'Europe une série de guerres révolutionnaires. L'unité italienne donnera à l'Allemagne l'ardent désir d'être réunie en un puissant État. Quel jour et comment y parviendra-t-elle? Je l'ignore, mais je sais qu'elle y parviendra. Entre l'Italie puissante, dont l'activité sera durant bien des années tournée tout entière vers les armes, et l'Allemagne sous un pouvoir concentré, la France sera bien prête d'être dépouillée de son ancienne force, tandis que pendant longtemps, entre l'Espagne et le Piémont, elle n'avait à s'occuper que de sa frontière du Nord-Est.

— Je suis bien tenté de dire aux démocrates les conséquences de leurs menées, mais on m'accuserait d'inviter l'Europe à se coaliser contre nous.

— Je ne nie pas ce danger. Votre talent réussirait peut-être à l'éviter. Mais vous ne nuirez pas à Napoléon III, tant que la fortune n'aura pour lui que des sourires. Attendez sa première grimace, alors vous serez écouté.

— Mais à cette première grimace nos idées d'aujourd'hui seront devenues vulgaires !

— C'est seulement quand elles seront près d'être vulgaires qu'on vous saura gré de les exposer. Aujourd'hui, il n'y a rien à faire. »

Changarnier ne se faisait pas d'illusions sur les desseins de la politique impériale, il ne partageait pas les doutes assez répandus sur la solidité du royaume d'Italie, il se rappelait vraisemblablement ce mot si vrai du maréchal Vaillant au lendemain de la guerre de 1859 :

« On cherche où est la tête de l'Italie. Pour moi, je sais que son cœur et ses muscles sont pour longtemps en Piémont! »

L'histoire entière, telle que nous l'avons vue se dérouler, tient dans la conversation que nous venons de raconter.

Une impulsion utile à donner à l'opinion, un avertissement éclairé à lui faire entendre étaient, pour le moment, aux yeux de Changarnier, de véritables chimères. Tel était le langage trop clairvoyant qu'il ne cessait pas de tenir à ses amis, et ce fut dans le même sens qu'il s'exprima lorsque, peu de jours après, il vint à Angerville rejoindre, chez M. Berryer, Mgr Dupanloup et le comte de Falloux.

« Mon séjour à Angerville me sera mémorable, lui écrivait le grand orateur, si ma demeure est honorée de la présence du général Changarnier. Depuis que le grand Condé y logea, cette maison attend un hôte historique. Cette retraite très solitaire est favorable à la liberté des entretiens. Nous avons besoin de loisir pour causer pleinement de nos grandes affaires et de notre conduite. »

À cette réunion, Changarnier répéta ses constantes appréciations sur la situation générale de l'Europe et les destinées de la France aveuglée. L'équilibre était rompu, un droit nouveau proclamé, le courant irrésistible. Il n'était pas possible d'échapper aux conséquences de faits aussi puissants. L'avis parut trop pessimiste et ne parvint pas à décourager les espérances de ses interlocuteurs.

Que n'eurent-ils raison! Mais dans une situation embrouillée de complications si bien faites pour déconcerter les plus pénétrants, il n'était pas aisé de dégager une conclusion pratique. Faut-il en trouver la formule dans ces lignes caractéristiques adressées par M. Thiers au général :

« Je regarde comme un principe de conduite essentiel dans le temps présent de ne jamais laisser apparaître aux yeux du pays ce qu'on appelle la coalition des anciens partis. Le pays est resté très en défiance. Il est tout au plus capable d'entendre discuter ses grands intérêts, quand ils sont en péril, et qu'on les défend bien. Mais il faut qu'on ait l'air de songer à lui et non à soi, autrement, on ne provoque de sa part, comme de celle de tous les blasés, qu'un ricanement d'indifférence et de dédain. Je suis plus que jamais porté à la conciliation, à l'oubli des origines et des anciennes divisions, mais je suis plus que jamais convaincu qu'il faut aux yeux du pays dépouiller tout uniforme de parti. »

Tel était le motif du refus de M. Thiers, sollicité par Berryer, de faire partie d'un comité destiné à offrir une épée d'honneur à Lamoricière.

Changarnier avait décliné les instances de Berryer en lui expliquant ainsi sa résolution :

« Si les malheurs de la France m'ont obligé à devenir un personnage politique, je n'ai pas cessé d'être soldat. En cette dernière qualité, je ne puis réclamer ni accepter la solidarité d'une entreprise où je n'ai pas eu part au péril. En voyant mon nom parmi tant de noms honorables, le public, non seulement la portion du public très nombreuse, surtout dans l'armée, qui me sait gré de ma fidélité jalouse à la France, malgré l'exil et bien des tristesses, mais le public tout entier se demanderait pourquoi je suis resté chez moi quand les occasions d'en sortir ne m'ont pas manqué. Ma présence au comité, qu'homme de tribune et de cabinet vous présidez si dignement, équivaudrait à la déclaration que je suis devenu pusillanime ou impotent. Comme elle serait fausse, vous m'approuverez de ne pas la faire. »

En donnant communication à M. Thiers de sa lettre adressée à Berryer, Changarnier ajoutait :

« Mon amitié lit votre dix-huitième volume avec l'attention de la malveillance cherchant une tache. Je ne l'ai pas encore trouvée. Mais, à chaque page, je ne sais ce que je dois le plus admirer de l'incomparable clarté, de la profonde connaissance des affaires, de l'équité souveraine, qui font de ce livre un chef-d'œuvre. Souvent interrompu dans ma lecture par une émotion provoquée sans artifice, je jouis cordialement de votre nouveau titre à une longue gloire. »

« Être loué en des termes si expressifs par un esprit aussi

distingué que le vôtre, répondit M. Thiers, est une jouissance à laquelle j'avoue que j'ai été sensible. »

Les décrets du 24 novembre ravivèrent à cette époque les espérances des libéraux; à ceux qui regardaient les concessions accordées comme insignifiantes, M. Thiers disait qu'elles pouvaient, au contraire, devenir très importantes. Il engageait ses amis à en faire usage sans crédulité, ni incrédulité affichée, ajoutant :

« La carrière du gouvernement libre, quand on y entre, est une carrière où il faut avancer ou périr. »

Pour le moment, elle demeurait, en réalité, parfaitement fermée, et la liberté n'existait que pour le pouvoir. On le vit bien le jour où, du haut de la tribune du Sénat, le prince Jérôme-Napoléon se crut autorisé à adresser aux princes d'Orléans des injures officielles, auxquelles le duc d'Aumale riposta avec une vigueur pleine d'ironie et de bonheur. Sa « Lettre sur l'Histoire de France » eut un succès prodigieux; elle demeura sans réplique. Changarnier fut des premiers à applaudir son auteur.

« Aucune félicitation ne pouvait m'être plus précieuse que la vôtre, lui répondit le prince. Je n'ai pas songé à l'effet; j'ai fait seulement ce que l'honneur me semblait commander. Je suis heureux qu'un juge aussi compétent ait senti comme moi. »

La confiance du prince dans les appréciations de Changarnier ne puisait pas seulement sa source dans le sentiment d'une ancienne affection, elle s'inspirait d'une longue expérience, des avis d'hommes éminents, et, en première ligne parmi ceux-ci, le Roi des Belges, dont la sagacité politique a laissé de si grands et unanimes souvenirs.

« Il m'a spontanément parlé de vous l'autre jour, écrivait encore M. le duc d'Aumale à Changarnier, dans les termes que j'aurais pu employer, non seulement louant les qualités que tout le monde vous connaît, mais frappé surtout de la netteté, de la clairvoyance et de la liberté de votre esprit, de la sûreté et de la modération de vos jugements. »

Mais, suivant le mot très vrai de M. Ancillon : « On peut

donner des conseils, on ne donne pas l'esprit de les suivre. »

Changarnier avait éprouvé trop souvent la vérité de ce piquant aphorisme pour ne pas se cantonner dans un rôle d'observateur patient des événements. Ils avaient, à ses yeux, le caractère d'évolutions successives, obéissant à cette loi commune à la politique et à la nature, qui veut que rien ne demeure stationnaire.

L'art de l'homme d'État est alors de faire servir l'édifice existant à la construction de celui qui s'élève, de les faire concourir à la même œuvre, de ne pas permettre que tous deux deviennent des forteresses ennemies, destinées à perpétuer la guerre entre des éléments faits pour s'entendre, également nécessaires l'un à l'autre.

La politique de gouvernement intérieur à laquelle il assistait tendait à des résultats directement contraires; elle multipliait les causes de divisions et de mécontentement, elle paraissait s'inspirer constamment de cette tactique d'atermoiements que caractérisait si justement M. Thiers, lorsqu'il écrivait, le 12 septembre, au général :

« On veut bien que l'œuvre italienne aille à tous les diables, mais on ne veut pas passer pour auteur de sa déconfiture. On ne veut pas davantage être responsable de la ruine définitive de la Papauté, et, pour ce motif, on restera à Rome. Combien de temps pourra-t-on jouer ce jeu compliqué? Je n'en sais rien, mais je suis sûr qu'on le jouera jusqu'au dernier moment. »

L'année s'écoula ainsi, Napoléon III voulant, suivant son expression, « laisser mûrir la question italienne ». Comme de coutume, l'automne ramena le général à la Roche en Breny. Peu de jours après son départ, M. de Montalembert racontait à un de ses hôtes, avec une modestie digne de son caractère, l'impression qu'il avait conservée du séjour de Changarnier.

« Nous avons eu quelques visites, disait-il[1], presque toujours de vieux naufragés comme moi, entre autres le général Changarnier. Vous avez bien pu l'oublier, puisque la France,

---

[1] Extrait d'un récit adressé au général Changarnier, par le comte Apponyi.

qu'il a deux fois sauvée des griffes du démon révolutionnaire, en avril 1848 et en juin 1849, l'a complètement oublié et sacrifié aux nouveaux favoris de la Fortune.

« Cet homme que nous avons vu pendant deux ans au pinacle de la grandeur, protecteur de Louis-Napoléon et, bien autrement que celui-ci, l'idole des conservateurs effrayés, a supporté avec la plus noble résignation les douleurs de la prison, de l'exil, de la disgrâce, aggravées par l'âge et la pauvreté. Il a subi la terrible épreuve de voir l'armée française, dont il était un des chefs les plus renommés et les plus populaires, courir sans lui à de nouveaux succès, et ses inférieurs y gagner le bâton de maréchal, qui lui était dû et que lui aurait assuré un seul acte de complaisance pour Napoléon III.

« Pour moi, qui supporte si impatiemment le néant où je suis tombé, je me sens pénétré de respect devant cette vertu calme et sereine, dont je suis si peu capable. Il vit maintenant, réduit par la malveillance du pouvoir à une misérable pension de six mille francs, dans un village du Morvan, d'où il va passer quelques semaines auprès de ses vieux camarades et collègues à Paris, quand il a pu économiser de quoi faire le voyage. Cette année, il me confiait qu'il serait forcé d'abréger de moitié son séjour à Paris, parce qu'il avait dû prendre sur son petit avoir de quoi élever une croix de pierre à la place d'une croix ruinée devant son église.

« Voilà ce que c'est que le véritable *honneur*, et j'estime qu'après la sainteté il n'y a rien de plus beau, non seulement devant les hommes, mais encore devant Dieu. » — « Un grand « cœur dans une petite maison ! » — Cette belle parole du Père Lacordaire est parfaitement réalisée par le vieux guerrier, tombé du faîte des grandeurs dans une adversité imméritée. »

Au mois d'octobre 1863, le général eut le cruel chagrin de perdre sa sœur, mademoiselle Antoinette Changarnier, dont le cœur était rempli du culte de la dignité et de l'honneur de son illustre frère. La séparation fut une épreuve déchirante pour le général.

« C'est un grand changement dans ma vie, écrivait-il à la marquise de La Tour du Pin. Mais je ne suis pas de ceux que la plainte soulage et qui fatiguent leurs amis de leurs gémissements, et je me hâte de vous remercier de votre bien bonne lettre, dont je suis très touché. — Nous mourons par lambeaux, et bien souvent le meilleur de notre vie s'en va avant que nous nous en allions nous-mêmes !

« Si des considérations budgétaires, avec lesquelles je suis obligé de compter, sans en rougir ni m'en glorifier, me le permettent, je retournerai à Paris à l'époque ordinaire, et je serai très empressé de vous y porter l'hommage de mes sentiments les plus respectueux. »

Changarnier reprit ses quartiers d'hiver accoutumés à Paris, peu après le moment où M. Thiers fit sa première rentrée à la tribune. Son succès avait été très grand, aussi bien à la Chambre que dans le public de Paris; il avait reparu dans tout l'éclat de son incomparable talent.

« Vous, l'un des meilleurs, écrivait-il, dès le lendemain de son discours, au général, venez donc nous rejoindre et nous soutenir de votre patriotisme et de votre esprit ! »

Les circonstances prêtaient, du reste, des arguments puissants à l'orateur de l'opposition. Les embarras du Mexique, tous les jours plus lourds, la nécessité d'un emprunt énorme, impossible sans la garantie de la France, le souci de contenir la Chambre et de faire face aux difficultés d'une politique irréfléchie, toutes ces complications rendaient le gouvernement inquiet, agité.

Elles laissaient, d'autre part, un rôle facile à l'opposition, et notamment à M. Thiers : exposer les affaires du pays sans violence et sans faiblesse, réclamer ses droits la Constitution à la main, satisfaire par là non pas seulement les raffinés, mais encore les masses, qui sont aux scènes politiques ce que le parterre est au théâtre, montrer enfin que de graves événements devaient surgir du chaos créé par la destruction des traités de 1815.

« Il faut les détester, disait autrefois M. Thiers, mais les exécuter. »

Il est vrai que, depuis cette époque, chacun en avait emporté un lambeau. A ce moment-là même, les conseils partis du Palais-Royal excitaient le soulèvement de la Pologne, provoquant les mécontentements de la Russie que l'intérêt de la France commandait de ménager, nous exposant à une guerre redoutable, sans chance aucune d'améliorer la position de ceux qu'on prétendait protéger.

L'expédition du Mexique, dans laquelle s'engouffraient nos ressources militaires, préserva le pays d'autres aventures, mais elle nous laissa désarmés devant la politique qui se tramait contre nous ; elle mit le gouvernement impérial dans l'impossibilité d'user de son incontestable ascendant et de tenir le ferme langage qui aurait arrêté les ambitions allemandes. L'action de notre diplomatie fut faible, indécise, parce qu'on était hors d'état de l'appuyer par les armes.

Au début de l'année 1864, les hommes les mieux placés pour juger cette situation gardaient encore l'espoir de conserver la paix.

« Bien que l'avenir soit assez inquiétant, disait le Roi des Belges, je n'en suis pas alarmé. Tout le monde a un si grand intérêt à éviter la guerre générale, que si, du côté de l'Allemagne, il ne se commet pas de grande faute, je suis convaincu qu'on pourra la conjurer. »

Mais la sagesse du Roi Léopold avait fort à faire pour calmer les esprits, et l'horizon politique restait chargé de nuages menaçants. L'Europe, trop engourdie pour défendre le droit public, laissait écraser le Danemark, qui n'avait à opposer à ses assaillants que le bon sens et le bon droit, et Napoléon III ne faisait pas entendre une parole ferme, suffisante pour arrêter l'agression brutale qui préparait des bouleversements funestes. Aussi M. Thiers pouvait-il écrire avec raison à Changarnier :

« La nouvelle Sainte-Alliance est évidente ; seulement, elle ne sera pas sainte ; elle sera profondément hostile sous des formes polies, et le fameux blocus diplomatique du Roi Louis-Philippe recommencera sous nouveaux frais. »

Au milieu des inquiétudes publiques qu'il partageait avec

clairvoyance, le général jouissait, dans le calme de la retraite, de son incessante activité d'esprit.

« En vous quittant trop tôt à mon gré, écrivait-il, le 22 septembre, à la marquise de La Tour du Pin, après un séjour à Fontaine-Française, je me suis acquitté de mes petits devoirs d'administration particulière. Ce n'a été ni long, ni difficile. Je suis venu ensuite, pour quelques semaines, dans un frais pays, fort aimé de ma jeunesse. J'y suis avec des parents pour qui j'ai des sentiments plus affectueux que ne le sont d'ordinaire ceux des souverains pour leurs héritiers.

« Pour vous engager à ne pas me refuser de vos nouvelles un peu détaillées, je voudrais pouvoir vous annoncer quelque incident digne d'attention dans ma petite vie douce et occupée. Tout y est calme, quoique exempt de monotonie et d'ennui.

« Les lettres inédites, récemment publiées, de madame Rolland, ont été ma dernière lecture. Malgré mon goût pour les femmes belles et capables de dévouement, celle-ci ne m'est pas sympathique. Elle a, au plus haut degré, la triste vertu d'envie et se montre implacable dans la haine des classes dont l'orgueil a offensé sa jeunesse. Très éloquente dans l'expression de son amour ou de ses passions politiques, elle est souvent déclamatoire ; elle me glace au moment où elle allait me toucher.

« Malgré votre sang-froid habituel à l'égard de la politique, vous avez sûrement remarqué le traité signé le 15 septembre entre Napoléon III et Victor-Emmanuel. Cette grande concession du premier au second prouve que nous avons un besoin urgent d'un allié, et que nous ne pouvons en avoir d'autre que le Roi d'Italie. »

« La pitoyable convention du 15 septembre », comme l'appelait justement M. Thiers, avait le double but de faire croire aux Italiens que l'Empereur leur abandonnait Rome, et au Pape qu'il avait obtenu des Italiens qu'ils y renonçassent.

En réalité, elle ne résolvait pas la question qu'on avait prétendu trancher ; elle contenait pour le Pape la perte de Rome à terme fixe et, de plus, tous les froissements capables de nous aliéner dans l'avenir l'alliance italienne, que le cabinet impérial croyait inébranlable. L'imprévoyance était flagrante et le leurre évident, malgré les illusions dont on se flattait à ce moment, tant à Paris qu'à Rome. Au point de vue extérieur, l'année était mauvaise pour la France; elle marquait, sur les points les plus embarrassés de notre échiquier politique, des échecs significatifs : en Italie d'abord, pour les raisons que nous venons d'indiquer; en Allemagne, d'autre part, par la défaite du Danemark.

Dans le cercle de ses amitiés privées, le général avait vu disparaître deux hommes pour lesquels il professait un égal attachement : c'était d'abord Bedeau.

« Il est mort, écrivait Changarnier, comme un juste qu'il était, avec une résignation et une simplicité touchantes. Il était un ami sûr et certainement l'un des plus honnêtes hommes que j'aie connus. »

Quelques mois plus tard, mourait le général Drolenvaux, son ancien chef au temps où il servait à la division des Pyrénées-Orientales.

« Il se fait de cruelles trouées dans le bataillon des braves gens, disait le général; serrons nos rangs!...

« Pour moi, j'avais trouvé le bonheur qui passe, et je crois avoir soutenu l'honneur qui reste. »

Cette pensée, dont il avait fait sa devise et son guide, résumait sa consolation des épreuves du passé et son espérance dans les jours difficiles qu'il entrevoyait. Tandis que les plus pénétrants envisageaient que les fautes commises nous plaçaient en face de difficultés redoutables assurément, mais non pas impossibles à résoudre sans trop de dommages pour la France, Changarnier ne doutait pas qu'elles dussent entraîner, au moins pour un temps donné, l'effacement de la puissance française.

Mais la brume qui enveloppait l'avenir était encore trop épaisse pour permettre autre chose que des conjectures. Si la politique étrangère était active au delà du Rhin, elle demeurait chez nous, en réalité, purement spectatrice.

« Tous les Allemands sont furieux contre M. de Bismarck,

écrivait M. Thiers le 14 août 1865, les Prussiens compris, qui ne se sont pas laissé séduire par de fausses amorces jetées à l'ambition nationale, et qui veulent être libres d'abord, sauf à être glorieux et puissants par-dessus le marché. On croit que l'Albéroni prussien, auquel il ne manque que d'être abbé et d'avoir autant d'esprit que son modèle pour lui ressembler tout à fait, succombera à l'œuvre. Tant mieux pour l'Europe et pour la France! Pour le moment, la redoutable question dont nous avons fait cadeau à l'Europe par notre conduite dans l'affaire danoise est ajournée, mais reste grosse.

« Nous jouons là le jeu de bonnes gens chantant notre chanson favorite des nationalités, ou plutôt la fredonnant d'un air distrait. Mais, au delà du Rhin, personne ne s'y trompe, et ce sera une raison pour le maintien de la paix. »

Et M. Thiers ajoutait, en terminant sa lettre :

« Je travaille comme de coutume à une besogne philosophique que j'ai entreprise depuis ma jeunesse, en pensée plutôt qu'en écriture, sur le bon sens en toutes choses. Convenez que rétablir un peu ce pauvre bon sens tant outragé, lui rendre quelque renom, quelque popularité, quelque clientèle, surtout dans ce temps infatué de lui-même et si dévoyé en toutes choses, serait une bien bonne œuvre.

« Je travaille donc sur le bon sens appliqué à tout, et je me repose ainsi d'une besogne par une autre, sans savoir du reste si je publierai jamais rien des réflexions que me suggèrent l'âge, l'expérience et ma bonhomie. »

Changarnier eût été bien curieux d'aller à Vigny lire quelques-unes de ces pages dédiées au bon sens; il eût été fort capable de fournir à l'infatigable penseur quelques développements sur le thème qui l'occupait. L'inexorable raison du budget le priva de ce plaisir, comme elle le priva, peu de semaines plus tard, d'aller assister aux funérailles du général de Lamoricière, mort subitement en Artois le 11 septembre, mais non sans avoir eu le temps de témoigner de ses sentiments de foi chrétienne.

Il n'avait que cinquante-neuf ans ; il espérait encore servir son pays, qu'il aimait avec passion, et il disparaissait presque à la veille des événements dont on pressentait déjà vaguement l'explosion.

Malgré cet instinct avertisseur du danger, plus d'un esprit avisé conservait des illusions. On se trompait sur l'issue des célèbres entretiens de Biarritz, où l'habileté de M. de Bismarck sut à la fois jouer si complètement l'Empereur et deviner ses irrésolutions. On plaisantait la satisfaction affirmée par l'envoyé prussien à la suite de son voyage ; on se persuadait qu'en faisant formuler devant le Corps législatif, par le ministère, de nouvelles déclarations en faveur du Saint-Siège, on avait coupé court aux revendications de l'unité italienne.

« Nous allons quitter Rome *peu à peu*, écrivait M. Thiers au général, comme il convient à notre franchise, et nous allons traiter la Papauté à la manière de ce monsieur qui tuait ses femmes en leur chatouillant les pieds ; elles étaient mortes sans traces de lésion, ni de poison. C'est bien le cas de dire avec Cousin : « Enfin nous avons connu un politique ! »

Les prévisions les plus pessimistes n'arrivaient pas à apercevoir même l'ombre des événements qui devaient marquer l'année 1866. On en était au malaise indéfini qui précède les heures périlleuses, on sentait que les fautes commises allaient porter leurs fruits, on passait successivement de l'extrême inquiétude à l'assurance la plus exagérée.

« Pauvre Autriche ! écrivait d'Allemagne à Changarnier un diplomate russe. Elle fait une piteuse figure. Il est impossible d'avoir plus entièrement abdiqué en faveur de sa rivale. On prétend que l'Empereur et la nation auraient voulu tenir bon, mais que le ministère a manqué d'énergie. N'avez-vous pas admiré la charmante ironie où il est dit que la Prusse occupera Kiel, en attendant la création d'une flotte allemande? On assure qu'il y a une entente entre le Cavour du Nord et l'Empereur Napoléon. C'est un vieil étudiant fort pour casser les vitres, sachant bien que le bourgeois finira par les réparer. Il n'est gêné ni par la loi, ni par la foi.

« Quant à l'Angleterre, on aura beau vouloir l'ankyloser, elle sera toujours sujette à ces réveils du lion qui surprennent de temps à autre ceux qui comptent sur son apathie. »

Cette appréciation témoigne d'un sens bien net du terrain déjà gagné par la Prusse, et d'une pénétration certaine des probabilités de l'avenir. De son côté, M. Duvergier de Hauranne résumait très justement la nature du mouvement actuel de l'opinion lorsqu'il disait :

« Il y a dans les populations des villes et des campagnes un mouvement d'indépendance très marqué. On ne veut pas renverser le gouvernement, mais on veut être gouverné autrement. Les représentants officiels du pouvoir ont perdu leur ancien prestige. Le mécontentement est certain, car se soumettre à la destinée n'est pas en être content. »

La politique seule est assurément une muse aride et sèche, et cependant le lecteur nous pardonnera de nous attacher à tracer dans ses lignes générales le mouvement des idées et des faits, des erreurs et des imprévoyances, des rêveries et des fautes à travers lesquels on se rapprochait insensiblement des transformations colossales qui ont bouleversé l'Europe, de montrer avec quelle sagacité Changarnier les jugeait, de présenter ce petit groupe d'hommes éclairés devinant les malheurs presque inévitables de la France, se désespérant de ne pouvoir pas les prévenir et souffrant ainsi tout ce que peut faire endurer, en de telles conjonctures, le patriotisme le plus dévoué.

A l'ouverture de la guerre de 1866, Changarnier blâmait les dispositions de Benedek, l'indécision qu'elles révélaient, un système qui n'était ni une franche offensive, ni une défensive décidée; il regardait la campagne comme mal engagée. L'issue ne donna que trop raison à ses critiques :

« Ayant l'Elbe pour se couvrir, écrivait le général à M. Thiers, deux places fortes pour appuyer ses ailes et se mettre à l'abri d'un mouvement tournant, comment a-t-il pu se porter au delà de l'Elbe, livrer bataille à découvert, s'exposer à être tourné à droite et à gauche, et, en cas d'échec, se condamner à repasser en désordre le fleuve et à perdre tant de cavalerie et de belle artillerie? S'il s'était conformé aux indications les plus évidentes, il se fût réservé les meilleures chances en obligeant les Prussiens, qui s'étaient engagés dans l'offensive, à attaquer une position presque invincible. Ces fautes tactiques, qui ressortent avec une incontestable netteté, sont la cause directe de cet immense échec, si imprévu pour tout le monde ; le fusil prussien, dont on dit tant de merveilles, n'a été en tout ceci qu'un instrument secondaire. »

« C'est une chose vraiment douloureuse, lui répondait le 10 juillet M. Thiers, de voir le droit toujours vaincu, l'iniquité toujours triomphante, et la France travaillant de ses mains à satisfaire les ambitions de ses voisins pour se placer dans un véritable étau, entre l'Allemagne du Nord et l'Italie unifiées. La postérité pourra-t-elle croire une telle chose ? Il est certain que l'esprit public des Prussiens, fouetté sans cesse par la presse, les discussions des Chambres, s'est exalté. La liberté donne aux nations le diable au corps, et les Prussiens, depuis quarante ans, se nourrissent d'idées politiques qui portent à l'enthousiasme qui fait les grandes choses.

« Les Autrichiens ne sont pas encore sous les vents ardents de la liberté. Leur vie est un demi-réveil ; militairement braves, ils n'ont cependant pas le démon qui transporte. Il y a longtemps que je dis : L'Autriche descend, la Prusse monte ; donc il faut changer notre marche et nous tourner contre celui qui monte en faveur de celui qui descend. C'est l'intérêt le plus simple, le plus légitime de la conservation qui doit nous dicter cette politique.

« Je crains les Prussiens pour nous, et je voudrais bien être au lendemain, non à la veille de la première bataille. L'Autriche a jeté sur nos épaules le fardeau de la situation. N'y a-t-il pas là une chance de guerre évidente, et de guerre sans avantage possible ? Le sol allemand est gardé par la passion teutonique, le sol belge par la politique tory, et il faudrait se battre pour le seul équilibre européen ! »

Sans doute, aux yeux de la prévoyance, l'équilibre européen importe plus que les agrandissements territoriaux, mais le réveil était cruel, alors qu'on se rappelait qu'on aurait pu d'un mot empêcher la guerre. En quelques jours, nous avions perdu l'arbitrage de l'Europe; c'était la conséquence de cette politique des velléités, politique vague, tentatrice, vivant de rêves, pariant avec tout le monde, ayant l'air profond parce qu'elle est indéchiffrable, mais au fond vide et dangereuse. Au milieu de ce monde semé d'écueils, rien n'est, en effet, plus funeste que d'être sans but clair et sans route clairement tracée pour l'atteindre.

En présence d'un échec si complet, l'émotion générale fut indescriptible; on discutait, on s'agitait, on cherchait en vain quelle résolution pouvait être efficace.

« En l'état où nous sommes, écrivait Changarnier, il n'y a pas un bon parti à prendre ; en huit jours, d'arbitre des nations, la France en est arrivée à devoir compter avec tout le monde ! »

Mais, s'il déplorait avec une douleur profonde les fautes commises, Changarnier ne s'associait pas aux critiques générales qui s'élevaient contre la génération présente ; il se sentait porté à lui pardonner ses caprices, ses défaillances, pourvu qu'elle fît preuve de vigueur et de résolution afin de réparer le mal. Mais comment le réparer ?

« En me promenant avec le duc de Broglie dans son beau château de Broglie, lui écrivait le 30 août M. Thiers, nous cherchions le remède, et nous ne le trouvions pas ; je veux dire que nous ne trouvions pas un moyen très prompt, très praticable, très efficace. Beaucoup d'économie, tout consacrer à accroître la force militaire, une grande patience pour attendre une bonne occasion, une grande habileté à la faire naître, amener l'Europe à soi et puis, le moment venu, la saisir vigoureusement pour empêcher le géant enfant de devenir homme. Voilà le remède !

« Mais peut-on espérer tout cela aujourd'hui ? La bonne administration, la vue longue, le coup d'œil, les opinions sages, l'à-propos, sont les belles et rares chimères. Et pourtant ce sont nos seules ressources ! Tout cela est triste, et je retourne à Bacon, Descartes, Leibnitz, Sénèque, Platon, Tite-Live, dans lequel je lisais hier un admirable récit de la mort de Cicéron !

« Quelle bonne compagnie que celle des grands esprits, quand on est privé des compagnons de sa vie, gens tels que vous et quelques autres bien peu nombreux ! »

Un philosophe a dit que la scène du monde ne languit jamais et que le spectacle en est toujours amusant. Cette élégante boutade n'était pas pour consoler les esprits les plus friands d'émotions. Personne n'aurait osé dire que la France fût sérieusement menacée par des événements qui la frapperaient directement ; mais sans l'avouer, plus d'un le redoutait au fond du cœur. Sous le coup de grandes humiliations, l'opinion était entraînée dans un sentiment de mécontentement, sans que celui-ci la décidât à soutenir les mesures nécessaires de préparatifs militaires. Aussi le public de toute condition fut-il très froissé des conclusions du rapport du ministre de la guerre à l'Empereur sur la nécessité d'une nouvelle organisation de l'armée.

On croirait que la France a été battue devant l'ennemi, disait-on ; pourquoi ne pas se mettre en état de parer à l'avenir sans bruit ?

L'idée du service obligatoire était déplaisante aux campagnes, naturellement hostiles à l'impôt du sang ; on regardait ce système comme une sorte d'importation presque barbare, et l'on repoussait la suppression de tout remplacement.

Certes, de telles objections étaient peu sages ; mais comment ne pas excuser le pays, dont la grande masse n'était pas en état de comprendre la portée véritable du coup qui l'avait atteint ? En mesurer toute la cruelle étendue était le triste privilège d'une petite phalange d'élite, mal écoutée, seule capable de découvrir quelque chose de cet horizon caché aux yeux du plus grand nombre chez une nation où le plus grand nombre fait la loi.

« Nous serons un jour seuls contre la Prusse ! ...... »,
écrivait trop prophétiquement Changarnier en expliquant les raisons pour lesquelles nous ne pouvions compter ni sur l'Autriche, ni sur l'Italie.

Les uns accusaient son pessimisme ; d'autres, plus perspicaces, reconnaissaient avec tristesse qu'il voyait juste dans l'avenir. Un de ces derniers, devançant le verdict de l'histoire, concluait en lui écrivant :

« Quel honneur, quelle gloire pour vous d'avoir eu dès le premier jour la sagacité de tout deviner, de tout prévoir, et, plus tard, le courage de tout mépriser, de n'avoir pas été un instant ni dupe, ni complice, d'avoir toujours crié gare, casse-cou, à la France !

« La postérité jugera à quel point vous avez été éclairé et désintéressé. L'histoire dira qu'ainsi que Lamoricière, vous ne vous êtes pas laissé éblouir par le prétexte de servir le pays, que vous avez triomphé de la plus grande de toutes les séductions, celle de gagner des batailles; que, dans votre fière retraite, vous avez mieux compris que tout autre les vrais intérêts de la France ! »

Pour dominer le conflit des idées, des opinions, des conseils, il eût fallu une direction, et celle-ci n'était nulle part. On la cherchait vainement auprès du chef de l'État, comme en témoigne cette lettre caractéristique d'un personnage haut placé de l'entourage impérial, qui écrivait à Changarnier :

« L'Empereur n'a plus guère de résistance à opposer à rien et à personne. Sa santé reste ébranlée ; il a besoin de soins, de repos, de calme. Sincèrement dégoûté des embarras du trône, il se mêle le moins possible des affaires publiques. Ses ministres sont au désespoir, encore plus de sa torpeur et de son abattement que des difficultés inouïes de l'extérieur. Je dis l'extérieur, car l'intérieur, tout en étant désillusionné, ne veut pas de révolution ; on se laisse mener n'importe où ni comment, pour sauvegarder les intérêts matériels, l'idole du jour. L'impuissance en tout me semble résumer l'état actuel. On attend Dieu sait quoi pour venir en aide à une situation grave et embarrassée. »

Il est dans les phases d'une partie certaines situations désespérées où l'habileté du joueur le plus fécond en ressources ne saurait pas conjurer la défaite.

Telle était alors la position faite à la France par les événements; elle avait laissé passé l'heure favorable, elle avait assisté dans une inexplicable impassibilité aux mouvements qui avaient transformé les conditions politiques de l'Europe. Les fameux traités de 1815, dont la destruction résumait tout le programme impérial, avaient bien été déchirés, mais déchirés contre nous, et l'œuvre devait arriver fatalement à son couronnement.

Malgré tout, on croyait encore y échapper: les uns plaçaient leur espoir dans le réveil d'opinion qui se manifestait dans la Chambre et dans le pays. Les discours de M. Thiers, en décembre, avaient trouvé en effet un écho profond; de toutes parts les lettres affluaient pour lui apporter des adhésions aux idées qu'il avait exprimées et des encouragements aux efforts dont il donnait l'exemple. Dans les cercles officiels même, on accueillait avec sympathie ces avertissements tirés de la logique des faits, à tel point qu'un grand dignitaire de l'Empire crut pouvoir lui dire : « Quel bien vous faites au gouvernement ! »

L'Empereur, de son côté, caressait l'idée d'un congrès; il se flattait d'obtenir sa réunion et de faire fixer dans la limite de la sagesse et des nécessités les questions pendantes.

Mais quelle chimère de compter sur l'adhésion de ceux qui étaient intéressés aux solutions! Ils sentaient trop bien qu'elles viendraient sans nous, et même contre nous.

Pour dénouer les difficultés de la question italienne, il fut question d'un voyage de l'Impératrice et du prince impérial à Rome. Vers la fin de novembre, l'Empereur donna en conseil communication de ce projet et demanda l'avis des ministres. Le silence fut d'abord général. M. Rouher, directement interpellé, répondit qu'il en causerait avec ses collègues, mais qu'il serait bien étonné qu'ils fussent favorables à ce voyage. La pensée ne tarda pas, du reste, à être abandonnée.

Les premiers mois de l'année 1867 n'améliorèrent pas cette décourageante confusion. On pouvait signaler au pouvoir les fautes qu'il avait commises, les pièges où il était tombé, on ne pouvait pas lui montrer les remèdes aux conséquences; on se contentait donc d'applaudir aux harangues de M. Thiers devant le Corps législatif. Ses discours du mois de mars eurent un retentissement plus considérable encore que les précédents.

« J'assistais, écrivait Changarnier, le 17 mars, à cette mémorable séance où M. Thiers a forcé la bienveillante attention de son auditoire, en grande partie composé d'adversaires. Après la hauteur où il s'est élevé dans les assemblées républicaines et durant ces trois dernières années, je craignais qu'il ne pût se maintenir à un tel niveau. Mon amitié, très sincère, est plus que rassurée.

« A l'instant où appliquant avec un rare bonheur le célèbre portrait de Cromwell par Bossuet, à M. de Bismarck, M. Thiers a ajouté : — « Nous n'avons pas l'injustice de le lui appliquer « tout entier, ce serait le calomnier et le grandir », — le Corps législatif a fait entendre un bruyant assentiment, qui prouve que, même dans cette débile Assemblée, la guerre contre la Prusse ne déplairait pas. Là est le danger.

« Napoléon III a usé la force initiale que lui avait donnée la peur du spectre rouge. Il n'est pas plus sot que je ne l'ai connu, c'est le public qui l'est un peu moins. Mais rien ne lui réussit plus ; ses bêtises à l'intérieur font sourire les honnêtes gens, mais ceux-ci frémissent à l'idée d'une guerre mal préparée et qui serait certainement très mal conduite, car parmi les généraux aucun n'est capable de dominer les autres et de s'en faire obéir.

« Malgré les « très bien, très bien », dont le régalent aujourd'hui les journaux, M. Rouher a parlé sans succès. Au moment où, répondant à ce foudroyant avertissement de M. Thiers : « Vous n'avez plus une seule faute à com- « mettre ! » M. Rouher a osé dire : « Nous n'avons pas commis « une seule faute ! » cent voix l'ont hué, et le menton des mamelouks entrait dans leur épigastre. »

Mais si la guerre était inévitable, dans quelles conditions fallait-il s'y préparer? Était-il nécessaire de changer radicalement le système de notre organisation militaire? Était-il au contraire préférable de perfectionner l'instrument tel qu'il était ordonné, de l'adapter aux circonstances, d'organiser les immenses ressources qu'il présentait, de procéder simplement par voie d'amélioration?

Cette dernière opinion était celle de Changarnier. Il la formula nettement dans un article inséré à la *Revue des Deux Mondes*.

On peut aujourd'hui encore soutenir avec quelque raison que l'heure était mal choisie pour une refonte complète de notre armée. Le temps était trop court pour une entreprise de si longue haleine, à laquelle le pays n'était pas préparé.

Travailler résolument à constituer une organisation solide, prête à traverser rapidement la période de la mobilisation et de la concentration; établir ses calculs pour prendre l'offensive et frapper un grand coup dès l'ouverture des hostilités; préparer des réserves en état de soutenir notre armée de première ligne, telle pouvait être la voie la plus indiquée par les circonstances de toute nature au milieu desquelles il fallait agir.

On répétait volontiers que la campagne serait courte et les avantages assurés à celui qui attaquerait le premier; on citait l'exemple de la campagne de Bohême, qui n'avait duré que quelques jours; on rappelait les indécisions, les lenteurs, les dispositions défectueuses qui avaient entraîné la défaite autrichienne.

Il fallait donc à tout prix éviter les mêmes fautes, se mettre en état de profiter de certains avantages moraux et matériels qu'on pouvait à bon droit escompter à l'avance, ne pas brusquer le sentiment national, relever la confiance du pays, se tracer un plan bien étudié, en assurer la vigoureuse exécution.

Quoi qu'il en soit, les pages écrites par Changarnier sur cette question vitale firent grand bruit; elles furent accueillies par les applaudissements unanimes de l'opinion dans le public et dans l'armée.

« Revenez au milieu de nous, lui écrivait un des généraux les plus en vue; vous nous rajeunirez et vous nous apprendrez toujours comment on fait les bonnes troupes et comment on doit s'en servir. »

« Les contacts que j'ai eus avec les officiers généraux qui sont les chefs de l'armée, lui mandait un autre général, m'ont donné la conviction que vous restez leur maître à tous. »

« C'est l'œuvre d'un grand citoyen et d'un grand capitaine en style épigraphique, disait M. de Chantelauze. »

Comme tout ce qui émanait de sa plume, cette importante étude se distinguait par l'élévation du cœur, la vigueur de la pensée, la logique du raisonnement, la précision et la sobriété de la forme, sous une foule de traits vifs et piquants ; elle respirait l'autorité d'un juge connaissant à fond la matière. Elle témoignait de la vérité de cette pensée de madame de Staël : « Le style exige quelques-unes des qualités nécessaires pour conduire les hommes. »

Aux nombreux suffrages accordés à cet écrit, où la situation était exposée avec une spirituelle fierté, s'ajoutèrent des félicitations venues d'Allemagne.

« J'ai été tellement frappé des grandes vérités exprimées dans votre brochure, écrivit à Changarnier, de Stuttgart, le chevalier de Bosse, capitaine au 2e régiment d'infanterie wurtembergeoise, que je désire la traduire en allemand, afin que ce mémoire, qu'un génie supérieur seul a pu produire sur l'organisation et le complément d'une armée, soit également lu dans ma patrie. »

On en resta, malgré tout, à une sorte de joute entre les optimistes et les pessimistes, sans conclusion pratique, sans résolution déterminée.

On vivait au jour le jour, frôlant de près le danger, comme il arriva au moment des agitations qu'excita l'incident du Luxembourg dès l'ouverture de l'Exposition universelle. Avec une aveugle imprudence on avait soulevé une question d'assez médiocre importance, après en avoir laissé passer tant d'autres qui touchaient si intimement les intérêts français. Le conflit était à peine écarté qu'éclatait tout à coup la nouvelle de la mort de l'archiduc Maximilien.

« Je ne sais si ceux qui ont envoyé Maximilien au Mexique, écrivait d'Autun, le 21 juillet, Changarnier à la marquise de La Tour du Pin, et selon l'expression de cet infortuné et noble prince, l'ont placé entre le déshonneur et la mort, sentent le poids de leur responsabilité et souffrent de la catastrophe dont l'univers s'est indigné, mais je puis dire qu'elle a troublé la sérénité de ma petite vie. J'ai renoncé à lire les détails de ce lugubre événement dans les journaux.

« Rien n'est ici digne de votre attention. J'ai trouvé ce que j'étais venu y chercher : du calme, de l'air, des promenades variées et la conversation de quelques personnes intelligentes, plus nombreuses en province que ne le croient les Parisiens. »

A Autun, Changarnier eut cette année la joie de recevoir son vieil et fidèle ami le général Le Flô.

« A vous voir dans votre modeste logement, lui mandait ce dernier, peu de jours après l'avoir quitté, j'aurais pu me croire revenu chez le capitaine du 2ᵉ léger, si je n'avais aperçu ces épées d'honneur rappelant le général en chef de l'armée de Paris et l'héroïque officier de Constantine, du col de Mouzaïa, de Milianah et des gorges de l'Oued-Fodda. — Vos adversaires ne comprennent pas tout ce que donne de force et de puissance la simplicité pleine de grandeur de votre existence! »

Du fond de sa retraite favorite, le général ne cessait pas de suivre les oscillations décevantes de la politique, à peine atténuées par les fêtes de l'Exposition et les visites successives des Souverains.

« La Reine de Prusse a passé six jours ici dans une presse difficile à décrire, lui écrivait un des personnages les mieux placés pour voir et observer. J'ai eu l'honneur de la voir une fois. On ne s'imagine pas la déférence que les étrangers de tout rang ont pour l'Empire. »

Mais le bruit des pompes officielles, qui séduisait les foules, ne détournait pas l'attention de Changarnier du danger qu'il continuait à redouter. Les déceptions de l'entrevue de Salzbourg n'étaient pas faites pour le rassurer.

« On croit, lui écrivait un ambassadeur étranger, qu'elle n'aura aucun résultat. La France voudrait s'appuyer sur l'Autriche, qui aimerait à se soutenir sur elle. Toutes ces visites impériales ou royales n'auront rien changé aux affaires des peuples, ni à celles des Rois. Chacun a conservé ses préjugés et son ambition. Celle du Roi de Prusse est la même. Il ira jusqu'à l'Empire d'Allemagne, sans qu'on puisse l'en empêcher. L'Empereur Napoléon cherche à gagner du temps, à contenir l'ambition des puissances du Nord, qui n'auront peut-être nulle envie d'engager les premières la lutte ; suspendu à ce danger, il attendra la marche des événements. »

Un incident singulier vint fournir des armes aux optimistes. Le Roi de Prusse ayant envoyé au gouvernement français la dépêche du cabinet italien qui lui demandait de faire cause commune contre la France, ce procédé significatif accrédita l'opinion que la guerre était devenue improbable entre la France et la Prusse, au moins pour quelque temps. Changarnier n'admettait pas qu'il fallût tirer de cette circonstance des conclusions aussi absolues.

« Vous parlez guerre, lui écrivait M. Thiers, et on cherche à faire croire que la paix sera perpétuelle. »

Lorsque les inquiétudes causées par les mouvements garibaldiens en Italie eurent cessé, l'automne s'acheva sans apporter de nouveaux éléments à l'anxiété publique ; mais l'année 1868 éclairait un horizon toujours chargé d'incertitudes et de menaces.

Pour les résoudre, on espérait beaucoup des succès électoraux du parti libéral en Franche-Comté, où il avait réussi à faire nommer M. Jules Grévy, autrefois arrivé à la notoriété par un simple amendement. L'intervention de M. Berryer décida du concours des éléments modérés de toutes les nuances. De son côté, M. de Montalembert avait multiplié ses efforts en faveur de cette candidature pour tendre ainsi une main cordiale aux libéraux et aux républicains honnêtes. M. Grévy reconnaissait d'ailleurs, sans difficultés, qu'il devait au moins huit mille voix au parti modéré.

On croyait préparer la reconstitution de l'Union libérale pour les élections de 1869, assurer la défaite du pouvoir personnel et rendre aux affaires publiques une direction ferme et prévoyante. Changarnier s'était sincèrement réjoui de ce résultat et s'était associé aux espérances de ses amis. Cependant leur réalisation lui laissait quelques doutes.

« Dieu veuille, s'écriait-il, que nous ne nous trompions pas et qu'on ne soit pas en droit de nous dire, comme M. Thiers à M. Royer-Collard en 1835 : « On est étourdi à tout âge ! »

Grâce aux démarches de Changarnier, l'hiver de 1868 vit le terme des tergiversations et des obstacles opposés à l'érection dans la cathédrale de Nantes du monument à la mémoire de Lamoricière.

Dès 1865, un comité s'était formé dans ce but ; ses membres, dont les plus actifs furent MM. de Corcelles, Vitet, le comte de Falloux et Changarnier, se heurtèrent d'abord aux pieuses et monarchiques objections de M. Baroche, garde des sceaux, tandis que le maréchal Randon, ministre de la guerre, leur promettait au contraire loyalement son concours. Il fallut près de deux ans et demi pour faire triompher, suivant l'expression de Changarnier, « la cause de la conciliation et du goût », et obtenir l'autorisation de placer dans la cathédrale de Nantes l'œuvre du grand sculpteur Paul Dubois. Le général eut la satisfaction de contribuer d'une manière efficace à établir l'accord nécessaire pour rendre un hommage mérité à son glorieux compagnon d'armes et d'exil.

En quittant Paris, il laissait ses amis très préoccupés des élections partielles, et notamment de celle du Var, où se présentait M. Dufaure. L'issue ne répondit pas à l'attente. M. Dufaure fut battu, et les candidats patronnés dans les autres départements par l'Union libérale eurent le même sort. Ce résultat rendit une plus ferme consistance aux bruits pacifiques qui prenaient leur source dans l'entourage même de l'Empereur.

« On ne craint pas la guerre, écrivait à la fin de septembre à Changarnier le grand personnage officiel que nous avons déjà cité quelquefois; les journaux en parlent, mais les informations d'Allemagne disent qu'en Prusse personne n'en veut. Tant que l'Empereur aura la majorité au Corps législatif, il ne se risquera pas dans les aventures extérieures, n'ayant aucun allié. A l'étranger, on juge que le vent souffle violemment contre l'Empereur et que nous sommes à la veille de grands événements. »

L'absence de tout programme réfléchi était du reste confirmée par le prince Napoléon, qui faisait à ce moment de longs voyages. Partout où le croyait chargé d'une mission, on s'efforçait de le faire parler, on le pressait de questions sur la politique de la France.

« Mais elle n'en a pas! » répondait-il.

Il était donc bien vrai qu'on restait exposé à tous les hasards nés des intérêts ou des caprices du moment.

« L'avenir n'est pas riant, écrivait Changarnier, et la vie s'écoule! C'est dans les liens de la famille et de l'amitié qu'il faut chercher quelques consolations. L'esprit ne suffit à rien. »

Les satisfactions auxquelles il attachait tant de prix, il allait les chercher auprès de ses vieux amis : c'était à la Roche en Breny, chez M. de Montalembert, vieux manoir constamment hospitalier, sans cesse animé par la bonne grâce, l'esprit un peu mélancolique et les réflexions pleines de grandeur du maître de la maison.

Cette année, il le retrouvait plus profondément atteint par le mal cruel qui le minait, mais le cœur toujours chaud, l'intelligence toujours alerte et pleine de ressources. C'était un intarissable échange d'idées sur le mouvement des événements, les probabilités et les risques trop prochains de l'avenir, avec des retours attristés sur le passé, une conclusion qui ramenait invariablement aux espérances de la foi religieuse, qui explique les épreuves du présent et promet des destinées meilleures.

De ces généreux entretiens on sortait l'âme et le cœur réconfortés par les encouragements d'une vie toute d'exemples et de dévouement passionné à la même cause.

Fontaine-Française eut aussi la visite annuelle du général. L'accueil plein de bienveillance de la marquise de La Tour du Pin rendait très attachant le séjour de cette belle résidence, où Changarnier aimait à se rapprocher d'une amitié aussi solide dans les mauvais que dans les bons jours. Il y rencontrait la tradition vivante de l'ancienne société française, le charme de la forme et de la courtoisie, l'imprévu de la conversation, la sincérité de l'affection, tous ces reflets d'autrefois chers à ceux qui aiment l'essence de la nature française.

Plus près de lui, à Fougerette, il venait se retremper dans les meilleurs souvenirs de sa jeunesse chez le marquis de

Ganay, dont le père avait été, aux débuts de sa carrière, son colonel. Il s'y trouvait comme dans un cercle d'intimité de famille, prenant part aux joies et aux peines de la maison, s'intéressant aux enfants, suivant leurs progrès, leur éducation, plus tard leur établissement, leurs succès, se réjouissant des traditions continuées, sentant son cœur à l'aise au milieu des témoignages d'attachement réciproque dont ces réunions étaient l'occasion.

A côté de ces grandes demeures, à Autun même, d'autres plus modestes abritaient des amitiés également fidèles, des esprits distingués, d'un commerce accompagné d'agrément.

Parmi ceux-ci était, entre autres, le docteur Guyton ; tous les jours, dans l'après-midi, plusieurs joueurs d'échecs se réunissaient dans son salon, dont les plus asssidus étaient Changarnier et le comte Joseph de Mac Mahon.

Un jour que la conversation était engagée sur la politique, on constatait que les nouvelles extérieures semblaient confirmer l'isolement de la France et le mauvais vouloir des grandes puissances à son égard. Le général en paraissait profondément impressionné.

« Certes, dit-il, je suis payé pour ne pas aimer Napoléon, et j'avoue franchement que je me réjouirais de sa chute ; mais, si cet événement devait avoir pour résultat la démolition de nos places fortes, la perte de nos provinces de l'Est, en un mot le démembrement de notre belle France, je le proclame hautement, je préférerais assister au succès de Napoléon, plutôt que de voir mon pays partagé, amoindri, abaissé à l'état de puissance secondaire ! »

Ces paroles fortement accentuées, s'échappant brusquement du fond du cœur, causèrent aux assistants une vive émotion, comme le témoignage désintéressé d'un dévouement sans réserve au pays. Suivant son expression, la vieillesse lui avait refusé celui de ses tristes privilèges qu'il qualifiait si bien « le calme de l'égoïsme ».

Pour cette raison, il continuait à souffrir de tout ce qui découronnait la France. Aussi éprouva-t-il une douleur profonde de la mort du grand Berryer.

« Pour moi, c'est une perte de cœur, disait Changarnier, car il était encore plus aimable et plus aimé qu'admirable et admiré de tous. Mais quelle belle mort et, dans toute la France, quel retentissement! La postérité semble déjà faire entendre sa grande voix. La justice de l'histoire rend dès à présent ses arrêts sur cette tombe à la fois si chrétienne et si nationale. Qu'est-ce donc que la vie? Pourquoi nous agiter? Le génie, la gloire, la fortune, tout est entraîné dans cet abîme de la mort! »

Presque en même temps, la mort de M. de Rothschild avait douloureusement affecté le général.

« Les journaux vous ont peut-être informée, écrivait-il le 30 novembre à la marquise de La Tour du Pin, que j'ai récemment passé trente-six heures à Paris pour faire un adieu suprême à un homme excellent, dont la richesse était plus enviée que le caractère bien connu. Son testament est une œuvre émouvante de piété, d'équité, de charité et de prévoyante tendresse.

« On n'a jamais tant parlé du 2 décembre que depuis les poursuites contre les journaux de Paris et de la province qui ont annoncé la souscription Baudin. Si l'Empereur eût été bien avisé, il aurait envoyé cinq cents francs pour l'érection d'un monument à un de ses adversaires dont la mort a été héroïque. Quand on ne trouve pas de telles inspirations, on suit les conseils des petits serviteurs trop zélés.

« Fidèle à mes habitudes, je me propose de revenir à Paris le 1er janvier. »

Lorsque Changarnier reprenait ses quartiers d'hiver, il retrouvait la situation stationnaire, mais une sorte de tristesse générale répandue dans la capitale. La modification qui avait remplacé au ministère des affaires étrangères le marquis de Moustier par le marquis de La Valette avait augmenté les moyens d'action et d'influence de M. Rouher, le ministre dirigeant et tout-puissant. Les mêmes vues prévalaient toujours auprès du souverain, elles continuaient à multiplier les difficultés accumulées, à exciter les craintes dont nous avons constamment rencontré l'expression.

Quelques incidents reposaient toutefois le général et ses amis de ces invariables préoccupations; les compétitions académiques pour le fauteuil « du grand et cher Berryer », suivant l'expression de M. de Montalembert, offraient un thème intéressant de discussions. L'éternelle rivalité de M. Thiers et de M. Guizot trouvait une occasion, saisie non sans une maligne satisfaction, de s'exercer. Changarnier essaya de faire adopter la candidature de M. Duvergier de Hauranne, qui le pressait d'agir en sa faveur; mais il avait pour concurrents le comte d'Haussonville et le comte de Champagny, dont les partisans étaient nombreux.

Malgré les difficultés qu'elle rencontrait, l'influence du général demeurait cependant sympathique dans les sphères littéraires. On en eut la preuve à la séance de réception de M. Autran à l'Académie française, à laquelle assistait Changarnier. Son nom ayant été prononcé dans l'un des discours, toute l'assemblée éclata en tels applaudissements que le général en fut aussi embarrassé que charmé.

« Une pareille manifestation, dit un récit laissé par un de ses témoins, est un hommage mérité. Cet éminent général est, en effet, reconnu par ses amis et ses ennemis, de l'assentiment unanime de l'armée, comme le premier de nos soldats, comme le capitaine auquel on pourrait avec le plus de sécurité confier le sort de la France sur un champ de bataille. Frappé dans toute sa vigueur par le coup d'État, il a eu à souffrir non seulement de l'exil et de l'inaction, mais il a été en outre condamné à ne prendre aucune part à deux grandes guerres, dans lesquelles ses lieutenants se sont élevés aux plus hauts grades. Le général Changarnier a supporté cette longue épreuve avec l'attitude la plus digne, et tous ceux qui ont assisté jeudi dernier aux applaudissements prodigués à ce nom honoré, ont senti que la nation française offrait une sorte de réparation à l'une des plus glorieuses victimes de nos discordes civiles. »

L'attention publique se reporta dans ces circonstances naturellement vers Changarnier. On se préoccupait vivement de la prochaine lutte électorale à l'occasion du renouvellement des élections législatives, et le général fut sollicité de laisser proposer son nom aux électeurs. Il paraissait lui-même d'ailleurs fort disposé à céder aux instances de ses amis.

« J'ai les mains pleines de vérités, disait-il; j'ai besoin de les ouvrir ! »

Pour des causes toutes locales, les démarches tentées afin de trouver un collège électoral échouèrent, et les chances de rentrer dans un rôle actif s'évanouirent encore une fois.

Une des plus déplorables conséquences de nos révolutions est de condamner à l'inaction et à l'impuissance tant d'hommes capables de rendre au pays des services précieux et désintéressés, de créer par là comme une classe de Français honoraires. On ne pourra jamais évaluer les pertes subies ainsi pour la Patrie, ni regretter assez que chaque gouvernement tombe dans les errements qu'il a violemment reprochés à celui qui l'a précédé, ordinairement son ennemi, en reconstituant au profit de ses partisans et de ses créatures une sorte de féodalité du pouvoir, au lieu d'ouvrir un champ large et libre, où les talents et les aptitudes puissent s'exercer sur le terrain des affaires.

Nous n'avons pas à refaire ici l'histoire des évolutions qui conduisirent peu à peu l'Empire à une transformation libérale dans laquelle personne n'avait confiance.

« Le malheureux Empereur est de bonne foi et très résigné à son nouveau rôle, écrivait un personnage de la cour, le 28 août. On se réjouit en ce moment, on verra bien à la rentrée des Chambres les difficultés surgir, des ministres incapables de se défendre, des oppositions de mauvaise foi qui veulent tout détruire, des fractions à l'infini, des orages, des cris, des tempêtes, tout le cortège des passions qui n'acceptent aucun point d'arrêt. Une nation va ainsi tout droit à une révolution prochaine et infaillible. »

Sans qu'elles fussent concertées, les appréciations parties d'un autre camp arrivaient aux mêmes conclusions.

« Quand l'Empire tombera, écrivait, le 24 octobre, M. Duvergier de Hauranne à Changarnier, ce sera pour faire place à la République. On n'a pas voulu passer la Manche, on passera l'Atlantique. »

L'opinion de M. Thiers restait plus optimiste.

« Il semble que tout le monde délire, écrivait-il au général; démocrates et gouvernement se révèlent à la face du ciel avec tous leurs mérites respectifs. Qu'adviendra-t-il de tout cela? Je n'en sais rien. Mais nous sommes avec la vérité, nous simples libéraux, qui ne voulons ni despotisme, ni anarchie, et il faut espérer que cette vérité sera notre palladium. »

La réunion des Chambres sembla donner raison aux désirs de M. Thiers, qui parut conquérir la majorité dès le premier abord. Son bon sens, son patriotisme, son éloquence lui valurent un ascendant aussitôt incontesté, et on put croire à un acheminement sans secousse violente vers une nouvelle vie politique.

Ce n'était qu'une lueur, dont les rayons devaient être trop tôt obscurcis par des événements encore présents à la mémoire de tous.

Avant leur explosion, une sorte de détente sembla se produire dans les esprits; on parla de rapprochement, d'apaisement et de concorde. L'Empereur acceptait lui-même cette tendance, et il en donna une preuve peu connue en offrant spontanément à Changarnier de le faire maréchal de France. « Je veux, disait Napoléon III, rattacher ce grand nom à mon règne. » Mais le message impérial fut décliné avec courtoisie par le général, qui n'estima pas que son acceptation répondit aux exigences de sa dignité.

Par un scrupule des plus honorables, il pensa que son élévation au maréchalat pouvait être interprétée comme une adhésion pure et simple au régime qu'il avait toujours combattu, un abandon de ses amis, une sorte de volte-face. Il ne voulut pas courir le risque d'être jugé en contradiction avec lui-même; il crut qu'une circonstance militaire pouvait seule être l'occasion d'une réparation faite à sa situation de soldat; il répugna à l'idée de l'apparence d'un compromis politique. Le souverain remit alors au général Le Bœuf la haute distinction refusée par Changarnier.

Nous devons assurément un hommage respectueux à la résolution de Changarnier et aux motifs qui la dictèrent, mais il nous est permis de regretter qu'elle ait privé l'armée d'une influence dirigeante dont elle aurait pu retirer tant de services à une heure pleine de périls; nous accuserons encore une fois la politique d'un mécompte si funeste aussi bien aux intérêts militaires qu'à ceux de la Patrie elle-même.

Le général resta étranger aux événements[1] qui se déroulaient, partageant comme d'habitude son temps entre ses amis et ses occupations de travail intellectuel. La crise extérieure, dont les menaces surprirent si inopinément tout le monde au commencement de juillet, le retint à Paris. Lorsqu'elle se dénoua par la déclaration de guerre, son patriotisme fit taire toute autre considération. Il adressa immédiatement au ministre de la guerre une demande pour obtenir un commandement à l'ennemi.

[1] Il n'est pas sans intérêt de faire connaître un épisode curieux du procès intenté au prince Pierre Bonaparte au sujet de la mort de Victor Noir.
Vivement attaqué par les journaux, qui incriminaient sa conduite lors de la période de 1848, le prince écrivit à Changarnier pour lui demander de lui permettre de prendre copie d'un ordre qu'il lui avait, disait-il, remis le 13 juin 1849, émanant de M. Odilon Barrot, président du conseil, pour l'inviter à lui confier des troupes, afin de marcher sur le Conservatoire des Arts et Métiers.
Le général répondit par la note suivante : « Le général Changarnier a le regret de ne pas se souvenir d'avoir reçu, le 13 juin 1849, une lettre de M. Odilon Barrot, alors président du conseil. Celui-ci, ayant été moins occupé que le général, pourra peut-être trouver dans sa mémoire quelque trace de cet incident. La lettre a pu rester dans les cartons de l'état-major. »

CHAPITRE XII

1870-1877. — La guerre. — Demande et refus de commandement. — Reischoffen. — Départ d'Autun.— Arrivée à Metz. — Changarnier chez l'Empereur. — Visite aux 3e et 4e corps à Faulquemont. — Accueil chaleureux de l'armée. — Changarnier reste sans commandement. — Incertitudes, hésitations. — Bazaine, commandant en chef de l'armée du Rhin. — Bataille de Borny, 14 août. — Bataille de Rezonville, 16 août. — Bataille de Gravelotte, 18 août. — Retour sous Metz, 19 août. — Immobilité jusqu'au 26 août. — Mouvements du 26 août. — L'armée ramenée le même soir sous Metz, sans combat. — Elle est portée le 31 août sur les positions occupées le 26. — Elle est ramenée de nouveau sous Metz. — Conspiration pour déposer Bazaine et le remplacer par Changarnier. — Lauvallier, 22 septembre; Vany, 23 septembre; Peltre, 27 septembre. — Combats de Ladonchamps, 7 octobre. — Circulaire du maréchal Bazaine, 7 octobre. — Négociations avec l'ennemi. — Communication du prince Frédéric-Charles au maréchal Bazaine, 24 octobre. — Conseil de guerre. — Changarnier chargé d'une mission auprès du prince Frédéric-Charles, 25 octobre. — Entrevue, 27 octobre. — Capitulation, 28 octobre. — Seconde entrevue de Changarnier avec le prince Frédéric-Charles, 29 octobre. — Départ de Changarnier, 1er novembre. — Arrivée à Bruxelles, 2 novembre. — Lettres d'officiers de l'armée du Rhin. — Tentatives de restauration impériale, novembre, décembre 1870, janvier 1871. Élections du 8 février 1871. — Changarnier élu par quatre départements. — Bordeaux. — Discours de Changarnier pour appuyer les propositions de paix, 1er mars. — Maladie du général. — Il refuse la grand'croix de la Légion d'honneur. — La commission de revision des grades. — Lettre du comte de Falloux, 12 janvier 1872. — Réponse de Changarnier. — Séances des 28 et 29 mai. — Le 24 mai 1873. — Restauration monarchique. — Procès de Trianon. — Anecdotes. — Amour de la Patrie. — Confiance de l'armée. — Dernier automne à Autun, 1876. — Caractère, portrait du général. — Dernière maladie. — Sa mort, 14 février 1877. — Funérailles : Paris, 17 février; Autun, 18 février. — Éloge funèbre.

Le maréchal Le Bœuf ne reçut pas sans émotion la demande de Changarnier. Il s'attacha sincèrement à l'espoir de la faire réussir auprès de l'Empereur; sur-le-champ, il la porta à Saint-Cloud et l'appuya sans hésiter.

Mais Napoléon III avait conservé un souvenir mécontent de

la réponse négative exprimée par le général, au mois de février précédent, lorsqu'il lui avait offert le bâton de maréchal de France.

Aux instances du ministre il opposa un refus net.

Le maréchal dut se résoudre à le faire connaître au général; il essaya vainement d'en atténuer l'amertume en lui adressant la communication suivante :

« Paris, le 18 juillet 1870.

« Mon cher Général,

« J'ai reçu la lettre que vous m'avez fait l'honneur de m'écrire pour m'exprimer le désir d'avoir un commandement, si votre concours pouvait être utile au pays dans les circonstances actuelles.

« Je n'attendais pas moins de votre patriotisme éprouvé, et je me suis empressé de mettre votre lettre sous les yeux de Sa Majesté, qui m'a chargé de vous en remercier.

« Notre cadre d'activité, auquel la loi m'autorise à adjoindre, pour des commandements à l'intérieur, quelques officiers généraux de la section de réserve, suffit en ce moment pour assurer tous les besoins de notre armée sur le pied de guerre; mais, si cette situation venait à se modifier, je n'oublierai pas, veuillez en être assuré, que vous avez spontanément offert à l'Empereur, avec votre épée, l'expérience acquise pendant une carrière militaire brillamment parcourue. »

« Agréez, etc.

« *Signé :* Maréchal Le Bœuf. »

C'était bien une fin de non-recevoir sans déguisement; ni la responsabilité des périls d'une redoutable lutte, ni l'élan et l'unanimité de l'opinion publique n'avaient pu triompher des rancunes intimes de l'Empereur.

Les chances de la campagne eussent-elles été modifiées si Changarnier eût exercé un grand commandement? Nul ne peut l'affirmer, mais il est juste de citer ici ce mot d'une incomparable générosité :

« Si la politique ne l'avait pas éloigné de l'armée, le général Changarnier aurait eu, sans aucun doute, le commandement à cette heure périlleuse, a dit le glorieux vaincu de Reischoffen, et les choses auraient alors tourné autrement! »

Plus de vingt-cinq ans auparavant, Bugeaud, dînant un jour chez M. Léon Blondel, disait à son hôte :

« De tous les officiers que j'ai eus sous mes ordres, Changarnier est celui qui entend le mieux la grande guerre; c'est lui que je voudrais, avant tout, avoir avec moi, si j'avais à faire la guerre en Allemagne. »

Le général ne résista pas à exprimer publiquement son affliction. Le jour même, 18 juillet, où lui parvenait la lettre ministérielle, il écrivit au directeur du *Journal des Débats :*

« Plusieurs journaux ont annoncé que le général Changarnier a sollicité l'honneur de servir dans la guerre qui commence. Ils étaient bien informés.

« J'ai prié, j'ai supplié M. le maréchal Le Bœuf, ministre de la guerre, de me faire donner un commandement.

« Accueillie par le ministre avec les démonstrations de la sympathie la plus émue et la plus expansive, ma demande a été définitivement repoussée.

« C'est pour moi une douleur amère que je vais cacher dans ma province.

« Mais notre vaillante armée a tant de chefs habiles et expérimentés que l'absence d'un vieux patriote ne s'y fera pas sentir.

« Nos soldats, nos chers soldats seront partout vainqueurs!

« *Signé :* Changarnier. »

Le cri de désespoir qui s'était échappé du cœur du général rencontra un écho profond.

« Au milieu de mille témoignages d'intérêt que je reçois de l'armée, de mes amis et de beaucoup d'inconnus, écrivait-il à la marquise de La Tour du Pin, votre excellente lettre m'est particulièrement précieuse. Elle serait un baume pour mon cœur blessé, si je n'étais littéralement inconsolable ! »

Retiré à Autun, dans un exil qui lui parut plus cruel que le premier, il y arrivait tourmenté par de graves pressentiments. Observateur pénétrant de notre organisation militaire, il savait, par des renseignements puisés aux sources les plus directes, que l'effectif de l'armée était de cent cinquante mille hommes au-dessous du chiffre reconnu par le ministre de la guerre, et que notre mobilisation ne pouvait être complète qu'un mois après celle de l'armée prussienne. Il connaissait les illusions de notre diplomatie sur le secours que nous pouvions attendre de l'Autriche et de l'Italie, vains calculs d'une politique de sentimentalité et de rêverie. Son attente était remplie d'anxiétés.

Dès le 6 août, il apprenait l'échec de Wissembourg, et le 7, dans la matinée, il recevait la visite du sous-préfet d'Autun, qui lui apportait la nouvelle de la défaite de Reischoffen.

Aucune considération ne put dès lors le retenir; en un instant sa détermination fut fixée.

« Je serai demain à Paris, écrivit-il au marquis de Ganay, sans y être appelé. Si j'y trouve la nouvelle d'une victoire, je reviendrai ici, heureux et tranquille. Sinon, je me rendrai directement au grand quartier général, sans être sûr d'être bien accueilli par ceux qui font massacrer nos troupes en détail. »

Le départ de Changarnier ne tarda pas à être connu de la ville entière, la population accourut de toutes parts, acclamant le général, saluant unanimement sa noble résolution. Elle l'accompagna à la gare comme dans une sorte de triomphe. Sur le passage du train ces manifestations se répétèrent à plusieurs reprises.

Après s'être arrêté quelques heures à Paris pour voir le général Dejean, ministre de la guerre par intérim, Changarnier, poursuivant sa route, arriva à Metz à dix heures trois quarts.

A peine descendu de wagon, il prend à pied, et sous une pluie battante, le chemin du grand quartier général, établi à la préfecture. Il y pénètre d'un pas ferme.

« Où est l'Empereur? dit-il aux valets de pied de la cour.

— Il achève de dîner.

— Où est son appartement?

— Au premier étage, à gauche. »

Suivant ces indications, Changarnier ouvre la porte de la chambre à coucher de l'Empereur, et charge un domestique de l'avertir de son arrivée.

Il était à peine assis que Napoléon III entre, lui tendant la main.

« Sire, je viens partager le sort de notre armée! dit simplement le général.

— Tous les commandements sont donnés, répondit l'Empereur, mais nous serons tous heureux, cher général, de recevoir vos conseils. Je suis touché de votre dévouement. D'où venez-vous? »

Après avoir écouté le récit rapide de sa détermination et de son voyage :

« Cela ne m'étonne pas de vous, mais vous devez être affamé et fatigué!

— A l'hôtel de Metz, je trouverai un logement et un dîner. Mais, avant de m'y rendre, Votre Majesté veut-elle me permettre de lui demander quelques détails?

« Où est en ce moment Mac Mahon? Où est Failly? Le corps Douai est-il organisé et concentré? Frossard vous a-t-il rallié?..... »

L'Empereur, sous l'impression d'une émotion contenue, communiqua les renseignements qui lui étaient parvenus.

Sans découragement, sans critique pour les généraux, sur un ton de franchise bienveillante, exempt de récriminations, sans sortir de son impassibilité un peu fataliste, il laissait échapper ses réflexions au hasard de la pensée, passant des faits particuliers de la guerre à l'ensemble de la situation. On sentait un esprit déconcerté par les événements, mais croyant toujours aux retours possibles de la Fortune. Reprenant ses instances pour que Changarnier dînât au quartier général, l'Empereur sonna, donna des ordres et, peu d'instants après, il le conduisait jusqu'à la porte de la salle à manger, où se trouvaient réunis pour l'attendre les officiers de sa maison.

Tous prodiguèrent au nouveau venu des témoignages ardents de respect et de confiance; leurs inquiétudes non dissimulées paraissaient céder à des sentiments d'espérance, et le repas s'acheva, sans cesse interrompu par des questions échangées sur la situation présente.

Il semblait qu'un rayon de soleil fût venu tout à coup éclairer le quartier impérial, jusque-là enveloppé dans les ombres du découragement. Changarnier ne tarda pas à prendre congé de l'Empereur pour gagner l'hôtel de Metz, où quatre aides de camp du souverain et le marquis de Massa, son écuyer, l'accompagnèrent.

Le lendemain 9 août, de bonne heure, le général Castelnau vint inviter le général, de la part de l'Empereur, à visiter avec lui le 3ᵉ et le 4ᵉ corps à Faulquemont. La nouvelle de l'arrivée de Changarnier y était déjà parvenue aux troupes, qui lui firent un accueil des plus chaleureux.

C'était un spectacle singulier que celui de ce vétéran de nos gloires militaires se présentant à l'armée en redingote et en chapeau rond et retrouvant aussi intense, aussi énergique qu'au temps de sa puissance, l'expression de la confiance du soldat.

Le maréchal Bazaine rendit compte à l'Empereur de ses renseignements, dont la pauvreté consterna Changarnier. On ne savait presque rien, tant de l'ennemi que de nos propres corps d'armée.

L'Empereur demeurait impassible : pas un mot ne trahissait sa pensée. Changarnier le retrouvait tel qu'il l'avait connu de 1848 à 1851 ; il ne lui paraissait pas changé sous le rapport intellectuel.

Lorsque Napoléon III rentra vers quatre heures à Metz, les acclamations les plus enthousiastes saluèrent Changarnier; l'impression était unanime, la maison militaire de l'Empereur s'y associa avec les démonstrations les plus affectueuses, et son secrétaire, M. Piétri, serrant vivement les mains du général, s'écria : « Vous nous avez tous ressuscités! »

Le prince impérial fit, à son retour de Faulquemont, l'accueil le plus sympathique au général. Il lui laissa une impression dont il aimait à parler plus tard.

Malgré ses apparences et ses démonstrations réitérées de bienveillance, presque d'affection, l'Empereur persista à ne proposer à Changarnier aucun commandement.

A-t-il subi à ce moment l'influence de quelque conseiller peu clairvoyant? A-t-il été entraîné par les indications de l'opinion publique, poussée par son directeur du moment, M. Thiers, qui réclamait les nominations de Bazaine et de Palikao? Ces différentes causes contribuèrent à laisser dans l'inaction le dévouement et l'expérience du héros d'Afrique, obligé, pour revêtir les insignes de son grade, à emprunter des effets d'uniforme. Le maréchal Le Bœuf lui prêta un képi, le prince Joachim Murat une tunique, d'autres des épaulettes et ce qui était nécessaire pour attendre qu'il eût le temps de se pourvoir ailleurs.

Sous la pression des dépêches de Paris, qui demandaient impérieusement des changements, l'Empereur se décida à retirer au maréchal Le Bœuf les fonctions de major général de l'armée. Dans une pensée d'égards et de ménagements, il voulut que Changarnier fût témoin de son entretien avec le maréchal, lorsque celui-ci lui remit sa démission; mais il fit connaître formellement qu'il ne consentirait à aucune autre modification, ajoutant avec tristesse que Charles Ier ne s'était pas sauvé en sacrifiant Strafford.

Suivant son expression, Changarnier était donc réduit au rôle d'avocat consultant; il demeura sans commandement, sans solde, sans rations, n'ayant pour l'accompagner qu'un brigadier de chasseurs d'Afrique et un cavalier de remonte.

Dans peu de jours, il sera inscrit sur les états de situation du 3e corps, aussitôt après le nom du commandant en chef, sous cette désignation :

« Le général de division Changarnier, ami du maréchal. »

C'est dans cette position que le général assista à toutes les phases d'incertitudes et de tiraillements qui marquèrent les journées du 10 au 14 août. Refusant de se prêter aux entretiens particuliers que sollicitait le prince Jérôme Napoléon, dont l'attitude et le langage peu militaires le froissaient, il attendait avec angoisse le moment où on se déciderait à prendre un parti net et décisif.

Un instant, il avait été question de concentrer deux cent mille hommes au plateau de Hayes, entre Nancy et Toul. La position était formidable. L'ennemi ne serait pas arrivé à les en déloger, et, d'autre part, il se fût sérieusement exposé en leur prétant le flanc. Le projet fut abandonné, sous prétexte que le moment n'était déjà plus favorable à « ce grand dessein », comme l'appelait Changarnier.

Dans une conférence tenue dans l'après-midi du 10, au château de Pange, entre l'Empereur et les maréchaux Le Bœuf et Bazaine, il fut arrêté, sur la proposition de ce dernier, que, laissant Metz suffisamment occupé, l'armée gagnerait Châlons. Sous le commandement de Bazaine, elle devait essayer d'arrêter l'ennemi et, en cas d'échec, se replier sur Paris pour organiser une nouvelle résistance.

Afin de tirer de cette combinaison tous les résultats possibles, Changarnier aurait voulu que les ordres fussent donnés pour commencer le mouvement dès la soirée du 10. Il calculait que l'armée aurait gagné ainsi quatre jours d'avance sur l'ennemi, qu'en passant, dans la matinée du 11, sur la rive gauche de la Moselle, en amont de Metz, elle pouvait s'établir sur les hauteurs qui commandent la place ; qu'il était facile d'atteindre le 14 au matin Verdun et la vallée de la Meuse.

Mais aucune de ces dispositions ne fut prise, et, le 14 août seulement, le maréchal Bazaine, nommé depuis le 12 au commandement en chef de l'armée du Rhin, ordonna le passage sur la rive gauche de la Moselle, dont une crue soudaine avait couvert les ponts mobiles jetés par l'artillerie en aval de Metz, tandis que nous avions abandonné à l'ennemi le cours supérieur de la Moselle et le défilé de Gorze. L'armée entière dut traverser la ville au milieu d'un incroyable encombrement.

C'est pendant ce mouvement que les 48,000 hommes restés sur la rive droite furent attaqués vers trois heures et demie par la première armée allemande, sous les ordres du général Steinmetz. La bataille de Borny fut un incontestable succès pour nos troupes ; l'attaque des Prussiens fut énergiquement comprimée, et le passage de la Moselle put s'achever complètement.

Dans la matinée du 15, au moment où les têtes de colonnes se mettaient en mouvement pour occuper, au delà des forts de Plappeville et de Saint-Quentin, les plateaux que l'armée allait défendre avec une si glorieuse valeur, le maréchal Le Bœuf, succédant au général Decaen dans le commandement du 3e corps, rejoignit son poste.

« Il était accompagné de l'illustre général Changarnier, dit l'historique officiel du 3e corps. Le général, à la nouvelle de nos premiers échecs, était accouru à Metz pour mettre son épée à la disposition de l'Empereur, qui se montra vivement touché de cette noble démarche.

« Lorsque l'Empereur partit pour se rendre à Châlons, le général, voulant suivre les opérations de l'armée, s'attacha au 3e corps, dont le nouveau chef avait eu l'honneur de servir sous ses ordres en Afrique et à Paris. A dater de ce jour, entouré du respect et de l'attachement de tous, officiers et soldats, le général Changarnier suivit constamment la fortune du 3e corps, et partagea toutes ses fatigues, ses privations et ses dangers. »

Nous le suivrons rapidement dans cette longue et mémorable campagne, et nous montrerons, par les critiques qu'il émit sur la conduite des opérations à des heures décisives, que son coup d'œil sur le champ de bataille avait conservé toute la prompte justesse dont il avait donné des preuves historiques.

Le 16 août, dans la matinée, le prince Frédéric-Charles, afin de protéger les mouvements de son infanterie et de son artillerie, jeta vivement contre notre aile gauche toute sa cavalerie, dont l'attaque fut vigoureusement repoussée, sans empêcher cependant le déploiement de sept corps d'armée allemands.

Ceux-ci arrivaient en ligne à onze heures du matin, tandis que deux de nos divisions ne parvenaient pas à sortir avant la fin du jour du défilé de Lessy. Malgré notre infériorité numérique, nous n'étions pas entamés, et à trois heures la bataille était gagnée pour nous.

A ce moment, si le 4ᵉ corps avait reçu les renforts nécessaires pour achever de tourner l'aile gauche de l'ennemi, il eut, sans aucun doute, réussi à jeter les Prussiens dans la Moselle. Mais, le commandant en chef l'ayant laissé sans appui, le 4ᵉ corps ne continua pas son mouvement, tandis que le 3ᵉ corps, appelé par le maréchal Bazaine, demeurait dans une déplorable immobilité.

Pendant l'action, vers deux heures de l'après-midi, le vent d'un obus, passant très près de sa tête, enleva le képi du général ; son cheval, effrayé, se cabra à plusieurs reprises et, finalement, désarçonna son cavalier. Changarnier se releva en riant et se remit aussitôt en selle, au milieu des hourras des soldats qui applaudissaient à son sang-froid.

Au fond, la journée de Rezonville nous était favorable, l'ennemi avait été refoulé, après avoir essuyé de grandes pertes. Changarnier insistait donc pour que le maréchal Bazaine, profitant des avantages acquis, poussât dès le lendemain une attaque à fond. Son conseil n'ayant pas été accueilli, il demanda que, tout au moins, l'armée, qui avait une incontestable avance sur nos adversaires, prît la route de Châlons par la vallée de la Meuse.

Cet avis fut encore rejeté, sous prétexte que les vivres et les munitions manquaient, tandis qu'en réalité nous n'avions consommé que le quart de nos coups de canon et le sixième de nos cartouches d'infanterie ; nous disposions encore de plus de trois mille voitures chargées de vivres.

La douleur, la colère de Changarnier, en face de cette aveugle et pitoyable obstination, furent au delà de toute expression.

Le 17, monté à cheval à trois heures du matin, il assista au mouvement de retraite de l'armée sur les positions du Point-du-Jour, Châtel-Saint-Germain, Saint-Privat-la-Montagne et Verneville, pendant que les Prussiens, libres d'abréger leur route, concentraient leurs troupes sans obstacle.

Le 18, dès le matin, ils prenaient position devant nous, pendant que l'artillerie tout entière de deux corps d'armée allemands s'établissait sur la route de Gravelotte, en face de nos 2ᵉ et 3ᵉ corps. A onze heures, elle dirigeait un feu formidable sur le célèbre plateau de « l'Arbre mort », occupé par nos troupes; elle continuait jusqu'à la nuit son tir, pendant que les deux infanteries ennemies luttaient avec fureur pour s'emparer du bois et de la légère dépression de terrain qui séparaient les armées.

Vers quatre heures, le combat devint terrible du côté d'Amanvillers, où l'ennemi accumulait des forces considérables ; par les ordres du maréchal Bazaine, la garde impériale, son artillerie et les quatre-vingt-seize pièces d'artillerie de réserve restèrent immobiles, et notre aile droite, privée de ce secours nécessaire, dut se borner à une défense glorieuse.

D'un autre côté, notre aile gauche et le centre, conservant un avantage marqué, repoussaient les attaques réitérées de l'infanterie prussienne. La division Montaudon, soutenue par deux régiments, prononçait, vers six heures du soir, avec succès, un vigoureux mouvement offensif sur le centre ennemi.

Sur la proposition de Changarnier, le maréchal Le Bœuf se décidait alors à lancer son corps d'armée, soutenu par le deuxième, contre l'aile droite ennemie, lorsqu'à notre aile droite, le 4ᵉ corps, harassé de fatigue, manquant d'appui, fléchit tout à coup. Cette circonstance empêcha, à tort suivant Changarnier, le maréchal Le Bœuf d'exécuter son mouvement.

Le combat se prolongea jusqu'à dix heures du soir à notre gauche, où l'infanterie prussienne renouvela quatre fois son assaut après huit heures du soir, chaque fois ramenée bien au delà de la ferme du Point-du-Jour par nos vaillants fantassins.

Les 2ᵉ et 3ᵉ corps couchèrent sur le plateau qu'ils avaient si bravement défendu. Le maréchal Le Bœuf et Changarnier dormirent la tête appuyée à « l'Arbre mort ».

Toute la journée le général était demeuré en selle, courant les plus grands dangers ; un obus avait coupé les deux jambes de devant du cheval qu'il montait.

Telle fut, dans ses grandes lignes, cette mémorable et cruelle bataille de Gravelotte, pendant laquelle Changarnier avait nettement reconnu les fautes et les hésitations du commandement.

Suivant son expression, « le maréchal Bazaine eut le malheur de n'y pas assister ». L'armée dut obéir à des ordres antérieurs, soutenir la lutte sans la direction suprême et perdre les avantages qu'elle aurait pu incontestablement recueillir de ses succès au centre, à gauche, sur les deux tiers du champ de bataille, tandis que l'aile droite abandonnée, écrasée par le nombre, avait seule perdu du terrain.

Pour atténuer sa faute et « son malheur », le maréchal Bazaine essaya de donner à la bataille de Gravelotte la qualification de « défense des lignes d'Amanvilliers ».

Il préparait déjà la sentence douloureuse de l'histoire.

Dès le 19 au matin, l'armée était ramenée sous Metz et partagée sur les deux rives de la Moselle. Elle demeura ainsi jusqu'à la matinée du 26, pendant que le maréchal Bazaine, laissant s'écouler un temps précieux, restait sans volonté, sans projet, sans plan. Il fournit la preuve absolue de son absence de toute conception, lorsque, dans la matinée du 26, il donna l'ordre de se porter en avant de Saint-Julien-Belle-Croix, de telle façon que les 2ᵉ et 3ᵉ corps arrivèrent sur leurs positions plus de quatre heures avant que le 4ᵉ, le 6ᵉ, la garde, l'artillerie et la cavalerie de réserve fussent en ligne. Plusieurs heures se passèrent ainsi dans l'inaction. Enfin, vers une heure, le commandant en chef réunit en conseil de guerre, au château de Grimont, tous les commandants de corps d'armée. Au lieu de leur apporter des ordres, il leur demanda ce qu'il y avait à faire.

En vain le maréchal Le Bœuf s'éleva avec force pour obtenir la marche en avant; il fut résolu que l'armée serait de nouveau ramenée sous Metz.

Ainsi fut perdue, de l'avis de Changarnier, notre dernière chance de percer le rideau, à ce moment très affaibli, qui nous enveloppait, de recueillir rapidement des nouvelles de l'armée du maréchal de Mac Mahon et de la rallier deux jours au moins avant qu'elle fût engagée là où elle devait périr.

Le 31 au matin, l'armée vint de nouveau occuper les positions où elle avait été conduite le 26. On l'y laissa jusqu'à quatre heures du soir avant de donner l'ordre d'attaquer. Le combat, mollement conduit, faute de cette décision énergique qui impose la confiance et la victoire, demeura sans résultats. Il fut cependant marqué par le succès de deux divisions du 3ᵉ corps qui, sur les conseils de Changarnier, s'emparèrent de Noiseville et de Servigny.

S'engageant personnellement au plus fort de l'action, le général excita par son exemple et ses paroles l'ardeur des troupes :

« Je me rappelle de mes vieux temps d'Afrique, s'écria-t-il, économisez vos cartouches ! Allons, mes enfants ! A la baïonnette ! »

Une immense acclamation accueillit ces mots, auxquels répondirent des cris mille fois répétés de : « Vive Changarnier ! » L'élan, l'entrain, la généreuse émotion de tous à ce moment ont laissé dans la mémoire de ceux qui en furent témoins un souvenir dont nulle expression ne saurait rendre la puissance. « Ce fut, dirent-ils, comme un instant de triomphe ! »

Le général arriva vers onze heures du soir seulement avec le maréchal Le Bœuf à la ferme de Lauvallier, convertie en ambulance. Il passa la nuit dans une grange sur un matelas plein de sang. Le lendemain, il espérait voir reprendre le mouvement en avant, lorsque, après différents engagements, l'armée reçut l'ordre de battre en retraite. Changarnier rentra à Metz à cheval, à six heures du soir. Son cheval avait été blessé à neuf heures du matin par un éclat d'obus au genou gauche, au moment où le même projectile tuait à côté de lui le capitaine de Vaudrimey d'Avoust. Pendant ces rudes journées, il avait été non à l'honneur, mais à la peine, résistant à toutes les fatigues, à toutes les privations, à cheval de l'aube à la nuit, donnant l'exemple incessant des vertus dont son nom était depuis longtemps synonyme.

Malgré l'augmentation des forces allemandes autour de Metz après la catastrophe de Sedan, le général ne cessa pas de croire à ce moment, comme après la campagne, qu'il était alors pour nos troupes facile de forcer les lignes ennemies, que si le second, et surtout le troisième jour de la lutte, eussent été fort dangereux, l'opération aurait cependant réussi, à la condition que la volonté du maréchal Bazaine eût su relever et soutenir le moral très atteint de l'armée par des mouvements conduits sans but, sans suite.

« Alors, disait Changarnier, le *mens divinior* aurait animé tous les rangs, depuis le chef jusqu'au dernier tambour, et nous aurions fait la trouée pour gagner Langres et la vallée de la haute Seine. »

Le mécontentement était profond dans tous les rangs; souvent on répétait : « Ah! si Changarnier nous commandait! » Cette pensée ne tarda pas à se traduire dans un projet qui avait rencontré de nombreux adhérents; il s'agissait de déposer le maréchal Bazaine et de proclamer Changarnier commandant en chef de l'armée du Rhin.

Le général Clinchant, patriote ardent, prépara le complot, qui fut communiqué à Changarnier par le capitaine du génie Rossel. Ce jeune officier, qui périt si lamentablement plus tard, vint trouver le général au quartier du maréchal Le Bœuf, où il occupait une petite chambre basse et humide. Après l'avoir prié de consigner sa porte à tout visiteur importun, il lui dit textuellement :

« Mon général, le maréchal Bazaine trahit, il est d'accord avec les Prussiens pour leur livrer l'armée. Nous avons confiance en vous et toutes nos mesures sont prises pour le déposer et vous donner le commandement en chef. Les meilleurs généraux de l'armée sont à la tête de cette affaire, dont le succès est certain. L'un d'eux a choisi dans sa brigade cent cinquante hommes pour arrêter Bazaine, l'enfermer au fort Moselle où...

— N'allez pas plus loin, répliqua vivement Changarnier. Je devrais vous faire conduire devant le maréchal Bazaine, mais je veux être indulgent pour votre jeunesse, votre inexpérience et votre patriotisme troublé.

« Si les choses qui, selon vous, se préparent, se passaient dans quelque république de l'Amérique du Sud, il n'y aurait

pas lieu de s'en étonner. Mais si, en France, un homme
réputé honnête, et honnête en effet, arrivait au commandement en chef par une sédition militaire, c'en serait fait non
seulement de l'armée, mais de la société. Retirez-vous de
cette odieuse intrigue, qui n'aurait d'autre résultat que de
désorganiser et de déshonorer l'armée. Je vous promets le
secret, à la condition que vous serez plus sage à l'avenir. »

Deux heures après le départ de Rossel, Changarnier reçut
la visite d'un officier général haut placé et des plus respectés,
dont il convient de taire encore le nom.

« On va vous donner le commandement en chef, après
avoir déposé Bazaine, lui dit-il. Toutes les mesures sont
prises ; ceux qui mènent l'affaire se croient sûrs du succès et
seront ensuite suivis et soutenus par ceux qui ne veulent pas
se compromettre avant.

— Êtes-vous engagé dans cette affaire? » répliqua Changarnier.

— Non, mais tout le monde connaît mon attachement pour
vous, et je n'ai pu refuser de vous informer du grand mouvement qui se prépare.

— Votre confidence ne me surprend pas, reprit Changarnier.
Un jeune extravagant, que je ne nommerai pas, m'a déjà fait
connaître ce matin l'étrange projet dont on vous a chargé de
me faire part. Même assuré du succès, je ne me prêterais pas
à cette action criminelle. Examinons-en les chances :

« Le maréchal Bazaine n'a rien fait de ce que j'aurais fait
moi-même. Il ne m'inspire aucune sympathie. Avant-hier,
lorsque j'ai été le voir pour lui recommander le mérite et les
services de Valazé, il m'a reçu avec une politesse froide,
embarrassée. Il a été informé avant moi, n'en doutez pas, de
la conspiration qui le menace. Il n'est pas poltron et, sans en
rien laisser voir, il a sous la main de quoi se défendre contre
ceux qui prétendent le faire prisonnier ou le tuer. Je les
crois plus près que lui du fort Moselle ou de la fusillade.

« Supposez le succès et le général Changarnier proclamé
commandant en chef !

« Avec vous qui m'aimez, je ne ferai pas le modeste. Je

me reconnais le don du commandement à un plus haut degré qu'à aucun des généraux de cette armée. Mais, moins estimé désormais, je serai moins fort contre les mécontents, les jaloux et les factieux qui auront appris à se défaire d'un chef, quand il leur déplait. Me faudra-t-il aussi faire arrêter tel ou tel?.....

« Nous ne sommes pas bien commandés, j'en souffre trop pour le nier, ce n'est pas une raison pour nous déshonorer! »

En dépit de cet échec, la conspiration ne fut pas entièrement abandonnée. Le 20 septembre, le capitaine Rossel et un de ses camarades du génie vinrent déclarer à Changarnier que l'armée, n'ayant plus d'autre ressource qu'en lui, était à la veille de se soulever.

C'en était trop; le général remit sur-le-champ à la garde les deux conjurés, il les fit conduire au maréchal Bazaine qui se contenta, après une verte semonce, de les mettre en prison, où ils demeurèrent jusqu'à la capitulation.

Tels furent les seuls faits auxquels le nom du général se trouva mêlé; il ignora et le but et les agissements qui donnèrent lieu successivement au départ du général Bourbaki et et à celui du général Boyer.

Tout projet de sortie générale étant absolument exclu de la pensée du commandant en chef, il n'y eut plus d'autres affaires que de petits combats partiels, tels que le fourrage de Lauvallier le 22 septembre, le fourrage de Vany le 23, le vigoureux combat de Peltre le 27, les trois combats de Ladonchamps, dont le dernier, livré le 7 octobre, fut pour les troupes qui y furent appelées, notamment les chasseurs à pied et les voltigeurs de la garde, l'occasion de témoigner de leur incomparable ardeur.

Quoi qu'en ait pu dire l'état-major allemand, aucun de ces engagements ne masquait une tentative de sortie; la preuve formelle en est que les régiments qui y prirent part avaient marché sans leurs sacs, tandis que les hommes de corvée préparaient la soupe. Ces démonstrations n'eurent d'autre résultat que d'appeler les vengeances prussiennes sur les villages où l'ennemi avait été défait : Vany, Chieulle, Voippy,

Ladonchamps furent successivement brûlés, maison par maison, l'établissement même des Sœurs de charité à Peltre, qui avait recueilli tant de blessés et de malades ennemis, fut incendié par ordre.

A sa grande surprise, Changarnier vit le maréchal Bazaine entrer le 30 septembre dans sa pauvre chambre à Saint-Julien. La visite s'écoula en témoignages de courtoisie, sans que la conversation s'engageât sur aucun sujet important; il en fut de même pendant les entretiens que le général eut, sur son invitation, avec le commandant en chef à son quartier général, où il se rendit deux fois seulement pendant le reste de la campagne.

Dès le soir du combat du 7 octobre, le maréchal Bazaine informa, par une circulaire confidentielle, accompagnée d'un rapport du général Coffinières, gouverneur de Metz, les commandants de corps d'armée qu'en combinant les ressources de la ville et celles de l'armée on pouvait vivre encore neuf jours. Il les invitait à faire connaître cet état de choses aux généraux de division et à recueillir leur avis sur la résolution à adopter.

Les réponses remises le 9 au général en chef, en constatant que les chevaux de la cavalerie et de l'artillerie étaient réduits au quart de leur effectif, que pas un seul n'était en état de fournir un temps de trot de cinq cents mètres, affirmaient unanimement que l'infanterie, réduite à 66 ou 68,000 combattants, avait conservé toute sa vigueur morale; elles exprimaient, en grand nombre, l'avis qu'il fallait tenter un effort suprême pour sortir.

Au nombre des projets dont cette communication provoqua l'étude, nous devons citer celui du colonel Davoust, commandant le 95e de ligne. Il le développa, dès le 8 octobre, devant le maréchal Le Bœuf et le général Changarnier. Cet énergique et brillant officier en exposa plus complètement le plan les deux jours suivants dans des notes et des entretiens répétés.

Il proposait de tenter la sortie par la rive gauche de la Moselle, plus faiblement occupée par l'ennemi, de laisser à Metz tous les bagages, d'assigner pour point de rendez-vous aux colonnes la position qui s'étend de Doncourt à Sainte-Marie-aux-Chênes, de gagner la Meuse, qui couvrirait notre flanc gauche pendant la marche sur Commercy à Neufchâteau, pour atteindre ensuite Langres, où l'armée serait en communication avec Dijon.

A la voie héroïque, le maréchal préféra celle des négociations politiques. Nous n'avons pas à refaire l'histoire des pourparlers engagés en son nom à Versailles par le général Boyer; il faut noter cependant qu'en rendant compte au conseil de sa mission, cet officier général en représenta le succès comme possible. Il laissa espérer, pour base d'un traité de paix, la cession de la Basse-Alsace seulement et une forte indemnité de guerre, évitant ainsi à l'armée épuisée, décimée, la douleur de la reddition.

En face de cette perspective, le conseil autorisa le général Boyer à porter à l'Impératrice les ouvertures présumées du comte de Bismarck. N'écoutant que son patriotisme, ne songeant qu'aux malheurs de la France, Changarnier n'hésita pas à déclarer que, pour sa part, il serait reconnaissant à l'Impératrice, si elle sauvait le pays d'une mutilation plus grande et l'armée d'une capitulation.

On vécut ainsi dans la chimère de ces espérances jusqu'au 24 octobre. A cette date, le prince Frédéric-Charles notifia au maréchal Bazaine la dépêche de M. de Bismarck et la lettre du Roi Guillaume à l'Impératrice. Toutes les deux insistaient sur l'impossibilité d'arriver à des transactions que l'incertitude des dispositions politiques de l'armée de Metz, autant que de la nation française, rendraient pratiquement illusoires.

Ces négociations avec l'ennemi, jugées d'ailleurs par une sentence irrévocable, ne pouvaient avoir, dans la situation intérieure de la France, aucune issue; le Roi et son ministre, en définissant nettement les obstacles insurmontables qui les auraient annihilées, ne s'étaient pas trompés, et nous avons le droit de nous étonner qu'on ait pu espérer, fût-ce un seul instant, de les entraîner à une entente si contraire aux indications formelles des événements.

On reconnaîtra cependant qu'à l'exception du maréchal

Bazaine et du général Boyer, l'erreur ne fut pas sans excuses de la part des membres du conseil qui s'y associèrent. Isolés du reste de la France, on leur avait représenté le succès comme possible. Si on leur avait signalé les garanties réclamées par l'ennemi, on ne les avait pas renseignés sur les dispositions du pays, qui n'aurait jamais accepté les engagements souscrits par le gouvernement impérial.

Le 25 octobre, lendemain du jour où il avait reçu les dépêches du quartier général allemand, le maréchal Bazaine réunit un conseil de guerre, auquel il invita Changarnier. La cruelle situation de l'armée y fut longuement exposée et discutée.

La ration de pain réduite à cinquante grammes avait été supprimée; plus de riz, de pommes de terre ni de sel; pour toute nourriture, la viande de cheval; les hommes, la plupart sans abri, passaient la nuit debout ou, épuisés de fatigue, se couchaient dans la fange. Les chevaux n'étaient plus capables de marcher, même au pas. Une pluie diluvienne, qui ne cessa qu'en novembre, tombait sans discontinuité depuis le 12 octobre. Les souffrances de l'armée, dont l'esprit de dévouement ne s'était pas affaibli, dépassaient toutes celles endurées dans les sièges célèbres.

Le conseil reconnut à l'unanimité l'impossibilité de prolonger cette situation et la nécessité d'entrer en rapports avec le prince Frédéric-Charles pour connaître ses intentions. Il fut décidé qu'on lui demanderait un armistice avec ravitaillement et l'envoi de l'armée en Algérie, où elle serait neutralisée.

Sur la proposition du maréchal Canrobert, Changarnier fut désigné à l'unanimité pour remplir cette mission, qui coûtait tant à son cœur de soldat et de patriote.

Informé le même jour des résolutions du commandant en chef, le prince Frédéric-Charles répondit, le lendemain 26 octobre, au maréchal Bazaine :

« Quoique dans nos habitudes de guerre il soit difficile, dans les circonstances actuelles, que je souscrive à votre désir d'avoir une conférence avec le général Changarnier, je n'en ai pas moins résolu de me rendre à votre vœu, afin d'être agréable à Votre Excellence et de donner au célèbre général une preuve de mon estime, ainsi qu'à la vaillante armée française une marque de ma considération. »

Parti en voiture à huit heures du matin, Changarnier rencontrait, à dix heures, deux officiers de l'état-major du prince, qui l'accompagnèrent des avant-postes de Moulins auprès du commandant de l'armée allemande.

Le prince Frédéric-Charles reçut le général avec toutes les marques de la plus déférente courtoisie, en homme de guerre qui sait quel respect méritent les services du champ de bataille et la gloire des grandes réputations militaires.

Il rendit spontanément hommage à la vaillance autant qu'aux indomptables qualités de l'armée française ; il n'eut pas un mot, pas une intonation qui pût froisser la fierté militaire et les susceptibilités patriotiques de son interlocuteur, qui n'eût pas été endurant à cet égard.

« S'il en eût été autrement, a dit plus tard Changarnier à la tribune de l'Assemblée nationale, notre entrevue, qui dura trois heures, eût été beaucoup plus courte. »

L'entretien roula sur les différents épisodes de la campagne et des principales batailles qui avaient été livrées. Le prince, s'étonnant que le général ne figurât pas sur les cadres de l'armée, lui dit :

« Pourtant, général, vous avez commandé le 16 août?

— Il est seulement vrai, répondit Changarnier, que, sur mon conseil, l'aile droite de notre armée a exécuté un mouvement tournant qui n'a malheureusement pas été poursuivi. Ce mouvement compromettait singulièrement l'armée allemande.

— C'est juste, répondit Frédéric-Charles, car nous aurions été tous jetés dans la Moselle[1]. »

Sympathique à la douloureuse émotion du général, le prince ne lui cacha pas que ses demandes étaient exorbitantes ; il ne

---

[1] Le général américain Sherman, auquel le gouvernement français refusa de suivre les opérations de l'armée, fit la campagne avec l'armée allemande. Parlant du mouvement dont il est ici question, il déclara n'avoir jamais compris pourquoi on ne l'avait pas continué le 16 et le 17.

lui laissa pas l'espoir qu'il les transmettrait à Versailles. Il accueillit cependant la pensée de neutraliser un des bataillons de l'armée de Metz et de l'envoyer en Algérie avec son drapeau et ses armes.

Après avoir rappelé que les lois et les usages de la guerre prescrivaient la signature du traité à intervenir au quartier général allemand, il ajouta, « qu'en témoignage de son respect pour notre armée, il enverrait dans l'après-midi du 27, au château de Frascati, situé à égale distance des deux armées, le général Stichles, son chef d'état-major, priant Changarnier de désigner ce rendez-vous à un officier général muni des pleins pouvoirs du maréchal Bazaine ».

Dans la conférence que tinrent le lendemain le général Jarras et le général Stichles, notre major-général s'exagérant outre mesure la difficulté de choisir, puis de faire embarquer et voyager le bataillon qui serait neutralisé, n'insista pas avec l'énergie nécessaire sur la proposition de Changarnier. Cette clause glorieuse, qui avait des chances sérieuses d'être admise, ne fut pas insérée dans la convention.

Elle eût été désirable, lors même qu'il eût fallu renoncer à son application.

Après que les généraux Jarras et Stichles eurent apposé leur signature sur le cruel traité, le chef d'état-major allemand, dit en manière de conclusion :

« Le général Changarnier a fait sur le prince une impression profonde. S'il consentait, avant de quitter Metz, à venir encore une fois au château de Corny, le prince en serait reconnaissant. Il désire vivement cette nouvelle entrevue. »

Rapporté à Changarnier, ce message excita sa curiosité ; il ne crut pas devoir lui opposer un refus, dans l'espoir de trouver quelque occasion de rendre service à l'armée et au pays.

Accompagné du chef d'escadron d'état-major Musnier de la Converserie, il se rendit, le 29 octobre, à l'invitation de Frédéric-Charles et arriva à Corny à deux heures de l'après-midi.

Le prince accourut au-devant du général, le rejoignit dans l'escalier et l'entraîna seul dans le salon où il l'avait reçu trois jours auparavant. A ces marques d'empressement gracieux succédèrent d'abord des réflexions sur la persistance des pluies torrentielles, sur leurs inconvénients, puis des propos obligeants sur la vigueur du général; celui-ci s'impatientait intérieurement de la banalité de la conversation, lorsque le prince, prenant une attitude grave, lui dit tout à coup :

« J'ai rendu compte au Roi de notre entretien, qui l'a beaucoup intéressé. Voulez-vous aller à Versailles? Je vous en fournirai immédiatement les moyens. Le voyage ne serait peut-être pas inutile.

— Mais au nom de qui parlerai-je? Je n'ai les pouvoirs ni du gouvernement de la Défense nationale, ni de l'Empereur, ni de la Régente, ni de M. le Comte de Chambord. Je ne représenterais pas la France. Je ne pourrais parler qu'en mon nom.

— M. Thiers, reprit le prince, visite en ce moment toutes les cours de l'Europe.

— Oui, et il a tant d'esprit qu'il saura persuader à la France qu'il la sert utilement par ces démarches.

— Mais, général..... »

A ce moment, la porte s'ouvrit, et le maréchal Canrobert fut introduit. Il était à peine assis, que le prince Frédéric-Charles répétait avec les plus vives instances sa proposition, offrant de remettre à Changarnier un sauf-conduit pour Versailles, où il le ferait accompagner par un de ses aides de camp. Ses efforts demeurèrent inutiles, et le général, refusant avec une froide fermeté, se retira en disant :

« Je vous ai vu sympathique à ma douleur de patriote et de soldat. Je suis sûr que vous m'approuverez de ne pas me donner l'apparence d'un intrigant. »

Sur ces mots l'entrevue prit fin, et les deux interlocuteurs se quittèrent.

Le Roi de Prusse avait-il cherché à nouer une négociation dont le résultat pût fixer définitivement les avantages acquis, sans courir les chances de la guerre? S'était-il souvenu de l'empereur Alexandre traitant avec Napoléon Ier, pendant la campagne de 1814, malgré les succès des alliés, auxquels il répétait : « Le sort des armes est journalier! » Avait-il conçu quelques illusions passagères sur les dispositions de la nation à reconnaître un traité de paix conclu avec Napoléon III? Quoi qu'il en soit, il y a là une indication que les forces de la France, toutes décimées par la défaite qu'elles pussent être, étaient jugées encore capables de grands et peut-être victorieux efforts.

Rentré à Saint-Julien vers la fin de l'après-midi, le général sentait, pour la première fois de sa vie, les atteintes cruelles du découragement. Comme les officiers, l'entourant dans la cour du quartier général, lui racontaient différents traits de l'entrée des Prussiens : « Messieurs, leur répondit-il avec tristesse, vous en verrez bien d'autres ! »

Il eut la douleur d'assister à l'occupation de Metz par le vainqueur, à la remise de l'armée prisonnière en vertu de la capitulation; mais aussi la consolation d'être témoin du respect, du dévouement et de l'affection des soldats pour leurs chefs. Il vit les officiers allemands se montrer, en riant, près de la maison qu'il habitait, les arbres mangés par les chevaux. Sa hâte de s'éloigner de ce déchirant spectacle lui faisait attendre impatiemment le départ. Conformément aux stipulations qui accordaient aux officiers généraux le droit de choisir le lieu de leur internement, il se décida à se rendre à Francfort-sur-le-Mein.

Le 31 octobre, il se disposait à prendre congé de M. Émile Simon, dont il avait accepté depuis la veille l'hospitalité à Metz en quittant Saint-Julien, lorsqu'un aide de camp du prince Frédéric-Charles lui apporta un sauf-conduit pour les pays neutres, sans réclamer aucun engagement, même verbal. Touché de ce procédé, il résolut d'aller de nouveau demander l'hospitalité à la Belgique. Le 1ᵉʳ novembre, toujours accompagné du fidèle Antoine, il se dirigea sur Luxembourg.

Le voyage ne s'effectua pas sans difficultés. A Sarrebrück, il dut attendre toute la journée au buffet de la gare de pouvoir reprendre sa route. Un officier prussien, respectueux d'une si grande infortune, veilla lui-même à son embarquement, au transport de sa petite valise et de son sac dans le compartiment. Il télégraphia à Luxembourg pour assurer au général un logement chez un « conseiller », tous les hôtels étant bondés. Son hôte de hasard le reçut avec des égards dont il garda un souvenir de véritable gratitude. Enfin le 2 novembre, à deux heures de l'après-midi, Changarnier atteignait Bruxelles, où il prit possession d'un très modeste appartement, rue Fossé-aux-Loups.

Il y arrivait dans un véritable dénuement, pourvu du plus maigre bagage, sans un vêtement civil, et la bourse mal garnie d'un prisonnier de guerre. De telles misères n'étaient pas pour le toucher. Une seule pensée l'absorbait : recueillir des nouvelles de son cher pays, les détails de la lutte des armées en province, de la résistance de Paris, saisir quelque indice d'espérance dont son âme était avide.

« La glorieuse défense de Paris, écrivait-il le 5 novembre, a fait l'admiration de l'Europe. Dans la vaillante armée de Metz, à laquelle il a manqué un chef digne d'elle, on ne m'a pas donné de commandement. Réduit au rôle d'avocat consultant, je n'ai pu empêcher bien des fautes, et la plus lourde de toutes. Mais j'emporte l'affectueux respect des officiers et des soldats. En témoignage de leur estime, nos ennemis m'ont spontanément autorisé, sans que j'aie souscrit aucun engagement, à résider en pays neutre. Si j'étais élu à la prochaine Assemblée, j'y siégerais certainement sans blesser aucune des délicatesses de l'honneur. La fatigue, les privations, les généreuses émotions de la guerre ont retrempé mes forces physiques. Quant aux forces morales, je ne les crois pas près de faiblir. Je suis de ceux à qui Dieu semble réserver le bonheur de mourir debout ! »

Mais le destin était inexorable ; il fallut donc attendre, organiser tant bien que mal son existence, reprendre les occupations intellectuelles, seules capables de reposer quelques heures chaque jour sa pensée de la terrible réalité. Cette tâche coûta d'abord des efforts à son impatience ; elle lui fut rendue plus facile par les témoignages affectueux que lui apportèrent les amis d'autrefois.

Parmi ceux dont le sincère empressement lui fut le plus doux, il retrouvait le prince et la princesse de Ligne, dont il avait été souvent l'hôte à Belœil au temps de son exil, le général baron Gœthals, qui lui avait voué un ardent attachement, d'autres encore qui ne cessèrent pas de lui manifester leur sympathie. Quand le lieu de sa retraite fut connu, les lettres, les demandes de conseils, de direction, les informations affluèrent.

Sa généreuse attitude à Metz en face des intrigues, son patriotique dévouement, l'ardeur guerrière dont on l'avait vu animé avaient laissé dans l'armée et chez tous les officiers un souvenir intense. A toutes les questions, à toutes les démarches, il répondait avec une réserve opiniâtre ; il se refusait à exprimer sa pensée entière, notamment sur les événements de Metz.

« Tant que la justice militaire de mon pays, disait-il, n'aura pas déclaré que nous avons été conduits sciemment, volontairement à notre perte, je me refuserai à l'admettre ! »

Et il affirmait qu'une impéritie inouïe était la cause directe d'un désastre sans exemple. Dans un sentiment de respect pour l'armée et pour la France, il repoussait ces débats douloureux à son patriotisme ; il estimait le recueillement et le silence comme un devoir sacré, et il ne prenait la plume ou la parole que pour exhorter la patience de ses camarades ou de ses amis. Bien que l'histoire ait déjà signalé les marques de confiance qui lui venaient de l'armée, nous devons, pour ne rien paraître exagérer et sans découvrir les confidences que lui apportait le courrier de chaque jour, citer quelques fragments des lettres que lui adressaient un grand nombre d'officiers de l'armée du Rhin.

« Enfant de Saône-et-Loire, disait un officier interné à Hambourg, j'appartiens à ce département qui s'enorgueillit d'avoir donné à la France une des plus grandes gloires militaires du siècle. »

« Vous avez été si affectueux pour nous tous, écrivait un officier supérieur interné à Dusseldorf, que je crois pouvoir me permettre de vous témoigner une fois de plus le profond respect et les ardentes sympathies que vous avez inspirés à tous ceux qui ont eu l'honneur de vivre non loin de vous pendant cette campagne et de vous voir à tous les combats et batailles. »

« J'aurais tenu, avant de m'éloigner de vous, à vous exprimer, écrivait un colonel, prisonnier de guerre à Wiesbaden, les souvenirs de respectueuse sympathie et d'admiration que vous laissez dans nos rangs, et mon éternelle gratitude pour la bienveillance que vous n'avez cessé de me témoigner. Vous étiez près de nous le 18 août aux Génivaux, — à Noisseville et à l'Amitié, le 31 août et le 1er septembre, — et vous savez, mon général, ce qu'on eût pu faire avec de pareils soldats! Que n'étiez-vous à notre tête ! »

« Je conserve intactes, écrivait de Deux-Ponts (Bavière rhénane) un autre colonel, ma reconnaissance et mon admiration pour vos vertus, malheureusement si rares à notre époque. Je viens vous offrir un nouvel hommage de ces sentiments, fortifiés encore par l'infortune. »

« Nos chasseurs d'Afrique, disait la lettre d'un jeune officier général qui les avait glorieusement conduits à la charge, n'avaient pas oublié la visite que vous avez bien voulu leur faire dans leur campement de Metz. Ils m'ont souvent demandé de vos nouvelles. Ils n'ont pas été indignes de l'intérêt que vous leur aviez témoigné. »

Le maréchal Le Bœuf, dont Changarnier avait apprécié la droiture et la brillante bravoure, était de ceux qui éprouvaient une consolation véritable de s'adresser à lui, l'entretenant non de ses peines personnelles «qui disparaissaient si complètement, écrivait-il, devant les désastres publics », mais des intérêts de l'armée et des questions soulevées par la manie d'écrire qui s'était emparée de quelques officiers. Brochures, articles de journaux, surgissaient à chaque instant, au grand détriment de la discipline et de la dignité. Le général blâmait sévèrement ces publications ambitieuses, dont il qualifiait quelques-unes d'épileptiques, il refusait catégoriquement d'entrer dans ces tapageuses discussions; il voulait rester au-dessus des partis et des coteries.

Bien des espérances se tournaient vers lui; quelques-unes généreuses et dévouées, d'autres avides de confisquer au profit d'une combinaison politique la grande autorité de son incontestable renommée.

Dans l'entourage de Napoléon III, plusieurs personnages admettaient les chances prochaines d'une restauration impériale. L'Empereur lui-même partageait cette illusion; il se croyait désiré par les puissances, il affirmait que des lettres écrites de tous les points de la France le conjuraient de reprendre le pouvoir, il n'apercevait pas que l'armée, injustement offensée, ne lui donnerait pas son concours, il jugeait mal l'état du pays, il oubliait les responsabilités et les fautes accumulées, il se persuadait que, dans l'effondrement général, son retour répondrait aux vœux de la nation.

Toujours convaincu qu'il devait trouver son appui chez le soldat et chez l'ouvrier, il pensait entraîner l'un après avoir gagné l'autre, et nul n'était à ses yeux plus en état que Changarnier d'exercer sur l'armée une influence prépondérante en faveur de sa cause.

L'excès du malheur, comme l'extrême prospérité, fait naître trop souvent l'aveuglement. C'était en offrir un singulier exemple que de présumer la complicité du général pour relever un régime auquel il avait toujours refusé son adhésion, dont l'avènement lui avait coûté la perte d'une grande carrière, et la chute les douleurs et les humiliations les plus cruelles de sa vie.

Changarnier reçut donc des ouvertures formelles plusieurs fois répétées en novembre et décembre, suivies bientôt, malgré leur échec, de démarches plus actives et plus pressantes.

Le dimanche 1ᵉʳ janvier 1871, le général rencontra dans un salon un voyageur arrivé la veille de Wilhemshœhe, qui se fit présenter à lui et lui demanda un entretien pour le lendemain. Exact au rendez-vous, ce personnage, qui avait occupé d'importantes fonctions sous le dernier règne, lui exposa que les excès de la République assignaient un terme prochain à sa durée.

« D'un autre côté, disait-il, la réconciliation tentée à

Genève entre le Comte de Chambord et les princes d'Orléans a avorté ; sans eux, le représentant de la monarchie n'aurait aucune chance, et les princes de la branche cadette, populaires dans la bourgeoisie, sont absolument inconnus des paysans. Leur gouvernement, qui serait libéral, n'est pas désiré par l'Europe. Il ne reste, dès lors, que l'Empire, demeuré toujours populaire dans les campagnes, et qui n'a pas cessé d'être le gouvernement légal. La Prusse, qui ne lui a pas retiré sa reconnaissance officielle, lui accorderait des conditions de paix plus modérées qu'à aucun autre gouvernement.

— Ce ne sont là que des raisonnements, interrompit Changarnier, mais quels sont vos moyens d'action?

— Le lendemain de la capitulation de Paris, répondit l'interlocuteur, le ministère de l'Empereur.....

— Ah! fit le général, l'Empereur lui-même! il n'est donc pas vrai qu'il veuille abdiquer en faveur de son fils?

— Non, général, l'Empereur regarde comme nécessaire sa direction personnelle pendant quelques années avant de placer son fils sur le trône...

« Mais vous feriez de l'Empereur ce que vous voudriez. Ah! si vous saviez en quels termes il m'a parlé de vous!...

« Je vous disais que le lendemain de la capitulation de Paris, le ministère, dont le général Changarnier serait le président, et dont les autres membres seraient... (Ici des noms que nous ne rapportons pas), signerait le traité de paix et le soumettrait, en même temps que la restauration de l'Empire, à un plébiscite. Sept millions de voix seraient assurées. Vous convoqueriez ensuite une Assemblée. La réorganisation d'une armée proportionnée à notre situation financière s'imposerait immédiatement.

« Je pourrais vous proposer dès à présent la liste des préfets à nommer. Il serait à propos de grouper dans chaque région plusieurs départements, de donner à cette nouvelle circonscription un chef civil et de concentrer au lieu de sa résidence les principales autorités. Là, les délégués de ces départements se réuniraient chaque année en session pour traiter les affaires. Ce serait un moyen de reconstituer la vie provinciale. Un grand rôle vous incombe, général, l'acceptez-vous ? »

Changarnier, ainsi interpellé, répondit sur un ton qui dénotait clairement ses intentions :

« Dans votre opinion, il n'y a rien à faire avant la capitulation de Paris. Nous avons donc le temps de réfléchir et d'observer les événements. »

Quelques jours plus tard, le 10 janvier, une dame, fort amie de l'Impératrice, que Changarnier rencontrait quelquefois, lui dit :

« Vous avez vu M. X*** ?

— Oui, madame.

— Eh bien, croyez-moi, ce n'est pas avec l'Empereur que la Prusse veut traiter, mais avec la Régence et avec vous. L'Empereur est prêt à abdiquer et son fils doit régner.

— Vous m'étonnez, madame, reprit le général, la personne que vous citez arrive de Wilhemshœhe et m'a déclaré, tout au contraire, que la Prusse veut traiter avec l'Empereur.

— Cela pouvait être il y a quinze jours, mais il en est maintenant autrement. Mes informations sont positives, c'est vous qui gouvernerez », ajouta la dame.

Le lendemain, le visiteur du 2 janvier revint chez Changarnier. Sa conversation roula d'abord sur les mêmes considérations que la première fois.

A ses précédentes affirmations, il ajouta que le retour de Napoléon III était secrètement, mais affectueusement appuyé par l'Empereur de Russie. Le général lui ayant fait observer que ces renseignements étaient en contradiction avec le langage tenu par des amis dévoués de la famille impériale, qui prétendaient de leur côté que la Prusse était résolue à traiter avec l'Impératrice et le Prince impérial, l'interlocuteur maintint son dire.

« Je vous en donnerai la preuve, s'exclama-t-il, le jour où vous aurez consenti à accepter la grande, l'immense, la glorieuse tâche que vous seul pouvez accomplir !

— Retenez bien, monsieur, repartit avec animation le général, que je suis touché de votre conviction, de votre dévouement, mais que je ne saurais pas m'engager dans une telle entreprise, si contraire à mes antécédents et à mes affections. Je ne puis pas être sûr que ceux qui ont mis notre pays en si lamentable situation puissent seuls l'en tirer! »

Le jour suivant, autre visite : un messager intime de l'Empereur, se rendant de Wilhemshœhe en Angleterre, apportait, à son passage à Bruxelles, les compliments du souverain captif à Changarnier, lui demandant, sans préciser davantage, son concours pour l'aider à sauver la France.

Le 13 janvier, c'était bien autre chose, et Changarnier, extrêmement surpris, voyait entrer chez lui le prince Napoléon, qui lui annonçait son départ pour Londres, où il devait rencontrer des amis de M. de Bismarck.

« Il ne savait pas encore, disait-il, s'il devait souhaiter le retour de l'Empereur ou l'avènement du petit! »

De nouvelles informations ne tardaient pas d'ailleurs à dissiper quelques-unes des contradictions qui forment un des côtés piquants de cet épisode, et le général apprenait de source certaine que l'Empereur avait repris seul la direction de la politique et des intérêts de sa dynastie.

Mais l'aventure n'était pas au bout; elle ne trouva son épilogue que le 22 janvier. Ce jour-là, nouvelle visite, cette fois d'un personnage considérable et fort ancré dans la confiance de Napoléon III, dont il était aide de camp. Il était porteur de propositions fermes. Pour les développer, il pria le général de l'écouter sans l'interrompre.

Après lui avoir fait valoir la situation à part que donnait à Changarnier, tant en France qu'à l'étranger, non pas seulement sa grande renommée militaire, mais encore l'unité de sa vie, il poursuivit en disant :

« Avec vous, mon général, l'Empereur croit pouvoir aider la France à sortir de l'abîme; sans vous, je crois qu'il renoncera à ses projets. Vous ne voudriez pas traiter avec les Prussiens en guerre avec la France. Mais j'ai dans ma poche un sauf-conduit pour un anonyme très habile, agréable à M. de Bismarck, qui va discuter avec lui les conditions de la paix. Nous les examinerons à son retour. Nous sauverons peut-être la Lorraine. Mais il faut que nous soyons d'accord avant la chute de Paris.

« Le traité convenu sera promulgué le lendemain du jour où Paris aura ouvert ses portes. L'Empereur ne se pressera pas d'y rentrer. Il s'établira d'abord avec sa garde en province, à Compiègne probablement. Il y fera ratifier le traité par les grands corps de l'État, puis il convoquera une Assemblée nouvelle. Pour la politique intérieure, il vous en abandonnera la direction avec le titre que vous choisirez : premier ministre, lieutenant de l'Empire... Si vous nous refusiez, ce que je ne puis craindre de votre patriotisme, vous livreriez la France à une longue anarchie. »

Sans hésiter, Changarnier répliqua :

« Vous ne pouvez pas me faire un tableau trop sombre de la situation de mon pauvre pays. Je ne méconnais pas que, grâce aux extravagances dont souffre la France, l'Empereur peut avoir certaines chances. Lui rendre le pouvoir avec l'aide de M. de Bismarck ne me semblerait pas une opération très difficile. Je ne la tenterai pas. Je ne commettrai pas l'iniquité d'aider à replacer sur le trône le souverain qui vient de nous plonger dans un abîme de désolation. Je ne me brouillerai pas avec ma famille et mes amis pour employer mes dernières années à opprimer mon pays.

— Si je croyais, mon général, que tel doive être votre dernier mot, je le transmettrais à Wilhemshœhe, mais je n'y retournerais pas, dit le visiteur.

— Croyez, répondit fermement Changarnier, qu'en affaires mon dernier mot est toujours semblable au premier ! »

Trois jours après, le voyageur, dont nous taisons le nom, reprenait la route de Wilhemshœhe, sans essayer de revoir le général. Les renseignements qu'il y apporta, une connaissance plus exacte de l'opinion, de l'état du pays, modifièrent sans doute les espérances et les projets de l'Empereur; à dater de ce moment aucune autre démarche ne fut plus tentée auprès de Changarnier.

On avait fait fausse route, parce qu'on était mal informé sur les dispositions véritables de la France. L'aventure cessa en même temps que l'erreur, et celle-ci n'est pas un des moindres symptômes du désarroi général des idées à cette époque néfaste. Les événements fournirent bientôt une réplique péremptoire à de si téméraires tentatives, et les élections du 8 févier 1871, « les plus libres qui aient jamais eu lieu », a dit M. Thiers, montrèrent que la France cherchait sa route ailleurs.

Leur résultat causa un profond étonnement aux Allemands, dont les appréciations s'étaient exclusivement basées sur les faits de désordre trop nombreux pendant la guerre, sur les manifestations excessives ou criminelles des passions; ils avaient omis de faire entrer en ligne de compte l'unanimité de la défense, l'obéissance générale du pays à un gouvernement que la majorité réprouvait, l'élan des forces nationales dans une résistance valeureuse.

L'avenir leur ménageait d'autres surprises encore; ils croyaient à la ruine économique, financière, industrielle et militaire de la France, ils assistèrent au relèvement et à la reconstitution de ses forces. Ils la jugeaient capable de se jeter soudainement dans quelque effort violent pour réparer par la victoire des désastres inouïs, ils l'ont vue maîtresse d'elle-même, ne recherchant que les voies sages, n'écoutant que les conseils de la dignité et du bon sens.

L'Allemagne, préoccupée d'assurer les avantages de la campagne, était en réalité à la recherche d'un gouvernement en état de garantir les stipulations à intervenir, elle tâtonnait pour le trouver. Il ne saurait pas y avoir d'autre explication plausible aux pourparlers dont nous venons de raconter quelques phases ignorées.

Aux élections de février, quatre départements avaient élu Changarnier, qui se rendit sur-le-champ à Bordeaux où siégeait l'Assemblée. Beaucoup le croyaient appelé à jouer un rôle prépondérant; des ambitions plus remuantes furent couronnées de succès, et le général n'eut qu'une influence morale sur les délibérations qui allaient s'ouvrir. L'autorité de sa parole restait du moins intacte; en fait de patriotisme et d'honneur militaire, il demeurait aux yeux de tous le juge sans appel.

Le 1er mars 1871, lorsque l'Assemblée nationale fut appelée au devoir cruel de délibérer sur les conditions de la paix, la voix de Changarnier se fit entendre pour en demander l'acceptation, quelle qu'en fût l'amertume.

« Touchant au terme d'une longue vie, dit-il, je conserve une passion forte, l'amour de mon pays, et je viens simplement, respectueusement lui conseiller la paix. »

En quelques mots, il en définit la nécessité, rendit hommage au dévouement des négociateurs, les remerciant « de n'avoir pas désespéré des destinées de la France », et conjura les représentants du pays « de se défier des entraînements d'un patriotisme dramatique, désireux d'une fausse popularité ».

Il fit luire à leurs yeux les espérances de l'avenir.

« Oui, messieurs, oui, j'en ai le ferme espoir, s'écria-t-il, nous reverrons des jours meilleurs; nous mériterons le respect de l'histoire si, dans notre infortune imméritée, où notre honneur n'a pas péri, nous restons unis, calmes et dignes, surtout unis ! »

A peine le douloureux traité de paix signé, il semble que la suprême consécration de la défaite ait seule pu ébranler cette nature vigoureuse et, comme il l'appelait lui-même, « son vieux corps de bronze ». Il tomba sérieusement malade. Les soins dévoués de sa famille, de ses amis, ceux de son fidèle Antoine, — qu'on ne saurait assez louer, — ne tardèrent pas à le relever de cette crise pénible. Dans son modeste appartement du cours du Jardin-Public on voyait alors M. Thiers, sa femme et sa belle-sœur, venir chaque jour le visiter, l'entourer, lui apporter le secours de leur affection.

La convalescence commençait à peine, lorsque l'Assemblée et le gouvernement se transportèrent à Versailles; peu de jours après, Changarnier allait demander à l'influence bienfaisante du climat d'Arcachon l'achèvement de sa guérison. C'est là qu'il connut par une dépêche du ministre de la guerre le décret qui l'élevait à la dignité de grand-croix de la Légion d'honneur.

« Les services éminents du général Changarnier l'ont placé depuis longtemps au-dessus de toute récompense, disait le général Le Flô, dans le rapport qui précédait le décret; il me paraît utile cependant de donner aujourd'hui, pour l'exemple, à ce glorieux vétéran de notre armée un témoignage éclatant d'estime pour ses grands talents et ses hautes vertus militaires. Je vous prie en conséquence de vouloir bien décider que M. le général Changarnier sera élevé à la dignité de grand-croix de la Légion d'honneur. — Me pardonnez-vous, mon général? » ajoutait le ministre en transmettant à son ancien chef le document officiel.

Changarnier télégraphia sur-le-champ :

« J'avais oublié que je ne suis pas grand-croix. Je suis étonné, mon cher Le Flô, que vous vous en soyez souvenu. Je vous remercie de l'intention et de la rédaction. »

En même temps il écrivait au général Le Flô :

« Mon cher et bon Le Flô, l'idée de me donner la grand'-croix de la Légion d'honneur n'est pas de vous, mais je vous reconnais au préambule courtois du décret qui me concerne. Veuillez informer M. le président du Conseil que je n'accepte pas la grand'croix de la Légion d'honneur. Je vous serre très affectueusement la main. »

Si « le témoignage éclatant » que M. Thiers voulait rendre « à ce glorieux vétéran de notre armée » n'avait pas masqué l'intention certaine de l'exclure de tout rôle politique et de toute fonction officielle ou militaire, nul doute qu'il n'eût accepté avec la déférence qu'elle méritait cette grande distinction. Mais, dans cet acte du chef du pouvoir exécutif, Changarnier discerna nettement la pensée qui l'avait inspiré. Cela voulait dire : « Voilà tout ce qu'il y a lieu de faire pour vous! »

Le général ne prétendait ni aux dignités, ni aux profits, mais à la responsabilité d'un poste actif, il n'entendait pas qu'on lui notifiât ses invalides. En jetant les yeux autour de lui, il apercevait nombre de personnages tirés d'un repos dont la France n'aurait pas regretté la continuation, et il pouvait avec quelque raison s'estimer, lui aussi, un droit à une part de gouvernement.

Mais cette exclusion avait ses causes raisonnées. M. Thiers

ne voulait rien partager, il voulait agir seul et n'entendait pas se donner un collaborateur qui ne se fût pas contenté de suivre ses instructions ou de remplir ses vues. Il avait sur l'impulsion à donner au gouvernement du pays, à l'opinion publique, des idées arrêtées, il visait à un rôle de Washington civil, il ne voulait rien dans le tableau rêvé par son ambitieuse imagination qui pût troubler l'attitude qu'il s'y était réservée ou diminuer la place qu'il s'y était fixée. Changarnier était du petit nombre de ceux qui ne se seraient pas arrangés d'être simplement guidés, la route lui était donc barrée.

Pour expliquer son éloignement, on prêta au général des visées de pure vanité, on raconta qu'il boudait, qu'il voulait être maréchal de France.

Comment y croire, quand on se rappelle qu'il avait refusé cette haute dignité en février 1870? Comment l'en soupçonner, quand on connaît l'ardeur patriotique et le désintéressement qui le conduisirent à Metz, dont il aurait pu sortir à temps pour obtenir un commandement, qui ne serait peut-être pas demeuré stérile entre ses mains?

Si le gouvernement de la Défense nationale avait trouvé à sa portée un commandant d'armée de la renommée et de la valeur de Changarnier, il n'eût pas hésité à lui confier la conduite d'opérations importantes; ce serait absurdité d'en douter.

Un homme qui aurait eu au cœur autre chose que le sentiment d'un dévouement sans réserve au pays, dont l'esprit eût été accessible à des calculs personnels, aurait-il couru s'engouffrer à Metz? Y étant, eût-il consenti à y demeurer sans commandement?

Non, il fût revenu à Paris mettre en mouvement l'influence de ses amis, exciter l'opinion, se faire adopter par tous ceux vers lesquels se tournaient la confiance et l'espérance publiques, il n'eût rien épargné pour racheter vingt années d'inaction, pour forcer en sa faveur toutes les chances. Le rôle eût été moins noble, moins digne de ce stoïcisme et de cette générosité antiques qui étaient le fond du caractère de Changarnier; mais il est raisonnable d'admettre que les destinées de la France n'y eussent rien perdu.

L'histoire, qui a le droit de critique sur les conséquences des faits, regrettera, non pas l'exemple d'un dévouement héroïque, au-dessus de tout éloge, mais la privation pour le pays, à l'heure des revers, des services d'un talent militaire incontestablement de premier ordre ; elle jugera sévèrement les motifs qui l'ont fait écarter soit après l'ouverture des hostilités, soit à Metz, soit après la paix, de toute situation active.

« Que n'avez-vous commandé l'armée du Rhin ! écrivait à Chargarnier le général Vialla, ancien commandant du génie du 3ᵉ corps. La France eût été sauvée, et nous n'aurions pas subi toutes les humiliations qui nous ont été infligées. »

Si ce n'eût pas été à coup sûr le salut, ç'eût été du moins la gloire, même dans la défaite, et tel était véritablement le sentiment général de l'armée.

C'est le devoir d'un gouvernement vraiment digne de ce nom de s'appuyer sur le concours de tous les dévouements, de toutes les capacités, de mettre en œuvre toutes les aptitudes, de tirer parti de toutes les forces vives de la nation ; il manque à sa mission quand il sacrifie à des préoccupations de coterie les hommes dont les services eussent été utiles au pays.

Mais, si on avait pu lui retirer un rôle militaire ou politique, on n'avait pas pu lui enlever l'autorité, l'ascendant moral, le rang que lui accordait l'opinion de ses collègues de l'Assemblée. L'attention, le respect, les applaudissements se manifestèrent unanimes quand, à peine arrivé à Versailles, il prit, le 29 mai, la parole pour relever l'armée de Metz de la défaveur où l'avait entraînée l'impopularité méritée de son chef.

Avec la plus éloquente énergie il justifia l'armée du Rhin de tant de calomnies stupidement répétées. Dans la séance du lendemain, 30 mai, au milieu du silence de l'Assemblée, il retraça en termes émouvants les différentes phases de la campagne, rendit hommage à l'admirable valeur et à toutes les solides qualités de l'armée ; mais en précisant les fautes inouïes du commandant en chef, il déclara faux qu'il l'eût « volontairement, méthodiquement conduite à la ruine ».

Sa parole eut un immense retentissement; elle excita la reconnaissance des officiers; de tous côtés, le général reçut des lettres pour lui en offrir l'expression.

S'il avait développé entièrement sa pensée, il eût ajouté, comme il le répétait quelquefois dans l'intimité, que, dans son opinion, le maréchal Bazaine, persuadé qu'il pourrait tenir à Metz au delà de la durée de la guerre, comptait, à la paix, s'imposer à Paris avec l'armée pour proclamer un gouvernement à sa guise.

Cette appréciation demeure au moins probable, car sans une arrière-pensée secrète, la conduite du maréchal demeurerait dénuée d'explication possible, et il n'était pas homme à rester sans but, quelque chimérique qu'il pût être.

Le lecteur nous approuvera de nous limiter à une esquisse rapide de l'histoire politique des dernières années de la vie de Changarnier et d'omettre un grand nombre d'épisodes, même les plus importants. Ces temps sont encore trop rapprochés pour pouvoir les raconter sans blesser de justes susceptibilités, sans risquer d'effleurer de trop près les personnalités. Satisfaire sur ce point la curiosité publique serait fournir aux passions un nouvel élément de luttes et de disputes, commettre une mauvaise action en enrichissant les moyens dont elles ne sont que trop pourvues.

L'histoire attend, pour juger avec sang-froid l'époque à laquelle nous sommes arrivés, le moment où la polémique l'abandonnera.

Les péripéties inouïes de la guerre avaient porté un désordre prodigieux dans l'avancement des officiers. Il avait fallu créer des armées de toutes pièces et, pour leur constituer des cadres, donner des grades en dehors des prescriptions des lois et des règlements. Un intérêt supérieur en imposait la revision afin de régulariser les situations anormales. C'était un travail immense, d'une incalculable difficulté.

L'Assemblée en remit le mandat à une commission élue dans ses rangs, qui appela Changarnier à la présider. Huit mille dossiers lui furent soumis; leur examen donna lieu à autant de décisions. L'autorité qui s'attachait au caractère du général, sa renommée d'équitable impartialité, la confiance de l'armée en son exacte appréciation des droits et des services de chacun, contribuèrent à faire accepter des arrêts qui heurtaient plus d'une prétention.

Mais de quelles sollicitations les membres de la commission furent assaillis ! Certaines réclamations ne manquèrent pas de s'élever.

Un matin, un des amis du général le trouve se promenant fiévreusement dans son cabinet de travail ; en le voyant entrer, il s'arrête, se frottant les mains lentement avec une impatience difficilement contenue :

« Mon cher, lui dit-il à brûle-pourpoint, il y a un officier qui était au commencement de la campagne capitaine et chevalier de la Légion d'honneur, la fin de la guerre l'a trouvé colonel et commandeur de la Légion d'honneur. La commission l'a replacé au grade de lieutenant-colonel; il a trente-quatre ans, il n'est pas content, et il s'appelle...... »

Et Changarnier prononce lentement un nom fort inconnu alors, dont la notoriété n'a depuis connu aucune borne.

En imposant des mesures nécessaires à l'intérêt général, mais pénibles pour quelques-uns, le général rendit à l'armée et au pays un service capital ; il restitua à la discipline et à l'organisation régulière leur force et leurs droits.

Sans citer aucun de ceux qui se mêlèrent de recommandations auprès du président de la commission, on peut assurer que la liste en serait piquante, inattendue. On ne lirait pas sans surprise quelques épîtres dont le langage contraste avec la conduite tenue depuis par leurs auteurs. Ce sont là des ombres au tableau ; n'y portons pas la lumière et bornons-nous à recueillir au passage, à cause du juste éloge qu'elles expriment, quelques lignes adressées au général par M. Jules Janin :

« Si j'avais l'honneur de connaître un homme au-dessus de vous par toutes les qualités du courage, de la justice et de la grandeur d'âme, il me semble que je lui adresserais cette humble pétition du sous-lieutenant F... Ayez la bonté de lire ses états de service. »

C'est avec raison que M. Jules Janin faisait appel aux sentiments d'équité de Changarnier. Il ne cessa pas de s'en inspirer dans l'accomplissement de cette délicate mission, dont il disait, en écrivant au général Pourcet :

« Dans ma longue vie, employée tout entière au service de la France, je suis sûr de n'avoir jamais été plus utile que dans cette présidence de la commission de revision des grades, attaquée tous les jours par ceux auxquels elle enlève des grades mal acquis. »

Les hésitations de l'Assemblée sur un programme défini de gouvernement, la persistance des divisions les plus aiguës causaient à beaucoup de bons esprits les plus vives appréhensions. De ce nombre était le comte de Falloux, dont la juvénile ardeur ne s'accommodait pas des retards.

« Une bataille décisive, écrivait-il le 12 janvier 1872 à Changarnier, va bientôt s'engager : celle de Paris et de Versailles. Tous les regards en France vont se tourner vers vous, car toute question de vie ou de mort pour l'Assemblée est une question de vie ou de mort pour notre infortuné pays. Vous avez bien senti, à la signature de la paix, que c'était l'homme dont la vaillance était le plus hautement reconnue qui devait en adoucir l'amertume en en acceptant la responsabilité. Un devoir analogue vous appartient encore ici, car c'est la pacification intérieure qu'il s'agit de consolider ! »

« L'heure d'une lutte suprême est-elle aussi proche que vous semblez le croire? répondit le général; elle réveillerait les conservateurs très courageux, mais divisés, qui s'étiolent dans de tristes discussions de partis. Je redoute pour eux la pourriture d'hôpital ! »

Malgré la sévérité de l'expression, cette lettre méritait d'être notée, en même temps que ce succinct échange de vues très différentes sur les probabilités de l'avenir. Changarnier les jugeait plus exactement. Assidu aux travaux de l'Assemblée, à sa vie intérieure, très écouté de ses collègues, il ne se méprenait pas sur la force et sur la nature des courants qui emportaient le pays. La séance du 28 mai donna à ceux-ci une nouvelle occasion de s'affirmer.

Au cours d'une discussion, le colonel Denfert-Rochereau n'ayant pas craint de dire que la discipline écrite dans nos règlements ne conduisait qu'à l'abrutissement, l'indignation de Changarnier éclata.

« Vous vous appelez Metz et nous nous appelons Belfort ! cria avec colère le colonel.

— Je m'appelle tout simplement Changarnier », riposta d'une voix ferme le général, aux applaudissements de l'Assemblée.

L'injurieuse apostrophe du colonel Denfert-Rochereau provoqua sur sa défense de Belfort les débats les plus vifs.

Pendant l'année 1873, si fertile en mémorables événements, Changarnier ne manqua pas de donner des preuves de son patriotisme et de son désintéressement.

En attendant le moment où l'histoire pourra les raconter sans réserves, nous nous bornerons à les signaler en quelques mots.

Lorsque M. Thiers se détermina à accentuer l'orientation politique qu'il s'efforçait de faire prévaloir, la majorité de l'Assemblée lui refusa son concours, et la lutte éclata avec une telle intensité qu'elle entraîna la chute du Président de la République. Un grand nombre de députés songeaient à appeler Changarnier à occuper les hautes fonctions qui allaient être vacantes, le mouvement des idées et des sympathies semblait se porter vers lui; il n'en éprouvait aucun déplaisir et semblait souhaiter au fond du cœur la direction des affaires, où il aurait été à même de servir activement son pays.

Dans une des réunions parlementaires tenues pour aviser au choix d'une candidature, un député prononça le nom du maréchal de Mac Mahon. Le général déclara, avec un empressement plein de dignité, qu'il ne consentirait pas à être le compétiteur du maréchal, qu'il lui donnerait son appui, et qu'il ne voulait pas que son nom pût servir aux divisions des partis. Les paroles qu'il fit entendre, les sentiments généreux qu'exprimaient son langage autant que son attitude, ont laissé dans la mémoire des assistants un souvenir encore vivant. Il vit le pouvoir s'éloigner de lui sans regrets, sans envie, sans dépit, parce qu'à toute heure, et en toutes choses, il ne songeait qu'à ce qu'il croyait être l'intérêt général de la France.

Nous passerons sous silence les déceptions qu'il éprouva lors des négociations engagées pour la restauration monarchique ; nous n'avons pas davantage à rappeler sa déposition devant le conseil de guerre de Trianon. La sentence fut conforme au sentiment de Changarnier.

« Vous avez fait entendre à l'Europe attentive, écrivait-il le soir même du 10 décembre 1873 au général Pourcet, une éloquence admirable, inspirée par la conscience et le patriotisme. Vous avez été supérieur à votre grande et terrible tâche. L'armée et tous les gens de cœur et de goût vous rendent justice et vous admirent. »

A dater du moment où l'Assemblée rebroussant chemin s'engagea dans une voie bien différente de celle qu'il avait souhaitée, les chances d'un rôle de premier plan étaient fermées pour Changarnier. Il s'enferma donc dans l'accomplissement régulier de ses fonctions de député, plus tard de sénateur, cherchant à faire le bien, ne négligeant aucune occasion d'être utile, bien que son crédit fût au-dessous du médiocre auprès des régions officielles. Chaque matin il faisait le voyage de Versailles, ne cessant pas de prendre une part laborieuse aux travaux parlementaires.

Un jour, au sortir de la séance, comme il cherchait sans la trouver une voiture pour regagner le chemin de fer, il fut rencontré par un fiacre occupé par quelques-uns de ses collègues.

« Voulez-vous nous faire l'honneur de monter avec nous, général? » dit Gambetta en mettant la tête à la portière.

Et comme Changarnier, voyant toutes les places remplies, paraissait hésiter :

« Est-ce que nous vous ferions peur? ajouta Gambetta.

— Peur, jamais! riposta en riant le général,... mais quelquefois horreur! »

Après un petit combat de politesse, Changarnier accepta la place d'un des députés qui monta sur le siège.

« Celui de nos collègues qui vient de nous quitter ne serait-il pas M. L...? » dit-il.

Et sur une réponse affirmative :

« N'est-ce pas lui qui m'a appelé vieux bâton de cosmétique? ajouta-t-il gaiement. Eh bien, voyez si cela est vrai ! Regardez ! hein? quelle plaisante calomnie ! »

Le trajet s'acheva dans un échange de propos de bonne humeur également partagée.

La gaieté était du reste dans la nature de son esprit. Elle ne l'abandonna pas plus que sa foi dans la fortune de la France.

Un vieux général de ses amis fort abîmé par les ans étant venu le voir, la conversation tomba sur la possibilité de succès militaires qui rachèteraient quelque jour les désastres de la dernière campagne.

« Quand cela arrivera, mon général, fit le visiteur, il y aura bien longtemps que nous mangerons les fraises par le pied !

— Parlez pour vous, mon cher, car pour moi je compte bien y être ! »

Il soutenait volontiers que vivre est affaire de volonté, et que mourir provient toujours d'un moment de distraction. Il prétendait sous ce rapport prêcher d'exemple, et il est certain que son énergie n'était pas le moindre secret de sa robuste santé.

Fidèle à l'amitié, qui est le plus grand secours contre les peines de la vie, il ne cessa pas d'y trouver des consolations dont son cœur était fier. Dans ses lettres, ses entretiens, partout domine la même préoccupation : l'avenir de la France. A ceux qui en désespéraient il reprochait leur funeste et coupable découragement; il leur citait volontiers comme exemple les dernières paroles de M. Guizot mourant, les préoccupations pleines de grandeur qui avaient agité ses derniers moments :

« Servez bien la France, c'est un grand pays, murmurait-il, ... pays inconstant, incertain, difficile à servir ! »

« L'amour de la Patrie ne doit nous quitter, disait le général, qu'avec le dernier souffle ! »

« Avez-vous quelquefois pensé, écrivait-il encore, à la

somme de richesse et de prospérité que la douceur du climat et des mœurs, l'attrait de la conversation et des arts auraient accumulée en France, si elle s'était abstenue des révolutions qui l'ont tant de fois bouleversée depuis un siècle?

« L'excès du bonheur l'aurait peut-être amollie et dépravée plus qu'elle ne l'est aujourd'hui. Nous avons beaucoup de méchants, mais les hommes de bien ne sont pas rares. Il ne leur manque qu'un chef d'État capable de s'en servir et de les diriger. Les masses populaires ne demandent qu'à être gouvernées. En France, les lois ont tout juste la valeur des hommes chargés de les appliquer. »

L'armée était, à ses yeux, le meilleur instrument de régénération pour le pays, où elle reflète et propage toutes les idées de dévouement, de patriotisme, d'abnégation, de discipline, de sacrifice, de travail, de zèle pour sa gloire.

« Si l'armée revient à ses traditions, disait-il, ses malheurs ne seront pas irréparables. »

Il suivait donc avec une attention passionnée ses travaux, ses efforts et ses développements; il les examinait et les discutait avec une compétence sans cesse alimentée par ses propres études. Son suffrage demeurait recherché, bien qu'il fût dépourvu de toute sanction officielle. Au milieu de beaucoup d'autres témoignages analogues, nous avons sous les yeux les lettres des membres des commissions chargées du remaniement des règlements de manœuvres.

« Nous serons fiers, écrivait l'un d'eux, en lui envoyant le travail arrêté par la commission, si votre haute approbation encourage notre première publication. »

Pour la dernière fois, au mois de septembre 1876, Changarnier assista à des manœuvres militaires; il visita celles exécutées à cette époque par le 8ᵉ corps d'armée. Comme il avait écrit au général Ducrot pour le féliciter des progrès accomplis, celui-ci répondait :

« Je suis très heureux que les manœuvres du 8ᵉ corps aient mérité l'approbation du maître...., car vous êtes mon maître en l'art de la guerre, c'est à votre excellente école que j'ai puisé les premières notions du métier des armes et, si je vaux quelque chose, c'est à vous que je le dois. Je ne saurais l'oublier et je saisirai toujours avec empressement l'occasion de vous exprimer ma profonde reconnaissance. »

Il passa encore l'automne dans son cher Autun, où il avait tant de joie à retrouver ses parents, ses amis, tous ceux à qui son cœur était attaché. Suivant son habitude, il les réunit à plusieurs reprises à déjeuner, repas toujours animés par sa verve, son esprit, son entrain et ses mots piquants. Il aimait la jeunesse, car son corps seul avait vieilli ; il se plaisait dans sa société et lui marquait en chaque circonstance une bienveillance simple et paternelle.

Il se piquait de courtoisie, de bonne grâce, il mettait volontiers dans cette attitude une véritable coquetterie. Il détestait le sans-gêne, et ne pouvait pas souffrir l'impertinence. Il tenait aux égards et n'admettait pas qu'on les lui accordât parcimonieusement. Très absolu dans sa manière de voir, dans ses opinions, il n'était pas fait pour la discussion, pour les longs débats, mais pour le commandement.

On lui a quelquefois reproché quelque brusquerie, un esprit un peu entier. Mais ce n'étaient là que mouvements de vivacité, attachement trop ardent peut-être aux démonstrations de sa propre raison, à ce qu'il pouvait regarder comme un devoir. Indulgent aux autres, il avait la haine de l'égoïsme, des basses intrigues, des faiblesses capables d'entacher le caractère. Sur ce point il était intraitable, et rien au monde n'eût pu le faire revenir.

Ces rares et généreuses qualités, qui s'affirmaient dans les formes les plus courtoises, n'avaient pas, il est vrai, le charme de la douceur; la volonté toujours énergique s'irritait facilement contre l'obstacle, l'esprit prompt à la réplique était capable de susceptibilité. Mais l'affabilité, la déférence avaient facilement raison de sa naturelle impatience, il était sensible à leur charme, qui exerçait sur lui une prompte fascination.

Un jour, à Autun, la conversation avec un de ses proches parents s'engagea sur une question politique. Comme il ne parvenait pas à faire accepter son avis, il s'emporta et se laissa

aller à dire : « C'est absolument bête ce que vous racontez là ! »
Le même soir, il saisit une occasion de prendre à part son interlocuteur de la journée, et l'embrassant tout à coup, il s'écria : « Mon cher, je vous ai fait de la peine, oubliez-le, je le regrette, vous savez que je vous aime bien ! »

La franchise, la constance, la bonté étaient les traits de son amitié. Jamais il n'y manqua. La sûreté de ses rapports était invariable. Il s'attachait difficilement, mais, une fois le lien établi, sa solidité était à toute épreuve. S'il est quelques amis dont il s'est séparé, la rupture a tenu à des mécomptes dont il ne fut pas l'auteur.

Généreux, charitable, il aimait à soulager l'infortune, souvent il s'imposa de lourds sacrifices pour secourir des malheureux. Il faisait le bien en silence. Entre beaucoup d'autres demandes, nous mentionnerons une lettre adressée au général par le fils du commissaire de police qui l'arrêta au 2 décembre, pour solliciter de lui, plus de quinze ans après, un subside et une recommandation pour un emploi. Sans hésiter, Changarnier accorda l'un et l'autre.

Que lui a-t-il manqué pour rendre à son pays tous les services dont était capable une organisation à tant d'égards si complète ?

Peut-être est-ce un peu de la souplesse nécessaire pour étendre son action et son influence, établir l'entente entre des éléments divers, se montrer ferme envers les uns, insinuant avec les autres, se plier aux nécessités des caractères ou des événements, entraîner autrement que par le commandement et l'autorité.

S'il avait connu cet art difficile, il eût été aussi complètement homme de gouvernement qu'il était homme de guerre.

En nous arrêtant sur la dernière page de sa vie, nous devions ajouter ces traits à la peinture de son caractère, à son portrait, tels qu'ils résultent du récit de sa longue existence. Celui-ci nous a fait connaître le général, le politique et, nous avons le droit de dire, le patriote toujours fidèle et convaincu ; il témoigne sans interruption de l'unité de sa vie, qui fut sans défaillances, de sa passion infatigable pour le service de la France, qu'aucune vicissitude ne découragea. Les mêmes sentiments qui avaient animé toute sa carrière fortifièrent ses derniers jours, également soutenus par les consolations et les espérances de la religion.

Comme d'habitude, il avait porté à ses amis ses félicitations du jour de l'an, rien n'indiquait que sa santé fût altérée, lorsque tout à coup, le 25 janvier 1877, pendant qu'il s'habillait, il fut frappé d'une attaque soudaine, suivie d'une assez longue syncope. A peine revenu à lui, il tomba dans une sorte d'engourdissement somnolent qui dura jusqu'au soir. Le lendemain on accourut de toutes parts, mais ces visites nombreuses parurent le contrarier tout d'abord. Il disait qu'il n'y comprenait rien, qu'il n'était pas malade, il l'envoya même démentir par les journaux et écrivit à sa famille pour l'assurer que de faux bruits avaient été répandus sur sa santé.

Mais la menace était trop évidente pour ne pas appeler les plus vives sollicitudes. M. le duc de Nemours, le comte Paul de Périgord, la comtesse de Montalembert, née Mérode, le marquis et la marquise de Ganay, derniers survivants d'une phalange depuis longtemps décimée, le pressèrent de remplir ses devoirs religieux, de confier par des actes son sort aux mains de Dieu.

Loin d'être effrayé de cette pensée, il l'accueillit avec la ferme simplicité qu'il apportait à chacune de ses résolutions. Il souscrivit sans peine à la visite d'un prêtre de la paroisse de Saint-Philippe du Roule et reçut les sacrements avec une foi pleine de générosité.

A la nouvelle de sa maladie, les journaux ne tardèrent pas à être remplis de détails, d'anecdotes sur sa vie et sur sa carrière. L'un d'eux, pour satisfaire la curiosité publique, toujours avide de pénétrer dans l'existence intime des hommes en vue, publia une description minutieuse de son modeste appartement de la rue de la Baume. L'article ayant passé sous ses yeux :

« Ils ont oublié, dit-il à M. de Ganay, ce qu'il y a de plus beau dans ma chambre : mon beau Christ! Cela ne saurait me surprendre, car la pensée de Dieu ne les touche pas! »

Cependant, une amélioration paraissait s'établir et le général reprenait ses habitudes d'occupation, sans pouvoir toutefois sortir. Mais ce court répit était, cinq jours plus tard, interrompu par un nouvel accident, moins intense que le premier. Les traces en restèrent néanmoins plus sensibles; la physionomie était changée, l'œil errant, la pensée parfois vague et indécise. Malgré tout, il voulut dominer la crise, et, le lendemain, il essayait de se remettre à ses lectures et à sa correspondance.

L'effort était déjà au-dessus de ses forces, l'esprit échappait à la volonté, il recommençait ses lettres. Entouré de ses amis qui venaient le voir chaque jour, il les accueillait avec la même bienveillante affection, le même regard aimable et souriant; il trouvait dans leurs soins une consolante douceur, s'entretenant avec eux de tout ce qui pouvait les intéresser, leur donnant l'exemple d'une indomptable énergie et d'une foi invincible.

« Charles, dit-il au marquis de Ganay en lui montrant son Christ, voilà mon guide! »

Le 14 février, à onze heures du matin, une nouvelle attaque survint. Le général resta toute la journée dans son fauteuil, où il semblait dormir. Vers la soirée, on le replaça sur son lit; mais il avait déjà cessé de donner aucun signe de connaissance, ses yeux s'étaient fermés, et, peu à peu, sans agonie, la respiration baissant par degrés, il expira au milieu de la nuit.

Trois jours après, sa dépouille mortelle recevait à l'église des Invalides les honneurs des funérailles nationales. Le Président de la République, les ministres, tous les grands corps de l'État, la garnison de Paris tout entière sous les armes, vinrent, au nom de la France, témoigner par leur présence des regrets unanimes et payer à sa mémoire un tribut d'hommages mérités.

A Autun, où il fut inhumé dans le paisible cimetière de la ville, l'éloquent évêque du diocèse prononça dans la cathédrale son éloge funèbre en termes dignes de ce grand serviteur du pays. Développant le texte emprunté au livre des Machabées :

« Usque ad mortem pro legibus, templo, civitate, patria et civibus[1] », il fixa, pour la postérité et pour l'histoire, les traits sous lesquels vivra à jamais la figure de ce glorieux capitaine, de ce Français si passionnément épris de la Patrie.

[1] Mgr Perraud, évêque d'Autun, de l'Académie française. Éloge funèbre du général Changarnier, 18 février 1877.

RELEVÉ

DES

ÉTATS DE SERVICE DU GÉNÉRAL CHANGARNIER

Garde (rang de lieutenant) dans les gardes du corps du Roi (compagnie de Wagram), le. — 10 janvier 1815.
Lieutenant à la légion départementale de l'Yonne (devenue 60e régiment de ligne), le. — 30 novembre 1815.
Passé au 1er régiment d'infanterie de la garde royale (rang de capitaine), le......... — 9 octobre 1825.
Capitaine au 2e régiment d'infanterie légère (rang du 9 octobre 1825), le.......... — 20 décembre 1828.
Chef de bataillon au 2e régiment d'infanterie légère, le......................... — 31 décembre 1835.
Lieutenant-colonel du 10e régiment d'infanterie de ligne, le..................... — 5 janvier 1837.
Passé au 2e régiment d'infanterie légère, le. — 15 janvier 1837.
Colonel — — le. — 27 août 1839.
Maréchal de camp, le.................. — 21 juin 1840.
et mis à la disposition du gouverneur général de l'Algérie.
Commandant la 1re division d'infanterie, le. — 15 mai 1841.
Commandant les provinces de Milianah et de Médéah, le....................... — 17 juillet 1842.
Lieutenant général, le................. — 9 avril 1843.
Commandant la division de Tittery et de Milianah.
Inspecteur général, pour 1843, du 19e arrondissement d'infanterie, le................ — 11 juin 1843.
Cesse de commander la division de Tittery et de Milianah, le..................... — 11 août 1843.

Inspecteur général, pour 1845, du 20e arrondissement d'infanterie, le............. 24 mai 1845.
Inspecteur général, pour 1846, du 10e arrondissement d'infanterie, le............. 27 mai 1845.
Inspecteur général, pour 1847, du 16e arrondissement d'infanterie, le............. 11 juin 1847.
Mis à la disposition du gouverneur général de l'Algérie, le.................... 17 septembre 1847.
Commandant la division d'Alger, le..... 6 octobre 1847.
Gouverneur général de l'Algérie par intérim, le................................ 3 mars 1848.
Ordre de rentrer en France pour recevoir une destination, le.................... 13 mars 1848.
Gouverneur général de l'Algérie, le..... 29 avril 1848.
Commandant en chef les gardes nationales de la Seine, l'ensemble du palais des Tuileries et du Louvre, le................ 29 juin 1848.
Mis à la disposition du ministre de l'intérieur et maintenu dans son commandement, le..................................... 19 juillet 1848.
Commandant en chef les gardes nationales de la Seine et les troupes de la 1re division militaire, le.......................... 20 décembre 1848.
Cesse de commander les gardes nationales, maintenu commandant en chef des troupes de toutes armes stationnées dans la 1re division militaire, le....................... 19 mai 1849.
Commandant supérieur des gardes nationales de la Seine, et commandant en chef des troupes stationnées dans la 1re division militaire, le............................ 13 juin 1849.
A cessé ces fonctions, le................ 9 janvier 1851.
Retraité, le............................ 4 août 1852.
Décédé, à Paris, le 14 février 1877.

Décorations.

Chevalier de la Légion d'honneur, le.... 1er novembre 1823.
Officier, le............................ 15 février 1840.
Commandeur, le........................ 28 mai 1841.
Grand officier, le...................... 5 avril 1849.

Campagnes.

1823, en Espagne ; 1830, 1835, 1836, 1837, 1838, 1839, 1840, 1841, 1842, 1843, 1847. 1848, en Afrique; 1870, armée du Rhin.

Blessures.

Forte contusion à la clavicule droite par suite d'un coup de feu, le 24 novembre 1836, sur le plateau de Mansourah, au milieu de son bataillon formé en carré.
Blessé d'une balle à l'épaule à l'affaire du col de Mouzaïa (Afrique), le 4 avril 1841.

Citations.

1823, 24 juillet. — Jorba.
1823, 14 août. — Caldès.
1839, 28 mai. — Expédition de Médéah.
1839, 4 juillet. — Expédition de Milianah.
1840, 6 janvier. — Pour la vigueur et l'aplomb avec lesquels il a enlevé les troupes sous ses ordres au combat livré à Abd-el-Kader, le 31 décembre 1839.
1841, 12 avril. — Combat du col de Mouzaïa.
17 septembre. — Campagne d'automne.
1842, 25 mars. — Opérations contre les Hadjoutes.
1843, 12 février. - Opérations contre Abd-el-Kader.

FIN.

TABLE DES MATIÈRES

CHAPITRE PREMIER

1793. La Terreur à Autun. — Naissance de Théodule Changarnier. — Ses études au collège, à l'École de droit. 1815. Entrée aux gardes du corps, 10 janvier. — Les Cent-jours à Autun. — Séjour à Paris. — Changarnier à la légion départementale de l'Yonne, devenue le 60ᵉ de ligne. — Premières appréciations de ses chefs. — 1823. Campagne d'Espagne. — 1825. La garde royale. — 1828. Le 2ᵉ léger. — 1830. Expédition d'Alger. — Retour en France, Perpignan. — 1835. Mascara. — 1836. Constantine. — 1837. Séjour en France. — Mustapha. — 1838. Camps de Kara Mustapha et de Fondouck. — 1839. Les Portes de fer. — Rupture du traité de la Tafna.. 1

CHAPITRE II

1839. Boufarick, 30 novembre. — Combat du 8 décembre. — Combat d'Oued-el-Alleg, 31 décembre. — Le camp supérieur de Blidah. 1840. Combat du 29 janvier. — Marche sur Cherchell, 12 mars. — Combat d'El-Afroun, 27 avril. — Combat du 8 mai contre les Beni-Menacer. — Le col de Mouzaïa, 12 mai. — Prise de Médéah, 17 mai. — Le bois des Oliviers, 20 mai. — Prise de Milianah, 8 juin. — Combat du 12 juin. — Marche nocturne sur le col de Mouzaïa, 14 juin. — Combat du 14 juin. — Expédition de Milianah, 22-26 juin. — Châtiment de la tribu des Mouzaïa, 2 juillet. — Changarnier maréchal de camp, commandant la subdivision de Blidah. — Aïn-Telazid, 4 juillet. — Marche sur Médéah, 27 août. — Combat du bois des Oliviers, 29 août. — Expédition de Kara-Mustapha, 19 septembre. — Expédition de Milianah; combat du Gontas, 3 octobre; combat de l'Oued-Souffaï, 4 octobre; combat du 6 octobre; retour à Blidah, 7 octobre. — Expédition de Milianah, 27 octobre; marche nocturne sur le col de Mouzaïa, 28 octobre; affaire près de Médéah, 29 octobre; marche sur Milianah, 8 novembre; retour à Blidah, 11 novembre; ravitaillement de Médéah, 15-22 novembre; Changarnier à Alger, étude des prochaines opérations. — Rappel du maréchal Valée, 29 décembre............... 45

CHAPITRE III

1841. Le général Bugeaud gouverneur général de l'Algérie. — Combats et opérations sur Médéah et Milianah, 1er-8 avril, 26 avril-9 mai. Mouvements dans la province de Tittery, 18 mai-2 juin. — Opérations sur Médéah, Milianah et la vallée du Chélif, 6 juin-2 juillet. — Changarnier en France, 29 juillet-15 octobre. — Changarnier remplace Baraguey d'Hilliers dans le commandement du corps expéditionnaire de la province d'Alger, 26 octobre. — Combat du 29 octobre sur les bords de la haute Chiffa. — Bugeaud et Changarnier établissent le programme de la campagne de 1842, 10-15 novembre. — L'enceinte continue du général de Galbois. — Coups de main et razzias exécutés de Blidah par Changarnier pendant les mois de novembre et de décembre.................................... 84

CHAPITRE IV

1842. Razzia de Sidi-Rached, 16 mars. — Ravitaillement de Milianah, 21-27 mars. — Les Beni-Menacer, 30 mars-6 avril. — Les Kharezas, 8-15 avril. — Opérations sur les tribus insoumises proches de Milianah en ravitaillant cette place, 27 avril-7 mai. — Razzias aux environs de Médéah, 9-14 mai. — Retour du capitaine de Mirandol et de quatre-vingt-quatorze prisonniers de l'émir, 14 mai. — Razzia sur les Hadjoutes, 16-18 mai. — Opérations combinées, jonction des divisions d'Alger et d'Oran sur l'Oued-Rouina, 30 mai. — Soumission de toutes les tribus comprises entre l'Aratch, le Bourbika, Blidah et Médéah, 1-10 juin. — Félicitations du général Bugeaud, du maréchal Soult. — Opérations, razzias sur le Gontas, le Djendel, Taza, Teniet-el-Had, les montagnes de Macmata, Aïn-Tesemsil, les sources du Chélif, 17 juin-14 juillet. — Changarnier force Abd-el-Kader à se retirer, 1-9 août. — Mouvements dans le sud-ouest du beylick de Milianah, 12-25 août. — Campagne et combats de l'Oued-Fodda, 10-28 septembre. — Félicitations du maréchal Soult, des généraux Bugeaud et de Castellane, des colonels de Saint-Arnaud et Drolenvaux. — Le duc d'Aumale commandant Médéah et la province de Tittery sous Changarnier. — Courses dans la province de Tittery, 13-24 octobre. — Opérations d'ensemble dans l'Ouarensenis, 25 octobre-4 janvier. — Douleur de l'armée à la mort du duc d'Orléans. — Résultats de la campagne de 1842.............. 103

CHAPITRE V

1843. Vengeance d'Abd-el-Kader sur les tribus soumises, ses excitations à travers tout le pays. — L'émir se retire devant la colonne de Changarnier, 17 janvier. — Le soulèvement des Beni-Menacer comprimé, 20 janvier-5 février. — Soumission des Beni-Menad, 1-15 mars. — Expédition des Sept colonnes, 1-10 avril. — Procédés de Bugeaud à l'égard de Changarnier. — Changarnier promu lieutenant général, 9 avril. —

Orléansville, 20 avril. — Préparatifs de l'expédition contre Abd-el-Kader et sur l'Ouarensenis. — La prise de la smalah, 5-23 mai. — Opérations et succès de Changarnier sur l'Ouarensenis, 23 avril-7 juin. — Quatrième expédition de Changarnier dans l'Ouarensenis, 16 juin-15 juillet. — Organisation des provinces de Tittery et de Milianah. — Rupture de Changarnier et de Bugeaud. — Changarnier rentre en France, août. 135

CHAPITRE VI

1844. Accueil fait à Changarnier à Paris. — Autorité littéraire de Changarnier. — 1845. Changarnier refuse de retourner en Afrique. — Séjour à Autun. — Changarnier inspecteur général du 20ᵉ arrondissement d'infanterie, 24 mai. — La paix après la bataille d'Isly. — Changarnier refuse la candidature législative à Autun. — 1846. M. Thiers essaye de réconcilier Bugeaud et Changarnier, qui décline les offres du maréchal pour revenir en Afrique. — Regrets de l'armée d'Afrique. — Désastre de Sidi-Brahim. — Changarnier pressé d'entrer dans la vie politique. — Changarnier candidat à la députation à Autun. — Élection de son concurrent. — Changarnier inspecteur général du 10ᵉ arrondissement d'infanterie, 27 mai. — 1847. Le maréchal Bugeaud quitte le gouvernement de l'Algérie. — Le duc d'Aumale désigné pour lui succéder. — Changarnier inspecteur général du 16ᵉ arrondissement d'infanterie. — Changarnier accepte les propositions du prince pour un commandement en Afrique. — Changarnier commandant de la division d'Alger, 6 octobre. — Abd-el-Kader et le Maroc. — État de la colonisation. — Mesures d'administration. — Ultimatum de l'empereur du Maroc à Abd-el-Kader. — L'émir victorieux des troupes marocaines est écrasé par les Kabyles. — Reddition d'Abd-el-Kader, 24 décembre. — 1848. Manœuvres du ministère pour écarter les engagements pris envers Abd-el-Kader. — Propositions de Changarnier pour les opérations du printemps. — La nouvelle de la révolution du 24 février. — Départ des princes. — Changarnier gouverneur général par intérim jusqu'à l'arrivée du général Cavaignac. — Adieux du duc d'Aumale à l'armée. — Démonstrations de sympathie. — Dépêche de Changarnier au général Subervie, ministre de la guerre. 163

CHAPITRE VII

1848. Changarnier gouverneur général de l'Algérie par intérim. Il est appelé à Paris, chargé définitivement du gouvernement de l'Algérie, puis rappelé de nouveau à Paris. Il est nommé ministre de France à Berlin. La journée du 16 avril. 196
Distribution des drapeaux à l'armée, 20 avril. — Changarnier gouverneur général de l'Algérie, 30 avril. — Son élection à l'Assemblée constituante 8 juin. — Départ pour Paris. — Commandement en chef des gardes nationales de la Seine, 29 juin. — Séance du 3 août à l'Assemblée. — Incident entre MM. Changarnier et de Lamartine, 4 août. — Mission du comte Alphonse de La Marmora à Paris, les offres du roi Charles-Albert décli-

nées par Bugeaud, Changarnier, Lamoricière et Bedeau. — Appréciation technique par Changarnier de la campagne de 1848 en Italie...... 211
Première rencontre de Changarnier et du prince Louis-Napoléon, 26 septembre. — Vote de la Constitution, 4 novembre. — Proclamation solennelle de la Constitution, 12 novembre. Le prince Louis-Napoléon président de la République. — Pourparlers pour la formation du nouveau ministère. — Changarnier commandant en chef des gardes nationales de la Seine, des troupes stationnées dans la 1re division militaire et de la garde mobile, 19 décembre. — Installation du Président à l'Élysée, 20 décembre.. 226
Interpellation de Ledru-Rollin sur les conditions inconstitutionnelles du commandement de Changarnier. — Étude des mesures pour prévenir et combattre les insurrections. — Réorganisation de la garde mobile, 25 janvier. — Interpellation de Ledru-Rollin à l'Assemblée, 26 janvier. — Les délégués de la garde mobile à l'Élysée. — Les vingt-cinq chefs de bataillon de la garde mobile aux Tuileries, 28 janvier. — Incident Aladenise. — Préparatifs de soulèvement. — La journée du 29 janvier. — Tentative du Président pour proclamer la dictature. — La séance de l'Assemblée. — L'insurrection étouffée. — Colère des anarchistes. — Appréciation de la conduite de Changarnier... 238

CHAPITRE VIII

1849. Les acclamations à la revue du 19 février. — Le traitement de Changarnier supprimé par l'Assemblée (3 avril). — Il refuse la souscription ouverte pour remplacer son traitement. — Les menées socialistes dans l'armée. — Changarnier refuse la présidence du conseil (mai). 243
Le maréchal Bugeaud appelé à Paris en vue de la formation d'un ministère. — Le président de l'Assemblée se plaint d'être trop bien gardé. — La lettre du prince Louis-Napoléon au général Oudinot. — Débats à ce sujet à l'Assemblée... 247
Élections de l'Assemblée législative (18 mai). — Changarnier remplacé dans le commandement des gardes nationales par le général Perrot. — La revue du 21 mai. — Accusation contre Changarnier (séance du 25 mai)..... 251
Réunion de l'Assemblée législative (28 mai). — Ses premières séances. — Changarnier investi de nouveau du commandement en chef des gardes nationales de la Seine, la journée du 13 juin. — Refus du Président de la République de donner à Changarnier le commandement du corps expéditionnaire de Rome. — Changarnier refuse le bâton de maréchal de France. — Propos du général sur le Président. — L'épée d'honneur de Montluçon et de Commentry. — Adresses. — Voyages en province. — Expression de la confiance publique. — Épée d'honneur offerte par souscription publique... 255
1850. Propositions indirectes du Président à Changarnier. — M. de Persigny, ministre de France à Berlin. — Ses démarches auprès de Changarnier. — Vexations contre Changarnier. — Sa réplique. — Explications. — Le vote des frais de représentation du Président. — Banquet militaire du 7 août à l'Élysée. — La Société du Dix-Décembre. — La mort du Roi Louis-Philippe. — Ses pronostics d'avenir. — Impressions des cours étrangères sur

le rétablissement de l'Empire. — L'empereur Nicolas. — Le prince Schwarzenberg. — L'empereur François-Joseph. — Le général de Radowitz. — Changarnier fait célébrer aux Tuileries un service à la mémoire du Roi Louis-Philippe.......... 270

CHAPITRE IX

1850. Le camp de Satory. — Inquiétudes de la commission de permanence de l'Assemblée. — La revue du 10 octobre. — Destitution du général Neumayer. — La réunion de l'Assemblée. — Machinations pour préparer la révocation de Changarnier. — La Reine-mère des Pays-Bas. — La gravure de la smalah.—Confiance de l'armée de Paris dans son chef.. 282
1851. La réception du Ier janvier à l'Élysée. — Remaniement ministériel du 9 janvier. — Révocation de Changarnier, 9 janvier. — Entrevue de Changarnier et de Persigny, 22 avril. — La revision constitutionnelle. — Dernières phases de la lutte entre le Président et l'Assemblée. — Arrestation de Changarnier, 2 décembre. — Mazas, Ham, Bruxelles, Malines. 297

CHAPITRE X

1852. Le décret de bannissement. — Lettre du duc de Lévis, 15 janvier. — Découragement de la Reine Marie-Amélie. — Les décrets du 22 janvier. — Instances pour déterminer la réconciliation de la famille royale. — Échanges de vues. — Correspondances. — Refus de serment. — Échec de la fusion. — Changarnier explique sa conduite politique. — Lettre à la marquise de Ganay, 6 septembre. — L'exil illimité............... 332
1853. L'Empire. — Divergence des deux branches de la famille royale. — Lettre au comte Paul de Périgord, 4 janvier. — Le Comte de Chambord à Changarnier, 10 juillet. — Réponse. — Symptômes de rapprochement... 355
1854. Le duc de Nemours et le duc de Montpensier à Frohsdorf. — Conseils de Changarnier. — La guerre d'Orient. — Proposition de M. Drouyn de Lhuys de rappeler les généraux exilés. — Refus de l'Empereur.. 363
1855. Douleur du général. — Entrevue avec la Reine Marie-Amélie. — Rencontre de M. Thiers et du prince Jérôme. — Prise de Sébastopol. — Le colonel de la Tour du Pin................... 369
1856. Le major S... et M. Mocquart. — L'amnistie.,........ 377
1857. Rupture de la fusion. — Changarnier accusé d'avoir été partisan d'une restauration impériale; sa réplique. — Les visites à Malines. — Refus de M. Thiers d'accepter la candidature législative à Rouen. — Lettre de M. Doudan. — Le général Le Flô autorisé spécialement à rentrer en France,... 380
1858. Écrit de Changarnier pour expliquer sa conduite politique. — Note du *Moniteur* au sujet des généraux exilés. — Riposte de Changarnier. 387

CHAPITRE XI

1858. Le Comte de Chambord fait appel aux conseils de Changarnier, 25 juin. — Motifs du refus du général.................................... 390
1859. La guerre d'Italie. — Conséquences, prévisions. — L'amnistie, le retour en France. — Visites. — État de l'opinion................ 393
1860-1862. M. Canofari et le comte de Torrecuso chargés par le Roi François II d'offrir le commandement de l'armée napolitaine à Changarnier. — Refus du général. — Échange de vues d'avenir entre Changarnier et Montalembert. — Réunion à Angerville chez Berryer. — Opinion de M. Thiers sur les dispositions des partis. — Les décrets du 24 novembre. — La *Lettre sur l'Histoire de France*. — La politique de l'Empereur en Italie, d'après M. Thiers. — Éloge de Changarnier par M. de Montalembert...... 396
1863. Mort de mademoiselle Antoinette Changarnier................. 403
1864. Impression causée par les discours de M. Thiers. — Les pronostics d'avenir du Roi des Belges. — Soulèvement de la Pologne. — Guerre contre le Danemark. — La Convention du 15 septembre. — Mort des généraux Bedeau et Drolenvaux.. 404
1865. Étude de M. Thiers sur le bon sens. — Napoléon III et M. de Bismarck... 408
1866. La campagne de Bohème. — La situation sans remède. — Les réformes militaires. — Isolement de la France. — Irrésolution de Napoléon III... 410
1867. La politique étrangère. — Article de Changarnier sur l'armée. — L'Exposition. — La mort de Maximilien. — L'entrevue de Salzbourg. 416
1868. Élection de M. Grévy. — Le monument de Lamoricière à Nantes. — Danger de l'avenir. — Séjour à la Roche en Breny, à Fontaine-Française, à Fougerette, à Autun. — Désintéressement patriotique de Changarnier. — Mort de M. Berryer, du baron de Rothschild............... 420
1869. M. Rouher tout-puissant. — Changarnier acclamé à la séance de réception de M. Autran à l'Académie française. — Le mouvement libéral.. 424
1870. Changarnier refuse le bâton de maréchal de France. — La déclaration de guerre.. 427

CHAPITRE XII

1870-1877. — La guerre. — Demande et refus de commandement. — Reischoffen. — Départ d'Autun. — Arrivée à Metz. — Changarnier chez l'Empereur — Visite aux 3ᵉ et 4ᵉ corps à Faulquemont. — Accueil chaleureux de l'armée. — Changarnier reste sans commandement. — Incertitudes, hésitations. — Bazaine, commandant en chef de l'armée du Rhin. — Bataille de Borny, 14 août. — Bataille de Rezonville, 16 août. — Bataille de Gravelotte, 18 août. — Retour sous Metz, 19 août. — Immobilité jusqu'au 26 août. — Mouvements du 26 août. — L'armée ramenée le même soir sous Metz, sans combat. — Elle est portée le 31 août sur les positions occupées le 26. — Elle est ramenée de nouveau sous Metz. — Conspiration pour déposer Bazaine et le remplacer par Changarnier. — Lauvallier, 22 septembre; Vany, 23 septembre; Peltre, 27 septembre. — Combats de Ladonchamps, 7 octobre. — Circulaire du maréchal Bazaine, 7 octobre. — Négociations avec l'ennemi. — Communications du prince Frédéric-Charles au maréchal Bazaine, 24 octobre. — Conseil de guerre. — Changarnier chargé d'une mission auprès du prince Frédéric-Charles, 25 octobre. — Entrevue, 27 octobre. — Capitulation, 28 octobre. — Seconde entrevue de Changarnier avec le prince Frédéric-Charles, 20 octobre. — Départ de Changarnier, 1er novembre. — Arrivée à Bruxelles, 2 novembre. — Lettres d'officiers de l'armée du Rhin. — Tentatives de restauration impériale, novembre, décembre 1870, janvier 1871.. 429

Élections du 8 février. — Changarnier élu par quatre départements. — Bordeaux. — Discours de Changarnier pour appuyer les propositions de paix, 1er mars. — Maladie du général. — Il refuse la grand'croix de la Légion d'honneur. — La commission de revision des grades. — Lettre du comte de Falloux, 12 janvier 1872. — Réponse de Changarnier. — Séances des 28 et 29 mai. — Le 24 mai 1873. — Restauration monarchique. — Procès de Trianon. — Anecdotes. — Amour de la patrie. — Confiance de l'armée. — Dernier automne à Autun, 1876. — Caractère, portrait du général. — Dernière maladie. — Sa mort, 14 février 1877. — Funérailles : Paris, 17 février; Autun, 18 février. — Éloge funèbre.. 460

États de services du général Changarnier...................... 477

PARIS. TYPOGRAPHIE DE E. PLON, NOURRIT ET Cie, RUE GARANCIÈRE, 8.

www.ingramcontent.com/pod-product-compliance
Lightning Source LLC
Chambersburg PA
CBHW021424300426
44114CB00010B/631